台湾研究新跨越·文学探索

总主编　刘国深
副总主编　邓孔昭　邓利娟
主编　徐学

九州出版社

图书在版编目（CIP）数据

台湾研究新跨越．文学探索／徐学主编．—北京：九州出版社，2010.4

ISBN 978－7－5108－0444－1

Ⅰ.①台…　Ⅱ.①徐…　Ⅲ.①台湾问题－文集②文学研究－台湾省－文集　Ⅳ.①D618－53②I209.958－53

中国版本图书馆 CIP 数据核字（2010）第 058745 号

台湾研究新跨越·文学探索

作　　者	徐　学　主编
出版发行	九州出版社
出 版 人	徐尚定
地　　址	北京市西城区阜外大街甲 35 号(100037)
发行电话	(010)68992190/2/3/5/6
网　　址	www.jiuzhoupress.com
电子信箱	jiuzhou@jiuzhoupress.com
印　　刷	三河市东方印刷厂
开　　本	720 毫米×1020 毫米　16 开
印　　张	21.5
字　　数	378 千字
版　　次	2010 年 6 月第 1 版
印　　次	2010 年 6 月第 1 次印刷
书　　号	ISBN 978－7－5108－0444－1
定　　价	48.00 元

总　序

厦门大学台湾研究院（台湾研究所）成立30年来，我们先后在10周年庆典、20周年庆典和25周年庆典前出版了《台湾研究十年》、《台湾研究论文集》和《台湾研究25年精粹》，这次又集结出版了“台湾研究新跨越”系列文集，作为30周年庆典的献礼。本系列文集的出版，一方面是为了继续传承厦门大学台湾研究院的团队精神，将过去5年来较具学术创见的研究成果汇总起来，进行集中展示，以便于关心厦门大学台湾研究院发展的领导、学界同仁在短时期内了解本院五年来的研究成果和思想前沿；另一方面则是希望借此有一个新的开始，激励全体师生在台湾研究的学术征程中确立新坐标，找到跨越研究难题新的着力点和方向。

多学科交叉融合是厦门大学台湾研究院相对来说比较明显的优势。2006年12月24日，中共中央政治局常委、全国政协主席贾庆林一行前来视察，在向他做简报时，我谈到了自己在研究中的一点感想：“对于我们这些研究台湾问题的学者来说，如果不知道台湾的历史，我们的研究是不会有深度的；如果不知道台湾的文学，我们的研究是缺少人文关怀的；如果不知道台湾的经济，我们的研究是不能说有深度的；如果不知道台湾的政治，我们的研究是很难有高度的。”这段话是个人在对台交流交往和研究工作中比较强烈的感受，对于任何研究者来说，要跨越这么多学科去认识台湾问题实属不易，但是，不跨越学科藩篱又不行！

1895年清政府被迫割让台湾，进一步激发了中国人变法图强的坚定意志。115年以来，两岸中国人为此不懈努力，经历了无数的挫折，也走了许多弯路。回顾过去的历史，我们可以总结出许多经验和教训，其中知识的偏颇和缺乏系统性的思维可能是值得检讨的众多问题之一。作为政治精英个体，两岸的许多前辈先贤，他们各自都有对国家和民族问题极其深刻的洞察和体会，他们提出的主张也都有一定的合理性。但是，在如何吸纳其他人的观点，如何采纳其他政党的合理主张方面，我们太需要够调和鼎鼐、博采众长的精英。学会欣赏对方的优点，真正做到有容乃大，其实并非易事，除了要有高尚的道德精神外，更需要有全面的知识和能力。这一点对于从事台湾研究的专家学者来说同样是适用的，当我们的国家拥有一大批知识渊博且胸怀宽广的两岸关系研究精英群体时，我们就有可能实现115年来的梦想。

厦门大学台湾研究院30位研究人员，分别隶属5个研究所和政治、经济、历史、文学、法律、教育6个不同学科。虽然平时有不少机会一起工作和生活，但跨学科知识整合和合作研究的机会仍然很有限。期待这一系列文集的出版，将再触动全体师生研究观念的变革和跨越，或许5年、10年之后，多学科的知识整合将给我们的研究带来新的收获和喜悦。

感谢所有关心我们的人，感谢全院教职工不懈的努力和奉献！

刘国深

2010年5月8日于厦大海滨寓所

目　录

《全台文》* 总序

徐　学

继《全台诗》、《全台赋》之后，《全台文》隆重出场，煌煌74册，洋洋2400万字。这些文字本来散落于各种文集、报刊和未刊本中，编辑同仁多方搜集汇聚后，加以标点并做提要，从策划、讨论到编定出版，历时四载，筚路蓝缕，开榛辟莽，凭得就是先人留下的“硬颈”性格。

《全台文》之功，首在文学。

西方文学以诗歌、小说和戏剧为主流，散文不过小道旁支，而在中华文化传统中，散文却是与诗歌并列于文学正殿上的伟大艺术——诗文双绝是历代文人的理想目标，方块字的特性与文章选士更助长了国人作文时考究语言刻意求工的习性。特别应该指明的是，在中华文化传统中，文章的概念远远大于现今通行文论中的散文，它不仅是抒情美文和随笔，还涵盖了许多文章类型，它包括了唐宋八大家的风骨，晚明小品的神韵，以及经诰典谟之肃穆，庄列禅家之灵动，历代史传之郑重笃实，乃至于碑铭之温润尊严，奏议策论之清真雅正，尺牍书信之起承转合，序跋评点的井然有度……

《全台文》的编辑正是基于此，它遐搜博采，将康熙年间至日据时代的台湾笔墨，一网打尽！其中有文集，有奏议，有游记日记，有笔记札记与碑志，还有从近代报刊选编出来的文章总辑，举凡议论、说解、策辨、考记与檄文各式体裁，无不灿然大备，返本开新，别开生面，蔚为壮观。

---

* 从体例设定、资料搜集、汇整、分类、打字排版、标点校对到最后审稿，《全台文》费时两年整，有二十余位教授（包括文字学、经学、古典文学）从事标点和审稿，有18位研究生和5位专职校对者做校对。2007年6月由台湾文听阁图书公司出版，共75册。其中的许多作者与闽南关系密切。如施琅是晋江人，卢若腾、林树梅、吴德功是泉州同安人，杨浚晋江籍，多年主持漳州丹霞和厦门紫阳书院；林鹤年出自安溪，长期居鼓浪屿，李春生是厦门人；郑用锡、蓝鼎元、郑坤五分属漳州和漳浦等等。

《全台文》的价值当然不仅限于文学。

《全台文》的作者大都并非严格意义上的文学家。他们有的来自政界，上至皇帝大臣，如乾隆弘历、施琅、左宗棠、沈葆桢、刘铭传……下至普通官员和幕僚；有的出自学界，著名的有连横、郁永河、卢若腾、施士洁，也有闲居的儒生和书院讲者以及日本教授……政界学界之外还有买办巨商、望族传人和民族志士……林林总总，经历不同，视野各异，所以笔下亦包罗万象：洋务商贸、盐政刑政、渔业农事、粮课税饷、建制屯隘、时局兵事、人物文教、礼典器物、庙宇祭祀、园亭别馆、历朝掌故、番社采风以及河流山形、沙线礁屿、海道潮汐、矿藏物产、草木虫鱼、晴雨炎寒……有翔实的数据，有奇瑰的想象，有沉重的喟叹，有激越的感怀，集文学史、风俗史、心灵史于一身，“横看成岭侧成峰，远近高低各不同”，它正是一幅绘尽三百年台湾的长卷！

它是文学史，因为它保存了三百年间方块字在台湾热土上演进的轨迹，古文骈体与白话文，中原官话和在地方言，桐城的法度和新文体的奔放，大众的轻松嬉笑与志士的振臂高呼，相激相荡相辅相容，其间多少迂回周折是非得失，可供后来者用心梳理。

它也是风俗史。1648 年，台湾被正式收入中国版图，此后，台湾的风土人情被写进官修的府志县志中，《全台文》在官修之外，由官员商贾、报人游客和望族世家的亲眼所见、亲耳听闻、亲历所思所感，展现了另一个台湾，比起官修，它要更加真实、多面和深入。“莫道渊源无考证，私家记述最为真”。我们看到了台湾民风的变迁：早期移民九死一生，横渡黑水沟，到康熙中后期，已经是“台湾钱淹脚目”，游历者记述了当时的奢靡挥霍，赌博狎妓，吸食鸦片，千金一掷……而不过百年，大量移民涌入，台湾不再“好趁（赚）吃”，无田宅、无妻子、不士、不工、不农、不贾的“罗汉脚”随处可见；我们也了解台湾民间尚鬼好巫与早期瘴疠遍布、瘟疫横行，且缺医少药有关；我们更看到了大陆文明是如何一步步渗入海岛，虽说官吏三年一调，依然有人执著不已，设社学，改风俗，从农渔生产到衣着婚嫁……其中许多有趣掌故，如《一肚皮集》写道，乾隆年间，有陈、刘、王等数十姓供原住民选择，原住民多数选择了潘姓，为的是“潘”中有田有水更有米……

在当今台湾史（包括文学史、文化史）的研究中，以意识形态（偏见）简化历史的叙述随处可见。本土主义的论述者把台湾史一刀劈成台籍人士与外省籍人士的历史，具备台湾意识和不具备台湾意识的文化，描写台湾经验或非台湾经验的文学……非本土主义者则把文化（文学）分为新与旧、纯文学与俗文学，视前者为高雅，后者为鄙俗，总是将后者（诸如传统诗文的创作、赏鉴、团体聚合与印刷流播）置于研究视野之外！《全台文》的问世为研究者打通了一条新航道，它所提供的丰富具体的史料将使一些运用简单概念（所谓史观）编列简单材料的粗陋之作无所遁形。

“一书三百年心事，凭君细数到如今”，《全台文》也是台湾人的心灵史：台湾人的悲情与忧患历历在目一览无遗——清规戒律给手脚勒出了绳印，天理人欲在心底掀起过巨涛，弦管齐鸣的繁音里富贵如过眼烟云，坚船利炮的烽火中美丽岛几度遍野哀鸿……当一度尘落虫蛀的故纸被汇聚一处，你便清晰可见，先贤和祖辈是如何在各种强权的夹缝里屈辱地挣扎，在流离失所四处漂泊后总不甘将世代身家与岛屿分割，你会记起这般无奈的叹息：“没有人要和你玩平等的游戏，每个人都想要你心爱的玩具，心爱的母亲，这是什么道理?”

《全台文》也饱含了台湾先贤的智慧。比如《北郭园文钞》中的《劝和论》，开篇就是一声疾呼：“甚矣，人心之变也，自分类始。而其祸猖于匪徒，燎原莫遏玉石俱焚，虽正人君子亦受其牵制。而或朋从之也。”文中的“分类之祸”即是今朝之族群冲突。台湾移民来自闽粤，“本来同此血气，同此官骸，同为国家之良民，同为乡间之善人……同居一府，犹同室之兄弟，至亲也。”因为祖籍地的不同和利益矛盾，产生了摩擦甚至冲突，“城市半成丘墟”，“元气剥削殆尽”。劝和的郑用锡，第一位台湾本土进士，36岁中进士后，不恋官位，回台侍奉父母。以后奉诏在北京任职，不过三年又回台，在新竹明志书院主讲，对于地方建设与子弟教育不遗余力。他有见于当时漳泉闽粤之间的冲突导致社会不宁，内祸生而外祸至，特撰《劝和论》，以警台人。今天读来字字中的。

所以，《全台文》绝非书斋中煮字疗饥之物，它扎根生长在莽莽苍苍的大地，这大地，是乡野也是城市，是阡陌也是通衢，是岛屿也是港湾。走进那土地上的一切，中原典籍奶大的人士开始不免有局促不安的怪异感觉，但只要你有心进入，有心体验，放下身段，谦卑而非傲慢地走进那块大地，那光荣也曾屈辱，充满残暴也有许多温柔的大地，走进生长于其上的那些伤痕累累而又桀骜不羁的心灵，感受浓重的方言口音以及那里特有的草香和燠热，飓风和地震……你终究能在这里发现熠熠放光之物——学者和教师可以在形象和遐想的边缘缓缓索寻，掏出数百年以来的人文结晶，读者大众则可以对彼岸的人情世故有更多的感悟。如此，神州大陆的悠久文化与美丽岛屿的多元艺术，将熔铸成新世纪傲人的风华。在灿烂的风华中，两千万和十三亿将能够相互包容和欣赏，凝聚出一份新的情谊。

如果，过往时代的一出出悲剧是不断伤害的利刃，那笔墨的诠释会将伤口镶嵌成血红的花朵，并不为了忘却，但更渴求前行。

历代文章总汇工程浩大，昔日常以帝王之尊集举国之力编纂，今之岛内居上位者意不在此，只能仰赖民间。文听阁登昱兄多年致力文化重建，意在“为往圣继绝学，为后世开太平”。近年为《全台文》奔走擘画，苦乐一身喜忧参半，喜者，士林响应，丛书重印可期；忧者，出版重金难筹，市场风险叵测。登昱兄频频来往于两岸，余参与其中，观其辛劳困顿，实多感慨，既叹私家出版之难，又感佩其为文事不惜身家！书成，嘱余为序，遂有此文，而三百年台湾世相之变异，生命之多面，又岂余能以此数千字轻轻盖覆？

丁亥初夏于鹭门敬贤楼

中国新文学史写作打通两岸三地的思路*

朱双一

一

在中国现当代文学的研究和文学史写作中，应打通两岸三地之间的界限，将台湾、香港和澳门的文学纳入整个中国文学研究的范畴之内，已成为学界的共识。也有学者为此做出了实际的努力，在其文学史著作中开辟若干专门章节来论述台港澳文学。不过一般而言，这些章节篇幅偏少，经常被放置于全书的尾部，成为可有可无的“后缀”、“尾巴”，更主要的问题则是这些章节无法有机地融入整本书中，与全书的主体内容没有什么实质的联结，于是就像在一件衣服上生硬地贴了几块不同颜色的补丁。其实，如果无法做到有机地整合，即使大量增加台港澳文学的篇幅（现在有个别文学史著作已这样做了），问题也未必就能得到根本的解决。

笔者尝试着在解决这一问题上展开新的思路——即通过观察和描述五四新文学各种思潮脉络在当代两岸的断续延展情况，来切近20世纪两岸文学整合研究的目标。我的主要观点是：五四新文学思潮是比较丰富多样的，但其中某些思潮脉络（如现代主义、“自由派”、“三民主义文艺”等），在当代大陆文坛其势不彰，或断续不整，在台湾等地却延续下来甚至有较大发展，因此缺少台湾文学的中国现当代文学史的书写将是脉络断裂、残缺不完整的，只有将台港文学等纳入研究视野和文学史书写中，才能勾画出20世

---

* 本文原载于《广播电视大学学报》2009年第4期。

纪中国新文学诸多思潮脉络产生、发展和演变的完整图像。①

例如，“三民主义文艺”本来就是国民党文艺政策的产物或“代名词”，在当代大陆自然难以存在，但从20年代末发生到80年代后消失，还是有一条起伏变化的脉络可寻。如20世纪30年代的“民族主义文学”算是有点声色；到了解放战争时期，张道藩提出“戡乱文学”，其实已是稍后在台湾提倡“反共文艺”、“战斗诗”的先声。因此1950年前后的十余年，是从大陆跨海来到台湾的“三民主义文艺”被政治所严重扭曲、呈现极端政治化倾向的时期。此后它随着统治者的需求、形势的变化而有不同的表现形态，如60年代标榜“进步的人文主义”，70年代曾围剿乡土文学，到了80年代，随着威权体制的结束，最后无疾而终，消泯于无形。当代大陆当然也有“文艺政策”的存在，两岸在意识形态的“内容”上截然对立，但又都有“文艺政策”这种“形式”出现，其产生的现实环境和历史文化的原因，或可在跨越两岸的整合观点上加以探究。

又比如“现代主义”。在现代中国文坛，现代主义虽然一直未成主流，但也一脉延绵，不绝如缕，如20年代李金发的象征诗，30年代的新感觉主义和戴望舒等的“现代派”，40年代的“七叶诗派”，等等。1950年后，现代主义被视为资产阶级的意识形态，在大陆消失了，却在60年代的台湾，迎来了一场中国文学史上规模最大、发展最充分的现代主义运动。到了70年代，台湾现代主义文学遭受反省和批判，其主流地位为现实主义乡土文学所取代。然而差不多同时，在改革开放前后的中国大陆，早已断折的现代主义脉流，重新被接续甚至有中兴的迹象。在台湾曾受到批评和反省的现代派诗歌，在大陆的“现代化”热潮中，成为学习和借鉴的对象。进入80年代，在“都市化”了的台湾，现代主义出现些许“隔代遗传”现象，但更为风光的却已是“后现代”。这断断续续、起起伏伏的曲折过程是因何产生？20世纪的中国文坛上为何现代主义难以长期成为主流？这些都是值得探讨的有趣问题，但有一点是肯定的：只有将台湾文学也纳入视野，才能勾勒出20世纪中国现代主义文学产生、发展的完整脉络。

---

① 朱双一：《中国新文学思潮脉络在当代台湾的延续》，中国当代文学研究会第十三届学术年会，2004年10月。

很少人注意到，其实非常重要的是“自由派”。“自由派”在当代中国大陆一度消隐了，但在台湾还有一定的生存发展的空间。不过细察之，可发现它其实重复了20世纪上半叶自由派在中国文坛上的历史命运——虽然一些作家取得了个人的创作成就，但整个流派、思潮，却一直无法形成大的气候，它与当权者还是那么不即不离，甚至遭受镇压，最后仍旧为当权者所收编。胡适打出“自由的文学”和“人的文学”两面旗帜，前者针对国民党的文艺统制政策，后者则使“人性”——也就是文学描写人性及其深广度——成为台湾的一个文学评价标准，而且形成了台湾文学与大陆文学的一个最大的不同点，就是总体而言台湾文学“儿女情多，风云气少”。他们评价文学的好坏，更多是考究是否描写了人性，很少见到要求作品具有“精神高度”、书写“重大题材”的话语出现。张爱玲之所以受到好评，也是因为她描写了人性。新时期以来，大陆从原来对写“人性”讳莫如深到出现以“人性”为标准和尺度来衡量文学作品的价值、解释文学的“永恒性”的现象①，却又比台湾有过之而无不及。近十多年来持续升温的“张爱玲热”，就是一个指标性的例子。这些都是很有意思的现象，值得整合起来加以研究。

当然，我们说某一思潮脉络在大陆（暂时）断折而在台湾得到延续，并不包含着价值判断——并不是说延续就好，断折就不好。“三民主义文艺”不用说了，即使是现代主义，台湾文坛自身反省、批判的声音也大于欣赏、赞扬的声音。而大陆文学虽然在当代的前三十年处于创作思潮较为单一的状态，但并不等于就无法涌现出许多优秀的作品。我们只是客观地呈现各种思潮在两岸的断续、发展的状况而已。

二

这里想着重谈谈中国新文学中以鲁迅为代表的现实主义批判传统在当代延续的问题。人们也许会以为，“现实主义”为大陆提倡的“首选”的创作方法，鲁迅在大陆获得了极高的尊崇，而在台湾却长期遭受禁压，甚至读鲁

① 参见王元骧：《关于文学评价中的“人性”标准》，《文学评论》，2006年第2期。

迅就会有牢狱之灾，因此鲁迅现实主义传统在大陆延续光大是自然的，在台湾则必然被斫断了。然而考诸事实，可发现其实不然。鲁迅精神的核心——现实批判精神及其传统在当代中国大陆并没有得到真正传承，却反而在台湾得到较多的承续，这在70年代台湾的乡土文学中表现得较为明显，而陈映真就是其中最具代表性的作家。甚至可以说，在当代中国文学中，真正承续了鲁迅传统和鲁迅精神的是台湾的陈映真。这当然有一些客观的原因，如新中国建立后，消灭了剥削制度和官僚资产阶级的统治，政府倾力反对封建迷信，提倡男女平等，贫困现象也迅速得到缓解，使得可供批判的对象——社会黑暗现象——大大减少乃至消失了。在台湾，却仍延续着鲁迅生活时代的政治制度和种种社会弊病，这是批判现实主义得以出现和发展的前提条件。

陈映真与鲁迅的相似之处，首先是与社会黑暗和丑恶作永不屈服、永不退缩、永不停息斗争的精神，或曰“战斗的现实主义”。他们的作品具有强烈的思想性和批判性，他们坚持理想和原则，不畏强暴，只要是黑暗的、丑恶的东西，不管它有多大的权势，甚至可监禁、杀害你的肉体，他们都要不留情面、不与妥协地反抗、揭露到底。鲁迅在其遗嘱里仍表示对于“敌人”“让他们怨恨去，我也一个都不宽恕”①；陈映真则借《圣经》之语与战友共勉：“那杀身体不能杀灵魂的，不要怕他”！②

其次，鲁迅和陈映真的检省和批评的锋芒，都不仅指向别人，也经常指向自己。鲁迅写道：“我的确时时解剖别人，然而更多的是更无情面地解剖我自己”③。而陈映真可能是20世纪中国文坛最具有自我反省能力的作家，他的自我反省贯串数十年而未中断。鲁迅的自我解剖也许更为深刻——因鲁迅是从“旧堡垒”出来的；而陈映真的自我反省则似乎无时无刻不在进行着，其范围之广，出现之经常，可能无人能出其右——陈映真称自己“是个平凡的、充满了许多矛盾和缺点的人”④，总是把自己当做广大民众中的

---

① 鲁迅：《死》，《且介亭杂文末编·附集》，《鲁迅全集》第6卷，人民文学出版社，1981年版，第612页。

② 陈映真：《那杀身体不能杀灵魂的，不要怕他！——序尉天骢〈民族与乡土〉》，台北：《出版家》第57期，1977年5月。

③ 陈映真：《写在〈坟〉后面》，《鲁迅全集》第1卷，第284页。

④ 陈映真：《鞭子和提灯——〈知识人的偏执〉自序》，《鞭子和提灯（陈映真作品集9）》，台北：人间出版社，1988年版，第21页。

普通一员，这应是他充满自省意识的原因之一。

其三，他们对于丑恶、黑暗不留情面地批判，但对于贫弱者却充满了同情和爱心，对于祖国，充满了热爱之情。他们都非为批判而批判，为反对而反对，单纯地渲染黑暗、谴责丑恶，而是在反省、批判的背后，有光明、理想的目标存在着。鲁迅要自己“肩住了黑暗的闸门”，放年轻人“到宽阔光明的地方去；此后幸福的度日，合理的做人”①。这一告白在陈映真的早期小说《一绿色之候鸟》中化成了饱受苦难的季叔城在有人说他的孩子长得像父母时断然的答语：“不要像我，也不要像他的母亲罢。一切的咒诅都由我们来受。加倍的咒诅，加倍的死都无不可。然而他却要不同。他要有新新的，活跃的生命！”② 两人有所不同的只是鲁迅的“哀其不幸”、“怒其不争”③，带有前现代语境下知识分子精英面对未觉醒民众的启蒙基调；陈映真则更多表达一种现代语境下自己作为普通民众一员的温暖的人间爱。

此外，甚至连写作文体的选择都有点相似。两人最先都进行短篇小说创作，并获得了很高的成就，但两人最终都没有创作出长篇小说，反而到了后期，两人都同样地转向以杂文写作为主。鲁迅写杂文的原因，众所周知，是由于战斗的需要，事情发生太过紧迫，来不及转化为精致、虚构的艺术形象，于是便用杂文形式进行快速的反应。陈映真与之十分相似。80年代以来台湾局势的迅速变化，反“台独”斗争的严峻形势，都迫使他放下小说，转向了杂文（包括政治、文化评论乃至论战文章）等的写作。我个人认为，中国文坛在20世纪，上半叶出了个鲁迅，下半叶则出了个陈映真。两人在20世纪中国文坛上，先后辉映，成为批判的、战斗的现实主义的两面光辉的旗帜。而陈映真的例子也说明，不仅是“现代主义”、“自由派”等五四新文学思潮脉络在大陆一度其势不彰而在台湾得到延续，“现实主义批判传统”也有类似的情形。

---

① 鲁迅：《坟·我们现在怎样做父亲》，《鲁迅全集》，第1卷，第130页。

② 陈映真：《一绿色之候鸟》，台北：《现代文学》第22期，1964年10月。

③ 见于鲁迅：《坟·摩罗诗力说》，《鲁迅全集》第1卷，第80页。

三

鲁迅和陈映真在海峡两岸的被接受状况，颇耐人寻味。鲁迅在当代中国文坛（特别是新中国的前三十年）获得了最高的尊崇，但鲁迅的精神，特别是作为其精神龙骨的批判现实的战斗精神，很难说得到真正的全面的传承。鲁迅在台湾长期受到官方的禁压，却有为数不少的甘冒风险的地下阅读者和尊崇者，而鲁迅精神的真正精髓，也在台湾得到承续，陈映真就是一个典型的例子。大陆进入“新时期”后，鲁迅走下“神坛”恢复其“人”的本来面目，像“少教点鲁迅少制造点愤青”（于德清语）、“少不读鲁迅，老不读胡适”（韩石山语）之类话语的出现，说明在大陆对鲁迅的评价趋于多元，至少有部分人已不再尊崇鲁迅。在“解严”后的台湾，鲁迅由“地下”浮上“台面”，甚至出现了数月间三个出版社几乎同时地分别推出了三套《鲁迅全集》的“鲁迅热”。像上引有关鲁迅与胡适、“愤青”的两句话，一些来访的台湾作家和文化工作者听说后，感叹这种话在台湾不大可能出现。这种“历史的吊诡”似乎也出现在陈映真身上。陈映真在台湾受到社会的广泛尊敬，投予尊敬的并不限于相同意识形态者。许多人未必同意他的政治观点，却尊敬他的人格，他的勇气，他对理想和原则的坚持。与鲁迅颇为相似，他属于最优秀作家之列这一点，是连他的“敌人”也不否认的。然而作为“左翼统派”作家的陈映真，在当今大陆所受到的崇拜、追捧，远不如张爱玲等，其读者群也远不如琼瑶、三毛等的那么多。

这种“吊诡”现象的出现，其实与两岸文学的具体语境及其变迁有很大的关系。中国大陆长期在“左”的乃至“极左”的氛围下，“文革”后拨乱反正，纠正“极左”，呈现的是向“右”移动的态势。大家对于一些“革命”话语，如“思想”、“政治”、“批判”、“意识形态”等，以为都是“极左”的一套，这些话语及其代表的价值，都被不同程度地“污名化”了。不少人追求“现代”、“自由”、“情趣”、“真实人性”，对于“左”的思想和理论，不是挞伐批判，就是避之唯恐不及，所以看到陈映真的著作（特别是80年代后的作品），有时会产生格格不入、难以认同的感觉。而在台湾地区、韩国等地，长期处于“右”的氛围下，“左派”的思想和行为，是对抗现行体制的“异端”，在许多人心目中是进步的化身、理想的寄托，即使他们不愿或不能亲身投入，甚至未必完全认可，但也对它怀着深深的敬意。70年代后，台湾、韩国等地的社会思潮由“右”向“左”转，对于原有“极右”政权和社会结构的改革，成为青年学生追求的目标和理想。这也就造成了如下情况：鲁迅、陈映真这样的作家，在当前的大陆文坛并不很“吃香”，而在台湾，反而得到人们普遍的尊敬和认可。

这种情况陈映真似乎也敏锐地觉察到并引用胡秋原的观点加以论说。他写道：

> 曾有一段长时期，文学的自由和民主，曾是怀抱着“进步的世界观”的中国文学家所讳言的。结果文学的自由与民主，一度为主张西化小趣味，在巨大民族苦难的环境中主张“幽默”，胸无文学精神，玩弄个人小情趣的洋场才子们所庸俗化了。也曾有一段长时期，反帝、反封建、追求人的解放和幸福这些高尚的理念，吸引了多少爱国的、优秀的中国文学家，并毫不踌躇地为这个理念献出一切。但是，几十年下来，在宗教化的教条主义和极左路线下，中国的文学家遭受到新文学运动史上最大规模、最悲惨的精神和肉体的迫害。结果反帝、反封建、追求人的解放和幸福这些文学主题，为另一极端的极右派所禁压，为堕落了的西化的“自由主义者”所嘲詈。但是胡秋原先生《中国人立场之复归》这篇文章，适时地提出超越和清算这两个左右偏向的主张，既正确地认识到文学范围中自由和民主的问题，正确地理解到人类社会生活中文学的特殊细致和自由的领土；也严肃而义无反顾地认识到文学的民族性格，和文学关怀国计民生、文学应当不避讳对“帝国主义、殖民地经济、买办独占资本”的批评和抗议的权利。在“中国人共同立场”——即“保持中国民族的自尊心，保持中国人之间公平，不相侵侮斗争，团结以求自立，不依附外人，不受外人侵侮，并由九亿人之利害观察世界”——上，中国文学在思想上取得了更远大的天空和地平线，更生动活泼而富于创意的宽阔的发展道路。①

---

① 陈映真：《中国文学的一条广大出路——纪念〈中国人立场之复归〉发表两周年，兼以寿胡秋原先生》，《中华杂志》第203期，1980年6月。

这段文字中一些语句的具体所指，行内专家都一目了然，如果排除一些出于作者的立场和锐气而显得有点“偏激”的用词，不能不承认陈映真的观察和认知是准确而深刻的。他提示的正是“极左”或“极右”路线造成的后遗症——一些文学价值的扭曲，一些由一个极端走向另一个极端的弊病。而他引用的胡秋原的“超越和清算”“两个左右偏向的主张”，值得两岸的文学界加以思考和采纳。

也许有学者会惊讶于台湾和大陆文学之间的差异如此之大，而怀疑在文学史写作中加以打通和整合的可能。这也是笔者深感棘手而经常思考的问题。不过，差异再大，从中国新文学思潮的当代延续的视角来看，台湾文学并未逸出中国文学的范畴之外；而两岸间的差异，正是我们研究台湾文学，力求将台湾文学纳入中国文学史写作框架内的原因之一。道理很简单，差异正是特点之所在，对其研究的价值之所在。有差异，台湾文学才能丰富中国文学整体。把握各种五四新文学思潮在大陆和台湾断续延展的复杂脉络和差异，也许是我们较完整地展现20世纪中国新文学诸多思潮脉络产生、发展和演变的完整图像的一条值得加以尝试的路径，因此不揣浅陋，在此提出，恳请方家指正。

二十年来台湾民众集体记忆与文化认同研究*

——以台湾的博物馆为观察场域

张　羽

根据德国学者阿斯曼的文化记忆理论，仪式与文本是承载文化记忆的两大媒体。博物馆兼容了仪式和文本双重媒体，透过实物展示，配以各种现代保存科技，如摄影、录音、录像、印刷等技术，以其高度的公共性、组织性和历史性而被广泛用于文化记忆的储存和交流中。我们常把博物馆划分为综合类、自然类、科学工艺类、艺术类、历史类（包括考古学和民族志）五大类，其中历史类博物馆（本文以此类博物馆为分析重点）最容易受到政治强力和社会结构变动的影响，其发展是动态的，往往可以为某个政治集团的自我评价，也可以用来增强地方意识。

早自日据时代，台湾就热衷于举办各类博览会，据吕绍理统计，日本殖民台湾的51年间，台湾参加岛外大型展示活动计有74次，岛内举办各式农商工业与美术教育卫生等主题的展示活动高达224次之多①，此类展示多以“日本引领台湾走向现代化”为策展逻辑，在改变台湾民众的文化认同方面，取得了一定的实效。20世纪晚期以来，台湾的“新博物馆运动”成为时代特色之一，那些以“历史物质化”为目标的历史性博物馆，更被用来创生和贮存新的集体记忆，对内统合台湾民众的集体记忆和群体观念，对外宣誓“台湾主体”。本文主要选取1990年代以来台湾的博物馆为考察场域，

---

* 本文原载于《台湾研究》2009年第4期。

① 吕绍理：《展示台湾：权力、空间与殖民统治的形象表述》，台北：麦田出版社，2005年版，第25页。

希冀分析一系列问题：二十年来台湾博物馆经历了哪些变迁？台湾的博物馆与民众集体记忆塑造的密切关系？策展者的“编排意图”能否反映社会变迁？不同的策展者，力求再现何种集体记忆，努力传达何种意识形态？台湾民众在参观展览后是否认同策展者的选择记忆，从而对其文化认同产生正负迁移的作用？

一、二十年来台湾博物馆的变迁

现代社会中的博物馆，具有文化遗留物与象征物的特点，其经营理念也多是顺应当下的文化记忆逻辑以及文化美学、社会教育学与旅游文化等多方面的社会要求。考察二十年来台湾博物馆的命运变迁，表现在以下方面：

第一，各类博物馆的“全岛开花”到部分“无可奈何花落去”。

台湾的博物馆自1990年代以来，迎来了博物馆的“兴旺时期”，发展“神速”，在全岛遍地开花，出现了三百余所，因经济快速发展，台湾民众对文化艺术活动的参与兴趣提升。在很多企业家的主持下，出现了民间美术馆、文物馆和私立博物馆，90年代中期，一度出现40余所主题游乐文化园区，并附设文物馆和标本馆，90年代后期，台湾经济走下坡路，一些私立博物馆受到波及而关门。据统计，台湾现有的艺术博物馆49座，历史博物馆17座，人类学博物馆27座，考古博物馆3座，自然史博物馆76座，科学博物馆7座，工艺博物馆52座，产业博物馆59座，专题博物馆22座，人物纪念馆14座，宗教博物馆10座，戏剧博物馆7座，影像博物馆5座，音乐博物馆4座，文物馆63座，古迹及历史建筑12座，其他类7座。①

第二，以强调“地方认同”为宗旨的各类地方小型博物馆的繁盛。

1970—1980年代，台湾行政主管部门推动二十一县市兴建文化中心与大型博物馆，促使台湾的博物馆事业蓬勃兴起。1990年代以来，台湾“文建会”推出的文化政策都对台湾各地各类小型博物馆有所倾斜，如“社区总体营造计划”中，就有“充实城乡及社区文化软硬体设施”、“地方文化

---

① 笔者根据《台湾博物馆名录》所载入的博物馆进行数字统计。《台湾博物馆名录》，台北：台湾博物馆学会，2004年版，并根据台湾博物馆专业网站（www. cam. org. tw）进行更新。

馆计划”，这些均强调“文化立县”、“地方认同”、“推动地方创意产业”、“凝聚社区意识为方针”，并以四十多亿新台币的预算，预计在2008年前组建起三百余所地方文化馆，一度形成了到处都是博物馆的现象。但这些地方性博物馆常存在建馆定位不清、收藏政策不明、缺乏收藏品、推广教育活动不多、缺少专业的博物人才等问题，造成经营困境。

第三，重视对台湾具有特殊意义的历史事件，从竖立纪念碑到多个纪念馆的建成。

民进党执政后，挑选了有利于巩固执政的历史事件，并赋予博物馆联结土地、人民、族群、历史、政治的欲求与企图。以“二二八”纪念馆为例，1989年8月，嘉义市郊竖立起台湾第一座“二二八”纪念碑，随后，高雄、台南、台北等地也陆续盖了纪念碑，目前台湾全省至少有七座“二二八”纪念碑。1996年，事件发生地嘉义设立纪念馆，为台湾最早设立的“二二八”纪念馆。1997年，在时任台北市长的陈水扁主持下，位于台北“二二八”和平纪念公园的前台北放送局，被改建成台北“二二八”纪念馆，作为台北市第一个公办民营的博物馆。随后，1999年，推出“二二八事件在高雄”常设展（2004年全面更新）。2002年，“阮朝日二二八”纪念馆设立于屏东。这些纪念馆多以地方政府为主导，结合民间团体及受难家属合力筹建。“二二八”纪念馆常与绿色执政画上等号，让许多民众，尤其是受难家属将其视为民进党之政绩。

第四，博物馆成为台湾当局巩固“台湾意识”的教育基地。

国民党退往台湾后，所建博物馆多以“自由中国”来引导台湾民众视听。1980年代，中国意识和台湾意识论战，开启了台湾历史和文化的诠释竞争。民进党执政后，强调台湾认同，很多博物馆被要求用来充当提升“台湾意识”的教育基地，对过去已经存在的“威权统治的象征”的博物馆或者拆除，或者重新命名。

近两年，民进党当局引起广泛争议的举措，即在于对“中正纪念堂”（纪念蒋介石的文教建筑物）的“改革”。2007年3月2日，在台湾教育主管部门负责人杜正胜主导下，将“中正纪念堂园区”改名为“台湾民主公园”，成立了“台湾民主纪念馆”，此举引发争议不断，造成多次的角力与抗争。一方面，是在民进党当局的主导下，积极推动改“中正”为“民主"，对反对改名者，指为"为国民党服务"、"反台湾本土意识"；另一方面，台北市为国民党的执政县市，国民党以《中正纪念堂管理处组织条例》仍然存在，未经"立法院"废止为由，不断质疑民进党当局的行为不但蛮横不民主，且违法。虽抗议不断，民进党当局仍于5月19日，举行了"台湾民主纪念馆"正式揭牌改制的仪式。在中正纪念堂改名争议尚未解决之下，台湾教育主管部门又于11月17日宣布，将拆除"大中至正"四字，改名为"自由广场"，而主建筑上的"中正纪念堂"匾额也将同时更换为"台湾民主纪念馆"，进一步引起蓝绿双方的政治角力。马英九执政后，又将"台湾民主纪念馆"废止，恢复"中正纪念堂"原貌。①

综上所述，我们看到二十年来，台湾博物馆既受到全球经济大气候的影响，一度颇为繁盛，亦受制于台湾岛内频繁变动的政局影响，在这一脉络里，我们发现博物馆成为反映政局变动的试验田，不同的执政思想与理念，都会影响到博物馆的策展思路和展示内容，进而使之产生不同的诠释，展现出不同的文化认同与政治实践。

二、权力与知识的角力：策展者对展示物的叙事编排

一般而言，历史类博物馆中的"行动者"大致分为策展者、被展者和观众。从策展者的角度，多是配合执政当局建立起一套价值观和文化霸权，动员民众参与到建设"民族主体"的工程中来；从被展者角度，作为博物馆中的布展角色，有一定客观呈示的效果，它可以改变参观者过去的一些认知，甚至颠覆策展者要遮蔽的内容；从观众角度而言，观众有自己的阐释角度，不会完全驯服于主办方的价值观之下，从而产生多元新解；三者之间具有复杂的互动倾向，博物馆由此成为意涵极为丰富的符号场域。

所谓博物馆展示物的"叙事编排"体现出策展者在对展示物进行搜集、保管、研究和陈列的修改与选定中，以此达成对特定群体有意义的知识引导

① 赵静：《台将为中正纪念堂复名　废止"台湾民主纪念馆"》，http://news.xinhuanet.com/tw/2008-08/17/content_9421541.htm，2008年08月17日。

和身份建构。展示物虽然是博物馆面对观众时貌似客观的语言，但它是经由策展者的筛选后，配以可能并不客观的图文解说。这样，我们就会看到知识在权力者的操弄下，拥有不同的面向：不同的呈现和排列可能会通向迥异的世界，策展者可以利用他熟悉的展品、文献专业知识来建立一个历史记忆，也可将同一批文献资料做另一种选择与排列，创造另一种历史记忆……由此可见，不同的策展者会有不同的编排历史的方式。当我们将关注的焦点聚焦至历史类博物馆时，尤其民进党执政的八年时间里，这里处处包藏着的意识形态，充满着象征符号的意涵，这也是本文所探讨的要旨所在。

第一，通过对博物馆自上而下的体系建构，强化台湾主体精神。

谁拥有权力定义台湾过去？谁拥有权力解说台湾当下？最强势的声音莫过于政治权力的拥有者，他们甚至可以将此类阐释制度化、形象化，储存至博物馆，根据政治时局的需求，来编排陈列物，构建展厅气氛。1990 年以后的台湾，随着“国家认同”的争议逐渐成为重要的政治分歧之一，在台湾“独立”运动的推动下，“台湾主体”的“部类细化”也开始逐步波及博物馆的布展和建设。“文建会”在制定文化政策时，首先提出的就是建构“台湾主体性”，此种理念直接影响到博物馆布展理念。很多博物馆都以“小世界”来展现台湾的“社会”或“文化”的“大世界”。小世界中当然还可以分出更小的地方性文化馆来（如各种地方性博物馆），这些更小的地区都从属于台湾。这样大小相套的“独立”逻辑，使得台湾历史类博物馆成为凝聚台湾主体精神的场馆，打造台湾人群体感觉的重要方式，成为不可或缺的“群体想象”的场所和空间。一些纪念馆以展现国民党统治时期的“威权”为己任，并进而展现民进党执政下的“民主”和“进步”，以此来引导民众对民进党的认可，进而影响选举。

第二，通过对展示物选择性遗漏，加重悲情渲染。

在亲绿的台湾和平基金会经营下，台北“二二八”纪念馆 1997 年设展之初，在一楼入口处，有醒目的标语牌，上书：“认同的迷网 造成悲剧 烙印在岛国的土地”，策展者的核心主旨是造成“二二八”悲剧的关键因素是文化认同问题，配以文献、图片、照片及文物等，来架构并且叙述二二八事件前后的台湾社会政治背景及“二二八”事件之发展始末。值得注意的是，策展者还在二楼设有“白色恐怖”与“公义和平运动”展厅，将台湾历史的不同时空连接在一起，三个展厅也构成了民进党视角下的台湾悲情三部曲，我们看到整个叙事观点均以台湾人和受难家属的视角为核心，而国民党和外省人的视角则被遮蔽，未被讨论，也因此很难引起外省人的认同。虽然事件有多个肇因，但刻意将焦点锁定于某个因素（国民党的残酷镇压），以使诠释事件时产生偏颇或误差，对于此点，观众很难自觉意识到，绝大多数观众都被策展者极力打造的“二二八”创伤记忆所感染，不自觉地掉入亲绿阵营打造的集体创伤记忆中去，从而凝结出团体意识，甚而发展成“台湾独立意识”。

第三，通过对展示物的切割或联结，完成政治立场的宣誓。

曾有立场偏“独”的高雄县基督教长老教会凤山教会，因台北“故宫博物院”的古物与中国有渊源，并不具有“台湾主体性”，建议陈水扁还给大陆。陈水扁不同意此种切割，声称：“（台北）故宫博物院的古物不是我们生的，但我们养了五十年”，进而宣誓：台湾是多元社会，有原住民、来自大陆各省的祖先、东南亚新娘，也有日治时代的建筑物、物品，不能说这是日本的，只要融入台湾文化就是台湾文化的一部分。[①] 此论调与当前的台湾多元文化论——“中国文化是台湾文化的分支之一”的相关论述如出一辙。

与展示物的切割相对立的，则是将展示物作无限制的连接，进而反映世界主义，消弭“中国主义”。如杜正胜曾积极主导设置以亚洲文物为主的故宫南部分院，这是其将“故宫博物院”重新定位的重要一环，欲以“亚洲文物概念”冲淡“中国文物概念”。[②] 2003 年初，台湾“故宫博物院”推出“发现台湾：十七世纪的福尔摩沙特展”，杜正胜为这项展览写了导览手册，名为“台湾的诞生”，此展览的规划受到质疑：博物馆所建构出来的自然、科学与人文知识，到底是谁的？结论是通过何种过程获得的？博物馆学知识目的是什么？又有什么意义？这些挑战不但涉及诠释权、所有权、权力与自

---

① 《“独派”吁台北故宫古物归还大陆 遭陈水扁反对》，中国网，资料取得时间：2004 年 7 月 8 日。

② 刘国奋：《台湾“教育部长”杜正胜——从“同心圆”到“逆转地图看台湾”》，中国网，资料取得时间：2004 年 7 月 8 日。

主等观念，也突显出学院知识与地方知识的复杂关系。①

第四，通过对展示物的“误读”，进而导出多元新解。

原住民人口不到台湾人口总数的2%。近年来，原住民文化受到重视，台湾不同层级的组织形态以不同社会文化目的与价值组建了多个原住民博物馆，展示殊异于汉民族的语言、宗教、价值观、风俗习惯等。此举力求重新建构台湾形象和文化认同，本身就有以“民族志”的观点来挑战“中国文化认同”的企图。近年来，台湾少数民族文化展示还多次远赴世界各地，展示内容包括原住民自身、衣饰和生活样貌、原住民的仪式和象征意义，此处的陈列物件不是为了商业动机，而是为了推介原住民文化，潜在层面亦有公示、示威的企图，以此脱离与中国的渊源关系。不过很多的原住民展示被专业人士质疑为“原住民的文化再现到底以谁之名命名，主体到底是不是原住民”；台湾博物馆的原住民标本管理，被批评为：简化且不符合现实生活状况的原住民文化展示，大体还停留在“为外在社会存在”、“受他者支配的处境”。②

萨依德认为学者不论再怎么力求客观，“他的阶级、信仰、社会位置，以及他作为社会一份子的基本活动；即使他的研究及其成果自然地试图要极尽所能以摆脱日常生活的限制，而维持一种相对的自由，这些因素都会持续地影响其专业所为。尽管可能会有一种知识比他的生产者较不偏颇（而不是更偏颇!）但知识也不会就因此没有政治性意涵。”③二十年来，台湾博物馆受制于政治因素，被征用为构建“民族历史、民族范围和民族身份”的空间和场所，借用博物馆里貌似“客观”的物证，策展者不得不杜撰和编排历史，缺乏了文化合理性，也缺乏客观性和公正性。权力者寄附于展示物的编排，更深切的目标则是，对台湾民众的集体记忆或意识形态进行塑形，企图调试出有利于执政的社会氛围。

---

① 王嵩山：《想象与知识的道路：博物馆、族群与文化资产的人类学书写》，台北县：稻香出版社，2005年版，第30页。

② 王嵩山：《想象与知识的道路：博物馆、族群与文化资产的人类学书写》，台北县：稻香出版社，2005年版，第69、70页。

③ 萨依德著、王志宏等译：《东方主义》，台北：立绪出版社，2000年10月二版，第13页。

三、接受与超越：民众的集体记忆与文化认同

王明珂指出："个人与社会都常借着具形的或可见的物件、文字或图案以唤起记忆，因此参观博物馆，翻看家庭照片，读一本历史书，都可以当做是唤起或更新集体记忆的活动。"① "集体记忆并非是外界给予而是一种社会建构的概念，它并非一种神秘的群体心智，当集体记忆持续存在于一群相似性团体并且不断发挥作用时，其实是一种群体中的个体在做记忆的过程。"② 集体记忆是在现在的立基点上，对过去的重构，因此，群体现在的处境会影响对过去历史的选择性认知。集体记忆本身就是一种象征资本，借由对过去记忆的修改或创造，以换得现实利益。那么，执政者和策展者到底有没有获得现实的利益，这要看观众观看后取得的效果。

笔者曾于2008年10月26日，到访过台北"二二八纪念馆"，特别留意了布展中的两个环节："见证二二八"和"回响二二八"，前者是以受难者家属的感受为主要展出内容；后者是以参观者的回应为主要展出内容，二者可以视为"二二八"事件的直接观众和间接观众，我们可以看出策展者在设计布展内容时，非常重视观众的回应。笔者摘抄了最近参观该馆的台湾观众留言（主要分析台湾观众的留言，留言中还有日英美等国观众的留言），看到了观众的不同反映，我关注的是策展者选择或遮蔽记忆，对参观者产生的实际影响，进而产生何种集体记忆，由此可以看出展示的实效和后续影响，我们从而可以观照到博物馆对台湾民众教育和说服的成效。

第一，看与被看："二二八"受难者家属既是观众，又是展示物。

受难者家属是"二二八"事件的证人，他们的所感所想也被策展者规划为展示物，成为展馆中一个重要区域——见证"二二八"，展示此事件对个人和家庭的影响，悲莫悲兮生离别。催人泪下的回忆文章，让许多观众都

---

① 王明珂：《集体历史记忆与族群认同》，《当代》1993年第91期，第6—19页。

② Halhwachs, M. On Collective Memory, Lewis A. Coser (ed & tr). Chicago: The University of Chicago Press. 1992年版，第22页。

在这一展区内，潸然泪下，也帮助策展者完成了台湾悲情的“升华”。

“二二八”受难者家属因感恩于绿营团队最先规划纪念“二二八”，而在政治选举中多次支持绿营。1998 年台北市由国民党马英九赢得选举担任市长后，“二二八”纪念台湾经营权也转交由泛蓝的台湾区域发展研究院接手管理。2003 年由台北市文化局接受经营，曾举办过历史与文化相关主题的展览。这样的转手经营和推出新展，也引起了受难家属及义工团队指责台北“二二八”纪念馆正逐渐朝向“去二二八”的方向经营。①

第二，部分参观者因同情而接受了策展者灌输的集体记忆。

台北“二二八”纪念馆设立宗旨是“得以成为和谐生活的命运共同体，并冀能促进族群的共荣共和，社会、文化的健全发展。”实际上，这却是绿营执政时期，对国民党算历史旧账的权略之计，其政治诉求是：让观众从情感上接受“民主”“进步”的民进党，而非制造“二二八”惨案的国民党。对不了解“二二八”实情的观众，策展者的确收到了成效。笔者摘录初次到访该馆观众的留言如下：

> 来到这里，更加了解台湾的民主得来不易。（2008 年 10 月 18 日 zhang）
>
> 第一次来到这里，发现台湾有如此不堪的回忆，让人不禁悲从中来，希望台湾可以越来越进步，民主，不要再有类似的事情。（建一 2B2008 年 10 月 17 日）
>
> 我发现二二八事件真的很恐怖，我很敬佩为我们牺牲的生命……（开明商职观建 2008 年 10 月 17 日）
>
> 以身台湾人为荣，参观此展览才知道 Taiwan 过去的悲伤和痛苦。（未署名）

从留言可以看出，主动留言的观众多是强烈感情郁积下的“有感而发”，这些观众多对二二八事件不了解，参观后基本都被策展者所渲染出的“悲情”气氛所影响，却不知其身入的是绿营视角的“二二八”其境，而非

① 2006 年前后，原民进党主席游锡堃曾在《联合报》批判台北二二八纪念馆的“去二二八化”的经营方式，为此，该馆馆长谢英从特别表示，台北二二八纪念馆不限于只举办二二八纪念活动和展览。详见《纪念馆去二二八化？馆长说明作为与诚意》，《民生报》2006 年 2 月 28 日，第 A10 版。

客观之境。他们由同情受难者家属，引发深沉情绪，进而产生移情，对国民党产生憎恶。此时，“台湾身份”作为一个社会位置，透过展示的历史情境被召唤出来，完成了集体记忆的培植和深固，进而产生了“台湾主体认同”。

第三，叩问真实：台湾民众的价值观与反思能力。

在众多的留言中，笔者只看到一则具有反思能力的观众留言，内容如下：

所有的政治人物，请不要再拿二二八事件当做政治牺牲品，只会让二二八事件的家属更伤心难过。——By Grace 2008 年 10 月 23 日

此则留言展现了台湾民众对政治人物利用二二八来造势行径的反感。近年来，“二二八纪念馆”除了展览相关文献及文物外，也是每年举办二二八追悼活动的地点，后来发展至成为抗争游行的重要场所，使得“二二八”成为台湾各种政治势力与意识形态决斗、发声的历史关键点。2008 年大选前后，针对民进党对“二二八”的悲情建构，误导了许多台湾民众，国民党批判民进党有意图地剪裁“二二八”，并进行了国民党内的新旧切割。“民进党纪念‘二二八’，主要的手法就是‘剪裁历史’，且强制‘历史停格’。将蒋介石及国民党‘停格’在‘二二八元凶’上，又完全抹杀了后来的一切建树和弥偿；亦将台湾的族群关系‘倒带’至六十年前的‘二二八’时代，完全无视于六十年后的‘外省人’已非当年的外省人，六十年后的‘台湾人’亦已非当年的‘台湾人’。”①

恰如王明珂所言：“社会群体心理倾向必须合理化当前的经验印象，记忆常常是选择性、扭曲或是错误的……依赖某种媒介或各种集体活动来保存、强化或重温。”② 在这一层面上，历史类博物馆不只具有物理性质而已，它更是培植集体记忆的文化媒介，通过有形的实物和影像图片资料展示，经由不同主体的建构，往往具有唤起参观民众属于个人、文化及集体的记忆。那些权力者在这一空间场域中，重新塑造集体记忆，以现在建构过去。博物馆空间就成了这些集体记忆的停泊处，经由参观者的反复流动，以物证遮蔽

① 《反贪腐：二二八的真精神！》，台湾：《联合报》2008 年 2 月 27 日，第 A2 版。

② 王明珂：《华夏边缘》，台北：允晨文化公司 1997 版，第 50、51 页。

下的记忆灌输为目标，循环往复下去，最终改变民众的原有记忆，进而达成新的文化认同。但参观者并非完全被动地接受记忆灌输，“如果博物馆的讯息与既有的知识吻合，那么他的认知与对事件的了解则会加强。但是相反的，如果其既有的知识与博物馆所提供的资讯相抵触，观众则会形成两种极端的反应：一则强烈质疑既有的知识，对学校教育产生强烈的怀疑，并且转化于博物馆所获得的资讯，形成新的知识体系。另一极端反应则强烈质疑博物馆之可信度，或者干脆以自己的角度来参观，完全漠视博物馆所提供的资讯。”①

表面上看来，各类博物馆一直扮演着全面保存历史与文化的角色，并具有对民众进行教育和说服的功能。但事实上，它无法保存所有的记忆与物品。由此观来，博物馆无法避免为执政当局和策展者服务的命运。但随之而来，博物馆则受到了是否专业，胸襟是否过于狭隘的指责。现在，博物馆成为台湾无所不在的文化场所，正展示着当代台湾文化重要的现象。不论基于学术研究或者现实生活的探究，理解博物馆展示活动在当今台湾社会中所扮演的角色，以及其所蕴涵的政治诉求和集体记忆，乃至于呈现出的文化认同倾向，对我们了解台湾人的文化心理均有重要的意义。

---

① 陈佳利：《创伤、博物馆与集体记忆之建构》，《台湾社会研究季刊》第66期，2007年6月，第137页。

台湾文学史的撰述与文化认同研究*

张　羽　张彩霞

台湾文学史是认知台湾文化的重要索骥图，是呈现台湾人认知自我与他者互动的文学地形图。近十年来，台湾文学史书写场域始终充满了混杂、喧哗、对话、论辩等景观。受日益突出的“台湾主体意识”影响，一些学者在台湾文学史书写上也进行了最大限度的改写，其改写对台湾年轻一代的集体记忆和文化认知有着深刻的影响。笔者将以台湾学者的台湾文学史撰述之转变为焦点，希冀思考一系列问题：台湾文学史观念、论述的转变，是如何形成的？相关的文学史书写呈现出来的主观意识又是怎样一些面貌？台湾文学史的论述框架（界定、论述等）究竟经历了何种改变？台湾文学史构成的主导符码、建构过程的逻辑程序、造成怎样的影响？哪些论述的变化改变了台湾人的文化认同？……在这样的思考中，文学史的文化象征因素被突显出来。

一般说来，每个文学史家都有自己的“主导符码”和“轴心概念”①，我们扩大考察台湾文学史书写的历史语境，可以看出：如西川满、岛田谨二的“外地文学”、叶石涛的乡土文学（及台湾文学“自主论”）、彭瑞金的本土文学、刘登翰等的“分流整合”、陈芳明的“后殖民观”……关于文学史的争论也多是各自秉持不同的主导符码和轴心概念所致。如果把自古以来所有的文学史都视为“文学偏见的历史”，本文就在这一论述前提之下，拟就多个版本的台湾文学史的主导符码作以比较。

* 本文原载于《台湾研究集刊》2008 年第 3 期。

① “轴心概念”一词，依苏珊·朗格之说。她认为“理论体系中的基本概念也就是支撑着我们的艺术理论体系的轴心概念”。台湾文学史书写的差别，亦可通过其“轴心概念”的不同而显示出来。

在台湾，台湾文学史的撰写被称为“一项何等迷人却又何等危险的任务”。① 何以文学史的撰述成为又迷人又危险的负担，内中原因值得探讨。上世纪九十年代中期以来，台湾文学史的撰写也成为连接台湾人历史记忆的重要场域，成为追求“转型正义”的一部分，连接着台湾人的主体认同，台湾文学历史的教育与台湾主体认同关系密切。

一、从被删除的“祖国”论述谈起

1977 年，政治学科出身的陈少廷编撰了《台湾新文学运动简史》，为第一部台湾文学运动史。在八万字的体例中，我们看到作者多次强调中国文学对台湾新文学的影响，“台湾的文学本就是源自中国的文学”的相近论述多次出现在行文中，例如：

> 由于受到第一次世界大战后的自由思想潮流及祖国五四新文学运动的冲击，乃掀起了一场轰轰烈烈的新文化运动。这项运动，在政治方面形成抗日民族运动。在社会方面形成社会改革运动。在文化方面，则形成新文学运动，汇合而形成一股壮大的潮流。②
>
> 很明显的，台湾新文学运动因台湾光复，重归祖国怀抱而永远结束了。自然就再没有所谓“台湾文学”可言了（乡土文学应当别论）……③
>
> 台湾新文学运动是直接受到祖国五四新文化运动的影响而发生的，它始终追求五四以后的新文学之倾向，可以说是发源于中国新文学运动的支流。④

这些观点都与其 1972 年发表的《五四与台湾新文学运动》⑤ 一文核心观点相吻合，该文认为日据时期台湾新文学运动，直接受胎于“五四”的启蒙

① 杨宗翰：《文学史的未来　未来的文学史?》，台北：《文讯》2001 年 1 月号。

② 陈少廷编撰：《台湾新文学运动简史》，台北：联经出版事业公司，1978 年版，自序，第 1 页。

③ 陈少廷编撰：《台湾新文学运动简史》，台北：联经出版事业公司，1978 年版，第 165 页。

④ 陈少廷编撰：《台湾新文学运动简史》，台北：联经出版事业公司，1978 年版，第 162 页。

⑤ 陈少廷：《五四与台湾新文学运动》，台湾：《大学杂志》，1972 年版。

运动及抗日民族运动。

十年后，陈少廷受到台湾独立派论者的批判，陈芳明和彭瑞金在一次关于台湾文学的对谈中，两次提及陈少廷的简史，批评其论述的核心观点“台湾文学是中国文学的分支”是错误的。[①] 许水绿也发表《不要容忍陈少廷：再评〈台湾新文学运动简史〉》[②] 一文，面对此类的严厉批评，陈少廷不得不在简史诞生的十年后“忏悔”：

> 台湾新文学有其独特性及其存在之社会文化背景，因此，把台湾新文学视为中国文学之支流，乃是不当之论。……日据时代的台湾新文学是台湾文学，不是中国文学。[③]

一年之后，陈少廷还发表了《不堪回首话当年：我为什么要编撰〈台湾新文学运动简史〉》[④]，大量改变简史中的表述。

如此改写者还有陈明台，1982 年《根源的掌握与确认——台湾现代诗人的乡愁》一文在讨论笠诗社诗人在作品中表现的乡愁时指出，笠诗社中较年轻的“第二世代”诗人，如白萩、赵天仪、林宗源、李魁贤等人的历史经验，“是由台湾光复，毋宁说是一个全然新的历史的‘生’而开始”；而他们的文学生涯的出发点恰好“是从成为祖国的、中国的，和原本即是作为故乡而存在的台湾的交接点而迈步……”[⑤] 在提及“祖国”、“中国”的词语时，不乏欢欣之感。但当这篇论文被收入论文集《台湾精神的崛起》(1989 年）时，易名为《乡愁论——台湾现代诗人的故乡憧憬与历史意识》，作者对论述做了改动，文中的“台湾光复”、“全然新的历史的‘生’”等字眼不见了，在对十多位台湾诗人进行分析中，他强调：从乡愁意识的探索与发现，意味着对本土精神、台湾人共同体之主体性与归属，认

---

① 《陈芳明、彭瑞金对谈：厘清台湾文学的一些乌云暗日》，《文学界》1987 年第 24 期，第 34、40 页。

② 许水绿：《不要容忍陈少廷：再评〈台湾新文学运动简史〉》，《台湾新文化》1988 年第 17 期，第 82－86 页。

③ 陈少廷：《对日据时期台湾新文学史的几点看法》，《文学界》1987 年第 24 期，第 49 页。

④ 陈少廷：《不堪回首话当年：我为什么要编撰〈台湾新文学运动简史〉》，《台湾新文化》1988 年第 18 期，第 58－61 页。

⑤ 陈明台：《根源的掌握与确认——台湾现代诗人的乡愁》（Ⅱ），《笠》1982 年第 112 期，第 19 页。

同意识的界定、肯定与再发现。① 后来，在写作《战后台湾本土诗运动的发展与成熟——以“笠”诗社为中心来考察》一文时，陈明台直接以“笠”诗社为中心，来考察战后台湾本土诗运动的概况：

所谓“台湾本土诗”此一语汇则毫无疑问地，正足以显示台湾诗人重新夺回台湾现代诗主体性的共同企求与热切的心情。不言而喻，“本土诗”是根源于“本土意识”而产生的称谓。②

而“悔其少作”，修改量颇大的当是叶石涛莫属。比较其对“六十年代的台湾乡土文学”的论述，我们看到前后出入很大：单篇发表的《六十年代的台湾乡土文学》（1984）文章指出：《台湾文艺》与《笠》两种刊物具有“台湾新文学运动一脉相承的传统精神”，亦即“对时代社会的强烈的批判精神”，但是他批评这两份刊物由于“过分注重本土现实及社会性观点”，以至于“失去由整个中国或世界的立场来分析乡土问题的巨视性看法以及欧美文学崭新思想的吸收和容纳”③。到了1987年出版的《台湾文学史纲》中，在论述1960年代的台湾文学时，虽然沿用了大多数评语，但“整个中国”已被“较宽广的”④ 一词所取代，也不再以质疑的口吻指责《台湾文艺》和《笠》两种刊物“过分注重本土现实”。

在《六十年代的台湾乡土文学》一文中，叶石涛指出本省籍乡土小说家，包括陈映真、黄春明、王拓、杨青矗等人，跟老一辈的本省作家作品少有接触，因此他们的作品已非“老调的乡土文学”。叶石涛评述说：

这可能是新一代的这些作家不太认同台湾本土意识较强的老一辈乡土文学，而是较能从整个中国的命运来思考台湾文学的前途的关系。这也许是一种进步吧。⑤

然而在《台湾文学史纲》中，对这些年轻乡土小说家正面赞赏的肯定语气，已被修改成较中性用词，而“这也许是一种进步吧”一句，则被删去，不

---

① 陈明台：《乡愁论——台湾现代诗人的故乡憧憬与历史意识》，收入郑炯明编：《台湾精神的崛起——“笠”诗论选集》，高雄：《文学界》1989年，第66、67页。

② 陈明台：《战后台湾本土诗运动的发展与成熟——以“笠”诗社为中心来考察》，《台湾文学研究论集》，台北：文史哲出版社，1997年版，第85页。

③ 叶石涛：《六十年代的台湾乡土文学》，《文讯》1984年第13期，第143页。

④ 叶石涛：《台湾文学史纲》，高雄：文学界杂志社，1991年9月版，第118页。

⑤ 叶石涛：《六十年代的台湾乡土文学》，《文讯》1984年第13期，第146页。

再出现①。

此外，叶石涛在早年论述中，还多次提到：

真正属于中国文学一环的乡土文学②

台湾新文学运动始终是中国文学不可分离的一环，它蕴藏着强烈的民族精神，富于丰富的乡土色彩，③

这光复二十年来的本省作家由学习祖国语文而姗姗起步，终于能成为祖国文坛坚强的一翼……④

台湾文学始终是中国人的文学、几达六十年历史的台湾文学一直属于中国文学的一部分"、"所有台湾作家都因台湾文学是构成中国文学的一个重要环节而觉得骄傲与自负"、"在台湾的中国文学一定是三民主义的文学"……⑤

但是，随后这些论述都遭到了不同程度的修改，修改的主导思想，即剥离台湾文学与祖国文学的亲缘关系，强调台湾文学的自主性，他反复申说：

台湾文学受到日本文学以及欧美文学的冲击，逐渐发展了自主性性格。

台湾作家共同背负了台湾民众苦难的十字架，跟台湾民众打成一片，为反日抵抗的历史留下严肃的证言。

台湾光复后，台湾的作家重新学习使用中文创作，仍然负起了历史的责任，以写实主义的风格，在作品里反映了台湾的现实社会、台湾民众多彩的生活面貌以及精神生活的进步与挫折……⑥

2002年，叶石涛在东京大学的一次演讲中，提到：

我认为台湾文学是世界的文学当中拥有最复杂的容貌的文学。当

---

① 叶石涛：《台湾文学史纲》，高雄：文学界杂志社，1991年9月版，第123页。

② 叶石涛：《台湾的乡土文学》，《台湾乡土作家论集》，台北：远景出版事业有限公司，1979年版，第34页。

③ 叶石涛：《日据时代新文学的回顾》，《台湾乡土作家论集》，台北：远景出版事业有限公司，1979年版，第41页。

④ 叶石涛：《两年来的省籍作家及其小说》，《台湾乡土作家论集》，台北：远景出版事业有限公司，1979年版，第65页。

⑤ 叶石涛：《论台湾文学应走的方向》，刊于《中国论坛》第12卷第3期，1981年5月10日出版。收入远景出版《文学回忆录》。

⑥ 叶石涛：《台湾文学史纲》，高雄：文学界杂志社，1991年9月版，第1页。

> 然，日本殖民时代的台湾文学并不是日本的“外地文学”，也更不是中国文学的一环。台湾文学是独立的文学，是人类的成员之一的台湾人以台湾的土地、人民为根基所发展出来的文学。①

这一系列的改写都清楚地显示出他写作的史观以及叙述观点的游离和变动，在勾勒出整个台湾文学发展的面貌同时，紧抓着台湾“主体”这一主要的论述对象，并且试图“勾画”源于台湾“主体”的相因相袭的创作精神。

林燿德曾说：

> 任何一个作家/批评家都必须诚恳地面对生命发展的轨迹，承认过去的谬误和愚昧；最耻辱的莫过于篡改身世，为了今日的政治局势和时代潮流而刻意掩饰遮蔽昨日的意识形态。任何作品都可以反复修改，这种修改是一种尊重的态度：包括对于自己以及这个世界。②

前述撰史者突兀的意识形态转变，修改过去对台湾文学的看法，更可看出文学史的写作背后可能牵扯了权力关系的竞逐过程。由于文本外围的因素，致使文学撰述者不顾前后矛盾、扞格，大量修改论述，造成读者阅读的不可信赖感。

二、文学史的三级跳：“乡土文学”——“本土文学”——“文学建国”

福柯曾说：“空间与权力之间其实具有密不可分的关联。空间的安排，往往是权力运作的表征，是权力关系的投影；于是划分领域就等于划分势力，带有定名分、示尊卑、别强弱的意义。”③ 新历史主义在历史语境中考察文学时，将“历史语境”从根本上理解为一种“权力关系”（powerrelation）。它是“一种将权力关系作为所有文本最重要的语境而置于优先地位

---

① 叶石涛作，彭萱译：《我的台湾文学六十年》，《文学台湾》第62期，2007年夏季号，第59页。该论文为叶石涛在2002年应日本东京大学藤井省三教授邀请，在东京大学的演讲稿。

② 林燿德：《世纪末现代诗论集——四度空间诗论第一辑》，台北：羚杰企业有限公司出版部，1995年版，扉页。

③ 福柯认为空间这个课题向来为哲学家、历史学家及社会学家所忽略，事实上，可以借由空间意象来分析权力，亦可以用来分析“权力关系”对文学史写作的影响。参见夏铸九、王志弘编译《空间的文化形式与社会理论读本》，台北：明文书局，1993年版。

的批评解释模式。作为一种批评实践，它将文学文本视为权力关系可视性（visibility）的空间”①。

早在乡土小说受重视的十年前，1965年，叶石涛曾发表过《台湾的乡土文学》一文，并未彰显“台湾意识”，1977年，叶石涛《台湾乡土文学史导论》更明确地指出台湾（乡土）文学是以台湾意识为基础，第一次提出了台湾在日据下“现代化”历程中产生了“台湾意识”的主张，被本土派学者认为提供了“台湾文学”的绝佳定义②。那些倾向于支持台湾独立的本省籍文学作家与批评家开始推崇叶石涛早期对本省籍作家与作品的评论。叶石涛的这两篇文章成为1980年代支持台湾“民族主义”的文学批评者援引的主要文章。“70年代中期的乡土文学论战，则被定位为台湾民族认同与中国民族认同互相冲突的结果。”③ 亦即，把1970年代前后的“回归乡土”的文学视作重要的分水岭，笼统地认为替1980年代的“台湾意识”或者台湾“民族主义”的发展奠定了基础。此种论调受到台湾学者的质疑：

> 从历史分析的角度而言，认为70年代回归乡土的文化潮流奠下80年代台湾意识或甚至台湾民族主义发展的基础，这种回顾的看法恐怕无意中具有“历史进化论”的意味。回归乡土的文化潮流中，确实存在着对台湾历史文化的热切关怀与探究，但这些情感、意志、与行动，未必会发展成有政治意味的台湾意识或甚至台湾民族主义。④

在1970年代之前，台湾文学史研究在学界向来都属冷门的一个领域。乡土文学论战前后，台湾文学的研究、整理、分析，以及文学史的讨论才被

---

① John Brannigan, New Historicism and Cultural Materialism, p. 6, Macmillan Press Ltd. 1998年版。转引自张进著：《新历史主义与历史诗学》，北京：中国社会科学出版社，2004年5月版，第41页。

② 宋冬阳（陈芳明）：《现阶段台湾文学本土化的问题》，《台湾文艺》86期，1984年14—19页。叶石涛与陈映真在乡土文学论战时期分别以“台湾（乡土）文学”与“在台湾的中国文学”的不同概念，提出对台湾（本省）人文学表现性质与前途的不同看法，实际上代表乡土文学作家与支持者阵营中“独派”与“统派”的内部分裂。陈芳明认为叶石涛的“台湾（乡土）文学”概念是基于健全的“台湾意识”上，陈映真的“在台湾的中国文学”概念则反映不切实际的“中国意识”，而这两种认同情感是无法并立的。

③ 陈芳明：《家国半世纪——台湾的政治与文学》，《文学台湾》1992年第2期，第73－82页。

④ 萧阿勤：《1980年代以來台湾文化民族主义的发展：以“台湾（民族）文学”为主的分析》，《台湾社会学研究》，1999年第3期，第11页。

提起，台湾学者颇感焦虑，陈芳明曾说：

> 我们感到焦虑的是，台湾这方面并没有急起。如果我们不开始考虑动手，那么有一天台湾文学的发言权，就要拱手让给大陆了。这种事情，并不是不可能发生。①

自1980年代起，台湾学者相继提出了基于台湾本土意识的台湾文学史编撰计划，随后，台湾文学史的撰写越来越受到关注，关于台湾文学史的讨论，所见繁多，吕昱《打开历史的那扇门：为催生“台湾文学史”敲边鼓》②、高天生《论台湾文学史的写作架构》③、林衡哲《漫谈我对台湾文化与台湾文学的看法》④、《陈芳明、彭瑞金对谈：厘清台湾文学的一些乌云暗日》⑤、陈少廷《不堪回首话当年：我为什么要编撰〈台湾新文学运动简史〉》⑥、《历史悲运的顽抗——随想台湾文学的前途及展望》⑦、《台湾文学应以本土化为首要课题》⑧、《现阶段台湾文学本土化的问题》⑨ 等系列文章，纷纷提出由台湾人自己撰写台湾文学史的主张，在台湾文学史的脉络里建构“台湾主体”意识，强调台湾文学异于中国文学的历史性格、文学特色等“本土化”特质，认为探讨台湾的历史命运与人民的生活风貌，才是台湾作家的最主要课题。

学院外的作家叶石涛《台湾文学史纲》（1987年）、彭瑞金（时任高雄

---

① 陈嘉农（陈芳明）：《是撰写台湾文学史的时候了》，台湾：《文学界》1988年第25期，第6－14页。

② 吕昱：《打开历史的那扇门：为催生“台湾文学史”敲边鼓》，台湾：《文学界》1983年第5期，第206－209页。

③ 高天生：《论台湾文学史的写作架构》，台湾：《台湾文艺》1983年第84期，第18－23页。

④ 林衡哲：《漫谈我对台湾文化与台湾文学的看法》，台湾：《台湾文艺》1986年第100期，第49－56页。

⑤ 《陈芳明、彭瑞金对谈：厘清台湾文学的一些乌云暗日》，台湾：《文学界》1987年第24期，第17－46页。

⑥ 陈少廷：《不堪回首话当年：我为什么要编撰〈台湾新文学运动简史〉》，台湾：《台湾新文化》18期，第58－61页。

⑦ 高天生：《历史悲运的顽抗——随想台湾文学的前途及展望》，台湾：《台湾文艺》第72期，第291－301页。

⑧ 彭瑞金：《台湾文学应以本土化为首要课题》，台湾：《文学界》第2期，1982年第1－3页。

⑨ 宋冬阳（陈芳明）：《现阶段台湾文学本土化的问题》，台湾：《台湾文艺》第86期，1984年第10－40页。

市左营高中语文教师）《台湾新文学运动40年》（1991年）相继出版。这些论著的“立足点”尤其彰显了台湾文学“本土意识”，强调台湾文学史的写作，必须要有“台湾意识”。叶石涛曾明白地指出，撰写该书是为了“阐明台湾文学在历史的流动中如何地发展了它强烈的自主意愿，且铸造了它独异的台湾性格。”① 叶石涛逐渐成为“自主的台湾文学”论述的主要建构者之一②。彭瑞金的《台湾新文学运动四十年》也用“台湾人”、“文化创造”、“自己民族灵魂”等等词汇，引导台湾“自主论”的“正名”运动。叶石涛自言《台湾文学史纲》是部“粗糙的文学史”③，因此常常有修正的举措。过去他曾如此赞誉杨逵的作品对于台湾文学的重要意义，《送报夫》这篇小说的出现，使台湾新文学运动发展达到尖峰，④ 亦对龙瑛宗赞誉有加。可是，岁月移转至2002年，叶石涛推翻了这些肯定性评价，“与时俱进”地将杨逵和龙瑛宗“请”出了台湾文学史，他解释说：“若要从台湾的主体性来思考时，杨逵先生根本是不合格的，那个人根本是大中国主义者。龙瑛宗（1911—1999）也是不合格。”⑤ 此类论述是与叶石涛近年来文学史观转向“本土”乃至“独立”，有很大的关系，在他看来，“这样一个接着一个（荷兰、西班牙、郑成功、清朝、日本、中国国民党）的殖民统治破坏了台湾人的文化和文学，持续着断层，也就渐渐地失去了民族的尊严”⑥，如此衡文，有大中国观念的台湾作家自然不能进入台湾文学史，而“理所当然”应该进入“外国文学史”。文学史的写作，包括撰述者的立场、史观、理论依托和研究角度，自是经过精密的部署，前后理顺，成为“典籍”摆上书架。早期视为正典的作家作品却发生如此命运逆转，何者为真？何者为伪？并不难分辨。

---

① 叶石涛：《台湾文学史纲》，高雄：文学界杂志社，1991年9月版，第2页。

② 余昭玟：《瞭解与再思——评叶石涛对台湾文学的评论》，《新地文学》1991年第6期，第6-23页。

③ 叶石涛作，彭萱译：《我的台湾文学六十年》，《文学台湾》第62期，2007年夏季号，第60页。

④ 叶石涛：《台湾文学史纲》，高雄：文学界杂志社，1991年9月版，第51、52页。

⑤ 山口守作，彭萱译：《专访叶石涛——2002年6月15日于东京》，《文学台湾》第62号，2007年夏季号，第75、76页。

⑥ 叶石涛作，彭萱译：《我的台湾文学六十年》，《文学台湾》第62期2007年夏季号，第60页。

再来看彭瑞金《台湾新文学运动40年》（1997年），他以“本土意识”为主要标准，其内在叙史理路主要以台湾文学“本土化”运动的萌芽、发展和成熟为核心，叙述“台湾人如何经由文化创造运动中的文学创作，去思考、寻找自己民族灵魂的经验”。[①] 单纯以“本土化”作为文学史拣选作家作品的标准，造成很多遗漏，如该著几乎未有涉及五十年代大陆赴台作家作品。在论述“本土化的实践与演变”时，彭瑞金对新世代作家逸出意识形态的“筛网”感到焦虑，指责他们“试图在自主化、本土化的趋向、使命之外，找到一些可以向自己的‘离经叛道’交代的藉口”[②]。林燿德批判过彭瑞金所持台湾文学“本土化”观点的“焦虑感”和“散视”，正好呈现文坛的“世代政治”，[③] 朱双一也指出：“意识形态的偏执不仅使彭瑞金对某些客观存在的东西视而不见，还使他对某些未必存在的东西加以拔高，硬套。”[④]

此前，国民党在意识形态上“中国”概念的说教，在台湾本土运动兴起之后，受到更多的抵制，文学史上的“本土论述”，有一部分发展至作为建构“独立”运动理论的参考。“在暂时性地合法人建构过程中，急须要有一合法保障，此保障之最后目标及最大权限，毋宁就是由地方性的自主，转变为民族上的自主，文化上的自主。”[⑤] 解严以后，改变论述的叶石涛，在《台湾文学的悲情》一书中，也反映了八〇年代新含意的台湾文学自主论，台湾文学概念越来越走向“去中国化”。有些学者有意突出省籍矛盾，宣扬“分离主义”倾向。

1990年代以来，支持台湾独立的本省籍文学作家与批评家更进一步，叶石涛提出了台湾作家的“双重性民族结构”，并否定了他以往关于台湾文

---

① 彭瑞金：《台湾新文学运动40年》，台北：自立晚报社文化出版部，1991年3月版，第15、17页。

② 彭瑞金：《台湾新文学运动40年》，台北：自立晚报社文化出版部，1991年3月版，第231页。

③ 林燿德：《小说迷宫中的政治回路》，《敏感地带》，台北：骆驼出版社，1996年版，第15、16、41页。

④ 朱双一：《近二十年台湾文学流脉》，厦门大学出版社，1999年版，第204页。

⑤ 游唤：《八〇年代台湾文学论述之变质》，林燿德编：《当代台湾文学评论大系2（文学现象卷）》，台北市：正中书局，1993年版，第244页。

化是中国文化的一环的判断；李乔则提出了“文化的台独论”。在“去中国化”的基础上，将台湾文学民族化，彭瑞金在1995年发表的一篇文章中指出“是宣告台湾文学独立的时候了”①。于是，表现在台湾文学史的撰写上，即提倡台湾为“新国家”，创造台湾人集体象征、重新诠释台湾文学、复兴福佬台语、改写台湾历史等，建构台湾民族认同感，建构台湾文化的“特殊性”，进而支持政治上的台湾独立主张与行动。涉及台湾文学史上的独立建国论述的论文，如《写有国籍的台湾文学》②、《当前台湾文学的本土化与多元化——兼论有关台湾文学的一些异说》③、《把台湾人的文学主权找回来——台湾文学主体性座谈会》④ 纷纷发表，这些论文都支持台湾文学的独立论述，他们一贯的表述，将台湾文学打扮成：

> 从1920到1990年代，所有的台湾（本省）作家都因为关怀台湾人做为一个独特民族的命运而紧密相连；台湾文化与文学主体性的建立，是不同世代的台湾（本省）作家奋斗的目标。对这些台湾文化民族主义者而言，就像个民族试图建立其独立的政治主权一样，台湾作家始终在寻求建立“文学主权”，而台湾文学必须拥有自己的国籍。⑤

陈芳明《台湾新文学史》（1999年8月起，连载于《联合文学》），大致可看做是文学史“建国叙事”的一个实验。与叶石涛、彭瑞金不同的是，陈芳明是运用后殖民史学的观点，来建构台湾文学的，首章《台湾新文学史的建构与分期》，号称要根据日据时期迄于今日的台湾“社会性质”来“建构”台湾新文学史，从而分为日据“殖民地社会”阶段（1895—1945）、“再殖民社会”阶段（1945—1988）以及“后殖民社会”阶段（1988迄于

---

① 彭瑞金：《是宣告台湾文学独立的时候了》，《文学台湾》1995年第15期，第333-336页。

② 彭瑞金：《写有国籍的台湾文学》，《台湾文艺》1989年第119期，第4-5页。

③ 彭瑞金：《当前台湾文学的本土化与多元化——兼论有关台湾文学的一些异说》，《文学台湾》1992年第4期，第11-36页。

④ 郑炯明：《把台湾人的文学主权找回来——台湾文学主体性座谈会》，《文学台湾》1994年第11期，第93-136页。

⑤ 萧阿勤：《1980年代以来台湾文化民族主义的发展：以“台湾（民族）文学”为主的分析》，《台湾社会学研究》1999年第3期，第36页。

今日）的论述大框架，这些论述激起了关于台湾文学史观与方法层面的讨论，① 但是如果依据陈芳明的主张，将战后台湾社会定义为再殖民社会，那么其叙史的最大志向当然就会归结到后殖民，而且是为了摆脱大陆中心的中华国族主义，无疑就是台湾文化后殖民的关键。陈芳明在谈到大陆学者所写的文学史时，指出：

> 他们把台湾阴性化、被动化，台湾的文人好像永远在怀念祖国、等待祖国的解救。历史事实并不是这样。台湾就是台湾，台湾本身可以雌雄同体，是完整的、自主的，这就是我的焦虑，这部台湾文学史本身也要抗拒中国的霸权论述。我写的是文学史，写史的行为便是后殖民的行动。②

究其实质而言，再殖民论应该是史明的“台湾独立论”和民进党的“外来政权说”在文学史上的延伸。陈芳明以后殖民史观来统摄台湾文学史，自然受到大量的质疑，曾有台湾人质疑：

> 首先东方主义本身是建立在“异文化”间弱势文化对强势文化的殖民抵抗，萨依德描述的“西方——中东”关系，隐喻的是“基督教文化——伊斯兰教文化”间文化殖民与对抗的关系。而陈芳明撷取的自然是殖民与对抗的部分，但是他是否忽略“中国——台湾”间的文化关系，是否如同与《东方主义》一般是建立在“异文化”的前提上呢？从另一个角度看来，陈芳明亦不免陷入过度的意识形态，对大陆进行“西方化中国”的想象，在判定中国的殖民角色后，进而否定大陆

---

① 有所谓陈芳明 VS 陈映真的“双陈”大战。2000 年 7 月，陈映真发表《以意识形态代替科学知识的灾难》（《联合文学》2000 年 7 期），依据社会生产方式及其推移的理论，驳论了陈芳明自己杜撰的台湾“社会性质论”，陈芳明将国民党政权认定为殖民政府，而不是内部专制体制，有待进行对殖民理论的探讨以及通过台湾社会构成体的严密社会科学论证。双方来回交锋了三回，至 2000 年 12 月，陈映真发表《陈芳明历史三阶段论及台湾新文学史论可以休矣！》而中止争论。可以看到，早自 1977 年叶石涛和陈映真关于“台湾乡土文学”争论开始，一直到 2000 年陈芳明与陈映真关于台湾新文学史分期问题的争论，在关于台湾新文学史论领域中诸问题的统独争论与斗争，一直都没有间断，而且交锋激烈。

② 魏可风专访：《站在边缘的观察者——陈芳明谈〈台湾新文学史〉》，《联合文学》第 15 卷第 10 期，1999 年 8 月。

研究者的书写成果与发言权，亦未尝不是另一个霸权的展现。①

自1987年“解严”以来，伴随着台独派学者“建立民族文学，完成母语建国”② 的号召，还出现了几部台语文学史和论文集，如洪惟仁《台语文学语台语文字》（1992年）、吕兴昌主编《台语文学运动论文集》（1999年）、林央敏《台语文学运动史论》（1996年）等，都深受文学语言本土化的影响。台湾文学史论述逐步走向独立化论述，它以“去中国化”为主要特征和建构方式，企图垄断一切有关台湾本土的资源，并把它强行纳入分离主义的政治视角之下。

三、争论的困惑：寻求对话与检视的台湾文学史

在“世纪末”的暗示下，不同意识形态的学者或有意或无心地参与了“建设”或者“重建”台湾文学史的工程，其中既有回顾历史的意义，又隐含着对于台湾文学定位（相对于“中国文学”与“华文文学”）的焦虑和危机意识。很少有像台湾文学史写作这样涉及政治社会性的“国族”宣言。文坛成员的权力组成、文学建制、文学观念的变化，都成为构成复杂文学历史的一部分。同一个时段的文学史书写条件，亦未造成完全同质的台湾文学论述结果。在台湾文学史论竞相推出的过程中，内中也涵括了铺天盖地的商榷和批评的话语。此处仅举几例：

有人对多个大陆版的台湾文学史进行批评，指出：

> 大陆版文学史在政治主导研究以及强大民族主义的政治教育影响下，其文学史书写流于“民族统一”的强烈意识形态，并企图在研究中用文字脉络“联结”两岸。在大陆版的台湾文学史中这样的问题屡见不鲜，并且往往企图在各章的题纲加上这类语言叙述，使得整体论述都蒙上阴影。在对两岸的关系上处处引述“母体”、“主支流”概念的

① 解昆桦：《他者臆度与自我盲视——台湾区域文学史的价值与可能》，杨宗翰主编：《台湾文学史的省思》，台北：富春文化事业股份有限公司，2002年7月，第19页。

② 蔡金安主编：《台湾文学正名》，台南：开朗杂志事业有限公司，2006年，第24页。

论述中，如除却文化文学的修饰包装，实与政治口号不分轩轾。①

2001年，吕正惠和赵遐秋主编的《台湾新文学思潮史纲》出版，被称为“文学的小三通”（两岸携手完成）②，因其强调“台湾与大陆的不可分割性”，被批评为：

> 彼岸（包括“国内”立场与之一致者）对于台湾文学史的书写，其实也是一种恐惧的总和。或者争夺书写的发言权，或者害怕台湾文学主体性的建立，甚至于担心台湾“文学台独”势力的形成，透过书写，仿佛宣告台湾文学的解释还有一派不同的说法。③

诸多此类词锋对峙，可以筛检出台湾文学所包蕴的，符合各自隐而不宣但依稀可辨的政治需要。“大陆母体”、“本土性”、“独立建国”成为一种意识，自然不免在缺乏反省的惯性认知中，依附于知识体系成为意识形态的滥用，影响研究的学术性和科学性。面对一系列台湾文学史书写所引起的论争，意识形态的批评，那么，台湾学者又怎样看呢？吕正惠曾慨叹说：

> 我常常觉得，台湾文学界的“有心人士”有时候是太过重视意识形态而忽略客观的知识。意识形态当然很重要，因为那是基本的指导原则。但是意识形态不以客观的知识为基础，既不能说服别人，常常就会变成是圈内人的自我标榜。④

伴随着八、九十年代初期的“台湾文学正名”的论战及随后的台湾文学史诠释权的争夺交锋中，诸多台湾文学史论所建立起来的多套修辞和意识形态，不断地被炮制、套用、篡改出来，这种以“减法”或“加法”的论述方法，造成了台湾文学史上的“战国策”。面对这些主导观念各不相同的文学史，已有的台湾文学史受到了多种多样的质疑。何以选择了这些作家而没有选择另外的作家？何以强调某作家的某些作品、某类题材？何以强调某

① 解昆桦：《他者臆度与自我盲视——台湾区域文学史的价值与可能》，杨宗翰主编：《台湾文学史的省思》，台北：富春文化事业股份有限公司，2002年7月，第14、15页。

② 刘纹综：《恐惧的总和——谈〈台湾新文学思潮史纲〉的一些问题》，杨宗翰主编《台湾文学史的省思》第82页。

③ 刘纹综：《恐惧的总和——谈〈台湾新文学思潮史纲〉的一些问题》，杨宗翰主编《台湾文学史的省思》台北：富春文化事业股份有限公司，2002年7月，第83~84页。

④ 吕正惠：《评叶石涛〈台湾文学史纲〉》，《台湾社会研究季刊》第1卷第1期，1988年春季号。

一主导理念的反复传达？……在以上歧见纷出的台湾文学史论述之间，难道没有较少涉及意识形态的台湾文学史叙述模式的可能？马英九也意识到扁当局过去在文化教育领域内意识形态的过分操弄，在竞选中就提出“重视文化传承，建立主体意识，我们主张各级学校应重视对中华文化精髓的传授，藉以建立一种包容、开放、深邃、丰富的台湾主体意识，而非自陷于偏狭、封闭、肤浅、悲怨的地域主义之中。”① 如何建立一个较为合理的解释方式，是目前学界呼吁撰写台湾文学史时必须面临的问题。

近年来，中国大陆学者也对以前照本宣科的“大叙述”作了修正，开始对现代性、文学典律、后殖民“离散”文化等等新议题进行关注，台湾文学史的写作虽然不再“热门”，但一场史料与史观，想象力与权力的对话正在进行。越来越多的研究者开始认同这一观点：

> 事实上，台湾文学史本身不应仅局限于一地之文学史，应该以更大范畴的华文文学史，乃至世界文学史的角度来书写，而这样的联结便需要保留与其他史观对话的可能。失去对话同时也正意谓失去了比较与检证，尽管意识形态如何为台湾文学在史的叙述中“找到母体”或“建立主体”，都无法呈现在世界文学史中台湾文学史真正的特质。②

还有一些台湾学者留学或任教西方，作为西方学界与台湾文学研究的桥梁与中介，提出了新的见解，从台北到纽约在哥伦比亚大学东亚系与比较文学研究所任教的王德威说：

> 有鉴于20世纪中以来海外华文文学/文化的蓬勃发展，汉语或中文一词已经不能涵盖这一时期文学生产的驳杂现象。尤其在全球化和后殖民观念的激荡下，我们对国家/区域与文学间的对话关系，必须作出更灵活的思考。“中国至上论”的学者有必要对这块领域展现企图心，如此才能体现“大”中国主义的包容性；而以“离散”观点出发的学者必须跳脱顾影自怜的“孤儿”/“孽子”情结，或自我膨胀的阿Q精神。在今天，文化、知识讯息急剧流转，空间的位移、记忆的重组、族

① 马英九、萧万长教育政策（http://www.mal9.net）。

② 解昆桦：《他者臆度与自我盲视——台湾区域文学史的价值与可能》，杨宗翰主编：《台湾文学史的省思》，台北：富春文化事业股份有限公司，2002年版，第21页。

群的迁徙以及网络世界的游荡，已经成为我们生活经验的重要面向。①他在广阔的“华文文学”视野下，在文学史的衔接上，经常有跨越疆界与时空的思考，从老舍到王祯和的笑谑传统，从反共文学的新读法、新定位，到台湾文学“史”的发展，从司马中原与朱西宁的“乡土经验”到八〇年代大陆的寻根派……将作家与文本放置到一个确实的历史脉络中去做细腻解读与论证，这是任何文学史研究的起点。王德威的学术路向被总结为三大特征：

一重整汉语文学谱系；

二是着重叙事修辞与意识形态的互动；

三是理论穿透与文本解读的文本结合。②

他以“众声喧哗”来描述20世纪80年代以来海峡两岸多姿多彩的文学状态，“感时忧国”、性别、情色、族群、生态等议题，这些话题和命题，提供给我们切入台湾文学史的全新视角和话题。

未来的台湾文学史无疑要面对一系列的问题：台湾文学史如何凸显华语文学特色？要形成何种文学机制或文化场域？台湾文学史的典率抉择与理论框架的契合？复调的台湾文学史如何论述？……已然成为我们这个时代更需要面对与持续重视的议题。

---

① 《中山大学学报》社科版2006年第5期，发表了由王德威主持的“华语文学研究的进路与可能”专题研讨，在主持人语一栏。

② 季进：《文学谱系·意识形态·文本解读——王德威的学术路向》，《当代作家评论》2004年第1期。

张爱玲与台湾文学史书写*

张　羽

诸种文化现象表明，张爱玲已经成为一个华丽而苍凉的文化符号“活”在台湾，远的不说，就说张爱玲逝世之后，台湾文坛上掀起的一系列纪念热潮，足以让人注意到张爱玲在台湾的重要地位。张爱玲逝世后，台湾文坛举行了一系列纪念活动，此处仅举几例：1995 年《中国时报》举办了“告别张爱玲座谈会”；1997 年皇冠出版公司举行了《华丽与苍凉——张爱玲遗物纪念展》；1999 年，台湾文学界在进行“台湾文学经典”的评论中，还把“张爱玲算不算台湾作家，其小说算不算台湾文学作品”作为争议的焦点；2002 年台湾表演工作坊将《张爱玲，请留言》搬上舞台；2004 年新发现的短篇小说《同学少年都不贱》带来张学研究的热潮……张爱玲对于台湾作家、文坛、学界，还是一般读者的深刻影响，由此可见一斑。与此同时，台湾地区研究张爱玲的博硕士论文也不断涌现，第一篇研究张爱玲的硕士论文是 1990 年的林鏽亭《张爱玲小说风格研究》，第一篇博士论文是 2002 年的庄宜文《张爱玲的文学投影——台、港、沪三地张派小说研究》，还有近五十篇硕士论文分别论及了张爱玲的服装书写策略、短篇小说的对话之运用策略、悲剧性、原乡意识、受《红楼梦》影响的研究、讽刺艺术、小说的电影阅读、散文研究、情爱世界、在台湾的接受现象、女性书写、张腔散文系谱研究……如果我们透过眼前的“乱花渐欲迷人眼”，把视野推移到关于张爱玲文学评论的早期——如果将 1949 年以前傅雷、胡兰成、谭正璧等人的研究视为张学的启蒙阶段，那么自 1950 年初直至 1980 年代初，则可以被视为“空窗期”，这一时段，张爱玲与中国大陆蹊径尘缘，关于张爱玲的文学评论鲜有发表。不过，此时的张爱玲却受到了台湾和欧美学者的重视，在

---

* 本文原载于《台湾研究集刊》2007 年第 3 期。

1957年后开始形成了前有夏志清、胡兰成、朱西宁、唐文标、水晶、高信疆、桑品载、林柏燕、张健，近有李欧梵、王德威、苏伟贞、陈芳明、杨照、杨泽、庄宜文、邱贵芬、周芬伶、江宝钗、廖炳惠、廖咸浩等人构成的庞大评论队伍。真正把张爱玲推上中国文坛巅峰的，正是一些台湾的“张迷”学者，他们为张爱玲打笔仗，定江山，或“招魂”，或“除魅”，成为台湾文学史上的公案。

“蓝溪之水厌生人”的张爱玲年轻时拒人千里，晚年离群索居，设法推远仰慕、爱恋她的读者。与其茕茕孑立的作家私生活相比，关涉她的文学评论却洋洋大观，乃至被称为“张学”，大有与“红学”等相比肩的意味。不过，也有不少学者批评此类的比较。张爱玲一生的写作多是在上海和香港①，写作所涉猎的素材和内容也与台湾没有任何关联，因此，不将张爱玲归为台湾作家，不将她写入台湾文学史应该是理所当然的。但有趣的是，张爱玲常常被列入台湾文学史的书写中。90年代中期，应凤凰面对此类现象，表达了困惑之感，但又“设身处地”为这种奇特的“作家归属”问题想出了三个理由：

> 其一，50年代的《赤地之恋》和《秧歌》恰好可以放入当时台湾的反共文学之列；
>
> 其二，小说最初发表在香港的《今日世界》上，读者群多为台湾读者，随后两部书的再版也在台湾；
>
> 其三，张爱玲在台湾至今仍有大量的仰慕者和模仿者。②

最后应凤凰幽默地总结说：张爱玲之所以“被称为台湾作家”，是因为她是“作品给台湾人看的小说家”。与此相似的观点还有大陆学者古继堂，他指出：

> 不是她要跻身台湾文坛，而是她吸引了台湾文坛。不是她离不开台

① 张爱玲一生中唯一的一次台湾行是在1961年10月，由美国设在台北的新闻处邀请。此次访台主要是为小说《少帅》收集资料，14日，她曾与白先勇、吴鲁芹等《现代文学》杂志社同仁餐叙，后由王祯和带领游览了花莲，来台北之前，她读过其作品《鬼·北风·人情》。

② 应凤凰：《五十年代台湾女性作家——兼比较海峡两岸文学史书的不同注释观点》，《社会科学战线》1994年第3期。

湾文坛，而是台湾文坛离不开她。这种现象在文学史上可能是绝无仅有的。①

深入台湾文学的诠释场，我们会惊愕地发现张爱玲始终处在被台湾学界建构、解构、重构、再构的过程中，而对其文学世界的想象视域也处在不断地读取、变形与扩大之中。作为“文学/文化”的“张爱玲符号”，已经成为一种亟待思考的文学现象，这里将对半个世纪以来张爱玲与台湾文学史的诸种因缘际会进行梳理，评述各种台湾文学史如何书写，或缩写，或不写张爱玲，通过对诸种台湾文学史中张爱玲叙述的展演，阐述台湾文学史撰写中所面临的矛盾和困境。

一、冷战语境下的张爱玲研究

张爱玲文学作品究竟是在何种情境，被何人介绍进入台湾，并受到台湾文坛的瞩目，这是我们首先追寻的问题。事实上，张爱玲的文学成就早在20世纪40年代就受到迅雨、胡兰成、柳雨生、谭正璧等人的肯定，不过这些褒扬多是“好事不出门”。而大多数台湾作家和文学评论者愿意认可的是：他们注意到张爱玲是因为夏志清的介绍。的确，1957年夏志清在台湾的《文学杂志》上发表的两篇论文，对张爱玲研究产生非常重要的影响，其影响直至今日。他在《张爱玲的短篇小说》一文中，高度称赞了张爱玲的文学成就，第一次在中国文学史上，为张爱玲排出了重要位置，“张爱玲该是今日中国最优秀最重要的作家”，《秧歌》在“中国小说史上已经是本不朽之作”，《金锁记》是“中国从古以来最伟大的中篇小说”，张爱玲小说

---

① 古继堂：《台湾小说发展史》，台北：文史哲出版社，1992年，第177页。在文学史体例安排上，古继堂未将张爱玲放入“五十年代台湾的反共小说”中，而将张爱玲放入“五十年代台湾女性小说的创作倾向”一节中，虽然觉得为难，但他从张爱玲对台湾作家创作巨大影响的层面，指出将张爱玲纳入的合理性，并说明叶石涛、齐邦媛都将张爱玲囊括进了台湾作家的阵容，因此自己也将其纳入，显示了文学史写作的惰性延续。古继堂主要的叙述停留于对张爱玲作家作品的介绍，仍不脱以作家作品带文学史的窠臼。论述中提及张爱玲的反共倾向，只简单说《秧歌》“并没有引起多大反应，就被历史的洪潮淹没了”。

中的意象之丰富，“在中国近代小说家中可以说是首屈一指”①。两个月后出版的《文学杂志》又发表了《评〈秧歌〉》一文，他指出：“《秧歌》不仅是一部中国农民受苦受难的故事，而且是一部充满了人类的理想与梦想的悲剧；”相对于其他反共作品中口号式的呼喊，这部作品更多表现“中国民族文化的全景”，“具有古典的完美”②。夏志清的这些“盖棺论定”的评判，让张爱玲成为中国新文学的经典作家之一，进而跻身中国文学史立下汗马功劳。不过令人更感兴趣的是，为什么夏志清会特别关注张爱玲，这可能与当时的政治环境、夏志清的个人处境有着密切的关系，50 年代的美国和台湾都是反共气焰高涨，当时夏志清作为移居到美国的中国学者，曾作为美国著名的反共政治学家戴维劳（David N. Rowe）的研究助手，参与美国政府资助项目《中国入门》（China：An Area Manual）的著述。1952 年起，夏志清开始撰写一本面向西方读者介绍中国现代文学的入门书，并得到洛克菲勒财团的支持。受当时国际政治氛围的影响，夏志清对反共倾向的文学作品多能“热心”介绍。恰巧此时，张爱玲在香港《今日世界》杂志上连载《秧歌》与《赤地之恋》两部作品，这两部作品基本都是在反共叙事中加入儿女私情和人性的描写，其作品中有意无意点缀的一些“反共”论述被人认为具有较高的“真实性”，被言说的资本较高，又基本符合夏志清对“优美文学作品”的基本要求，从而具有了进入夏志清笔下文学史的条件，也因此就有了“夏氏范式”（王德威语）张爱玲形象，并对此后的台湾和欧美学术界产生了较大的影响。

不过，此时的张爱玲要顺利地进入台湾仍有难度，因为上海孤岛时期的张爱玲有亲日的嫌疑③，这对于正全力铲除亲日派的蒋介石政府来说，应该是非请莫入的。但是，张爱玲因为被冠上了“反共作家”的包装，张爱玲刚从“赤地”“脱身”的经历，及其《秧歌》、《赤地之恋》的“反共”内容，使得张爱玲的文学作品得以顺利进入台湾。那么为何在其进入台湾之

---

① 夏志清：《张爱玲的短篇小说》，《文学杂志》第 2 卷第 4 期，1957 年 6 月 20 日。第 4 ~ 20 页。该文由夏济安选译自夏志清撰写的英文著作《中国现代小说史》。

② 夏志清：《评〈秧歌〉》，《文学杂志》第 2 卷第 6 期，1957 年 8 月 20 日。第 4 - 11 页。

③ 陈辽：《沦陷区文学评价中的三大分歧——对〈关于沦陷区作家的评价问题——张爱玲个案分析〉的回应》，《江苏行政学院学报》2001 年第 3 期。

后，又获得较高的评价，内中原因也耐人寻味。四十年代末，国民党制定了“反共抗俄”的文艺政策，此种文学体制直接影响了五十年代的台湾文学创作，到处是充满了“反共抗俄”的公式化故事，口号式的激动呐喊，艺术水准大为降低，张爱玲的《秧歌》与《赤地之恋》由于具有一定的艺术欣赏价值而在众多的反共文学作品中脱颖而出，受到很多文学史家的青睐，这就是这一时段张爱玲在台湾受到热评的原因。

值得注意的是，张爱玲本人对这些持有反共立场的“高蹈”评价颇有微词，她曾对胡适说：“都是由反共方面着眼，对于故事本身并不怎样注意。”① 可以看出，张爱玲不愿意让自己的作品成为当年的“反共”热潮中的代表作，作为作家，她更期待获得艺术构思或叙事技巧方面的肯定。我们还需关注一下这两部作品写作时的背景因素，冷战初期，张爱玲在移居香港后，生活很不顺利，在试图定居日本的努力失败之后，饱受经济问题的困扰，她主要依靠翻译美国新闻处的稿件维持生计，当时，“美国政府赋予驻香港美国新闻处的主要任务是中国文学的翻译，尤其要求翻译和介绍反共倾向鲜明的现代文学作品。”② 此期，张爱玲曾用英文节译了台湾作家陈纪滢带有反共倾向的长篇小说《荻村传》，这对张爱玲后来创作《秧歌》和《赤地之恋》产生了相当大的影响。《秧歌》是受香港美国新闻处委托而作，并且成书很仓促，张爱玲本人对这两部作品似乎也不满意，张爱玲的“微词”多少也表达了作家本人对它们无意之中站在了时代的波峰之上所感到的无奈和讶异。

二、70年代围绕张爱玲文学现象产生的两次论争

就在夏志清将张爱玲推向中国现代文学的最高峰之后，台湾经历了

① 张爱玲：《忆胡适之》，《张看》，台北：皇冠出版社，1992年版，第145页。事实上，张爱玲本人并不看好这两部被冠上反共标签的小说，而大多评论家也多对《赤地之恋》有争议，水晶认为书中的若干场景是由《半生缘》中挪移过来，造成一种尴尬或失当的情况。夏志清也认为该小说“故事规模较大”，“不得不借重三角恋爱的老套……免得流于支离破碎”。

② 宋明炜：《浮世的悲哀——张爱玲传》，上海文艺出版社，1999年版，第233页。

1970年的保钓运动、1971年退出联合国、1972年台湾和日本断交等一系列政治事件之后，台湾知识分子对本土文化的关注前所未有地增强，文学思潮也提倡以本土文化为基础的现实主义。在此过程中，张爱玲在台湾文学史中的历史地位也随之成为敏感的问题。20世纪70年代，张爱玲研究在台湾主要分成两个矛盾组合，一是以海外学者水晶的英美新批评式的张爱玲研究，以及林柏燕对其论断的质疑；另一个是唐文标的文学批评，受到作家朱西宁等人的反驳。这些针锋相对的论争涉及到台湾文学史撰写的方法与史观等一系列问题。

出版于1973年的《张爱玲的小说艺术》是继夏志清的批评之后，第一部研究张爱玲作品的专著，内容有访问记、书评和读后感。作者水晶毕业于台大外文系，对张爱玲推崇备至，纯粹从文学艺术的角度进行研究，摆脱了许多政治羁绊。水晶专注于文本的分析，讨论了张爱玲作品的“神话结构”、“意象”、“象征”等问题，这些分析套路显示了水晶对当时西方文艺批评模式的谙熟，不过水晶只沉溺于对张爱玲笔下的一些经典意象的“把玩”，并未对张爱玲在台湾文学史地位作出一些“经典性”的论断，倒是为其作序的夏志清直截了当地写下了这样的断语：

> 想不到中国文坛会出这样一个奇才，
>
> 实在可同西洋现代极少数第一流作家相比而无愧色，
>
> (在文字、意象运用、人生观察等方面——笔者注) 张爱玲是当代最重要的作家，也是五四以来最优秀的作家。①

这些评论体现出夏志清依然坚持甚至有所张扬二十年前对张爱玲的文学史地位的定位，他再次重申：张爱玲代表了中国文学的最优秀的作家。在他圈定的中国作家的范畴里包含了台湾作家，此种论述无疑对台湾作家造成一定的冲击和挑战。现实主义流派的代表理论家林柏燕对此论断提出了质疑：

> 张爱玲的小说，可以是中国文学的一支，但作为自由中国的文学，其意识是相当淡薄的，其背景与自由中国更扯不上关系。②

---

① 夏志清：《〈张爱玲的小说艺术〉序》，水晶：《张爱玲的小说艺术》，台北：大地出版社，1985年七版，第4页。

② 林柏燕：《大江东去与晓风残月》，《文学探索》，台北：《书评书目》，1973年，第112页。

这里的"自由中国"是指称台湾，在1970年代"台湾"是一个避讳的词语，台湾在国际社会以最能代表中国而进行宣传。林柏燕明确指出了张爱玲区别于台湾作家的身份，并对张爱玲究竟是否能够"代表自由中国的文艺成就"一说提出了明确质疑：

> 张爱玲在美国、在中国大陆，也许还没有重要性；唯独在自由中国，她却是大大的重要，大大的发生了影响力，而且这种影响力的甚巨，足以震撼得人一愣一愣的。①

他甚至预言："张女士注定要在自由中国，成为最重要的作家，受到许多后来者的推崇与赞美。"这些预言今天看来，不无正确之处，如今张爱玲果然内化为台湾文学中精神脉络中的重要一支。

如果说水晶和林柏燕的论争集中在张爱玲的历史地位以及其到底能不能被视为台湾作家的问题上，那么，唐文标与朱西宁之间的争议，则是关于如何评价沦陷区作家的问题。专精数学的洋博士唐文标搜求张爱玲1940年代作品的原刊本，用了十年的时间，颇有成绩，完成了《张爱玲卷》（1982年）、《张爱玲资料大全集》（1984年）资料卷、《张爱玲杂碎》（1976年出版，1983年以《张爱玲研究》再版，加入了《张爱玲早期作品系年》、《我所见到张爱玲的佚文》等文）等资料汇编和文学评论集。唐文标在纵览了张爱玲的文学作品后，虽对其文笔和才气赞叹有加，但他显然非常不喜欢文本中流淌出的颓废、无望的气息，于是，他从左派批评家的立场把张的早期小说做了一个总批判，对于"一个死世界，没有希望，没有下一代，没有青春，里面的人根本不会想到明天"② 的"张爱玲的世界"进行了严厉的批判。此时他正服膺于Sartre，嗜读《辩证理性批评》，他还发表了数篇有关张爱玲的批评文章，成为七八十年代批评张爱玲的重要文献，尽管很多批评者诟病于他的"道德批评"，但是可以肯定地说，唐文标列出了张爱玲作品的出处和系年，使张氏研究更加立体化，在考证出土张爱玲作品方面做出了巨大的贡献。唐文标所写的大量论文，与水晶的结构分析和批评本来有批评范式的同质性，甚至两人的某些批评观点也不无相似之处，但是他的文学

① 水晶：《殊途同归》，《文学探索》，台北：《书评书目》，1973年，第105页，第282页。

② 唐文标：《张爱玲研究》，台北市：联经出版事业公司，1983年版，第56－57页。

主导理念是作家应该担负社会改造的责任，认为沦陷区的作家应该秉持全民抗日大义，多写国族正义那样的东西。朱西宁不满于唐文标对张爱玲的“苛责”，更多是从作家创作个性的角度来礼赞张爱玲：

> （张爱玲）作为一个小说家，“能够”成功的写出她所代表的文明，写出一个大都市里主要人口中一大部分的人物、典型市民，和沉淀在这大都市底层的家庭和文化，这已经很够是一位卓越的大家了。①

此种观点显然是从作家个体出发，不是从国族“大叙述”的格局入手，并不强求所有作家应该写出整个民族的苦难和困境。朱西宁与张爱玲有着共同的“红楼梦魇”，但朱西宁的从军生涯使其笔下更多英雄和乡野人物，迥然不同于张爱玲笔下的世俗小人物，加之朱西宁淋漓尽致的自我发挥，使朱西宁的模仿痕迹更难寻觅。20多年之后，陈芳明也认为唐文标此类观点是“国族主义美学”，“建基于普通主义之上，亦即所有的作家都应该符合一致的要求”，支持了当年朱西宁的一些观点，批判唐文标的主张为“这种庞大的‘国族自我’从现在的观点来看，乃是一种变相的权力中心之建构”。②

从这两组分歧的意见中可以更清楚地看到张爱玲在特定台湾时空背景里的意义，在尖锐的观点对峙中，更可以看出台湾文坛在接受张爱玲时，并非是炫目的光环，而是掺杂进了诸多文化和政治的议题。

此外值得提及的还有张健，早在1980年，他在台湾大学中研所开设“现代文学专题讨论”的课程，就是以张爱玲为研究重点。后来的学生报告交由学生书局出版，成为台湾早期研究张爱玲的重要作品之一，即《张爱玲的小说世界》。后来，1996年，张健专著《张爱玲新论》也与水晶式的张爱玲作品分析非常酷似，带有导读、作品赏析和文学批评的特质。

---

① 朱西宁：《先觉者、后觉者、不觉者——谈〈张爱玲杂碎〉》，台湾：《书评书目》第42期，1976年10月，第81页。

② 陈芳明：《张爱玲与台湾文学史撰写》，杨泽编：《阅读张爱玲——张爱玲国际研讨会论文集》，台湾：麦田出版社，1999年，第427页。

三、纠缠在"中国想象"与"台湾意识"中的张爱玲论述

80年代中期以来，伴随着"台湾意识"渐渐演化成企图从中国分离出去的意识，"台独"派学者一方面在政治上积极构建独立的"国族共同体"，另一方面也开始积极形塑与其相配套的新的文化想象。从这样的需要，台湾文学史也深深地介入到政治社会性"国族宣言"的程序中。于是张爱玲议题又被镶嵌到符合其论述话语的框架之中，不过，因为各自所持理论的不同，对张爱玲的论述也有极大的不同。

先前关于张爱玲在台湾文学史地位上的种种争论，或是单篇论文，或是只言片语，还都是小打小闹，因为，张爱玲毕竟还没有被真正地纳入哪一部台湾文学史中，直等到叶石涛在《台湾文学史纲》中，为张爱玲特意划出了一片疆域，他指出：

> 张爱玲是四〇年代杰出的作家之一。
>
> 《秧歌》着重描写农民生活的日常性，以女作家特有的细腻观察描写农民琐碎的生活细节，当然也没有口号式的夸张批判，却反而把共产统治下的农村现实写活了。①

叶石涛把张爱玲放置在"五〇年代的台湾文学"一章中，这是首次将张爱玲放置在台湾文学史的脉络里，也可以说是张爱玲进入台湾文学史的一个突破，多少体现了台湾学者扩大台湾文学领域的诉求。从一个方面显示出叶石涛认同黄得时早前对台湾文学范畴的划定，黄得时认为虽然没有在台湾生活过，但对台湾作家产生过影响的作家，也可以纳入到台湾文学史的范畴里来，此类观点至今仍对学界有影响，在讨论张爱玲问题时，有人以张爱玲虽然不出生于台湾，也没有在台湾居住过，但文学活动在台湾做的，也是台湾文学史书写的对象，这里的文学活动是指作品的出版及其影响力。不过，从另一方面来看，将张爱玲请入台湾文学史更可以看出五十年代台湾文学史书写的尴尬处境。

---

① 叶石涛：《台湾文学史纲》，高雄：《文学界》，1987年第93页。

但随后的彭瑞金在其文学史著《台湾新文学运动四十年》里，丝毫没有提及张爱玲，在谈及50年代的台湾文学时，他说“文学的收成还是等于零”,① 张爱玲之所以未进入其著述，这与彭瑞金将台湾文学视为必须具有“台湾意识”的衡文标准有关，他基本以本土男性作家为主要论述对象，对女性文学基本不谈。因此，他对张爱玲的忽略可能更符合其对台湾意识的严格要求。2001年，面对文学界出现“张爱玲应不应该进入台湾文学史”的讨论，彭瑞金发表了《张爱玲是台湾作家的逻辑问题》一文，指陈了因张爱玲而引起的台湾文学史的诸种纠葛，他说：

> 意谓让不让张爱玲进入台湾文学，可以检验出某个人的台湾文学论述是不是狭隘的地方主义，还是真正多元包容的开门主义？不赞成张爱玲是台湾作家者，常被批评为圈地自闭的本土派，难道这之间无理可讲吗？还是暴露了台湾文学界低能的推理能力。②

接下来，他指出如果张爱玲的作品在台湾出版，台湾有张迷、张徒、张孙，就说张爱玲是台湾作家，台湾文学经典；同理，鲁迅、托尔斯泰、海明威、歌德、川端康成、卡缪、卡夫卡，都有作品在台湾出版，都有其影响力，为什么他们就不是台湾作家？尽管叶石涛和彭瑞金从各自角度出发，对张爱玲进入台湾文学史有截然对照的态度，前者积极纳入，后者压根不提，真实再现了文学史甄选作家标准的不同，在一部文学史中，一位作家可以被敬为上宾，在另一部文学史中则可能被抛入文学的长河中，成为不被提及的作家。

陈芳明则进行了委婉的转化，他指出了1990年代以前文学史家在面对张爱玲时的“左右为难”的情状：

> 以左翼史观为中心的中共史家，显然不能接受张爱玲的“反共”立场。同样的，以右翼史观为中心的国民党史家，侧重于抗日文学的历史评价；对于张爱玲在汪精卫时期的上海作品，自然不会给予重视。③

他虽然认可张爱玲不具备编入台湾新文学史的基本条件，但又强调不得不将其编入。在《张爱玲与台湾文学史编撰》一文中，他指出：

---

① 彭瑞金：《台湾新文学运动四十年》，高雄：文学台湾杂志社，1997年8月，第80页。

② 彭瑞金：《张爱玲是台湾作家的逻辑问题》，《自由时报》2001年10月29日第33版。

③ 陈芳明：《张爱玲与台湾文学史的撰写》，杨泽主编：《阅读张爱玲：张爱玲国际研讨会论文集》，台北：麦田出版社，1999年，第414页。

> 张爱玲在台湾文坛所释放出来的魅力，几乎没有人能够否认。在撰写台湾文学史时，能够不正视广阔的张爱玲文学流域吗?①

陈芳明之所以重视张爱玲，原因在于他将张爱玲文本视为典型的“后殖民呈现”，他说，张爱玲的意图正是摆脱国族意识的控制。即，她忠实于表现殖民地女性的生活，正是对殖民主义和男性沙文主义的反抗。在陈芳明看来，张爱玲作品正是对中华国族主义的反驳，对以大陆为中心的国族主义的批判。

有趣的是，台湾学者邱贵芬在分析了台湾人拜恋张爱玲的深层文化心理之后，则提出“告别张爱玲”的论断，其原因在于张爱玲充满中国传统意味的文本，恰好映照了移居台湾的大陆人对中国所特有的乡恋情怀和中国想象，通过对张爱玲叙事的不断再咀嚼和再想象，得到“对中国的失落感”的补偿，同时也得以持续“想象中国”的欲望。因此，邱贵芬主张告别张爱玲，是为消除台湾人的“中国想象”。不过，邱贵芬并不是完全无视或清算张爱玲传统。她主张的核心内容是：虽然无法忽略张爱玲的影响力，但是如果过于自然地将她纳入到台湾文学谱系之中，会不断地启动“中国想象”，最终会演化成“台湾独立的国族共同体的绊脚石”。②

由此我们可以发现，学者们对张爱玲的参差评价，其实正体现出张爱玲文本所具有的广泛性和模糊性，“台独”学者既欢欣于张爱玲对政治叙述的冷漠，这恰好可以成为他们将张爱玲论述为反抗中华国族的证据，但又警惕于张爱玲文本中不断渗透出来的浓浓的“中国”文化传统。

四、张爱玲引发台湾女性文学史写作的争论

降及1980年代“女性主义”一词震荡台湾文坛，并成为阐释台湾文学场域的新理念。女性文学书写成为近年来台湾文学史书写的一个热点问题，

① 陈芳明：《张爱玲与台湾文学史编撰》，《后殖民台湾——文学史论及其周边》，麦田出版社，2005年版，第78页。

② 邱贵芬：《从张爱玲谈台湾女性文学传统的建构》，杨泽主编：《阅读张爱玲：张爱玲国际研讨会论文集》，台北：麦田出版社，1999年版，第446－447页。

这里隐含着对既往性别文化政治的反省，同时触及文学史知识建构的权力政治。

张爱玲善于描写被宏大叙事排斥到边缘的女性的种种，正是在这一点上，张爱玲文学书写受到台湾女性文学史的关注，加之张爱玲特有的“思维模式，句法变化，嘲弄态度都以撒豆成兵的方式散布在台湾作家的创作之中”①，其对台湾女性作家写作的影响不可低估，可以归于张派传人的台湾女作家有很多，蒋晓云、萧丽红、施叔青、李昂、朱天文、朱天心、苏伟贞与袁琼琼，甚至三毛等，在台湾文坛上“无旦不张”② 的情况下，张爱玲促成了台湾女性文学的成长，如此看来，将张爱玲写入台湾女性文学史，理应占有的位置应该是在叙述传承与影响之时提到，这种叙史理路应该是比较清晰的，但仍有诸种不同意见。

真正为张爱玲在台湾张罗一个文学族谱的，当是王德威莫属。早在1988 年，他就在评论集《众声喧哗》里，以一篇《“女”作家的现代“鬼”话——从张爱玲到苏伟贞》建构了一套初步的张派谱系，勾连了张爱玲、女性主义、台湾女性小说之间的关系，被视为台湾女性文学传统研究者的必读论文；到了《小说中国》的《张爱玲成了祖师奶奶》里，王德威将格局扩大，除了原来的女性作家外，加入了不少男性作家；1995 年 9 月 4 日发表于《中国时报》开卷版的《落地的麦子不死——张爱玲的文学影响力与“张派”作家的超越之路》更加完整深化了张爱玲族谱；2004 年，王德威结集出版的《落地的麦子不死：张爱玲与“张派”传人》收罗了王德威近年来有关张爱玲论述的 20 篇文章，为“老灵魂”勾画了一个子孙满堂的详图，让人更清楚地看到“世纪末张腔此起彼落，张学方兴未艾”的场面。王德威说：

> ……在宣传文学狂飙的年代里，张爱玲反其道而行，她摈弃了忠奸立判的道德主义，专事“张望”周遭“不彻底”的善恶风景。她从浮华颓废的情爱游戏里，看到人间男女素朴原始的挣扎与渴望；她从庸儒

---

① 陈芳明：《谁能捞起她的影子》，《世纪中国》，http://www.cc.org.cn。

② 符立中：《张爱玲与四个男人（四）——夏志清与水晶》，《幼狮文艺》2003 年 9 月第 597 期。

琐碎的市井人生中，找寻闪烁不定的道德启悟契机。①

王德威的主旨在于肯定张爱玲是“中国女性主义的另一声音”，从而确定了张爱玲在台湾女性文学史上的“祖师奶奶”② 的重要地位。

与王德威主张不同的是邱贵芬，她在题为《从张爱玲谈台湾女性文学传统的建构》的文章中，她探悉台湾文坛上的张爱玲热和女性文学产生直接联系的原因，从文化产业和制度这一外部环境中寻找答案。她认为，“张爱玲热”的开端是蒋晓云在1976、1977、1978年连续获得《联合报》小说奖。评委正是张爱玲的忠实读者朱西宁和夏志清。对蒋晓云的评论中，夏志清多次提到张爱玲和蒋晓云的相似点，蒋晓云的名声因此自然而然地联系到张爱玲，无意之中，向读者传达出将张爱玲的文艺特质作为重要的判断标准的讯息。此后，萧丽红、袁琼琼、苏伟贞等女性作家连续获奖。再加上“三三集团”作家们，张爱玲热开始全面形成。邱贵芬虽然承认了张爱玲事实存在的影响，但她提出：“我们必须拒绝将张爱玲的台湾文学谱系视为理所当然”，“如果我们以重整台湾文学典律的角度来探讨这个问题，或许我们宁可选择福柯有关谱系（genealogy）的关照点，来探讨这套台湾女性文学谱系里牵涉的一些重整台湾文学典律问题。从强调中国想象及其叙述传统传承的角度来看，张爱玲的台湾文学传统是中国传统在台湾的延续，其合理性似乎不那么需要进一步思考。但是，这样一套显得极其‘自然、合理’的文学传承，如果是站在以台湾为主体位置的观点来看，就显得问题重重。断层（discontinuity）应该取代平顺的传承关系（continuity）为探讨台湾女性文学史建构的主题。”③ 她申诉原因是张爱玲的存在遮蔽了台湾女性作家，

① 王德威：《张爱玲成了祖师奶奶（代序）》，《落地的麦子不死——张爱玲与“张派”传人》，山东画报出版社，2004年，第2页。“祖师奶奶”的定位来自于刘绍铭与王德威两人关于张爱玲的对话。

② 20世纪七八十年代，台湾主办的各类小说奖，从取材和风格而言，非张（张爱玲）即土（乡土），因此，带有张派传人模样的作家有很多。大陆学者古继堂在《台湾小说发展史》中，阐述张爱玲在台湾的影响时说过：“只要是读过琼瑶、施叔青、曹又方、欧阳子等台湾女作家小说的读者，不难从中发现情节、人物、叙事方法、心理描绘诸方面一些时隐时现，恍恍惚惚，似有似无的重影。因而，有人把张爱玲视为台湾言情小说的宗师，看来不无道理。”虽然把握到了张爱玲对台湾文学谱系的影响，但遗憾的是，并未对其影响作深入阐述。

③ 邱贵芬：《从张爱玲谈台湾女性文学传统的建构》，杨泽主编：《阅读张爱玲：张爱玲国际研讨会论文集》，台北：麦田出版社，1999年，第446-447页。

因此，只有“拒绝将‘张爱玲’的介入视为一个自然的历史事件”，她反对将张爱玲纳入台湾文学史的主要目的在于，将此前集中在张爱玲身上的文化资源，分散给其间被“张爱玲”的阴影所遮挡的，努力描述台湾自身的历史和伤痛的女作家，进而深入挖掘台湾女性文学固有的特殊历史性及本土性。

此外，还有更多的评论家或作家从多个侧面论及张爱玲文本的女性特质，如高全之《张爱玲的女性本位》① 以女性意识切入张爱玲的文本；平路以《伤逝的周期——张爱玲作品与经验的母女关系》② 展现张爱玲文本中母爱的失落与救赎；胡锦媛的《母亲，你在何方？——被虐狂、女性主体与阅读》③ 以罪恶母亲形象再现张爱玲的女性颠覆；既是张派作家又是文学研究者身份的苏伟贞的专著《孤岛张爱玲》对香港时期张爱玲的追踪，该书之后，2006 年，她又推出了新著《描红》，再次深入探讨了张爱玲对台湾文学的深厚影响；杨照《透过张爱玲看人间——七零、八零年代之交台湾小说的浪漫转向》④ 来讲述女性的浪漫改写……无论是视张爱玲为台湾女性文学的启蒙者，还是为了凸显台湾女性文学的本体地位而告别张爱玲，我认为最重要的是，站在台湾女性文学史的审视观点，正视张爱玲对建构台湾女性文学所起到的重要作用，撰述台湾女性文学史，应该正确定位张爱玲与台湾女性文学传承的关系。

台湾文学史中的张爱玲现象记载和反映了台湾文学史书写背后的文化生产机制和艺术取向，张爱玲以其继承的中国文学传统和女性书写，为台湾文学提供了文学的坐标，直接吸引了台湾作家模仿创作，对台湾文学人才的培养、文学经验的传播、文学市场的拓展等方面，起到了重要作用，总而言之，通过对张爱玲文本在东亚的后殖民和冷战秩序构筑当中被台湾接受的一

---

① 高全之：《张爱玲的女性本位》，《从张爱玲到林怀民》，台北：三民书局，1998 年，第 88 页。

② 平路：《伤逝的周期——张爱玲作品与经验的母女关系》，杨泽主编：《阅读张爱玲：张爱玲国际研讨会论文集》，台北：麦田出版社，1999 年，第 211－233 页。

③ 胡锦媛：《母亲，你在何方？——被虐狂、女性主体与阅读》，杨泽主编：《阅读张爱玲：张爱玲国际研讨会论文集》，台北：麦田出版社，1999 年，第 235－255 页。

④ 杨照：《透过张爱玲看人间——七零、八零年代之交台湾小说的浪漫转向》，杨泽主编：《阅读张爱玲：张爱玲国际研讨会论文集》，台北：麦田出版社，1999 年，第 467－484 页。

些脉络，以及在台湾国族主义高扬的背景下台湾新文学史要怎样处理张爱玲的考察，阐述文学制度介入到国族想象后，对作家阐释也出现了较大的位移。而且，也要阐释台湾独立派人士在处理文化上的身份认同和政治上的身份认同之间的理论困境。回顾台湾的“张爱玲研究”的历史，我们还要反思的是，在大陆多年来因为意识形态强势话语的存在，张爱玲、沈从文等人在很长一段时期里被忽略了；在台湾、香港及海外，张爱玲等人得到了较多的重视，除却某些归因于论者所受的学术训练来自于不同的体系所致，同时也促使我们深思台湾文学史的变量分析和描述重构，力求揭示出文学本身所包蕴更丰富的历史空间。

对台湾学界评祖国大陆的台湾文学研究之述评*

张　羽

近年来，很多大陆学者都对大陆的台湾文学研究走过的历程进行了回眸，与此相对照的是，对台湾学者关于这一领域的批评建议，涉及论述的少之又少。事实上，大陆的台湾文学研究一直吸引着台湾学者的注意，1985年以来，周玉山、林燿德、杜国清、许俊雅、应凤凰、龚鹏程、李瑞腾、黄美娥、孟樊、陈信元等学者曾就大陆的台湾文学研究撰文表明过自己的看法，在这些仁者见仁智者见智的审视中，大陆的台湾文学研究究竟处于何种状态，以及大陆学者应该如何正确看待这一复杂的评论现象，已成亟待总结和归纳的文学现象，本文将对台湾学界对大陆的台湾文学的研究方法和研究理念以及台湾文学史、专著等方面所进行的亦步亦趋的评论，进行全程回顾，力求通过对这些评论的追踪，来折射出两岸学界的思想锋芒和问题意识，并对未来两岸学者的良性互动提出一些初步的建议。

一、20世纪80年代的冲击波

在20世纪80年代中期，大陆的台湾文学研究取得了初步的成果，此时，台湾还没有解严，两岸文坛彼此隔阂，甚至互存偏见。周玉山、陈秋坤、钟辂亘等人辗转地阅读到部分研究成果，撰文进行分析。1985年2月，以中国共产党文艺理论为研究方向的周玉山，发表了《中共的台湾文学研究》① 一文，这是笔者接触的资料中，最早评价大陆的台湾文学研究的论文，该文以大陆召开的第一、二届“台湾香港文学学术讨论会”为视角，

* 本文原载于《厦门大学学报》（哲学社会科学版）2006年第1期。

① 周玉山：《中共的台湾文学研究》，台湾：《联合报》，1985.02-16（13）。

指出很多会议论文都是套用列宁的“两种文化”说，他一方面指责大陆的台湾文学研究中的为政治服务倾向，另一方面，在评论中也显示了自己鲜明的政治立场，发表时突出显示加在文前的一段话就可以看出作者毫不掩饰的政治倾向：“中共有关台港文学研究的立场、走向，不掩共产党‘既联合，又斗争’的统战原则”，这些论说可以鲜明地看出此期台湾学者在意识形态方面对大陆的台湾文学研究的抵触情绪。如果说周玉山的论文只是初步地从整体上介绍了大陆的台湾文学研究概况，那么，3个月后，陈秋坤发表的《如何正确评断台湾文学的本质？——试评封著〈台湾小说主要流派初探〉》① 则是以封祖盛的《台湾小说主要流派初探》（1983年）为中心，进行了深入的文本解读。一方面，他肯定该书是当时海峡两岸“比较有系统地评论台湾近代文学发展的佳作”，另一方面也站在政治立场上，指出封著之所以主张台湾文学为中国一支，是为了“和平统一台湾”的政治号召。此外，还有钟镕亘著文指出此期大陆以政治标准为主要标准，选刊台湾小说的问题②。周玉山、陈秋坤和钟镕亘等人的观点较能代表两岸开放交流前，台湾学者对大陆研究成果的基本看法。这一时期，两岸学界在意识形态方面的对立非常严重。不过应该指出的是，1985年以前大陆学界对台湾文学的研究，有很多潜在的禁区，受限于政治标准，对台湾文学的介绍和研究是有所选择的，因此一些研究工作政治意味较浓，史料根基不足，叙述策略偏颇，虽然取得了一些成绩但也难以达到让人满意的程度。加上两岸阻隔引起学界的政治想象差异，很多台湾学者将大陆的台湾文学研究预设为“大陆统战”之策，因而自然捉笔当枪，尽显批评之能事。

随后大陆的“台湾文学热”迭起，开始促发一些台湾学者从学理角度进行分析。早期对此用力最勤的应是“当代文学史料研究丛刊”发起人之一的应凤凰。1987年起，她经常在《自立晚报》的“海外书讯”和“台湾文学猎书小记”栏目中，连篇累牍地发表对大陆的台湾文学研究成果的介绍和批评，如《台湾香港文学论文选》③ 讲述了她在香港书店“淘金”时，

---

① 陈秋坤：《如何正确评断台湾文学的本质？——试评封著〈台湾小说主要流派初探〉》，台湾：《台湾文艺》，1985年第5期。

② 钟镕亘：《中共选刊台湾小说之浅析》，台湾：《共党问题研究》，1985年第12期。

③ 应凤凰：《台湾香港文学论文选》，台湾：《自立晚报》，1987年2月24日。

读到了大陆第一、二届“台湾香港文学学术讨论会”的两本论文集，其批评态度明显不同于此前周玉山完全从政治角度的立论态度，应凤凰指出“第二届论文的内容比较前届有显著进步，看得出来范围较广泛，也有比较多的专题研究和作家全貌的研究”，肯定之余，应氏说出了面对这些成果时的感受是不免“有些惭愧”，首次显示了台湾学者面对大陆学界的研究成果所产生的焦虑和反思，这种焦虑和反思更多来自于身居台湾却未深入地进行研究的学术责任感，呼吁台湾学界要深入地进行台湾文学研究。此后，应氏发表《台湾与海外华人作家小传》①、《黎烈文评传》、《台湾当代文学》（主要介绍王晋民的《台湾当代文学》）②、《台湾小说主要流派初探》（主要介绍封祖盛的论著《台湾小说主要流派初探》）③、《三缺一，三缺二——两岸的“台湾文学史”》④ 等文章，多是书讯式的介绍，将书中的史料错误一一列举出来。1994 年，应凤凰在大陆发表了《五十年代台湾女性作家——兼比较海峡两岸文学史书的不同注释观点》⑤，分别以台湾 50 年代四位小说家和四位散文家在两岸史书中的不同定位进行了分析，提出了著史的建议。从其一贯的著文态度可以看出应氏在评介大陆研究成果时，更多以一种客观的心态进行介绍。同期，比较详尽地介绍中国大陆的研究概况的论文应该是杜国清的《中国大陆对台湾文学的研究》，该文反对台湾当局将中国大陆的“台湾文学热”一刀切地归之为“中共对台湾的文学统战”，认为其原因有三：一是台湾文学在本质上具有独特的吸引力；二是大陆学者和研究者努力钻研和研究；三是中共官方的支持和鼓励⑥。此外，还有钟丽慧在《台湾文学作品在大陆》一文中欣喜地指出，台湾文学研究在大陆“几乎成了显学”⑦。

---

① 应凤凰：《台湾与海外华人作家小传》，台湾：《自立晚报》，1987 年 5 月 11 日。

② 应凤凰：《台湾当代文学》，台湾：《自立晚报》，1987 年 7 月 27 日。

③ 应凤凰：《台湾小说主要流派初探》，台湾：《自立晚报》，1987 年 8 月 13 日。

④ 应凤凰：《三缺一，三缺二——两岸的“台湾文学史”》，台湾：《中时晚报·时代副刊》，1988 年 3 月 11 日。

⑤ 应凤凰：《五十年代台湾女性作家——兼比较海峡两岸文学史书的不同注释观点》，《社会科学战线》，1994 年第 3 期。

⑥ 杜国清：《中国大陆对台湾文学的研究》，台湾：《台湾文艺》，1987 年第 12 期。

⑦ 钟丽慧：《台湾文学作品在大陆》，台湾：《自立晚报》，1988 年 1 月 7 日。

事实上，1988年前后，大陆的“台湾文学热”引起了台湾各界的瞩目，然而，类似应凤凰、杜国清、钟丽慧等人较为客观公正的分析，并不是很多，有些台湾学者将台湾文学研究据为己有，如羊子乔分析包恒新的《台湾现代文学简述》时，在标题中就直呼胸臆“让我们自己来”，批评包著是“先有结论，后再演绎”①，指责其在未窥台湾文学全豹之前，便妄下断言。1989年，实地参加了复旦大学举办的第四届台港暨海外华文文学学术讨论会的《中时晚报》记者徐宗懋，写下《坐井观“港台文学”——大陆研究台湾文学的局限》，徐文对大陆学者在毫无辩论和研讨的前提下，就将台港文学当成“边缘文学”、“中国文学的重要分支”，非常不满，他批评这种“中原心态”，指出“用地域观念本能地将台港文学视为‘中国现代文学的重要分支’是欠缺思考和分析能力的。”② 不过，徐文也提出了大陆学者对以城市生活为主题的台湾小说认识不多的中肯意见。徐文发表半个月后，酝酿已久的“山雨”终于来临，台湾的《首都早报》策划的“掌握台湾文学史主权”专题出版，彻底亮出了要掌握台湾文学史主权的底牌，李魁贤的挑衅味极强的《指鹿为马的文学共谋——初评辽宁大学〈现代台湾文学史〉》从狭隘的“台湾文学”界定出发，荒唐地将大陆来台的作家，放在台湾文学史之外，认为此类作品“不属于台湾文学的范畴，而应列于中国的流亡文学或海外疏离文学”，并由此得出结论：辽大版的文学史所指的乡愁文学、通俗文学、反共八股，都是流亡文学带来的表象和后遗症，与实质的台湾文学截然不同。③ 这些语带讥讽，全盘否定的评论文章明显可以看出论者如临大敌的心态下，对台湾文学阐释权的争夺。

综上所述，我们可以看出80年代中后期台湾学者对大陆的台湾文学研究进行分析时，存在鲜明的研究态势：一些学者对研究中的简单判断和史料错误有所不满，并进行了善意的批判；还有一些学者则是为了一定的政治意

---

① 羊子乔：《让我们自己来——我对大陆学者包恒新〈台湾现代文学简述〉的质疑》，台湾：《自立早报》，1988年10月7日。

② 徐宗懋：《坐井观“港台文学”——大陆研究台湾文学的局限》，台湾：《中时晚报》，1989年4月29日。

③ 李魁贤：《指鹿为马的文学共谋—初评辽宁大学〈现代台湾文学史〉》，台湾：《首都早报》，1989年5月8日。

图而进行研究态度方面的否定，力图切断台湾文学与中国文化的关联，进行台湾文学史的解释权的争夺，并进行随意的窄化。大多数台湾学者的心态，我们可以借用应凤凰的质疑加以分析：同样是出版台湾文丛，为什么欧美、日本出版了台湾文库，台湾学者会觉得有益于台湾文化的对外发扬，而欣然自喜地共襄盛举，而为什么大陆出版的台湾文学选却总是遭到质疑和批评？她坦率地表达了自己的困惑“每当得知大陆方面关于台湾的出版资讯，……我们应当以什么样的态度、心情，来面对大陆的台湾研究以及出版品——警觉他们的‘统战’？欣然乐观其成？还是批判排斥？”① 这番话一方面揭示了台湾学者潜意识里一直留存的隔阂心态，另一方面也代表了台湾学界开始对此前的批评态度进行了学理反思。

二、《中国论坛》的“当代大陆的台湾学”（文学篇）研究

1987年以后，台湾当局取消戒严，两岸文化交流日益频繁，台湾学者有机会到大陆作学术调研，同大陆学界直接对话交流。在交流中一些学者颇为中肯的指出大陆台湾文学研究的优缺点，但也有一些学者有意的误读，从而引来了两岸学界的激烈论争。1992年，似乎是台湾学界全面盘点大陆研究成果的一年，先是《中国论坛》刊载了专辑“当代大陆的台湾学”（文学篇），随后年底新创刊的《台湾诗学季刊》推出了“大陆的台湾诗学”（上），专辑对大陆学者撰写的台湾文学史进行了或全面或偏颇的分析和评价。

我们先来关注《中国论坛》上的“当代大陆的台湾学”（文学篇）研究。1992年6月，台湾新世代才子型作家林燿德为《中国论坛》策划了“当代大陆‘台湾学’系列/文学篇”，他在前言《雨后，跨海残虹》中指出：十余年来，中国大陆的台湾文学研究令台湾本地的创作者产生最大的疑虑是“政治的操作与台湾文学沦为‘边疆文学’的险境”。他明察秋毫地洞

① 应凤凰：《大陆出版界的“台湾热”——湖南文艺出版社出版〈台湾文库〉》，台湾：《中国时报》，1988年1月21日。

见了“两岸对于彼此文坛的解释权争夺与竞合，可能是本世纪末最迫切的议题之一”①。专辑中收入的五篇文章都是针对当时大陆出版的台湾文学史的批评，分工如下：郑明娳评辽宁大学版《现代台湾文学史》、王幼华评鹭江版《台湾新文学概观》、张启疆评高等教育出版社的《台港文学导论》、吴潜诚评海峡文艺版《台湾文学史》、孟樊评古继堂的《台湾新诗发展史》。这个专辑的出现，标志了台湾学界开始更加慎重地对待大陆的台湾文学研究，不再简单地归纳为“统战”之策，虽然一些评论中仍有很多政治上的攻讦，但其中也有就文说文的评论，甚至有些评论深中肯綮。

专辑中尤以郑明娳、王幼华和孟樊的批评观点较为接近人文学术，力求避开简单政治判断，如郑明娳指出辽大版《现代台湾文学史》“作为大陆人民初步认识台湾文学的教材”尚有其意义，并举出几个有待商榷之处：一是缺乏史观的拼贴资料；二是意识形态主导观点；三是衡文失衡。由于集体编撰，找不到统一的文学观；四是过于倚赖二手资料；五是体例不统一。她提醒读者注意内中“相当多错误的讯息”，并证据确凿地指明该著遗漏的重要作家、作家归类错误或地位放错乃至著作重点介绍错误等等。这里也要提到曾写过同题论文的吕正惠，他的意见与郑明娳基本相近，他认为：首先，此书对台湾文学的“历史发展”的掌握是粗枝大叶的，所呈现的历史是“块状”的。其次，在个别作家的评论上严重缺乏深度②，提出的诸多具体修改意见也与郑文有不谋而合之处。王幼华评论鹭江版《台湾新文学概观》，该文认为小说部分比重过高，内容有重复之嫌，积极地指出大陆学者作台湾文学研究的优点：“可以不受因熟识作家而有的拘束，也可以不受强势媒体塑造作家的假相，以较冷静客观的方式直接面对作品，做出适切的评论。”③ 王幼华立论非常公允，他还对撰写文学史中表现出的政治意识如此分析“写史论之人要逃避意识形态和政治现实的阴影，是相当困难的，这方面因为牵涉到政治信仰、经济利益的瓜葛也是无可厚非的。”孟樊以《书写台湾诗史的问题》为题，评论古继堂独立完成的《台湾新诗发展史》，给

① 林燿德策划：《雨后，跨海残虹——当代大陆“台湾学”系列文学篇·前言》，台湾：《中国论坛》，1992年第6期。

② 吕正惠：《评辽宁大学版〈现代台湾文学史〉》，台湾：《新地文学》，1990年第10期。

③ 王幼华：《论鹭江版〈台湾新文学概观〉》，台湾：《中国论坛》，1992年第6期。

予较高的评价。但他对作者所持的史观有诸多质疑："古氏所持的是'诗派（社）的史观'，换言之，一部《台湾新诗史》，不啻为一部'台湾诗派史'。"他在最后不谋而合地呼应了羊子乔、吴潜诚等人的看法，呼吁台湾诗坛人士，"最有资格'重建'台湾新诗发展史者还是我们自己，也唯有我们自己来写史，才能事半功倍。"①

而张启疆和吴潜诚的行文中，多从政治角度立论，如张启疆指出这些砖头著作中"始终充斥着某种奇特的意识形态、政治意味，一种'中心VS边陲'、'主流VS旁支'、'祖国VS边疆'的收编心理；所有关于台湾文学的评析文字都是为了'实现中国的统一大业'而做。"② 不过张文在行文中，横空挪位，将身在广州的暨南大学径直写成"1980年，济南大学成立台港文学研究室"，与他在行文中过分指责该文学史的种种错误，倒是"相映成趣"，大有五十步笑百步之感。吴潜诚的《唐山人如何写岛屿的文学史——评〈台湾文学史〉上卷观点》以后设历史观的角度探讨了海峡文艺版《台湾文学史》（上卷），他敏感于该著始终"站在彼岸的立场说话，而未曾尝试从此岸的观点出发。"而"宣扬统一"便是贯穿这卷文学史的指导原则，也是它的叙述策略③。

值得一提的是台湾《自立晚报》发表的叶石涛的《总是听到老调》，该文从评论大陆版的两部台湾文学史（1991年福建版《台湾文学史》和1987年辽宁版《现代台湾文学史》）谈起，认为此类研究多把台湾看成是中国文学的一环，是传统华夏文学的重要组成部分，属于老调重弹。他抛出了"双重性民族结构"和台湾文学中的"民族主义结构"的主张。这一论调很快遭到大陆学者的反驳。张恒春在《老调未必是谬误，新曲未必是真理——读〈总是听到老调〉有感》指出：叶石涛"独立文学"的观念的提出有失谨慎。若作为对历史总结的学术探讨，它并不符合战后台湾文学整体发

① 孟樊：《书写台湾诗史的问题——简评古继堂的〈台湾新诗发展史〉》，台湾：《中国论坛》，1992年第6期。

② 张启疆：《"中国文学"收编史——浅析〈台港文学导论〉》，台湾：《中国论坛》，1992年第6期。

③ 吴潜诚：《唐山人如何写岛屿的文学史——评〈台湾文学史〉上卷的彼岸观点》，台湾：《中国论坛》，1992年第6期。

展的实际；若作为方向指引，则更有害于今后台湾文学多元发展的前景，客观上却适应了“台独派”的政治要求。① 与叶石涛一唱一和的还有彭瑞金，他连续发表了《误入歧途的〈台湾文学史〉撰述——以刘登翰等四人主编的〈台湾文学史〉上卷为例》② 和《神话·对话——谈台湾文学与中国文学的交流》等文章，在《神话·对话一一谈台湾文学与中国文学的交流》一文中，他指出：“在台湾的中国热患者和在中国的台湾文学通，都还用神话来包装文学”，公然抛出了“台独”理论，认为大陆学者所说的地缘血缘和史缘论不过是自造的中国文学的神话。③

我们深入探析《中国论坛》上登载的台湾学界的论文，有公正的肯定，有政治的攻讦，有思想的焦虑，试析其原因，主要有三点：一是在一些激烈措辞的背后，实际掩藏着对立的政治态度，两岸政治对立的情势造成了文化上的隔膜，于是“主观意识挂帅”便成为台湾学界派出的最多的批评帖子，事实上，台湾与大陆之间的隔阂与相通并不能完全以政治一言而论，在台湾文学的定位问题上，若仅从意识形态的问题来讨论，未免有过于狭隘的弊病；二是台湾学者在地掌握很多确凿的资料，在阅读大陆学者的研究成果时，很容易发现资料方面的错误，从而造成了阅读中的不信任感；三是大陆学者在撰写台湾文学史的相关论著时，无法对台湾文学有通盘的了解，以致产生许多谬误与曲解，很多论断过于简单化、武断化。这些问题应该成为两岸学界共同深思并探讨的问题。

三、《台湾诗学季刊》的“大陆的台湾诗学”风波

《中国论坛》上刊登的“当代大陆台湾学系列（文学篇）”专辑似乎并

① 张恒春：《老调未必是谬误，新曲未必是真理——读〈总是听到老调〉有感》，《台港文学选刊》，1992年第7期。

② 彭瑞金：《误入歧途的台湾文学史撰述——以刘登翰等四人主编的〈台湾文学史〉上卷为例》，台湾：《台湾评论》，1992年第2期。

③ 彭瑞金：《神话·对话——谈台湾文学与中国文学的交流》，台湾：《民众日报》，1992年9月11日。

未引起太多的批评和商榷类的文章，倒是《台湾诗学季刊》策划的“大陆的台湾诗学”，历经七年之久，刊载了大量的批评与反批评文章，从而引起了广泛的关注。1992年12月，《台湾诗学季刊》的创刊号推出李瑞腾策划的专题“大陆的台湾诗学”（上），第2期刊登“大陆的台湾诗学”（下），强调两岸学者要进行“真正的对话”。随后陆续刊登回应批评的文章，战火绵延至1994年3月暂告段落。1996年，李瑞腾再次策划了“大陆的台湾诗学再检讨”，再挑战火。这一次战火燃烧到1999年3月的第26期，其间亦有大陆诗刊、诗评家加入战场。

1992年，《台湾诗学季刊》“大陆的台湾诗学”的首发阵容有萧萧评耿建华和章亚昕编著的《台湾现代诗歌赏析》，向明评古远清的《台港朦胧诗赏析》，游唤评古继堂的《台湾新诗发展史》等三篇论文。萧萧的文章指出这本诗评集“既无‘台湾’的现实感也没有‘现代’的时代意义，只剩‘诗歌赏析’的文字追索而已。”① 向明指出这本《赏析》竟说台湾也有朦胧诗，其目的是为了证明这种精神污染的罪魁祸首先是来自海外台湾②。游唤认为古继堂这本论著最大的问题在于“台湾主体的失落”，“编的成分实实远远大于史实的层次。它宰制性建构的性质完全驾驭着诗史的评价与解释。”③ 台湾学者似乎意犹未尽，1993年3月，《台湾诗学季刊》再次刊登游唤、张默的论文，以及李瑞腾主持的“大陆的台湾诗学”讨论会的侧记。游唤在《大陆有关台湾诗诠释手法之商榷》一文中，指出当前中国大陆的台湾诗学表现在诠释手法上，可资反省的有三点：一是主体性分量重，凭个人领会感受，直觉下评，缺点则是只成为诗之散文译解；二是运用术语不够专业，当代以及晚近新理论的诗学术语甚少引用；三是理论与作品对话的诠释太少，理论用于实际解读的策略不够。④

面对着这些言辞激烈的批评，古继堂、古远清、章亚昕、耿建华分别为

① 萧萧：《隔着海峡搔痒——以〈台湾现代诗歌赏析〉谈大陆学者对台湾诗坛的有心与无识》，台湾：《台湾诗学季刊》，1992年第1期。

② 向明：《不朦胧，也朦胧——评古远清的〈台湾朦胧诗赏析〉》，台湾：《台湾诗学季刊》，1992年第12期。

③ 游唤：《有问题的台湾新诗发展史》，台湾：《台湾诗学季刊》，1992年第12期。

④ 游唤：《大陆有关台湾诗诠释手法之商榷》，台湾：《台湾诗学季刊》，1992年第12期。

文反击，徐望云、南乡子、葛乃福、沈奇等人也加入讨论的行列，而提供的辩论场地则是《台湾诗学季刊》第3期、第5期、第6期、第12期和第14期等，这场论争被大陆的《文艺报》和台湾《文讯》评为“90年代前期台湾十大诗事”，成为两岸文学交流中最引人注目的现象。

1996年3月，李瑞腾再次为《台湾诗学季刊》策划“大陆的台湾诗学再检验”专题，发表萧萧评古继堂的《台湾新文学理论批评史》、古远清的《台湾当代文学理论批评史》、张默评古继堂的《台湾新诗发展史》等十篇评论，其中值得注意的是孟樊的《主流诗学的盲点》① 和杨平的《批判之外——关于“大陆的台湾诗学再检验”》② 的论文，属于政治批判之外的新鲜呼声，孟樊的《主流诗学的盲点》建议要留意赵毅衡、俞兆平、杨小滨、陈仲义、费勇、熊国华等人的诗歌评论。杨平则指出大陆出版的论著和文章“无论是不是太大胆，是不是令人满意，我们可否借此跳出框框，重新省察自身数十年来，因循累计下的惯性思考模式……如果我们能够接受西方一波波光怪陆离的各种新潮理论，又何妨不能接受彼岸学者的演出呢?”早在1992年12月19日，台湾诗学季刊社举行“大陆的台湾诗学讨论会”，被邀请与会的刘登翰教授就已经明确指出萧萧等人“抽样”的著作，不能全面代表中国大陆对台湾诗歌的介绍和研究，他承认“任何研究者不能不受一定的意识形态的影响”，他建议避开意识形态问题，“在诗的现代意识、诗的生成文化结构、诗的语言策略、诗的意象等等，还有诗的本身的艺术发展过程，可做综合的研究。”③ 这些论述一方面对大陆的台湾文学研究作了深入的检视，指出了亟待改善之处，另一方面也为两岸学界的良性互动埋下了伏笔。

20世纪90年代，发生在《中国论坛》和《台湾诗学季刊》等刊物上的对大陆的台湾文学研究的批评，表面上，针锋相对，互不相让，事实上，对增进双方的了解，理性地进行台湾文学研究起到很大的作用。这一时段

---

① 孟樊：《主流诗学的盲点》，台湾：《台湾诗学季刊》，1996年第3期。

② 杨平：《批判之外——关于“大陆的台湾诗学再检验”》，台湾：《台湾诗学季刊》，1996年第3期。

③ 刘登翰：《在华文文学研究机构联席会议上的发言》，香港：岭南学院现代中文文学研究中心编印，《华文文学研究机构联席会议论文集》，1993年，第4－5页。

内，台湾学界仍有一些学者抱持着强烈的政治意识，借文学场域表达偏激的政治见解，因而传达出全盘否定的批判。但更多的评论开始有的放矢地进行文本分析，一些评论文章非常具有启迪意义和纠偏作用。大陆学者也开始对以往的研究进行反省，认识到应该摆脱思想上的条条框框，建立开阔的研究心胸，才能实事求是，真正认识台湾文学的价值。

四、20世纪90年代中期以来的观点

80年代，大陆的台湾文学研究总有各种有形无形的禁忌，90年代末期，开始脱离政治羁绊，从多角度、多元性的观点深入地进行作品和作家研究。这和此前大陆的台湾文学研究相比，变得更多样化，更人文化，这种研究转变也促成了台湾学界的正面评价，并在此基础上构筑了两岸文学批评的桥梁。

被誉为“新文学史料家”的陈信元在这方面做了大量的工作，他关注大陆文学研究，已有十余年时间，多次在台湾报章杂志上介绍大陆的台湾文学研究，对两岸学界交流起到了一定的作用。2002年，他发表的《大陆的台湾文学研究》对过去十年的大陆的台湾文学研究进行了简要地分析。① 近年来受台湾省文化资产保存研究中心筹备处委托，陈信元联合方美芬、吴颖文、梁竣瓘、邱雅芬、赖忆雯、周煌华等人进行了《中国大陆的台湾文学研究》的研究，2002年11月30日，研究取得了阶段性成果，厚达524页的《中国大陆台湾文学研究目录》打印稿完成，虽未正式出版，但据笔者掌握的资料，这是迄今为止大陆学者都没能架构起来的史料工程，与此同时，《中国大陆的台湾文学研究资料收集计划研究报告》也初步完成。这些成果标志了台湾学者已从局部的评价，转向了对大陆的台湾文学研究的资料性的整理，并进行有的放矢的评价阶段。

关于大陆有关台湾古典文学研究的评论，数十年来，当推黄美娥《中

---

① 陈信元：《大陆的台湾文学研究》，台湾：《联合报·联合副刊》，2002年6月7日。

国大陆有关台湾古典文学的研究概况》① 一文，她指出“充分掌握利用中国大陆相关研究成果，应该有助提升本地未来的研究水平；”在资料整理的过程中，黄氏发现大陆存在偏于作家作品研究的趋向，以及高度强调爱国意识主题的情形，而其研究队伍则多局限于福建、广东、浙江一带，其他地区仍待积极参与。也并高度赞誉了部分大陆学者如汪毅夫等学者能够巧妙运用新方法、新文献来从事研究，肯定其成果足以开启台湾学者的思考空间。

对大陆的台湾文学研究进行全面综述性评价的台湾学者应该提到赖忆雯，她对大陆的台湾文学研究（1979～2000 年）进行了全面的考察，赖文指出：单以今日之成果来论，大陆在对台湾文学的研究方面，似乎远远超越了我们对于大陆文学的研究。大陆对台湾文学的研究，从全然不知到如今的丰硕成果，经由不断的磨炼、探究与反思，累积了现今的成就和水准，可以说大陆对台湾文学的研究是有一番傲人的成绩的，期许年轻学者、研究者在两岸文学的交流上多有建树②。从赖氏的颇为客观冷静的叙述中，我们可以看出台湾学者的期待之情，这里没有了政治上的谩骂，也没有了不屑一顾的讥讽，有的是一种期待日臻完善的学术之境的来临的良好心态。2002 年 11 月底，梁竣瓘在台湾文化资产保存研究中心筹备处主办的“林海音及其同辈女作家学术研讨会”上发表论文《试论中国大陆林海音小说研究》③，该文以中国大陆对林海音研究（1983～2001 年）的个案，探索研究的理路，梁文指出了研究中存在的缺点有三：一、时见延用与雷同之处。很多论文所评的林海音的小说和论述中引用的评说都非常雷同；二、着重意识形态的批评。中国大陆学者在研究林海音时，在下结论时经常来个“渴望祖国统一”的结语；三、较少分析描写中国以外的作品。梁氏批评道：我们观察中国大陆对林海音小说的研究时，除了一些以单篇为题的论述之外，一些以“林海音及其小说”之属的文章，经常出现比重失调的现象。许俊雅也曾在博士论文《日据时期台湾小说研究》的绪论中用了一定的篇幅介绍了大陆的台湾文学研究，指出：“由于台湾自身与中国间不可分割的历史牵连与文化

① 黄美娥：《中国大陆有关台湾古典文学的研究概况》，台湾：《台湾文学学报》，2000 年第 1 期。

② 赖忆雯：《大陆对台湾文学研究之观察——从 1979—2000 年》，http：//www. fgu. edu. tw。

③ 梁竣瓘：《试论中国大陆林海音小说研究》，http：//www. cc. ncu. edu. tw。

关系，台湾文学即使在历经日本统治五十年也终究还是与中国文学是‘较亲近’的。是以，中国研究学界在台湾文学的研究层面上相当积极，充满活力；而多次研讨会的召开，也显示了中国大陆对台湾文学的研究从最初的少数个人、分散的，走向专业，分工的集体合作；研究重心也从对于作家作品的评介，转向作家的综论，并对文学现象、文学思潮、流派，初步的归纳分析。”但许文也指出，日据时期的台湾文学的研究中，“只有突破，并超越意识形态、政治禁忌，一方面运用历史观点来评价小说，另一方面我们更应进一步从文学观点来分析文学作品，整理出文学思潮，寻找出文学精神的真面貌，让文学不再附庸于政治，让文学的归于文学，才是比较健康成熟的研究。”① 应该指出的是，三人都客观地运用台湾观点和远离政治的论述，指出了大陆研究中的一些疏漏，对大陆学者来说无疑是一种鼓励和督促。

在台湾曾策划《台湾诗学季刊》上的“大陆的台湾诗学”研究，几度搅动两岸诗坛的李瑞腾在2000年，再次将目光投向了大陆的台湾文学研究，在《联合报》的“两岸学者”栏目中，发表了《来自大陆，注视台湾——“两岸文学发展研讨会”点将录》一文，在该文中，李瑞腾对大陆的台湾文学研究者进行了点将，所点的将帅中有陈思和、杨匡汉、黎湘萍、刘登翰、陈辽、朱双一、刘俊、曹惠民、章亚昕，并指出当前台湾文学研究“从现当代中国文学的大范畴独立出来，便由点而线而面，逐步扩大并深化，”李瑞腾对这些研究者当前从事的台湾文学研究进行了客观的论述，并对他们为台湾文学研究所做出的贡献表示了敬意。②

面对众多台湾学者合理性或非合理性的批判，大陆学者也进行了相应的反思，反思的问题涉及如对台湾社会历史和现状缺乏了解，只是简单的罗列文学观念；资料严重匮乏，致使出现许多不应该的史实错误；受非学术的干扰，致使研究中的庸俗倾向严重；一些研究者学术水准不高，致使研究理念、研究方法陈旧。还有一些大陆学者开始采取细读的姿态，逐一寻找既往台湾文学史的资料谬误，检视其书写策略与架构模式存在的问题，加以修

① 许俊雅：《日据时期台湾小说研究绪论》，台湾：文史哲出版社印行，1999年，第36页。

② 李瑞腾：《来自大陆，注视台湾——“两岸文学发展研讨会”点将录》，台湾：《联合报》，2000年9月18日。

正。1998年3月,《世界华文文学论坛》编发了《关于本学科建设的一些思考》专辑,朱双一在《从文风差异谈海峡两岸台湾文学研究界的取长补短》一文中,详细论述了两岸学界的携手合作对促进台湾文学研究具有重大意义。大陆的台湾文学研究欠缺严格的学术规范;而台湾的文学批评多属微观研究的范畴;大陆的台湾文学批评,较多属宏观研究的范畴。台湾学界看这种宏观研究的文章,常常会觉得比较空泛,特别是"缺乏真正能触及诗心文心的艺术分析"。与台湾相比较,中国大陆文评界有庞大的专业理论队伍,是台湾无法比拟的;这支队伍有宏观的专业训练和习惯,因此只要能解决资料问题,做些诸如文学史之类的系统的深度研究,正是大陆学人之所长。[①] 朱文的深入分析,说明了当前两岸学界的协作发展的重要意义。

综上所述,回顾两岸学界关于台湾文学研究的论争,我们会发现,两岸学界都曾拘囿于政治藩篱之中,甚至在某种程度上将文学研究当做政治权益来争夺,从而阻碍了学界进一步加深交流,这种现象的发生,是因为在文学评论中加入了太多的非文学因素,把文学研究当做政治宣传的附庸,一些情绪性的争执和论争非常不利于两岸文学交流的良性互动。当前海峡两岸共同的历史文化背景是两岸学者顺利交流的有力保证,相信在海峡两岸学者的共同关注下,致力于多层次、多领域、多面向的交流与合作将会促使台湾文学研究的深化。加强双方相关研究机构、学者的联系,定期交换研究成果。互派访问学者,做长短期的研究。与作家、学者对话、交流,促成双方深层的理解,将台湾文学采取多元关照和互动研究,才能突破现有的研究困境。总之,大陆的台湾文学研究始终处在不断的改进之途,力求以客观的襟怀研究台湾文学,汲取台湾学者的正确评价,应是研究者应该深入思索的问题。

---

① 朱双一:《关于本学科的一些思考》,《世界华文文学论坛》,1998年第1期。

语言·族群·意识形态[*]

蒋小波

本文的思考起源于一部电影和一本书。这部电影就是当代台湾大导演侯孝贤的代表作《悲情城市》。从表面上看，这是一部黑片包装的政治电影，电影是在一个类似《教父》的经典长镜头中开始的——一场家族庆典并以照全家福的定格画面结束。侯孝贤在这里显然有意复制了斯科西斯，以一部黑片的方式开场，但展开的却是一个严肃的政治主题。且慢去讨论《教父》中所反映的美国少数族裔与主流政治的互动关系（《教父》中参议员关于意大利人对于美国社会之贡献的蛊惑人心的演讲一定让观众记忆犹新吧），以及政治的表演舞台（民主党与共和党）与幕后法则（黑手党）之间微妙的映射。而在侯孝贤这里，以黑片的方式来包装政治主题看起来似乎别有用心。他试图打破的是那种依赖于学科建制孤立化看待政治的僵化视界，从而还原日常生活的政治本相——一种福柯式的无处不在的微观政治。

而我是从一种"语言政治学"的角度来解读这部电影的。显然，只有从语言的角度来解读这部电影，才能解读出其中独特的中国元素与台湾元素，才能解读出侯孝贤超越斯科西斯的东西，才能解读出这部电影内在的叙事语法和支配这种叙事的深入到语言肌体之中的政治无意识。吸引我注意力的首先是电影中的语言现象，当影片开始时，伴随着镜头画面的摇移，我们听到林文雄老婆生产时的痛苦嘶喊、婴儿的初啼、小孩子们的嬉闹、老人的咳嗽、叨唠、成人心事重重的对白。这一切对白与独白，喊叫与嘻闹，都是以地道的台北闽南语进行的。这种语言对我来说几乎是一门外语。我对这些语言的理解，是借助于电影画面下方打出来的一行行繁体现代汉语字幕来实现的。而细心的观众不会忽略另一种语言，那就是在这一镜头画面中始终存

---

* 本文原载于《台湾研究集刊》2007 年第 1 期。

在的、从收音机里传出来的时断时续的长波音频，懂日语的观众则能听出那是日本天皇正在向“大日本帝国”的“国民”发布战败投降宣言。

从以上音画现象中我们可以至少析出三种语言元素，而在《悲情城市》中，这三种语言现象都被赋予了意识形态的含义：闽南话所代表的是现在时的日常生活——那个柏格森所说的过去与未来的交汇之点，那个方生方死、送往迎来、永恒回归的现在，那个被照相机所定格的瞬间；日语所代表的是过去的历史，一种已然宣布失效的权力，而它的阴影又将在未来的梦魇中回归；现代汉字所代表的首先是一种到来的政治权力，它体现为对日语权力的接管，然而它又唤醒了更古老的文化记忆，从这个角度而言，它又是对自身权力的“光复”。

在《悲情城市》中男主人公林文清身上，则可以更加明显地看出作者的语言政治学映射。林文清的疾病同样是耐人寻味的，“聋哑”所暗示的是失语，林文清的语言残疾并非先天，而是由于后天的“事故”，幼年时期的一次受伤使他永远失聪，从而使他的语言能力定格在“咿呀学语”的阶段。所以，他所受的伤就不简单的是一次身体的伤害，而是一次文化的创伤。作为一种补偿，他发展了文字的能力，依靠书面文字和他人进行交流。林文清这种令人蹊跷的失语症所映射的正是汉语一千多年的痼疾：书同文，言异音。语言能力的残疾有一次几乎危及他的生命。当二二八事件发生的时候，一群本省籍的“暴民”冲进车厢。要求林文清用语言来表明自己的身份。“暴民”先用闽南话而后用日语问他是“哪里人?”“哪里人?”看似一个空间问题，但在主人公所处身的特定情景中实际上转喻为一个时间问题。闽南话暗示的是台湾本土的生存历史，而日语则暗示了殖民地生存的台湾历史。“本土的”、“殖民地的”成为“台湾的”生存印记与身份标记。“本土的”、“殖民地”历史成为台湾的历史。在《悲情城市》中，观众经历到三种语言所代表的三部历史的重叠。闽南话所表达的是本土的、日常生活的历史，日语所表达是的逝去的殖民地的政治史，国语所表达的是现在时的意识形态。影片在日语的溃败中开幕，无线电传出的日本天皇宣布战败与投降的声音。在闽南话的喧哗声中缓缓地展开，又在无线电所广播的国民党台湾行政首长陈仪那江浙腔调的“国语”中达到戏剧冲突的高潮。林文雄的咒骂“日本人去，中国人来，哪里有我们台湾人活路?”表达了一种意识形态吁求：要建构闽南话的意识形态。

一

《语言文化与民族国家》一书汇聚了当代台湾关于“台语”建构的一些重要观点。在《本书编序》中，该书主编林央敏谈到：“台湾至今是一个被殖民的国家，和古往今来的殖民地一样，本地的民族文化资产总要遭到殖民统治者的压抑蹂躏，在这种情况之下，被殖民者要保持认同与复国意志，以挣得日后的出头天，就必须致力于维护民族母语与文化资产，并发扬民族文学与歌谣，使之源远流长，丰沛不息。而这种维护的动力则来自被压迫人民怀抱强烈的民族意识与民族情操，清楚地认识语言、文化与国家、民族的深刻关联。”①

在一篇名为《母语建国》的文章中，作者谈到：“一个民族有一个民族的母语，就像一只金丝鸟有天生的歌喉；一个民族国家必然会拼命维护伊的母语，就像一只野牛天生有一对角，用来抗争保护伊的自由权。”作者援引但丁以意大利方言写作《神曲》，美国诗人费特勉（Whitman）以美国口语写作《草叶集》的事迹为例，说明台语与台语文学对台湾“独立建国”之必要性：“语言是心灵之声，民族母语是民族的灵魂，心灵受制中国人，煞变成人的奴隶；奴隶放弃天生的台语牛角，永远昧出头天。”②

在“母语建国”这样一个看似带有强烈“文艺复兴”色彩的口号下，同一作者胡明祥专门谈到《欧洲文艺复兴对台语文运动的启示》，胡文认为：欧洲文艺复兴事实上就是一次大规模的“母语建国”运动，从意大利、英国、法国、到后来的德意志，民族语以及民族文学的兴起与近代民族国家的建构同步发生，相辅相成。故而，他认为台湾“独立建国”的一个基本的文化前提是台语以及台湾文化的独立。台湾文化必须与殖民者的文化，从所谓大汉族文化、河洛文化、中原文化中分离出来，寻找自己失落的语言与本土之根，从而建构台湾语的母语环境与文化认同。

作为一个文化连带的问题，该书还讨论了台湾人的血统问题，一种观点

---

① 林央敏主编《语言文化与民族国家》，台湾：前卫出版社，1998年，第13页。

② 同上，第82页。

认为，台人中的大部分闽南人其实是两晋之际南迁的中原人，在中原被胡人占有之后，南方成了中原汉人的主要定据地，故而包括闽南人在内的南方移民族群才是河洛图腾的正宗传人。另一种观点认为，将包括台人在内的闽南人比附河洛图腾代表了一种积悠久历史根深蒂固而不自觉的文化被殖民心态，人种学的研究证明闽南人属于中国南部的马来人种系，而区别于北方的蒙古人种系。闽南原住民即便曾与来自中原的汉人通婚杂交，其中的汉人血统也是非常微少的。河洛人南迁而演变成闽南人的历史假说最多只代表了被殖民者试图僭越正统的“出头天”心态，而实际却犯了“视仇寇为父母”的伦理大错，是一种典型的历史失忆症。事实上，从汉字“闽”的结构就可以看出中原汉文化对南方少数民族的歧视。而“河图洛书”作为中原正统文化的一种最原初的文本想象，从中所演变的阴阳五行与太极八卦思想随着汉字在空间与时间中的不断播散，不断地侵吞与同化弱势族群的文化想象，并造成弱势族裔的文化失忆与文化屈附。所以，台湾人以驮载“河图洛书”的千年神龟自居，恰恰构成对这种文化殖民下的本土文化失忆症的绝好脚注。

以“台语立国”为高调表述的文化“台独”论述在岛内已遭遇到激烈的反对。宋国诚在《这就是我们要的本土化吗?》一文中将这种本土意识称为一种“后殖民焦虑”:“本土意识演变至今，可以称之为一种后殖民焦虑，这是一种对殖民宗主欲舍难割的暧昧情结，一种从殖民主体的模仿（mimicry）中建构一种镜像自我分裂意识，它从一个主人的宰制那里学习做一个宰制的主人，从典范化的帝国霸权那里，仿制了霸权化的典范。在这种学做主人的过程中，历史想象（historical imagination）和语言霸权（linguistic hegemony）是不可或缺的环节。正如爱德华·萨义德（Edward Said）透过对爱尔兰诗人叶慈（W. B. Yeats）作品的解读，批判教条的民族主义时指出的，后殖民文化抵抗的主要任务就是重申主权与重新正名，并认同于对土地的眷念之上，一种‘收复失地’的意念将催促对母语神话般的崇拜。”① 而南方塑则直接将有些“台语主义者”的语言实验称为“语言污染”，针对“台语主义者”所推崇的夹杂着生造汉字、拼音化与直接的外语书写大杂烩

① 宋国诚:《这就是我们要的本土化吗?》,《新新闻》，第865期（2003/10.2－10.8）。

的“新台语”，南方塑指出：典雅的语言是一种文化文明程度的重要标志，而他看不出台语主义者所炮制的新台语有什么文化前途，即便这种不伦不类的“新台语”能够挟特定的政治力量而得势于一时，也只能是一种文化灾难而已。而吕正惠教授则从方言与普通话的辩证关系分析了台湾文学的语言问题，其观点较为平实中肯。吕正惠认为，雅言/俗语、官话/方言、普通话/地方语构成中国语言传统独特的二元结构，二者不可以互相取代。一方面，雅言、官话、普通话提供了一种民族共同语与标准语，另一方面，各地的方言俗语构成了共同语的源头活水，不断的参与并丰富了标准语言。所以，一面要提倡国语标准话以沟通雅俗，整齐书写，另一方面，文学创作要不断地深入到方言俗语的源头活水中去吸取养分。吕正惠反思了现代新文学传统并比较了两岸的文学写作，认为：大陆文学因为比较好地处理了“民间文学与新文学”、“普及与提高”、“知识分子话语与劳动人民口语”的关系，因而在语言上显得较具活力，而台湾文学由于受国民党语言政策的影响，一方面不屑于向民间语言学习其生动与丰富的表达形式，另一方保留了较多的国民党遗老式的书卷气与文言痕迹，因而逐渐失去表现力，所以在台湾提倡乡土文学与保存方言都是十分必要。但是，一种纯粹的“台语写作”的困难在于：“在汉文化的范围内，讲任何地方话的人都是透过学习官话（或雅言）去获取知识，并以官话来思考、来表达的。这已经是汉族的一种‘宿命’，即便台湾最后真的独立了，也无法逃避这种宿命。提倡台语文学的人不妨想一想：真正在面临复杂问题的思考时，你们脑中所活动的语言是普通话呢，还是闽南话?”① 简言之，中国人已经习惯了同时使用两种语言：作为一种公共语言的普通话与作为一种私人语言的方言，任何试图改变这种“双语”情况的努力似无必要，也不具备实践上的可行性。

二

显然，以前述《语言文化与民族国家》观点为代表的当代台湾“语言

① 吕正惠：《从方言与普通话的辩证关系看台湾文学的语言问题》，《台湾社会研究季刊》第十二期，1992年5月。

民族主义”论述如同打开了中国历史的潘多拉魔盒，从新释放出了尘封于血缘、语言、文化与意识形态中积淀了几千年的仇怨。然而，这种“母语立国”的表意策略，却极易让人联想起一个世纪以前中国现代性的发生：血统的革命论与文化的革命论。诉诸血统与种族的表意策略，其实是中国近代革命所扬弃的一种方案。我们知道，中国的民主革命的最初表达形式为“合同种，异异种”的种族革命，孙中山早期的民族主义思想中，曾明言以“血统、语言、地域”为民族的三要素，而章太炎也曾倡导“种姓革命”，其实继承的思路则直接与儒家所谓“夷夏之辨”相通。为了论证其反清排满的种姓革命思想，章太炎将世界诸民族区分为文明民族与野蛮民族，野蛮民族“其种类不足民，其酋豪不足君”，这种论调，与孔子所谓“夷狄之有君，不若诸夏之无也”如出一辙。章太炎援引希腊、意大利近代民族独立革命来说明种姓革命的正当性，反复提到晚明诸子反清复明的复国主义，并历数满清入关之后对汉人的种族屠杀（“扬州十日”），将满清的统治比作南北朝时期的“五胡乱华”，其要求恢复汉族作为“文明民族”的正统地位的革命动员策略直接继承自晚明诸子“反清复明”的政治口号。

然而，章太炎与早期同盟会“驱除鞑虏，恢复中华”的种族复仇主义革命论隐含着逻辑上的困难与政治上的危险。这种逻辑困难首先表现在，对中国“人之历史”的追索恰恰表明了中国人种的混杂性，章太炎的种族主义显然受到了十九世纪末流行于日本的人种学理论的影响，但章氏熟读中国史书，不会不清楚中国人种的历史演进恰恰构成对那种追求种族纯洁性的人种学理论的反例，在《序种姓》一文中章太炎自承中国的姓氏族系到南北朝时期就已经混乱，而康有为更认为，从“天造草昧，万国相争”的历史开端到大一统国家的形成过程中，国与国、族与族之间始终在不断地消除界线，不断地同化①。故而章太炎又提出了所谓天然民族与历史民族的区分，天然民族以血统分，历史民族则以语言文化分。章氏强调近世谈民族主义者主要是从历史民族着眼，显然是为了使其民族主义在学理上更站得住脚，但却与前述血统复仇的革命理念自相悖谬，因为既然以语言文化作为民族标

① 康有为：《大同书·去国界合大地》，《康有为大同论二种》，读书·生活·新知三联书店，1998年，第105页。

志，则对于已经同化为一种文化的民族而言，已无所谓我族与异族，你中有我，我中有你，则复仇的根据又何在？事实上，章太炎与同盟会的种族革命论很难回答这一康有为式的诘难。

所以，考诸近世中国“民族”概念的演进，可以发现从强调血统的“种姓”到强调语言文化的“民族”再到强调“精神认同”的现代国家主义的发展轨迹。提出“三民主义”之后的孙中山与人谈民族主义时已很少谈血统，而是强调多民族共同认同的“民族精神”：“民族主义之范围，有以血统、宗教为归者，有以历史习尚为归者，语言文字为归者，……然而最文明高尚之民族主义范围，则以意志为归者。如瑞士之民族，则合日尔曼、以大利、法兰西三国之人民而成者。此三国各有血统、历史、语言也，而以互相接壤于亚刺山麓，同习于凌山越谷、履险如夷，爱自由，尚自治，各以同声相应，同气相求，遂组合而建立瑞士之山国，由是而成为一瑞士之民族。此民族之意志，为共图直接民权之发达，是以有异于其本来之日、意、法之民族也。又美利坚之民族，乃合欧洲之各种族而熔冶为一炉者。自放黑奴之后，则收吸数百万非洲之黑种而同化之，成为世界一最进步、最伟大、最富强之民族，为今世民权共和之元祖。”① 在基于“民权共和”之意志认同的基础上，孙中山进一步提出了“积极的民族主义”：“夫汉族光复，满清倾覆，不过只达到民族主义之一消极目的也。积极目的为何？即汉族当牺牲其血统、历史与夫自尊自大之名称，而与满、蒙、回、藏之人民相见于诚，合为一炉而治之，以成一中华民族之新主义，如美利坚之合黑白数十种之人民，而冶成一世界之冠之美利坚民族主义，斯为积极之目的也。”②

从种族革命到共和理想，代表了近现代中国民族主义的演进。而中国现代白话文运动提供的借镜同样值得当代台湾的母语建国论者反思，其实，在现代国音统一运动所提供的诸多读音方案中，最早提出来的恰恰是厦门人卢赣彰以闽南话的发音为标准的拼音方案，而后来为什么最终采用王照以北京话为发音标准的方案。关于这个问题，胡适在《口述自传》中有一段解释，胡适通过对欧洲民族语的研究发现，即便在欧洲典型的民族国家如意大利、

① 孙中山：《论三民主义》，《孙中山文集》上，团结出版社，第39页。
② 同上。

英国、法国也有多种方言并存的情况，也存在需要确立一种标准音的情况，并且它们都选择了其中"最有影响"的一种方言作为国语标准音。而中国的情形是："官话"具有较好的传播基础，并且产生过许多有影响力的文学作品，并受到文人学士"有价值意识的肯定"，"中国的'官话'包括北京方言、华北方言、长江中上游流域的方言。纯'北京话'曾产生过像《红楼梦》和《儿女英雄传》等小说名著，'普通话'也曾产生过许多小说，最早的像《西游记》和《儒林外史》。这许多大部头的官话小说，使中国的官话具备了足够的资格作为中国的'国语'"。①

三

现代民族主义具有两个理论源头，有人将其称之为法国式的政治民族主义与德国式的文化民族主义。前者强调是公民对政治的参与，后者强调以民族文化、民族语言作为国家图腾。事实上，上述两种民族主义理念中包含着互相对立的价值倾向，法国式民族主义由于强调国家共同体对公民的义务而使这种民族主义具有超民族主义的倾向，从法国大革命时期"专制之下无祖国"的政治口号中我们不难理解为什么在法国式的民族主义之下会诞生巴黎公社这样的世界主义政治理想，而由赫尔德对德意志民族与德语的膜拜中我们也多少可以嗅出几分"第三帝国"的意识形态气息：种族狂热与血统论，德国文化优越论。无独有偶，中国近代也交织着"民族"与"大同"的双重历史想象，我们从国民党与共产党的意识形态中依稀可以辨认出这两种原初的现代性话语的痕迹。

可以看出，当代台湾"母语建国"论述带有浓厚德国色彩。事实上，极端的母语崇拜恰恰在批判语言工具论的同时陷入了另一个认识误区，这种强调母语与族群同构的本质主义语言观忽略了语言的一个最基本的特征：公共性。语言永远是一种共同的想象，并在个体与个体之间、集团与集团之间、族与族之间的交流与交往中不断地生成转换，也就是说，语言想象的疆域永远是在"外面"而不是在"内部"，习得语言的历史就是一部交往的历

① 《胡适文集》卷一，北京大学出版社，第337页。

史，就是一部不断他者化的历史，维特根斯坦早已论述过私人语言之不可能，而德里达更形象地说词语的意义生成是一个永远的寻找他者的过程，一种能指与能指之间的无休止的延宕，因为一个词的意义必须借助其他词对他的“解释”来确定，而其他词又得求助于其他他者，由此形成的解释之循环是无止境的。从族群语言的角度我们很容易找出例证来说明这种语言的“他者化”。比方说雅俗两种语言的共生与互通就是很好的例证，连雅堂就指出，所谓用雅言写就的儒家典籍中其实有很多方言。而从外来语的分析中我们更可以看出各种语言的共生现象，比方说“支那”，“支那”最早是外语对汉语的音译，China 一般以为是从秦朝的秦（Tsin）之音而来，西汉之时，匈奴已称汉朝人为“秦人”，后来在中亚、印度、欧洲各地辗转成为 Cina、Sina、Cin、Tsin、Thin、Chine 等字音出来。一千多年前唐朝僧侣在翻译佛经中的 Cina 一词时，将其音译为“支那”或“至那”。日本早期称东亚大陆为唐土、汉土或王朝名，到德川幕府中叶则干脆依西洋的 Cina 发音，汉字则用“支那”。清末知识分子受日本影响如孙文、章太炎、刘师培等都称本国为“支那”或“震旦”，梁启超的一个笔名叫做“支那少年”。同盟会成立，设有“支那暗杀团”，在上海等地还有以支那、震旦为名的学院。日本汉学家青木正儿组“支那学会”，出版“支那学”杂志，寄给胡适，胡适回函称“祝支那学万岁！”。国民政府及共产党在抗日时期，皆厌恶“支那”之名，中华人民共和国成立后，在国际上一度用罗马字拼音 ZHONG - GUO 来代 China 而未果。①

另外，我们知道，古代汉语对整个东亚语系的影响非常大，日本就直接借用汉字创造了日语文字，而现代日语中的汉字又成了汉语输入现代名词术语的重要渠道。有学者指出，“现代汉语中的日语‘外来语’，数量是很惊人的。据统计，我们今天使用的社会和人文科学方面的名词、术语，有 70% 是从日本输入的，这些都是日本人对西方相应语词的翻译，传入中国后，便在汉语中牢牢扎根。”②

---

① 参庄万寿著：《中国论》，台湾：玉山出版事业股份有限公司，1996 年。

② 冯天瑜、邓新华：《中、日、西语汇互动与近代新术语形成》，《浙江社会科学》，2004 年第 4 期。

汉语文学的传统也正好说明了文学在地域与民族上的多元共生性，《诗经》汇聚了当时各地民歌，后来有楚辞的兴起，带有南方楚国绮丽宏富的特征，并深刻影响到汉代的国家文学体裁——汉赋。五代时期北方有《敕勒歌》的鼓角横吹，南方则有乐府的温婉缠绵。而诗仙李白浪漫主义的奇情异想，更带有强烈的异域风味，元散曲代表了新兴的北方官话文学，而明清小说则起源于南方水乡都市。正是多民族、各地域文学的互相影响消长构织了汉语文学传统精美丰富的画卷。

所以，将语言与文学绑上民族国家的战车恰恰是对语言的一种暴力，现代所谓民族文学与国家文学史书写的困难正在于，语言文学的边际是模糊的，正如萨义德在分析康拉德与叶芝等人的作品时所说的，文学所展示的毋宁总是一部“交织的历史”与一幅“重叠的领土”。

客家文学中的英雄精神

——从文天祥到吴浊流

徐　学

一

在林林总总的客家文化研究论著中，最引人关注的是对客家精神的论述。客家精神是客家人在特殊的历史文化背景中形成的较为稳定的共同心理和情感形态，对此许多前辈学者有不同角度不同侧重的论述。我注意到，许多论述都不约而同的提到了这样的字眼：冒险进取，坚忍刚愎。早在清末，就有著名学者李世熊在其《宁化县志·风俗志》中说“宁化旧志称人物富庶，性气刚愎，仕官不谒公门，儒生耻于奔竞，斯亦美矣。……闾井边幅自好，矜蹈自充，杯酒贰疑，动相谯责。……大约遇事激发，如风横涛涌”。近代以来，罗香林、张奋前、郭寿华、李关仁诸家论述客家精神也都从不同侧面对此有所提及。① 罗香林先生评价日本学者山口县造《客家与中国革命》一书，说它虽没有多少发现，但书中说客家有一种自信和自傲的刚愎气质，是不可轻视的见地。罗香林先生也认为“客家人的坚耐，刚愎，负气，任死，的确有点和日人相似”。②

这种说法与我在客家地区的生活经验不谋而合。而且，从客家的历史中，我也看到，一旦客家人这种刚愎犯难的精神与其忠义思想相结合，便形成一种英雄精神。每当家国有难之时，便是英雄辈出之日。宋元之交，明清之交一直到近代的戊戌政变、中法战争、中日战争、辛亥革命、北伐战争以

① 参见谢重光著：《海峡两岸的客家人》第 112 – 115 页，台湾幼狮文化公司，1999 年出版。
② 罗香林著：《客家学研究导论》，台湾南天书局，1992 年版，第 32 页。

及台湾著名的北埔事件，都可以看到客家子弟前仆后继谱写出的英雄篇章。要认识这种英雄精神的内涵及其特点需要做多学科的研究，只有如此，才能将它的各个侧面深入细致地展开。为此，我选取了四位客籍代表作家作为分析的样品，试着从客家文学这一角度对客家的英雄精神有所阐发。

这四位作家是文天祥、黄遵宪、丘逢甲和吴浊流。

选取他们四位，是因为：一、他们都在历史上留下了优秀的经过时间检验的文学作品。二、他们的创作时期涵盖了从客家民系形成期至今的客家历史。① 三、他们都是无可争议的客家人，并且在客家地区有过较长时期的生活体验。

二

下面我们先简单介绍这四位作家的生平，然后再阐明英雄精神在其创作中的具体表现。

文天祥（1236—1283）字履善，号文山，吉州庐陵（今江西吉安）人。20岁中进士第一名。蒙古大军进逼南宋首都临安，他在赣州组织了一支以客家子弟为主的义军去护卫。兵临城下之际，临危受命，出使敌营谈判被扣押，脱逃后组织义军再战，兵败被俘，押到大都（今北京）囚禁四年，始终不屈，最后被杀。临刑从容。著有《指南录》诗集四卷，《指南后录》三卷，以《正气歌》最为脍炙人口。

黄遵宪（1848—1905）字公度，广东嘉应州（今梅州）人。光绪二年举人，历任日、美、英、法、意、比利时和新加坡诸国参赞及总领事。1894年回国主持江宁洋务局。甲午战败之后，加入强学会，并与汪康年、梁启超在上海创办《时务报》鼓吹维新变法，不久任湖南按察使，推行新政，戊戌政变后，革职回乡。著有诗集《人境庐诗草》等，为维新派文艺革命的代表者。

丘逢甲（1864—1912）字仙根，号沧海。生于台湾苗栗，光绪十五年

① 谢重光著《海峡两岸的客家人》认为，客家民系史的开端应定在两宋之际或南宋初为宜。吾从谢说。

进士，曾在台中、台南各地书院担任主讲，热心于培育青年，开启民智。甲午开战之后，组织义军积极备战，得知马关条约割台之后，血书“抗倭守土”，与台湾绅民组建“台湾民主国”，率领义军抗击日本占领军，兵败内渡，回到祖籍广东镇平（今蕉岭县），创办“岭东同文学堂”，“镇平县立中学堂”，先后任广府中学堂监督，广东总教育会会长，辛亥革命后任广东政府教育部部长，中华民国临时参议院参议员。著有诗集《岭云海日楼诗抄》等，现存诗作两千多首。

吴浊流（1900—1976）本名吴建田，笔名吴晓耕。祖籍广东蕉岭，生于台湾新竹县新埔镇，毕业于台北师范学校，在台湾教育界服务二十年，因日本督学肆意凌辱台籍教师，抗议无效，愤而辞职，只身返归大陆，任南京《大陆新报》记者。一年后返台，任《台湾日日新报》《台湾新报》（《台湾新生报》前身）记者。光复后历任《民报》记者，大同工职训导主任，台湾机器工业同业公会专员。著有长篇小说《亚细亚的孤儿》、《无花果》和《台湾连翘》，中篇小说《波茨坦科长》、《路迢迢》，短篇小说《先生妈》《功狗》等，他还是一位诗人，为苗栗诗社（栗社）和大新吟社骨干，著有《浊流诗草》，留下两千多首旧体诗。他也是台湾文坛的组织者，创办《台湾文艺》，设立“新诗奖”和“吴浊流文学奖”，鼓励台湾新文学创作。

三

在这四位作家的文学生涯和文学创作中都贯注了英雄精神，具体表现在以下几个方面：

1. 英雄视野：巨笔写史诗。

从上面我们对四位作家的简介中已经可以看出，他们中有政治家、外交家、教育家，都并非单纯是文学家，他们在成年之初并不以文学创作为首选志向，他们的业绩也不仅限于文坛，因此，他们的创作观也绝非为艺术而艺术，并不醉心于吟风弄月，而是以广阔的视野，写出他们所面对的重大的社会问题，力图为历史留下形象的见证。

文天祥“在患难中，间以诗记所遭”，是为了“使来者读之，悲予志焉”（《指南录后序》），也是为了使“后之良史尚庶几有考焉”（《集杜诗自序》)。在他的诗歌中，有他目睹当时百姓横遭战乱蹂躏的纪实，如“累累死人冢，死向锋镝中”(《淮安军》),“烟火无一家，荒草青漫漫。”(《发淮安》),“烟横古道行人少，月堕荒村鬼哭哀”(《越王台》);也有进入敌营谈判的描绘，如“枭獍何堪苦劝酬，衣冠涂炭可胜羞，袖中若有击贼笏，便使凶渠面血流。”“麟笔严于首恶书，我将口舌击奸谀，虽非周勃安刘手，不愧当年产禄诛”(《使敌营纪事诗》);更多的是对历史那些死节烈士悲壮事迹的缅怀和赞颂，如《正气歌》、《沁国春，谒东山双忠庙》《题李龙眠画汉苏武(忠节图)》等。

黄遵宪的诗歌也因广泛地表现了晚清以来一系列历史大事和海外华人的生存状态，而被梁启超称为“诗史”。在他的诗歌里展现了太平天国鸦片战争到庚子之变的历史画面：有关天培战死《羊城感赋》，有云南马嘉礼案《大狱四首》，有冯子材镇南关大捷《冯将军歌》，有写甲午战争的《悲平壤》、《东沟行》、《哀旅顺》、《哭威海》、《降将军歌》、《马关纪事》、《台湾行》、《度辽将军歌》，写义和团和辛丑之辱的《和钟西耘庶常津门感怀诗》、《聂将军歌》、《和议成杂感》以及抒发南洋华侨被欺凌之感怀的《逐客篇》和《番客篇》。

丘逢甲常常被人与黄遵宪相提并论，梁启超说他们同为“诗界革命之巨子”。他自己也相信“自有千秋诗史在，任人成败论英雄”，有“重开诗史作雄谈”的抱负。他的诗歌同样包容了中国历史现实的壮烈和苦难：有表现台湾岛内现实的篇章，如批判吸吮台湾山胞鲜血之官吏同情山胞的诗歌《番客行》和《虫豸诗》，赞扬闽粤先民东渡台湾，开发宝岛的艰辛业绩，缅怀郑成功驱逐荷虏，肯定康熙帝将台湾收归版图的《竹枝词》；也有对中国近代史特别是甲午战争以后一系列重大事件的描述，如得悉辽东、九龙、胶州湾相继被俄、英、德占领时，愤作《岁暮杂感》、《九龙有感》和《闻胶州事书感》，庚子事变，西太后挟光绪出逃，诗人作长诗《述哀答伯瑶》，表示了极度不安，其他如义和团运动，革命党人暴动，戊戌政变都在丘逢甲的诗作中均有表现。

吴浊流的作品也同样视野开阔，作品的环境包括了大陆、台湾、日本的乡村城镇，人物有工人，农民、教员、医生、警察、御用士绅、官吏、林林总总，男女老幼尽在其中。《水月》、《泥沼中的金鲤鱼》剖析日据时代不同阶层女子的苦难和无奈，《陈大人》《先生妈》《糖扦仔》着眼于鞭挞形形色色为非作歹的恶势力，《功狗》揭示台湾下层教师的惨境，“哀其不幸，怒其不争”，《铜臭》、《三八泪》、《波茨坦科长》、《路迢迢》刻画战后台湾社会的怪形异状，《亚细亚孤儿》、《台湾连翘》和《无花果》更是时空浩大，表现了作者身历半个多世纪以来台湾民众在奴役欺凌中的挣扎和抗争。评论家张良泽曾引用吴氏《疮疤集》自题诗“数篇小故事，其伪却难测；莫作荒唐语，有心问世间”。来见证吴氏的史诗企图，他说：“足见吴浊流不但借小说控诉不平，且借小说记载历史”。①

2. 英雄情怀：以血为文

上述四位作家的文学作品被我们视同“诗史”或“史诗”，并不仅仅因为在这些作品中记载或表现了一些重要的史实。历史事实固然是“诗史”不可缺少的因素，但更重要的是在历史纪实之中表现出来的生命结晶，那些作家情感与历史沧桑糅合而成的生命结晶，才是该是构成“史诗”的最重要因素。应该进一步指出，四位客籍作家在创作表现出来的生命形态正是一种英雄情怀。

文天祥的《正气歌》，还有“人生自古谁无死，留取丹心照汗青”的诗句，不但已经成为中华民族忠烈之士的座右铭，而且奠定了客家文学的英雄主义基调，那就是以血为文，以生命浇灌创作。

黄、丘、吴三位虽然没有前辈文天祥那般轰轰烈烈，但他们深沉韧性的奋斗也并不亚于前辈震撼一时的牺牲。他们都曾为了理想和正义而选择了与荣华富贵背道而驰的人生道路。黄遵宪在戊戌政变之后不但被革职，而且一度被“以兵二百名围守，捧枪鹄立，光临大敌”。（《放归》诗自注）这以后，李鸿章曾几度邀他出山，但他因为行事为人与李鸿章格格不入，并未答应。丘逢甲曾被授予工部主事的官职，但签到不久，即援例以亲老告归，决意回台从教，此后多次谢绝入仕。吴浊流为了争取教师的尊严，争取台湾人的尊严，而不惜抛弃自己的教师职位，来抗争日本郡视学的公然凌辱……由此可见，他们的文学创作是他们卫道的利器，也是他们殉道的见证，也是生

① 张良泽：《吴浊流的社会意识》，载张良泽编《吴浊流作品集》（六）第21页，台北：远行出版社，1977年版。

命和鲜血所写就。

这种英雄情怀，在黄遵宪诗作中，以积极追随时代潮流，睁开眼看世界的姿态出现，尤其在黄遵宪辞世的前几年，他在诗歌中屡屡抨击满清政府，庚子事变后，作《聂将军歌》中，有“敌军方疑督战准，中旨翻疑战不力”，对统治者不信任将士的昏庸指挥表示了愤慨；辛丑和约签订后，他又在《和议成杂感》中说“坐视陆沉谁任责”，又说“毕世难偿债筑台”；在《人境庐诗草》中最后一首诗《病中纪梦述寄梁任公》（1904 年）已经看到二十世纪“举世趋大同”“无复容帝制”的世界民主潮流。著名文史专家王瑶教授曾指出，黄遵宪的晚年由事实的教训中已经坚决主张推翻清朝，“1865 年起，他就已初步地具有了民主主义思想，这是比康有为梁启超诸人都要早的；而且四十年来，他的思想总在不断向前进步，这也是超过康梁诸人的。”①

正因为有了这样的人格风范，他的一些诗歌具有一往无前的英雄气概。如著名的《军歌》，分为出军、军中和还军三组，每组八首，每首的最后一个字连起来是“鼓勇同行，敢战必胜，死战向前，纵横莫抗，旋师定约，张我国权”二十四个字。梁启超在《饮冰室诗活》中评论《出军歌》时说：“读此诗而不起舞者，必非男子”。

丘逢甲的文学创作也是因忧患抗争而发，他在给丘菽园的信中说：“弟本不愿做诗人，然今则竟不能不姑做诗人……喻譬诗多伤时，不宜编入集中极是，细检直言时事者尤多，望为删定，留作百年后诗史可乎？”《丘逢甲未刊信稿》。因有感而发，总是风云气多，柳亚子认为丘逢甲诗作的豪迈之气胜过黄遵宪，诗中云“时流竟说黄公度，英气终输沧海君”。丘逢甲的诗也清楚地表明了他的英雄情怀——“英雄退步即神仙，火气消除道德篇。我不神仙聊剑侠，仇头斩尽再升天”。

吴浊流的小说创作也都是对专制的抗争，是在高压和恐怖之中写就的。他三部长篇小说的撰写，前后长达三十年，但没有一部在定稿之后就能够立即出版，原因很简单，它们都有强烈的批判精神，而不见容于当局，《亚细

---

① 王瑶：《晚清诗人黄遵宪》，载《中国近代文学论集·诗文卷》第 418 页。中国社会科学出版社，1984 年版。

亚的孤儿》暗藏抗日精神，当然不是日本殖民政府所喜欢的。同样《无花果》和《台湾连翘》，因为触及了当时被视为高度政治禁忌的二二八事件，也不是台湾当政者所能接受的。叶石涛评论吴浊流说“他的小说里，从来没有向世俗的，市侩的思想低过头，也没有向任何违背他立场的现实妥协”。钟肇政指出，吴浊流“不畏强权，疾恶如仇”。称吴浊流是“铁血诗人”。①

3. 英雄手段：文成法立

有了英雄情怀和英雄的视野，也就要求着新的艺术形式来容纳和表现。客家的文学家也总是用一种开拓精神来冲决种种文学成规，创立自己特异的文学手法或文学风格。

黄遵宪二十一岁的所作的《杂感》中就大胆提出“我手写我口，古岂能拘牵”的诗歌革新主张，并在四十年的诗歌创作实践中坚持了这一主张。他的诗歌不只和“同光体”派的“鹦鹉名士”（梁启超语）根本不同，而且也不同于滥用新名词的夏曾佑诸人。他的诗歌不仅是歌咏时事的诗，为时人所不及，就是一般的生活场景，也由于他不同时人的眼界，经历和情怀，在中国古典诗歌中开拓了全新的境界。这种新的境界和手法基本上如同他在《人境庐诗草自序》中所说的两方面：一、“古人未有之物，未辟之境，耳目经历，皆笔而书之”。二、“以单行之神运排偶之体”，“用古文家伸缩离合之法以入诗”。大胆“以文为诗”，引入散文的口语词组，句法和叙事性议论性入诗。这两方面有力地拓展中国诗歌的表现力，体现了中国诗人面向现代和世界的新风彩。

梁启超在《饮冰室诗话》中说：“近世诗人能熔铸新理想以入旧风格者，当推黄公度”。还说黄遵宪的诗“其精神之雄壮、活泼、沉浑，深远不必论，即文藻亦二千年所未有也。诗界革命之能事至斯而极矣！”

丘逢甲在赴京会试的青年时期，结识了乡贤黄遵宪，深得前辈赞赏，黄遵宪在《人境庐诗草·卷六》《岁暮怀人诗》中写道：“赤嵌城高海色黄，乍销兵气变文光，他年番社编文苑，初祖开山天破荒”。称丘诗有如达摩开

① 见叶石涛《吴浊流论》和钟肇政《吴浊流选集简介》载张良泽编《吴浊流作品集》（六）第16－18页，台北远行出版社1977年版。

山祖师，为文风不盛的台湾开辟一代新风。丘逢甲内渡后，更以诗文雄视海内外，梁启超论诗中已将丘逢甲与黄遵宪等人同置一列，相提并论，谓丘氏“诗界革命一巨子”（《饮冰室诗论·卷一》）

丘逢甲诗歌艺术的开拓性主要表现在语言和句式两个方面，从语言上看，在他的诗中已经敢于大量引入现代生活词汇，有“火轮船”、“飞机”、“蒸气”，有“亚当”“夏娃”、“高伦布”、“竞争世界”……同时也善于融入中国童谣、俗语，加上文言，形成了一种雅俗融合，新旧合璧的诗歌语言，梁启超说他“以民间流行最俗最不经之语入诗，而能雅驯温厚乃尔”就是对丘逢甲创造性诗歌语言的肯定。在诗歌的句式上，他也敢于大胆打破律诗绝句的固有格式，常在一首诗中，采用长短并存的句式，由三言、四言、五言、七言到十数言，遥遥开启五四以后自由诗的先声。

吴浊流也是敢于突破成规的文学家。《亚细亚孤儿》是反映大时代的小说，却以恣肆不羁的手法，融入个人的经历、身世，被认为是对日本“私小说”形式的吸纳；《无花果》是自传，里面却也有小说笔法，主人公被称为“古君”“古兄”，同时也融合了政论和文献资料。

吴浊流在文学上的开拓性还表现在他是台湾“大河小说”的开拓者，他的三部重要作品《亚细亚孤儿》、《无花果》、《台湾连翘》上自甲午之战的台湾割让，下迄二二八事件，被称为“浊流三部曲”。其中体现的历史意识，乡土意识和史诗小说形式对台湾文坛具有开拓意义。表现了日据时期半个世纪台湾历史的《亚细亚孤儿》，以小说表现时代大潮与乡土历史的抱负和构图，直接开启了台湾作家小说创作格局。承继这一传统的有钟肇政（创作长篇《台湾人三部曲》），李乔（创作长篇《寒夜三部曲》），东方白（创作长篇《浪淘沙三部曲》）。而《无花果》、《台湾连翘》首破“二二八”题材的禁区之后，对李乔写《埋冤，一九四七，埋冤》、钟肇政写《怒涛》，廖清秀写《反骨》① 等以当时具有政治禁忌题材的作品也有重要的启示。

---

① 钟肇政《台湾人三部曲》1980 年远景版。李乔《寒夜三部曲》同上。东方白《浪淘沙三部曲》1990 年前卫版。李乔《埋冤，一九四七，埋冤》（上下二册）海洋台湾 1995 年版。钟肇政《怒涛》1993 年前卫版。廖清秀《反骨》1993 年远景版。

四

以上，本文从人格境界、取材视野和方法拓展几个相互区别又密不可分的方面分析了客籍文学家的英雄精神，下面我们对这一英雄精神的内涵和特征略加总结。

司马迁在《报任安书》中说："古者富贵而名摩灭，不可胜记，唯倜傥之人称焉。"他以文王、孔子、孙子、屈原、韩非等先贤发奋著述的形象，也以自己"沉溺缧绁之辱""隐忍苟活幽于粪土之中而不辞"，努力撰写《史记》的事例，来说明这种"倜傥非常之人"。

首先，他们的"非常"在于他们是自我的立法者。因此，他们不但不认同现世通行的成功和富贵，而且在必要时，还能承担世俗所给予的轻蔑甚至是屈辱，司马迁说，在遭受屈辱时，"臧获婢妾，犹能引决"，而自己超出他们的是可以在屈辱中坚持完成使命。

其次，他们的"非常"还在于他们是人类社会的立法者。能够超越一己和一群的利害得失，"述往事，思来者"，以著述为自己也为世界寻找和标示一些可资遵循的原则。

在我阅读自文天祥以来这几位客家文学代表作家的文学生涯和作品时，我总能感觉到上述司马迁所推崇的这样一种境界流贯其中。我想，这种相通并不是一种巧合，而是客家民系的生活与性格决定了客籍的优秀人物必然会汇入这一思想潮流中去，并不断地去追求和刷新这一人格境界。

让我们再来仔细看看这种思想与客家人的亲近之处。首先，司马迁的思想与精神具有同情弱势群体和被压迫者的倾向。司马迁对"天道无亲，常与善人"之说表示了深深的怀疑。（见《伯夷列传》）他深知许多志士仁人在历史上遭到了各种不公正的待遇和迫害，而许多操行不轨者，却能名利双收。因此，他大胆地在《史记》中描绘那些身处底层的受迫害者，对那些出身低微而又敢作敢为的人，所谓"匹夫之侠"，给予了热烈的赞颂，甚至大胆地为他们立传。

其次，司马迁具有不为儒家思想所束缚的强烈的反抗性和批判性。他既吸收了儒家思想的精华，也保持着儒家定于一尊之前的气魄和眼界。正统的班固批评他“是非颇缪于圣人”（《汉书·司马迁传》），杨雄指责他“爱奇”而不“爱义”（《法言·君子》），皆是因为他敢于扬弃儒家“中庸之道”中的消极成分，打破汉儒极力赞赏的温柔敦厚，毫不掩饰地主张爱憎分明，大力推许果敢勇猛，见义勇为的侠义性格。

弱势族群的地位与强烈的反抗性，正是客家人的境遇与性格中的主要方面。虽然，客家人有中原贵族的血统，但是不可否认，在汉族史中，客家人长期以来是处于弱势的族群，他们拥有的经济资源乃至思想文化资源总是相对匮乏。作为不断迁徙的弱势民系，为了获取生存资源，他们必须与土著或者汉族中的强势民系反复争斗，必须与外来侵略者殊死抗争。在艰难的生存境遇中，他们为了凝聚族群的力量，更多地保持了中国古代平民社会中的侠义性格。在这里，有必要指出，除了司马迁《史记》一书中对侠义性格有充分的展示，在中国思想史上，代表着底层社会侠义道德的思想是墨学。

蔡尚思在其学术总结中说：“我越来越看出，中国传统思想文化史上形成的朝野两大系统，即在朝的儒家与在野的墨家。中国历代封建王朝，从来没有一个反儒家的，而墨家经过汉文帝、景帝、武帝几代封建统治者的打击，只能秘密流行于民间，名亡而实存……在封建社会中敢于为百姓鸣不平的，多是墨家”。冯友兰也有近似的观点，他认为侠与儒原来同属依附贵族的上层分子，不过以后分化了，儒大都仍属于上层或中层；“而侠不然，更多的是出身于下层阶级”，他指出“墨子及其门徒出身于侠，这个论断有充分的证据”。大部分的墨学是那种“其言必信，其行必果，已诺必诚，不爱其躯”游侠道德的发挥。

李泽厚也说：“墨家不存在了……但小生产劳动者却长期存在，这种社会基础使墨家的某些观念，行为乃至组织形态，在一定程度上表现在始终不断的下层秘密社会中……而且还可以通过其他各种改变了的状态和途径比较间接地展现出来”。他还指出，洪秀全和农民起义的思想并不直接来自墨子，却与墨家相通，这就更说明这种思想的具有的现实根基的深厚。①

虽然，在黄遵宪与吴浊流的著述中，可以读到他们对墨子学说的某种敬仰和推许，但我没有更多充实的文字资料来证明客家思想与墨学的直接承继关系，不过，这并不能否定客家思想（包括客家文学精神）与墨家的侠义道德的息息相通。② 其实，无论是文天祥的“正气”，黄遵宪的“雄壮”，丘逢甲的“菊与剑”，吴浊流的“诗魂”，③ 从中都可以看到从墨学到司马迁的侠义思想的延续与升华。当然，这不等于说，他们与墨学以外的中国传统文化是毫不相关的。

至此，似乎可以对本文开篇所提出的客家性格做出进一步的阐释，从上述客家文学的分析中，可以得出这样的结论，客家那种坚忍刚愎，冒险进取的性格因素一旦与传统文化中高远的理想，与民族的事业相结合，就可以摆脱好勇斗狠的匹夫之勇而成为一种光耀千秋的英雄精神，成为客家民系生生不息的恒久力量。

在论述客家文学时，有论者指出“新一代客家作家的作品里，不但已失去客家的源流，客家的历史，也缺少客家聚落生活的浸渍，甚至做客家语言护卫的使命都不存在了”，因此，他认为“依据客家族群的文化特性，移居台湾的客家族人中出现的客系作家，根本不可能带着祖先的文学遗产加入台湾文学的阵营……我们却可以很清楚地说，没有一位台湾客家作家是擎着‘客家文化’的旗帜出发的，反而是每个人都不约而同地站在台湾文学的旗

---

① 参见蔡尚思：《蔡尚思自传》第118页，巴蜀书社，1993年出版。冯友兰：《中国哲学简史》第45页，北大出版社，1996年版。李泽厚：《中国古代思想史论》第69页，人民出版社，1986年版。

② 黄遵宪在《日本国志》卷三十二《学术志一》中说：“余考泰西之学，其源盖出于墨子。其谓人之有自主权利，则墨子之尚同也。其谓爱汝邻如己，则墨子之兼爱也。其谓独尊上帝，保汝灵魂，则墨子之尊天明鬼也。至于机器之精，攻守之能，则墨子备攻、备突，削鸢能飞之绪余也。”吴浊流在《亚细亚的孤儿》写自传性主人公胡太明阅读《墨子》，觉得他比起《孟子》更为积极，“论旨明快，令人越读越感到心神舒畅”。“墨子毕生竭力抗衡历史的悲剧……他（胡太明）认为凡是有良心的人，心目中必然经常存着墨子。”见《吴浊流小说选》第304页，北京广播出版社，1981年出版。

③ “雄壮”为梁启超对黄遵宪诗歌的评价；“菊与剑”是丘逢甲诗中常见的两个意象；对“诗魂”的推许见吴浊流《诗魂醒吧》载《台湾文艺与我》台北远行1977年版。

子底下。”① 我认为，在台湾生活与成长的客家作家在文学创作中必然会表现出在这块土地上发生的种种社会现实。然而，他们也必然带着自己所根植其中的民系思想特征与美学特征，并无需将二者对立起来。实际上，从本文的分析也可以得出这样的结论，正是由于对客家民系优秀思想精神的继承，从丘逢甲到吴浊流，才写出了无愧于时代，无愧于乡土的文学作品。

① 彭瑞金：《递变中的台湾客家社会与“客家文学”》，载《驱散迷雾 找回祖灵》第35页，36页。高雄：春晖出版社，2000年版。

台湾小说呈现儒家文化圈的资本经营模式*

朱双一

一、儒家文化与东亚的现代化

20世纪下半叶，日本、亚洲“四小龙”乃至中国大陆经济相继崛起。由于这些国家、地区均属儒家文化区，传统的儒家文化与现代化的关系，成为世人关注、思考的一个焦点。

马克斯·韦伯认为，资本主义精神强调个人主义，主宰世界，市场结构，竞争，放任主义和对于知识的浮士德式探索。这种模式在西方资本主义的形成中取得了很大的成功①，而中国的文化范畴里缺乏一种批判的成分——一种能够把人民动员起来，使他们振作，从而导致对世界的主宰和巨大的资本积累的转化性的伦理②。儒家伦理是一个人对于环境和世界现状的能动的调节适应。一个君子儒非常协调和谐，却没有全力把自己发展成为系统的专业化单位。西方的现代世界是高度专业化的社会，每个人都在各自利益范围内具备完全的使命感和献身精神，由此促成了成功的生意人，推动了资本主义社会的形成和发展，而中国不在这种伦理范围之内，这就是资本主义在中国没有得到相当发展的诸多社会、政治原因之一。③

在韦伯影响下的一批西方学者，大多深信儒家伦理从基本上说是与现代

* 本文原载于叶圣陶研究会编《传统文化与现代化》，安徽教育出版社，2005年版。

① 杜维明：《新加坡的挑战》，《杜维明文集：第2卷》，武汉：武汉出版社，2002年版，第89页。

② 同上，第84页。

③ 同上，第86页。

化格格不入的。他们将没有强调个人主义视为儒家传统与现代化不相容的关键价值之一。缺乏高度竞争性的个人主义，不够独立且过分依赖引导（尤其是政治力量的引导），资本形成就难以出现。对于韦伯等的观点，许多华人学者提出了不同的看法。宣称“一想到儒学和现代化的精神可能很有联系就感到很兴奋”的杜维明指出：资本的形成很可能有不止一种途径。

杜维明试图在与西方的比较中，究明东亚的经营气质和资本形成模式的特点。在西方，个人被看做孤立的实体和重建社会的力量，他只有斩草除根，割断一些基本联系，才能取得独立。而在东亚，则是把自我理解为各种关系的中心，只有通过人与人之间相互交往和相互关系的形式，最大限度地发挥它四周的能量和思想，才能实现其尊严，自我的尊严在人类关系网络的范畴中才具有了意义。①

东西方的不同，也在于他们对权利和义务的看法。西方人具有强烈的权利意识：“我的权利是什么？在合法的范围之内，我可以做些什么？”这种人对其自我利益是一清二楚的。东亚的观点则选择了一种强烈的、有时是有意识地社会化的责任意识，人们所受的期待，是恪守自己的责任和义务，而非追索自己的权利。与此相应的，作为一个社会集团的整体的一部分，必须很少表现利己的动机和欲望，以免受到团体里长辈的批评。

西方式对个人、权利的强调扩充到一种普遍的超越个人现状的要求，对知识的渴望和追求推动一个人向前，像尤利西斯一样，去探索新的疆域，像浮士德情愿为了新的经验和知识而出卖他的灵魂。不能否认这一精神对于科学的发展和人类知识新地平线的开拓做了重大的贡献。相反，当自我被看做关系的中心时，人就有了一种纪律和约束的意识，表现为人格的修养，身体和精神的自律，社交礼仪的强调等②。

在“群体的特性”方面，西方属于一种“相抗衡的体系”，它确认和支持个人的自我利益和竞争。它是高度法治的，人的相互作用往往以相互的利益冲突的仲裁和谈判模式为准绳。与之不同，东亚的儒家社会属于“信用

---

① 杜维明：《新加坡的挑战》，《杜维明文集：第2卷》，武汉：武汉出版社，2002年版，第90页。

② 同上，第90–91页。

社区的群体”，以基本信赖作前提。通常，信赖社区是经过一段很长历史的社会化的结果。它常常涉及一个单独的种族集团。这个集团有很长的历史与文化背景，有分享特殊的礼仪形式的长期经验。①

尽管清教徒精神或新教伦理对于西方资本主义的产生作用巨大，但也导致了诸如极端个人主义和极端权利意识之类的各种问题②。极端的个人利益导致个人的分裂、代沟和其他严重情况。某些在东亚流行的群体价值对于一种新型资本主义的兴起做出了贡献。这种特殊类型的资本主义视自我是各种关系的中心，强调义务感，自我约束，修身，取得一致意见和合作。它高度重视教育和礼仪，注重信用社区和政府的领导。其经营的风格涉及既学习一整套实际技能又学习如何工作的程序和仪式。杜维明把后者总称为儒家伦理。

杜维明不仅纠正了韦伯认定儒家伦理与资本主义、现代化格格不入的偏颇，更强调了儒学自身的创造性和改造的潜力。他赞同这样的观点：儒家倾向于对统治的适应，但儒家也倾向于创造新的观念以解决新的问题。杜维明对儒家思想加以清晰地区分：一是政治化的儒家，另一是儒家伦理。政治化的儒家视国家的权力高于社会，政治高于经济，官僚政治高于个人的创造性。这种形式的儒学，作为一种政治意识形态，必须加以彻底批判。儒家伦理则注重自我约束，超越自我中心，积极参与集体的福利、教育、工作伦理和共同的努力③。针对韦伯所认为的君子儒只对调节自己以适应世界感兴趣而不会去改造世界的说法，杜维明提醒注意儒家对自我实现的专注——这是一种全力以赴的、伦理性的取向。虽然从传统而言，其能量往往被用在学习书法和绘画上，用在成为一个官吏，或用在四处旅行上，是一个消费者而非生产管理人员或技术官僚。但是，如果这种类型的人认为他为了生存必须在经济事务中“成功”，而取得成功的途径就是聚敛资本，那么其能量便再也不会花费在文化艺术上了。它将被集中在经济的目标上。而且，对于这个目标贡献能量的不会仅仅限于单独的个人，形形色色的其他人会被劝说来参与

① 杜维明：《新加坡的挑战》，《杜维明文集：第2卷》，武汉：武汉出版社，2002年版，第92页。

② 同上，第96页。

③ 同上，第100页。

其中，个人的欲望会转化成集体的意志。这样，就把韦伯的理解颠倒了过来。①

二、《胡雪岩》中的儒家伦理与商业经营

当代“新儒家”关注着儒家传统文化在现代化过程中所能发挥的作用，致力于从理论上揭示儒家文化圈中的东亚社会发展资本主义的独特模式，由此纠正了韦伯们关于儒家文化笼罩下的社会资本主义无法发展的认知偏颇。与此同时，有些华文文学作品通过文学形象，对于儒家文化在工商经营中的作用加以演绎，同样揭示了儒家文化、儒家伦理在资本主义发展和现代化过程中的生命活力。

台湾著名的历史小说家高阳对于在儒家伦理根深蒂固的社会中，资本发展和工商经营的特点和方式，有形象的诠释。19世纪后期中国在西方列强的坚船利炮下，被迫国门洞开，开始步履蹒跚地迈向现代化。《胡雪岩》②系列小说为此背景下的一位杭州巨商立传。小说中的胡雪岩与历史上的真实人物有许多区别，其中透露出作者的立意旨归。胡雪岩的一生暴起暴落，涂染感人肺腑的悲剧色彩，他的成和败，他的人格特征、社会关系、经营手段、处事方式等，都典型地反映了儒家文化氛围中资本发展的特点。

传统的儒家文化重农抑商，商贾在中国社会中处于遭人鄙视的“四民之末”，一般人都把读书应试当官作为人生正道。但胡雪岩却从来就对当官不感兴趣，宁愿做一个商人。他全身心地投入生意场，不仅自己投入，而且动员、利用了他的一切社会关系，包括家庭、亲戚、朋友、上司下属等等，甚至他的不少红颜知己和情人，也被他当做礼物让给了商场上的关系人。他宣称：“我完全是‘生意经’，也可以说押宝，押中了，大家有好处。”这正如杜维明所剖析的，中国传统文人基本上是一个消费者。但当他们认定必须积敛钱财，在“经济”上获得成功才能生存时，他们的能量便再也不会花

① 杜维明：《新加坡的挑战》，《杜维明文集：第2卷》，武汉：武汉出版社，2002年版，第97页。

② 高阳：《胡雪岩全传》，中国友谊出版公司，1995年版。

费在无实用价值的文化艺术上了，而是将被转移、集中在“经济”这个目标上。而且，形形色色的其他人会被劝说来参与其中。

中国商人的经营活动善于在广泛的社会联系中进行，这与西方的个人主义的竞争方式有很大不同。事实证明，这种方式也能促进资本的发展。胡雪岩可说完全是靠“关系”起家的，“关系”是他发家致富的主要法宝。在波涛汹涌的商海中沉浮，除了精明、细致的算计外，更要靠儒家所宣扬的诚信义气。首先，他有为朋友两肋插刀的义气。还只是市井布衣的他不惜丢掉自己在信和的饭碗，以500两银子资助穷困潦倒的王有龄往京城捐官，此后王有龄官运亨通，反过来成为胡雪岩发迹致富的靠山。

胡雪岩认定：做生意要有人缘。他的宗旨是：有饭大家吃，做生意跟打仗一样，总要同心协力，人人拼命，才会成功。广结人缘靠的是忠信义气、诚恳待人。开办阜康钱庄时，为了消除原有的信和钱庄的疑虑，他宣布：自己的钱庄将另辟新路，不会挤占信和固有的生意。这样，信和觉得不是多了一个对手，而是多了一个友好的伙伴，疑虑尽消，转而真诚支持阜康。这一事例充分显示中国的重和合与西方的重竞争之间的区别。二者取道虽不同，但在发展经济上可说各有千秋。在一位死于战场的罗姓“千总”的无存折存款问题上，也充分表现出其“信义”原则。胡雪岩称：“我们要做信用，做气派，信用有了，哪怕连存折都不给人家，只凭一句话，照样会有人上门。”这可说是不同于西方的另一种资本积累方式。

胡雪岩依靠关系网经商，其产业的崛起很大程度上归功于他与高官权贵的交情。但其事业最后崩溃，却也导因于社会关系的过分复杂和牵制。这正显示了儒家文化区经济发展与官府（政府）关系较为密切的特点。由于当时中国官府腐败透顶，官员争权夺利，贪污受贿，其规划、推动资本主义发展的工作（如洋务运动），很大程度上为内部蛀虫的啃噬所抵消。小说描写胡雪岩的破败固然有种种原因，但主要是他卷入了李鸿章与左宗棠的政治权力斗争和发展路线争议的旋涡之中，成为这种斗争的牺牲品。儒家文化圈中经济发展受政治影响较大的特点于焉彰显。①

① 参见江少川主编：《解读八面人生——评高阳历史小说》；王耀辉、王文戈：《成败之间——胡雪岩经商之道》，中华工商联合出版社，1997年版。

三、《师徒情》：儒家伦理与现代管理理念

魏铭所著《师徒情》① 是一部描写中国商场的基本性格和运作，以阐释工商管理理念为重心的长篇小说。故事发生于20世纪初的山东青岛，但小说却是为现代台湾人写的，也为现代台湾人所接受。这充分说明，在儒家伦理下形成的中国式经营方法，仍适合于现代资本主义的发展，是不同于西方的另一种模式。

小说描写山东掖城商人王宗义，因遭“拳乱”而破产，只好将独生子王信田送到至交好友、担任青岛洪瑞祥大掌柜的于敦仁那里当学徒，寄望将他儿子调教成才。小说一开始就写出了这是一个由亲朋好友的关系网构成的社会。而于敦仁教授的第一生意经，就是“做生意的人笑脸最重要”。他所恪守的“和气生财”准则，显然与西方尊崇个人主义和竞争，是两种完全不同的“生财”方式。

不过，于敦仁对待这位至交的儿子并不“和气”。15岁的王信田刚到青岛的第一天，就遭大掌柜不留情面的当众呵责。于敦仁的“下马威”，正是为了今后能够调教徒弟。这又呈现了新儒家所指出的“中国式智慧”的特殊获得方式。杜维明认为，中国不像西方那样倚重系统的书本知识的学习和传递，而是更注重“智慧”。智慧的传递牵涉到学习者对于一个经验的理解进程中的全部投入，老师不能把智慧像包裹一样传给没有实际经验的学生。每一代人都必须进行奋斗，通过亲身的实际体验，才能获得那种传统。正因为此，中国产生了师傅带徒弟这种特殊的“智慧”传递方式。中国人学生意重历练，认为真正的本领须从实际交易中去磨炼。因为做生意没有一成不变的法则，完全靠临机应变，不经过实地历练，是不能成大器的。这正是中国古话所云：“玉不琢，不成器”。

小说描写当学徒最先要学的是忍耐的功夫。王信田刚到洪瑞祥时，师傅们就调教这小徒弟，使他抹平棱角，懂得“忍气养性”、“忍辱负重”，培养心平气和、逆来顺受的脾气。“老夫子”季竹三以孔夫子所说的“小不忍则

---

① 魏铭：《师徒情——中国商场传奇》，台北：联经出版公司，2001年版。

乱大谋”开导王信田，称：“韩信受胯下之辱，才成就一番轰轰烈烈的事业，你现在替别人打洗脸水、提马桶，又算得了什么?”这也正是孟子所说的:“故天将降大任于斯人也，必先苦其心志，劳其筋骨，饿其体肤，空乏其身，行拂乱其所为，所以动心忍性，曾益其所不能。”所谓的“和气生财”、“小不忍则乱大谋”，其实是漠视个人的权益，以牺牲个人的尊严和权利，来换取做好生意所必需的良好的社会关系。这几乎成为成功的生意人的一项“基本功”。

于敦仁经营管理的另一特点，是熟通人情世故，能设身处地体谅、照顾下属，即使下属有什么过错，也用心良苦地想办法保全其面子，既让他们知所警惕，避免再犯，又创造能使他们继续体面工作的环境，以便留住人才，营造出整个企业犹如一个大家庭的氛围。由于中国的商行往往实行家庭式管理，靠内部的齐心协力取胜，因此管理者要有能力妥善解决各种矛盾，创造一个和谐的局面，方有可能将生意做好做大。有一次，三个分店的掌柜有小额贪污之嫌。于敦仁觉得“发现了毛病既不能不闻不问，又不能把三位掌柜的都赶走”，因为三位掌柜毕竟是难得的人才，如果让他们到其他企业，反而为自己树立了一个竞争对手，“所以最好的办法是不抓破脸，让他们知所警惕，在外表上又不落痕迹，这不用点心机怎么成?”

小说以较大的篇幅，写三掌柜宋振才为了与大掌柜攀亲家，将王信田视为主要对手，想出种种计谋为难、甚至陷害王信田。于敦仁则以其剔透世相的睿智，加以妥善处理，他的一切考量，均围绕着如何使商号有规有矩的持续发展，如何留住、招揽人才，拓展业务，以及如何照顾到亲戚朋友，特别是长辈的感情和利益，一切都不离孝悌等伦理准则。如宋振才，尽管他犯了大错，但于敦仁总是想起作为内堂弟的他，和自己的妻子有共同的祖父母，而且老人还健在，如果从重处理，对老人将是沉重的打击，因此颇不忍心。又想起宋老三曾对洪瑞祥所做出的贡献，因此不想做得太绝，总要留步路给他走。为此他将宋振才送到外埠去，而且这样做并非惩罚他，而是让他一个改正错误、发挥才能的机会。宋老三果然接受教训，从此真心地为商行办事。又如王信田，于敦仁一方面将他当做将来商行的台柱来培养，另一方面，也担心如果王信田学坏了，将对不起托孤的老朋友，为此诚惶诚恐。

为了使商行能够赢利和发展，当掌柜的需懂得管理。当然这种管理也是富有中国特色的。除了严格执行规章制度和赏罚分明外，更重要的，还要能知人善任。为此于敦仁将所用之人分为两类：一类被视为骨干，另一类则是生意中的伙计。对于前者，不但要让他们学好做生意的本领，对他们的私生活也要严加管束，使他们具备“生意人的基本修养”，这样才能磨炼成一个正派的生意人。对于后者，则主要是使用他们的才能，只要能使他们守在岗位，做好本职工作，对其私生活是不必苛求的。这也就是所谓的“识人之能”。这种知人善任，和必要的谋略一起，构成了中国式“智慧”的重要组成部分。

是看重个人的私利还是整体的利益，这是中国人和西方人做生意的最大区别之一。于敦仁认为：一个生意，就是一个有机的个体，店里的每一个人，都要为整体利益着想，这个生意才会有前途。“生意人的私心，必须要守住两个原则，当伙计的，不能以自己的利益，损害到整个生意的利益；当掌柜的人，在生意来往上，则应把握该赚的钱则赚，不该赚的钱决不赚的原则。”这种将整个企业视为一个有机的整体，每个员工犹如大家庭中的成员，以企业为家，将个人利益的取得，建立在整个“家庭”的繁荣兴盛上，正是包括日本、韩国、新加坡、中国大陆和台湾、香港地区等在内的“儒家文化圈”中的普遍现象。于敦仁甚至将自己企业的发展，和富国富民的远大目标联系起来。在做草帽辫的出口生意时，他坚持在卖给外商的价格提高时，也应提高向生产者的收购价。尽管这样做减少了自己的利润，并因此得罪了同业商人，也在所不惜。照他的看法，畅旺出口，必先培养货源，而培养货源最有效的办法，莫过于提高手工业者的利润，让他们自动而积极的增加产量。此外，乡村手工业发达了，乡村的市面也会繁荣起来，“就大处看，远处看，这是富国富民的做法，这也是我们做生意人必须考虑到的问题。”应该说，于敦仁最后能取得成功，是他这种理念的结果，而这种理念的产生，又与以儒学为根基的中华文化传统有着密切的关系。我们不难从中看到历代儒家的民本思想，以及诸如“先天下之忧而忧，后天下之乐而乐”等信条的投影。

四、《丹霞飘》：企业家庭化和东方式女强人

《师徒情》虽以一个世纪以前的中国山东为背景，但这些成功的商业运行模式，在当代的儒家文化圈内，仍有很强的适用性，因此，直接以当代生活为题材的此类作品，时时可见。当代华文作品对于家庭化的企业运作模式乃至东方式“现代化”多所描写，特别是在“企业家庭化”较为常见的台湾。朱秀娟的长篇小说《丹霞飘》[①] 就是一个明显的例子。

以美貌和风度闻名校园的大专女生尹桂珊因父亲中风去世而辍学，在应考某纺织公司时，邂逅的一位记者刘炳弘当了临时保护人，机智地挫败了怀有邪念的主考官。此后刘炳弘主动接近、帮助桂珊，鼓励她从逆境中奋起，并激赏她想当时装设计师的理想。桂珊对炳弘萌发了爱慕之情，炳弘却矢口否认是她的男朋友，使桂珊深感困惑。后来得知，刘炳弘已结婚生子，但其婚姻十分不幸：他是在前妻王秀美以欺骗手段要挟下被迫与之结婚的，当他处境稍差时，王秀美即离之而去，为了孩子，刘炳弘仍负担着母子俩的生活。刘炳弘的不幸遭遇化解了桂珊心中的疙瘩，而刘经过思想斗争，也决心以对桂珊诚挚的爱取代自卑的心理。

桂珊因工作勤勉被提拔担任公司要职。然而王秀美找她闹事，逼使她忍痛辞职。这反倒使桂珊能专心去实现自己的目标。在炳弘的策划、帮助和鼓励下，她开办了个人画展，以出众的才华震撼了整个台北。刘炳弘马上又订出难度更大的计划：举办时装展览，并决定以表现东方美的时装作为今后发展的方向。这些活动由于桂珊的天才表演再次引起轰动，尹桂珊的名字迅速传遍台湾每个角落。然而盛名并未改变桂珊对炳弘的爱，炳弘由于珍惜桂珊而迟迟未正式求婚，反而使桂珊心情沉重。

台北巨富蔡文邦摆出要与炳弘竞争桂珊的架势，使炳弘深感自己也应有所成就，才配得上桂珊。他请求桂珊给他半年时间，先到美国实施他的来料加工、产品外销的外贸计划。然而开头并不顺利。半年后，桂珊毫不惋惜地辞去待遇优厚的电视节目来到美国与爱人结了婚，也开始了征服纽约的行

① 朱秀娟：《丹霞飘》，台北：皇冠出版社，1987 年版。

动。她那优雅迷人的气质迅速风靡了纽约时装界，获得“百万金元模特儿”称号，并应邀前往巴黎，以她那典型的东方韵味使巴黎时装界着迷。正当事业如日中天时，她怀孕了，立刻辞去模特儿工作，并利用这个机会转向原来的理想——服装设计。

刘炳弘依靠自己的才能和努力扭转了不利局面，被任命为瑞德公司副总经理，成功地与新加坡签订了兴修大机场的协约，又开始他的第2个远东企划——在高雄港建造大型散装转运码头。这时他们举家衣锦荣归。人们对桂珊开台湾时装界风气之先的功劳记忆犹新，给予热烈欢迎。炳弘鼓励和帮助桂珊继续在服装设计领域探索。她将传统的旗袍加以改良，使之不失传统的庄重而又具亮丽、活泼的特点，并命名为“东方美”。为了对“东方美”加以诠释，她夜以继日地筹办大型发布会。开得隆重庄丽的发布会使“东方美”服装极一时之盛。入围金马奖将桂珊的成就推向顶峰，而她仍争取把金马奖的典礼变成她的服装表演舞台。

与此同时，炳弘正隐瞒着桂珊忍受着不时袭来的脊椎骨剧痛。由他组建的工程也由于前期勘探人员的失误而面临严峻考验。强烈的事业心使他一再延误就医，但无情的癌肿最终还是迫使他躺倒在病床上。在金马奖发奖仪式上，桂珊无法自制地含泪致词，表达对炳弘的深情，并将荣誉归之于丈夫的帮助，使观众激动沸腾。桂珊决心从此不再离开炳弘，但炳弘却鼓励她前往美国参加时装发布会，以促使“东方美”风行全球。这时，码头建设计划实施开工的消息传来了。然而桂珊想着今后没有炳弘的日子，心头一阵辛酸。她想，为了女儿——她和炳弘的爱情结晶，不论将来的日子如何艰难，她也一定要挺下去！

小说中女主人公事业上的成功，明显得益于她的家庭的鼓励和帮助。桂珊虽然名扬海内外，成为事业有成的女强人，但她仍然保持着东方传统女性的本色。如刘炳弘事业不顺利时，桂珊并未嫌弃他，反而毅然辞去待遇优厚的工作与之成婚，显示了她对爱情婚姻的慎重和坚贞。正当事业蓬勃发展时，她怀孕了，为此她再次辞去工作，由此可见她对于家庭的重视。在通往事业金字塔的路途中，有着无数的鲜花和欢乐，也有着太多的眼泪和辛酸，面对着困境和挫折，男女主人公相互鼓励和帮助，总能以坚强的意志，克服困难，奋发向前。桂珊将其设计和经营的、轰动世界时装界的服装命名为

“东方美”，显然具有象征意义——提示了尹桂珊作为东方式女强人的特有素质。总的说，女主人公首先具有一般女强人的共同特点：有志气、有理想、好胜好强，具备独立人格，须担当男性事业家所不必承担的社会压力，如因爱上一个结过婚的男人而招惹的种种额外麻烦，以及时时警惕是否因自己的名声太盛而使丈夫感到沉重压力或因一般群众倾慕自己而冷落丈夫所带来的难堪等。然而这部小说重笔渲染的，却是桂珊作为东方式女强人不同于一般女强人（特别是西方女强人）的特有气质。例如，对感情的执著和洁身自爱的品格，具有中国人坚忍不拔、锲而不舍的禀赋，以及外柔内刚的素质和谈吐得体、亲切大方的风范。可以看到，所谓“东方式女强人”，或许就是西方现代观念和孔子伦理思想相结合的产物，也可说是当代新儒家所提倡的中国传统文化现代转换的一个具体例子。孔子、儒家思想在这里又恢复其生机勃勃的富有生命力的形象。

“自由”：内在的还是外在的？*

——牟宗三与殷海光的“自由”思想辨异

蒋小波

一、一次关于“自由”的论争

1952年初，在大陆学术界的“世界观改造运动”中，著名逻辑学家金岳霖先生发表了一篇自我检讨性质的文章。随后，牟宗三先生在台湾《自由人》杂志撰写题名《一个真正的自由人》的文章对金岳霖的检讨与转向进行了批评，牟文认为：像金岳霖这样的“纯技术型”哲学家，平时以自由主义相标榜，一遇到外来的压迫，便马上丢掉了自己的“主义”，放弃了自己的立场，这正是以单纯技术观点处理人生观世界观所造成的悲剧。在牟宗三看来，单纯的技术主义是不可能建立起真正的价值感的，信仰与价值问题属于超越域，不能为逻辑主义与科学主义所认识。因而，单纯技术主义的哲学必定陷入价值论上的虚无主义与怀疑论。

一个哲学家的思考问题、理智活动，不能只认识理智之一面，不能纯为理智一面所限制，是反省理智活动之所成与所限。他不能像科学家、数学家之内在于理智而用理智；即是说，他不能是第一序的。他若是落在第一序上，内在于理智而用理智，他必是技巧的游戏而落于虚无主义。因为他不是科学家、数学家，所以他的理智运用并不是积极的、有所成的。他的运用是反省的、第二序的，而又内在于理智而为理智主义。所以他一方既不能成科学成数学，他一方又必落于虚无无根的虚无主义、怀疑主义或形式主义、随

---

* 本文原载于《台湾研究集刊》2006年第3期。

意假设的约定主义，以满足其技巧游戏的逻辑推理，这两者必不能逃其一。若说金岳霖先生是虚无主义、怀疑主义，他必不服。但是他的实在论却只是形式主义，随意假设的约定主义。这是从他个人创作的《论道》一书所可看出的。纯技术观点的哲学，没有立场，没有态度。在这点上说，正是虚无主义、怀疑主义，他不能有任何积极的肯定。①

言下之意，金岳霖这类知识分子“跟风”与丧失立场的悲剧是由于其哲学上的纯技术主义决定的。

针对牟宗三在《一个真正的自由人》中对金岳霖所代表的逻辑实证主义哲学的“纯技术主义”批评，殷海光在《自由中国》第6卷第2期上发表了题为《我所认识之“真正的自由人”》作了回应。并在《胡适与国运》与《民主的试金石》等一系列文章中就牟宗三的观点进行了反批评。针对牟宗三对“纯技术主义哲学”的批评，殷海光质疑牟宗三以及以牟宗三为代表的海外新儒家所持的“泛道德主义立场”：

如果以道德作民主政治的基础，便与黑格尔的泛逻辑主义（panlogcism）合流。泛逻辑主义便是泛政治主义（panpolitcism）的理论基础之一。而泛政治主义则是极权政治的骨架。在现代技术的影响甚或决定之下，过程比目标更为重要。因为人所亲身接触者为实际的过程，从未尝是理想目标。此点自古已然，于今为烈。实现道德目标的过程如不为道德的，则理想的道德适足以造成现实的灾害。古代的宗教迫害，东方的“大义觉迷录”式的思想所造成的悲剧，以及现代极权政治之形成，都置根于此。道德本身并没有防止不道德的行为出现之器用。所以，道德丝毫不能作民主政治的基础。退一步讲，即令没有这些灾害，道德是在伦理界。它是制度以外的东西，因此与政治制度仍是两橛。②

牟文所暗含的理论前提是：只有以道德心支撑的“心性主体”才可能把握并坚守一种真正的自由，而此一道德理想的心性主体，恰恰是科学的经验主义与实证逻辑所无缘体认的。循此前提，牟宗三批评了现代思想中基于感

① 《牟宗三先生全集》卷24，台湾：联经出版公司，2005年版，第53页。原载《自由人》第87期（1952年1月2日）。

② 殷海光：《民主的试金石》，《殷海光全集》第十一卷，台湾：桂冠图书公司，1990年版，第360页。

性经验的肤浅的唯智主义与基于情绪的滥情的浪漫思潮，前者以胡适的“大胆假设与小心求证”的琐细考证主义与金岳霖视逻辑为绅士的智力游戏之技术主义为代表，后者以左派文人的浪漫主义乌托邦叙事与右派才子们的情调生活为代表。此二者，不但不能保证自由之实现，反而在放弃道德责任中逃避了自由。而殷海光的逻辑预设是：自由主要不是针对自我内心，而是关涉公共领域尤其是政治权力与个体之间的权利义务关系。所以自由不是什么玄而又玄的道德理想，而是百姓大众应享的一种“平常生活”——可以列举与实证的“诸自由”（言论自由、行动自由、财产自由等等）。以此划界，则道德不是自由主义题中应有之义。道德属于私人的事情，属于另一块他人不得与闻的内在领域。恰恰相反，作为中国传统文化支柱的泛道德主义，不仅与现代自由主义无关，而且已构成对后者的威胁。更常见的一种情形是：泛道德主义指证与政治权力相结合而构成侵害自由的语言暴力。

这一场争论持续了几个回合，殷海光、牟宗三、雷震、徐复观等人都先后卷入其中。从思想史的角度考察，这一场争论所构成的一道“自由主义裂痕”，对后来台港学术思想的发展影响至深且巨。以此为界，以《自由中国》为中心的自由主义知识圈与以《民主评论》为中心的新儒家知识圈由合作逐步走向分裂，由对话走向对抗。从某种意义上说，这一场围绕“何为真正的自由精神”所展开的争论凸显了自由主义与新儒家两大知识群对于中国传统文化与现代精神迥异其趣的理解视野。以双方立论的观点与立场而言，这一场论争显然让人联想起二十年代以“科玄之战”命名的那一场争论。而其所带动的思想方法与知识资源则具有更加深远的背景。本文试从这场论争的两个主要当事人殷海光与牟宗三的思想观点与知识资源入手，分析自由主义与新儒家“自由”“民主”理路的歧异，以及他们在对待传统与现代性问题上的分歧。

二、殷海光与英美经验主义的关系

殷海光的自由主义思想来源，经历了从前期的罗素到后期的海耶克的转换。而其一贯恪守的方法论依据，则是发端于维也纳学派的逻辑实证主义。维也纳学派主要代表人物有罗素、卡尔纳普、赖尔、弗雷格等人，主要致力于通过语言分析清算社会思想中的“意底牢结”，表现出一种强烈的反形而上学倾向。罗素曾宣称，许多哲学问题是由于语言的表面语法形式误导而产生的，一些真正的哲学问题可以还原为逻辑问题。而以“图像论”著称的维特根斯坦则试图建立起指号系统与现实世界之间的严格对称关系。逻辑分析哲学认为：“形而上学的命题之所以没有意义，原因之一是违反了语言的逻辑句法，但另一个原因，也是根本的原因，是由于形而上学的命题没有经验内容。他们强调，一个命题的意义在于其经验成分，它要得到经验的证实才有意义，它的意义就等于证实它的方法。”① 以“可证实性”的标准来衡量，许多哲学上习用的概念，其实都是很成问题的。从欧美哲学史内部的“门户”来判别，你会发现逻辑经验主义的批判锋芒其实一直指向一个潜在的“敌人”——那就是大陆哲学的唯理主义。有意思的是，自从康德在哲学领域发起“哥白尼转向”之后，无论是英美实证主义哲学还是大陆唯理主义都不约而同地转向了“语言”。所不同的是，以存在主义为代表的大陆哲学只不过以“存在”偷换了“本体”，从而以迂回的方式再次突入了“物自体”——那块被康德所划定的认识“禁地”。而逻辑经验主义则干脆宣称不存在这样一个无法验证的物自体——物自体是附着在思想上的一块最内部的肿瘤，是哲学的病灶，是所用形而上学幻觉的滥觞。两股思潮，明显地背道而驰。比如说卡尔纳普就曾选择与他同时代的存在主义哲学大师海德格尔的一段哲学论述为分析对象，以证明形而上学的高论不过是以逻辑重复紊乱与概念含混的语言游戏的方式来“戏弄”形而上学：“要研究的只是有——再没有别的了；只是有，再就——没有了；唯独有，有以外——没有了。这个‘没有’怎么样？……‘没有’之所以存在，只是因为‘不’即‘否定’存在吗？……实际上：‘没有’本身——就这样——出现了。这个‘没有’怎么样？这个‘没有’本身没有着。”② 卡尔纳普指出，这段话中作为动词的“没有”是无意义的，谈可能存在的“没有”是与其词义矛盾的。

从殷海光学术思想的发展路径看，他很早就表现出反形而上学的倾向。

① 徐友渔、周国平、陈嘉映、尚杰著：《语言与哲学——当代英美与德法传统的比较研究》，生活·读书·新知三联书店，1996 年版，第 61－62 页

② 同上，第 44 页。

1935年，还是一名中学生的殷海光就曾写了一篇《意志自由问题检讨》。在这篇尚显稚拙的文章中，殷海光质疑了唯心主义哲学的意志自由概念。认为意志与人类其他行为一样，受制于环境条件，而道德问题，与意志自由问题无涉，称这是“依据科学所研究得的和服从逻辑的规律的必然结论。”① 后来西南联大哲学系师从金岳霖的求学经历更使殷海光深受逻辑实证主义的浸染。他曾翻译过罗素的《为害人类的观念》，对逻辑实证主义的语言分析方法极为推崇。从殷海光的思想著作中，我们发现他非常善于运用语义分析的“奥康剃刀”清除语言中的无意义赘疣，比方说在《从有颜色的思想到无颜色的思想》② 一文中，他将思想分为“有颜色的”和“无颜色的”两种：诉诸父权的所谓祖宗遗训、诉诸道德成见的所谓传统、诉诸非理性信仰的宗教语言、诉诸政治权力的意底牢结（ideaology）都可归于有颜色的思想。有颜色，顾名思义，是指这些思想在内容上往往不知所云，隐藏、躲避真实或故意制造意念幻相，在形式上则名实相背并逻辑紊乱，而逻辑分析的任务则是澄清这些语言中浑浊的渣滓，使语言回归于透明、回归于“思无邪”。

显然，殷海光之钟情于语言分析哲学，并非像维也纳学派诸君和他的老师金岳霖先生一样基于一种纯粹的学术兴趣，而是将它当做破除威权迷信、扫荡各种意底牢结的利器来使用，具有很强的现实针对性。五十年代的台湾，国民党当局为了重树一种威权主义政治意识形态，大打民族主义与传统文化牌，蒋介石更在各种场合大讲所谓阳明心学与领袖人格，以配合“反共复国”的政治宣传。而麇集台港的同路文士也高唱民族国家之大义，推举力挽狂澜的道德英雄，朝野之间弥漫一股强烈的民族主义与泛道德主义气味。可以说，在《自由中国》周围的自由派知识分子中，殷海光最早敏感到这股“反自由主义”气味，并最早将批评方向由反共调整到反国民党意识形态上来。③ 比如说在《怎样研究民族主义》一文中，殷海光语言分析的

① 何卓恩著：《殷海光与近代中国自由主义》，上海三联书店，2004年版，第44页。

② 殷海光著、贺照田编：《思想与方法：殷海光选集》，上海三联书店2004年版，第165页。

③ 为此，殷海光与胡适曾有过争论，事实上，《自由中国》半月刊的早期立场的确主要在“反共抗俄”。创刊后的一年多时间，《自由中国》与官方关系相当亲近。虽有一些对时政的批评，但论旨多为政府设想。偶有批蒋稿件，负责人雷振则作退回处理，认为今日不能毁他，“反共”全靠他。胡适也曾表示在当时的情势下，要尽量地支持政府，而殷海光正因为文章的“偏激”风格而与前期的《自由中国》若即若离。参薛化元《〈自由中国〉与民主宪政》，稻乡出版社，1996年。

奥康剃刀锋芒直指"主义的虐政"：

"主义"乃最大的语言虐政，死于这一虐政之下的人以千万计。狄思锐利（Disraeli）明明白白地说："我们用字统治人"。这可以说是语言方面的马基威尼主义者。自古至今，无一大煽动家大法师不是伟大的语言虐政之王。语言的意义问题，自苏格拉底以来即已有之。苏格拉底在他生时是不受人欢迎的。所以如此，原因之一，是他高声抨击像"美"、"善"和"人性"这类字眼的滥用。苏格拉底要求，在大家进行讨论之前，须把所有字眼加以精确而明晰的界说。在今天看来，这就是一种语言的醒觉及语意的要求。①

殷海光认为，愚昧、迷信、偏见、威权、暴政等等有助于专制统治的社会文化因子积叠在历史中，污染了我们的语言，扭曲了人们的思想方式，这一切都构成了我们认识的障碍。这种语言中的受虐狂与虐待狂成了专制统治最有力的护符，所以，基于保护个体自由与建构政治民主的理想，首先要破除的正是形形色色的意底牢结与语言的虐政。

要之，殷海光的自由思想，颇接近于柏林所谓消极自由。柏林在《两种自由的概念》一文中界定了消极自由与积极自由。所谓消极的（negative）自由关心的是："在什么样的限度以内，某一个主体（一个人或一群人），可以或应当被允许，做他所能做的事，或成为他能成为的角色，而不受别人的干涉？"所谓积极的（Positive）自由则和下面的问题相关："什么东西或什么人，有权控制、或干涉，从而决定某人应该去做这件事、成为这样的人，而不应该去做另一件事，成为另一种人？"②消极自由的政治观点是："正常的说法是，在没有其他人或群体干涉我的行动程度之内，我是自由的。在这个意义下，政治自由是指一个人不受别人的阻扰而径自行动的范围。"③ 而积极自由的观念，"是源于个人想要成为自己主人的期望。"④ 柏林认为："以做自己主人为要旨的自由，和不让别人妨碍我的选择为要旨的自由，表面上看起来，似乎没有什么重大的逻辑差距，只是同一事件'消极的'和'积极的'描述方式而已。但是，在历史上，'积极'和

① 殷海光：《怎样研究民族主义》，《殷海光全集》第14卷，第609－610页。

② I. 柏林著，陈晓林译：《两种自由概念》，生活·读书·新知三联书店，2005年版，第1页。

③ 同上。

④ 同上，第6页。

‘消极’的自由观，却朝着不同的方向发展。而且不一定依照逻辑常理，终至演变成直接的冲突。”① 要弄清这个差异，首先要了解自主（self－mastery）这个词在思想史上的演变。柏林以为，自我一词，从柏拉图开始，就开始分裂为感性和理性的两面，并发展出欧陆哲学唯理主义和英美经验主义的分歧，经验主义始终坚持经验领域的可感性与可实证性，因而始终将真理限制在具体可感的实证领域。而大陆学派正相反，设定一个超验的绝对真理域来指导、压制经验自我。此一差别，决定了两种自由主义内涵上的差异，消极自由主要着眼于限制统治权力对社会自生自发秩序的干预，而积极的自由理想倾向于以观念的动员（启蒙运动）、与观念的革命来强化一种绝对真理域的价值实践，其登峰造极的表现是黑格尔式的历史意识，将自由看做是“绝对精神”的自我实现。

比较柏林两种自由的概念以印证于殷海光先生的自由思想，则殷海光与消极自由主义在学术理路与知识资源方面的承继性清晰可见。虽然经历了从前期的罗素到后期的海耶克的转向，但其立意的要点则始终不出“个人选择不受统治权干涉”的自由，前期主要借重罗素的逻辑分析方法破除意底牢结，后期则借重海耶克关于“自生自发秩序”的理论反对国家权力干预个人自由。这两层意思，一个针对文化的虐政，一个针对制度的镇制。早在一九五零年，他在《自由中国》发表了《自由主义的蕴涵》，将“自由主义的根本要素”解释为：“活泼、宽宏、大量、无拘无束，反对加于人性的任何形式的抑压，反对加于人智的一切桎梏，反对加于人类行动的每一不合理管制。”② 而在《自由的伦理基础》一文中，则专门以“高度自由”与“低度自由”为名分析了柏林的两种自由概念。并提到这两种自由观的后设理论：经验派与唯心派，对经验派多有肯定，对唯心派尤其是所谓“整体主义”政治文化则颇有微词，特别是在提到黑格尔的命题：“法律乃自由之实现”时，殷海光评论道：“这不知道扯到哪里去了！这是把自由在大的全体和律则的要求之下消灭了。稍加必要的改变，斯大林和希特勒之流都欢迎这

① I. 柏林著、陈晓林译：《两种自由概念》，生活·读书·新知三联书店，2005 年版，第 7 页。

② 《自由中国》第三卷第三、四期。

样的自由观……”①

三、牟宗三“自由”理念的德国渊源

牟宗三一生著作宏富，涉猎面极广，可以称得上博大精深。然其努力的方向则在于儒学的现代化，牟氏所谓儒学的现代化，简单地说，就是以儒家传统的“内圣外王”之学回应“自由民主”的现代要求。牟氏以为，儒家从孔孟开始，就已经建立了一个高尚的道德理想主义，即孔子的“体仁”与孟子所说的“尽心知性知天”，宋儒的理学与王阳明的致良知则继续道其端绪。在牟宗三看来，儒学一脉相传的个体人格的内圣之超越路径正是一种最高的自由。在《理想主义的实践之涵义》一文中，有这样一段话，可以看出牟氏对自由的理解：

真正儒者的实践乃在表现一种精神生活。此种生活是由觉悟所显露的理性的主体，即由内在的道德性，而转出。凡是与感触的或物质的混杂的东西都要在道德的实践中磨炼掉。这种磨炼是后面有一种悱恻之感督促着的，因而亦就是因为不甘于堕落或陷溺，故必然地有这种不断的磨炼。在此种磨炼中，一方将感触的或物质的东西刺出去或克服掉，将那原始的直觉浑沦或圆融予以打破，而行自我超转，一方亦因这种超转而显示那超越的道德实在，即所谓“天理”，或程明道所说的“卒殄灭不得”的那点之“秉彝”。在觉悟中显示这个道德的实在，是真正的“主体的自由”，本着这个道德的实在而去实践是真正的精神生活。②

从以上引文中透露出的消息我们可以隐约揣摩到牟氏所说的“主体的自由”为何物了。大致地说来，牟氏所说的自由是指一种主体内在的自由。它指的是个体（儒者、君子）在良知的道德实践中不断地克服低层次的纵欲和滥情，而不断弘扬心性气质中合于天理人道的那一点“秉彝”，通过“克己复礼”的“自我超转”无限接近圣贤的道德理想。由此可以看出，牟宗三所谓主体的自由区别于殷海光所谓个体行动不受政权的不合理干涉之外

---

① 殷海光著、贺照田编：《思想与方法：殷海光选集》，上海三联书店，2004年版，第56页。

② 《理想主义的实践之涵义》，《牟宗三先生全集》卷9，第54页。

在自由，而更接近“自主”（self-mastery）意义上的积极自由，即人成为自己（欲望情绪）的主人。对此，牟宗三毫不隐晦。他坚称主体的自由为一种理性的理想主义，或道德的理想主义。在理想主义前面加上“理性”作为限制词，可见这种理想主义必须是理性的、合于天理道德的，而不是纵情滥情流于情绪或个人野心的：

如果此“仁心”是理性的，则吾人欲了解他何以是理性的，首先须了解此理性相反的非理性。如果吾人的行动是顺着生理的物欲冲动走，即顺着诱惑而冲动下去，便是非理性的。如果吾人只透视到生物的生命，比生理躯壳的活动进里一层的那个赤裸裸的生命自己，一味地顺着它而前冲，也仍是非理性的。因为这个生命把生命当做生物生命自身（biological life as such）而观之，而非有通过怵惕恻隐之心之润泽。依然，他仍是自然生命，而不是通过道德的心之安顿的真生命。他的冲动（柏格森名曰创化，实即冲动），虽是可以冲破空间化的物质及其机械运动，因而可为此空间化的物现象背后之真实，然而这个真实却仍是非理性的。①

为了进一步明了牟宗三的“道德理性”，有必要扼要地提一下牟宗三与康德哲学思想的关系，在这里，恐怕不得不提到牟宗三著名的“良知坎陷”。“良知坎陷”是牟宗三运用儒家尤其是王阳明的“致良知”与“知行合一”学说改造康德的实践理性而自创的一个概念。根据康德，人的“认识心”只能达于现象界，而无法达到物自体。因为人不可能有“智的直觉”（智的直觉只有上帝才有），人对事实的认识必须借助于概念范畴与感性经验，因而人凭知性认识无法通达无限与自由、不朽与上帝。而道德心（实践理性）则直接受自由意志的支配而体现为“绝对命令”，因而，人在科学认识中无法达到的自由域却可以在道德实践中达到。于是在康德道德哲学中就出现一个矛盾：善和真的矛盾，道德律令是善的，但又是不可认识不可理解的，据说它来源于某种神秘的自由意志。

牟宗三从两个方面改造了康德哲学，一方面，他将康德的“物之在其自身”（物自体）道德化，将“物之在其自身”解释为一个高度价值意味的概念，郑家栋在《本体与方法——从熊十力到牟宗三》一书中对此解读甚

---

① 《理性的理想主义》，《牟宗三先生全集》卷9，第21－22页。

精到：

说物自身是一高度价值意味的概念（而不是一“事实概念”）乃是基于科学所面对的事实世界、现象世界与道德宗教所面对的价值、形上世界的区分而言。我们在上文已指出，这一区分可以说是牟宗三全部理论的出发点。在他看来，康德哲学的物自身概念，当是指谓一超越于事实世界、现象世界的形上世界、价值世界而言。此价值世界、形上世界不是科学认识的对象。这一价值世界、形上世界就是“物之本来面目”、“物之在其自己”。但此“本来面目”、“在其自己”不同于作为科学认识对象的“事实上的原样”，后者只是作为一种客观事实的“光秃秃赤裸裸的‘在’”，前者则标示一真善统一、知行合一的形上境界。所以说它“是一个价值意味的概念，而不是一个事实概念。”①

另一方面，牟宗三以一种中国式的认识论取代了西方依赖于概念与逻辑的认识论。在此，牟宗三化用了佛家的“执”与“不执”说法。牟宗三认为，“识心之执”是指认识心执著于物、身、现象、事功，所以“执”的认识不能超越现象界，不能认识物自体。但是，“不执”的认识即认识的无限心，则可以通达物自体。因为执的认识总于碍于认识的器物功用层面而无法通脱，不能识到价值，不明白那最高与最后的实体之存有其实是道德价值意义上的。不执的认识则是通脱的、圆融的、超拔的。如果不执的无限心是可能的，智的直觉也是可能的。“不执著者，我们名之曰无执的无限心，此在中国哲学中有种种名，如智心（佛家）、道心（道家）、良知之明觉（儒家）等皆是。执著者，我们名之曰有执的有限心，即认知心，此在西方哲学中，名曰感性、智性，在中国哲学中，名曰识心（佛家）、成心（道家）、见闻之知的知觉运动即气之灵之心（儒家）。”② 所以，“同一物也，对有限心而言是现象，对无限心而言为物自身，这是很有意义的一个观念，可是康德不能充分证成之。我们如想稳住这有价值意味的物自身，我们必须从我们身上即可展露一主体，它自身即具有智的直觉，它能使有价值意味的物自身

① 郑家栋著：《本体与方法——从熊十力到牟宗三》，辽宁大学出版社，1993 年版，第 252 页。

② 《现象与物自身》，《牟宗三先生全集》卷 21，第 17 页。

具体地朗现在吾人的眼前，吾人能清楚而明确地把有价值意味的物自身之具体而真实的意义表现出来。我们不要把无限心只移置于上帝那里，即在我们人类身上即可展露出。”①

自由之无限心破识心之执，但是，执并非无意义，执并不是一种认知的缺陷，而毋宁是主体“格物”的一种常相与常态，因为人的认识必须体现为执，关于这一节，牟宗三说得玄而又玄：“知体明觉之自觉地自我坎陷即是其自觉地从无知转为执。自我坎陷就是执。坎陷者下落而陷于执也。不这样坎陷，则永无执，亦不能成为知性（认知的主体）。它自觉地要坎陷其自身即是自觉地要这一执。这不是无始无明的执，而是自觉地要执，所以也就是‘难得糊涂’的执，因而也就是明的执，是‘莫逆于心相视而笑’的执。”②

所谓良知坎陷，借助儒家传统的义理来解读，名其“体仁”可也，“道德实践”可也，“知行合一”可也。而当牟宗三借助西方哲学的本体论术语来解读时，则我们未始不能从中从嗅出一丝基督教－黑格尔主义的气味：由牟宗三的良智坎陷自身以成就物我，成就道德主体的说法中，我们多少可以捕捉到一点基督教关于道成肉身的教义的影子，基督教教义将道成肉身宣谕为：上帝因为人类不能直接理解他的道，派他的独子降生人间，受苦、行善，最后死在十字架上。通过道成肉身，上帝的奥义演成真实生命的行迹。显然，正如许多人指出的，黑格尔所谓“绝对精神”，就是上帝。而黑格尔式的世界历史——绝对精神具体化为事功而最后显豁自己的过程，就是道成肉身。同样，牟宗三所谓良知坎陷也既是道德哲学的，又是历史哲学的。在道德哲学中是良知的自我坎陷，是内圣，在历史哲学中就是“春秋大义”，就是外王，就是圣贤理想在事功中显豁与失落的历史。但是，纵观一部中国大历史，圣贤理想社会的大同小康之义，又何曾得到制度层面的稳妥与落实，所以朱子叹道：五帝三王、周公孔子之道，未尝一日得行于世也！而牟宗三也承认，中国传统的内圣之学开不出“新外王”——现代民主制度，因为儒家只讲“亲亲”、“尊尊”，只讲隶属关系与服从，而西方古代的阶级

① 《现象与物自身》，《牟宗三先生全集》卷21，第16－17页。

② 同上，第127页。

斗争到现代的党派斗争，强调的是对抗与交涉，由此而产生契约关系。所以要开出现代民主制度，还必须借助于西方的“对列格局”。这大概也算是新儒家自揭其短吧。

四、结　语

在追溯自由主义的谱系时，研究者发现，所谓消极自由主义与积极自由主义呈现出清晰的文化地缘性特点：消极自由主义起源于深刻的英美传统，以哲学上的经验主义、政治上的保守自由主义（辉格主义）以及自由经济学说为其三大支柱理论，并形成休谟、洛克、托克维尔、孟德斯鸠、贡斯当到现代的罗素、柏林、哈耶克等人为代表的思想谱系。其中托克维尔、孟德斯鸠、贡斯当等人虽然是法国人，但由于他们在气质上对英美传统的亲和性并具有明显的反卢梭主义特征，因而一般仍被划入消极自由主义系列。而以德法思想文化传统为其内在理念的积极自由主义则可以大致勾勒出从卢梭、中经康德、到黑格尔的思想史轨迹。二战以后，自由主义的核心课题似乎集中到批判所谓“卢梭主义”与极权主义的思想渊源这一问题上来。在柏林与哈耶克等人看来，卢梭式的“总体民主”与黑格尔的历史辩证法由于动摇了自由主义的伦理基础——个人主义——而必须为后来的极权主义政治负责。虽然新左派始终站在青年马克思的立场上为卢梭与黑格尔主义辩护，然而几乎可以肯定的是：德法所谓积极自由主义传统，其知识论上的宏阔玄远与其在政治实践上的笨拙危险已经构成巨大的反差。因而，如何重新解读与消化德法积极自由主义的“心学”传统，可能仍然是当代自由主义思想面临的挑战。

1907年，王国维在《静庵文集·自序二》中写道：“哲学上之说，大都可爱者不可信，可信者不可爱。余知真理，余又爱其谬误。伟大之形而上学，高严之伦理学，与纯粹之美学，此吾人所酷嗜也。然求其可信者，则宁在知识论上之实证论，伦理学上之快乐论，与美学上之经验论。知其可信而不能爱，觉其可爱而不能信，此近二三年中最大之烦闷。”① 王国维所说的

---

① 王国维著、傅杰编校：《王国维论学集》，中国社会科学出版社，1997年版，第410页。

属于“可信”一类的，如知识论上的实证论、伦理学上的快乐论、美学上的经验论，属于英美经验主义哲学范畴，而属于“可爱”一类的，如伟大之形而上学、高严之伦理学、纯粹之美学，则属于欧陆传统的唯理主义哲学范畴。近代以降，西学东渐，英美源头的经验主义与欧陆源头的唯理主义同时作用于中国故有的传统，各承端绪，发展出以胡适为代表的科学主义思潮与以新儒家为代表的形而上学。二十年代初期，由张君劢挑起的关于人生观的讨论最终演变成壁垒分明的“科玄之争”，其核心问题是：科学能否用于指导人生观？以张君劢、梁启超、林宰平、张东荪、瞿菊农等人为代表的玄学派操持儒家道德心性之学与柏格森、奥伊肯等人的生命哲学、土洋结合，提出为科学设限的原则。认为科学只能促进器物层面的物质文明，而道德理想层面的人生观问题则须由哲学（玄学）来指导。而“科学派”则立于另一极端，认为只有用科学（实际是物理科学）的方法才能解决人类道德问题。丁文江引用胡适的一段话作为结论：“我们观察我们这个时代的要求，不能不承认人类今日最大的责任与需要是把科学方法应用到人生问题上去。”王星拱则武断地说：凡用以研究无机物质的物理化学，“也可以应用于人生问题”。以丁文江、胡适、唐钺等为代表的“科学派”主流，其成员多是留学英美的科学家、哲学家和心理学家，深受英美经验主义哲学传统的影响。他们从心理学、生理学的意义来谈论人类意识、道德精神，进而又把心理还原成物理。①

殷海光与牟宗三两位，其生也晚，未能赶上当年科玄论战的热闹场景。但追溯其学术渊源则其来有自，殷海光是金岳霖的高足，而牟宗三则是熊十力的得意门生。1947 年金岳霖比较他与熊十力的哲学分歧，说了一句意味深长的话：“熊氏哲学的背后有他这么个人，而我的哲学背后没有人。”② 这正是现代的有我、无我之辨，也可以说是主观与客观的分别。其实这种有我、无我的区别并非纯然西来之物，在中国传统学术的内部早已存在，所谓“我注六经”、“六经注我”，新儒家继承的是先秦诸子中的“思孟学派”重

① 雷颐：《中国现代思想史上科学思潮与人文思潮的冲突——“科玄论战”透视》，http://www.1921.cn/new/zjsq/LY/view.asp? id=232。

② 引自郭齐勇著：《熊十力及其哲学》，中国展望出版社，1985 年版，第 24 页。

“心”、宋儒讲天理、明儒致良智的义理传统，而现代科学主义在气质上继承了清代朴学考据实证的传统。而这两派的差异，恐怕并非章学诚一个“方以智与圆而神”所能包容进去的。据说，当年殷海光在台大讲逻辑，有一次带来一本唐君毅先生新近出版的《中国文化的精神价值》。据成中英先生回忆：“殷先生昂首阔步走进来，拿着这本书，说，这本书可以丢到茅厕坑里去了。”① 显然，从现代中国思想内部的“家法”上来辨析，以殷海光为代表的台湾自由主义与以牟宗三为代表的海外新儒家在意识形态上的尖锐对立，承载的是科学与玄学两大现代思潮的观念差异。前者试图以一种基于经验可验证性的严格科学来规范学术研究与现实政治，而后者试图以“心的自由”之形而上学来对抗“物理科学”对人的物化。从上文的分析中，我们不难看出殷、牟两位对科学主义与玄学主义两大思潮的承继与发展。

① 成中英：《追述殷海光先生与评价殷海光思想》，贺照田选编：《殷海光学记》，第201页。上海三联书店，2004年版。

“国粹”与“种姓”*

——章太炎与连雅堂“语文”思想之比较

蒋小波

一、语文问题在现代思想文化运动中的突出地位

普世性与独特性似乎一开始就形成了现代性运动中不可化约的一对矛盾：一方面，现代性基于经济自由主义与启蒙“自然权利论”试图建立起关于现代世界的普遍性规范；而另一方面，这一普遍性规范框架又处处受制于诸如民族、语言、文化等独特性要素。而前者对后者的依赖不仅仅在于民族语言、民族文化作为独特性要素是普世理想借以交流与传播的必然中介，而且，独特性存在作为一种“自然存在”的“天赋权利”，本身就应该在普世价值中受到尊崇。二十世纪英美哲学与欧陆哲学在语言问题上的争论可以看做是对“自由权利”两种不同理解，前者试图将语言化约为像数学一样透明的“公共语言”，而后者基于保护独特性的个性主义诉求将语言看做“存在的家园”来加以呵护。

在西方启蒙思想中，卢梭较早注意到语言问题的意识形态意义。卢梭有一句名言：“一种语言，如果不能让集会的民众听清楚，就是一种奴隶语言；一个民族不可能即维持其自由，又说着这种语言。”① 从语言与自由的关系出发，卢梭区分了文字的三种形式，第一种文字形式卢梭称之为最古老

---

* 本文原载于《台湾研究集刊》2005年第3期。

① ［法］让—雅克·卢梭著 洪涛译：《论语言的起源——兼论旋律与音乐的摹仿》，上海人民出版社，2003年版，第133页。

的文字，它要么像“墨西哥人那样直接描绘对象自身，要么像古埃及人那样以象形的方法来描绘对象”①。它是野蛮人激情的直接表露和原始思维的产物。第二种文字形式“是用约定俗成的字来表示词语其命题”②，这种文字以汉语为代表。第三种文字则是西方的字母文字。卢梭认为，“这三种文字形式恰好对应于三种社会状态，对应于使人群聚合为民族的三种可能方式。描绘对象的方式适合于原始的民族（savage peoples）；用符号来表示词语及命题的方式适合于野蛮民族（barbarian peoples）；字母文字的方式，适合于文明民族（civilized peoples）。”③

卢梭的上述观点，大概已成为现代思想中最受后现代主义思想所诟病的批判对象之一，萨义德的《东方主义》开宗明义地将其提出来作为西方中心主义意识的代表性表述加以批判。而德里达也在《论文字学》中对卢梭主义的语言观中所隐含的等级制权力关系进行了辛辣的讽刺与解构。卢梭的上述表达暗示了两种并不完全兼容的理解视野：首先，卢梭将语言看做是民族的表征；其次，他将语言看做是人类通向自由的“工具”。前者间接地响应了对民族语言的合法性论述，而后者却似乎在呼唤一种“透明”的“世界共同语”。民族的/世界的这样一组二元对立构成了十九、二十世纪语文实验与语言论争的两极。

中国现代语文运动也暗含了上述两极对立原则。以胡适为代表的新式白话的倡导者（胡适并不是其最为激进的分子），从普世性原则出发，力主汉语的白话化与欧化。胡适主要是从工具意义上看待语言的，故而认为新式的汉语应具有普及性与精确性的特点，白话化有助于普及性，易于为一般老百姓所接受，欧化尤其指引入西文的语法，则有助于语言表述的精确性。其极端者甚至主张废除汉语，而用所谓“万国新语”（世界语）来代替汉语。而新语文运动的反对者则主要站在维护传统文化的角度，强调语言的民族性特点及诸民族语之间的差异。对于上述争论，“现代化”的分析模式往往用“现代”与“传统”，“进步”与“落后”的框架来区分上述矛盾。在这样

① ［法］让—雅克·卢梭著 洪涛译：《论语言的起源——兼论旋律与音乐的摹仿》，上海人民出版社，2003年版，第26页。

② 同上。

③ 同上，第27页。

一种分析框架中，民族性与特殊性的东西一直被当做负面与“反动”的因素来加以看待。在现代汉语思想中，这种“现代化”的分析模式先见之于胡适的“五四论述”中①，后见之于李泽厚的“中国现代思想史”论述中②。前者以社会进化论与唯科学主义的普世性价值否定了民族性与特殊性的正当性，后者以黑格尔式的历史主义“扬弃”了传统。“现代化”的分析模式代表了中国现代知识人看待现代思想史的一种主流观点。与此相区别的是“现代性”的分析模式，现代性的分析模式一方面动摇了现代普世主义的正当性依据，比如说德里达与福柯等人从语言与制度法角度对逻各斯中心主义与现代理性主义的质疑。另一方面强调差异与个性，比如说利奥塔以“保卫差异”来拒绝“同一性”。凡此种种，无不打破了关于传统与现代的简单二分法思想方式，并从而推翻了线性的历史进步论。以章太炎与连雅堂二人为例，作为社会转型时期的二位大儒，两人丰富与复杂的思想似乎很难用“传统”与“现代”简单二分法来加以划定，联系到二人身处的具体的历史语境，我们可以发现，章太炎与连雅堂两人身上，传统与现代的、民族的与世界的东西并非水火不容地互相排斥，而是构成一种积极的互动。本文将集中从二人的“语文”思想来分析这一现象。

二、“以国粹激动种姓”：章太炎的“国粹”思想与文化民族主义

章太炎的语文思想，集中表现在他的“以国粹激动种姓”的革命动员方案中。这一思想的最早表述，是在他于1906年7月15日东京留学生欢迎会上所作的演讲中提出来的：“为甚提倡国粹，不是要人尊信孔教，只是要人爱惜我们汉种的历史。这个历史，是就广义来说，其中可以分为三项：一是语言文学，二是典章制度，三是人物事迹。近来有一种欧化主义的人，总说我们中国人比西洋人所差甚远，所以自甘暴弃，说中国必定灭亡，黄种必

① 胡适认为五四运动的失败之处在于民族主义情绪的高涨导致对民主与科学理想的背离。胡适的这一思想，可参《胡适口述自传·五四运动（一场不幸的政治干扰）》。

② 李泽后的上述思想见其“救亡压到启蒙”的现代思想史论述，和胡适之的观点遥相呼应。可参李泽厚《中国现代思想史论》。

定剿灭。因为他们不晓得中国的长处，见得别无可爱，就把爱国爱种的心一日衰薄一日。若他晓得，我想就是全无心肝的人，那爱国爱种的人必将风发泉涌，不可遏抑的。"①

国学与国粹的提法，作为十九、二十世纪之交的一种革命性的文化口号，是区别于所谓经学与"君学"而出现的，它首先代表了学术范式的一种划时代转型。以"天子"为诠释中心的"君学"转换为以"民族"为核心符码的"国学"。从文化政治学的角度，它暗示了从"天朝帝国"向现代民族国家的转型。有人认为，梁启超关于中国只有"君史"而无"国史"史学批判是引发"国学热"的始作俑者②。但是，至少在章太炎的早期思想中，我们已经可以看出其以"文化"来规定民族，又以民族来倡导革命的"文化民族主义"思路③。

在近代民族主义的代表性言论中，章太炎的民族主义思想可以说是最为激进最不妥协的一种，而这主要表现在他的反清排满思想中。章太炎的反清排满思想，不仅在当时惊世骇俗（章的业师著名的古文经学家俞樾斥之为"不忠不孝"，"小子当鸣鼓而攻之"，为此章写下名噪一时《谢本师》自辩），甚至在今天还能听到视之为大汉族主义心态的微词。然而，对于章太炎的反清排满思想，我以为有必要加以历史的辨析。不能否认，章太炎的民族思想中继承了传统的"夷夏之辨"与"华夏中心"意识以及晚明诸子反清复明的"复仇"意识。但是，"夷夏之辨"，"蛮夷滑夏"的传统思想只构成了章太炎反清思想头角峥嵘的表层结构，而其深层的意识形态动机却是当时流行的社会进化论关于种族竞争与种族进化的观念。按照章太炎所理解的社会进化论，世界历史是由所谓文明民族与野蛮民族的互相对抗形成的，东方如此，西方亦如此。在东方是华夏民族与四夷的对抗，在西方是希腊、罗马与日尔曼、土耳其这些野蛮民族的对抗。章氏以为，满清作为一个还没有脱离动物状态的野蛮民族，"其种类不足与民，其豪酋不足与君"。这种

---

① 章太炎：《东京留学生欢迎会演讲录》，《民报》第六号（1906年7月25日）。

② 罗志田著：《国家与学术：清季民初关于"国学"的思想论争》，生活·读书·新知三联书店，2003年版，第34页。

③ 参见朱双一著：《台湾文学思潮与渊源·日据前期台湾的文化民族主义》，海峡学术出版社，2005年版，第15页。

认识，虽然没有脱出“夷狄之有君，不若诸夏之无也”的儒家窠臼。但是，章太炎意识到以叶赫那拉氏为首的满清贵族集团对中国的统治已经构成中华民族自我更新，重新角逐于世界诸强大文明民族之林的障碍，因而决不与之妥协，必欲革而去之，施行排满兴汉的民族建国方案。这种认识，看起来似乎比康有为的大同理想陈义为低，却更切中时弊，更具历史的合法性。同时我们必须看到，章太炎民族主义思想的另一显著特点就是他始终坚持民族的文化本体性。不以血缘、地域，而始终以文化作为区分诸民族，区分文明民族与野蛮民族的标志，这样就使他的民族主义区别于法西斯主义的血统论而具备了文化上的开放性与包容性。也使以章太炎为代表近代民族主义过渡到“中华民族”主体性的现代民族主义思想保留了思想基础。在章氏看来，衡量一个民族在历史竞争中胜败的标准并不仅仅是军事上的胜利，甚至也不仅仅是政治上的强盛，而是其文化的绵延与繁荣。由此我们可以看出章太炎的革命逻辑，即要将文化的正当性转化为政治的正当性，将非人的统治转换为人的政治，这一种族革命具有先天的道义合法性。章太炎认为，华夏民族是东亚地区的文明民族，是亚细亚文明的主要缔造者，因而华夏民族被不文明的野蛮民族统治的现状是不符合历史发展规律的，必须通过民族革命和民族建国来改变这一现状。只有这样，优秀的华夏文化才能得以传承与发扬，故而，华夏民族必须踔厉奋发，革异族之命，建立民族主权，光复民族文化的优秀传统，开辟民族历史的新纪元。

章太炎的文化民族主义思想相关联地带出了他的语文思想，在章太炎看来，民族文化之大端在于民族文学（这里的文学不同于现代意义上狭义的“文学”，而是泛指一切以语言文字为媒介的文本），而文学的根基是“小学”，即语言文字之学。于是我们看到，章太炎一手提倡民族革命，一手研究语言文字，在《訄言》初刻本中，章氏即写有《订文》一篇，在《订文》这一篇不长的文章中，章氏论述了文字的起源：“泰狄之人，款其皋门而观政令，于是文字之盈歉，则卜其世之盛衰矣。昔之以书契代结绳者，非好其繁也。万世之胎萌，皆伏于蛊。名实惑眩，将为之别异，而假之以为文字。然则自太上以至今日，解垢益甚，则文以益繁，亦势自然也。”① 文字

① 章炳麟：《訄言（初刻本）·订文第二十二》，生活·读书·新知三联书店，1998年版。

的发展变化，语言文字与政教之关系：“先师荀子曰：后王起，‘必将有循于旧名，有作于新名’。”①

更重要的是，章太炎提出了语言文字与民族盛衰的关系，尤其从文字的角度总结了“中国之所以日削”的原因。章氏认为，汉语及汉字已经远远落后于今日世界的发展变化，因而导致名实相违，名不副实。与先进的语言比如说英语相比，古老的汉语不仅在词汇上不足，在功能上也严重萎缩。故而，改革汉语首先是要创造大量的新词汇：“孟进之后王，必修述文字，其形色志念，故有其名，今不能举者，循而摭之；故无其名，今匮于用者，则自我作之。”②

通过以上粗略的分析我们可以看出，章太炎比胡适更早的注意到汉语的现代化问题，意识到汉语由于不能适应时代的发展而造成的“名实惑眩”的混乱状态，意识到由于方言驳杂而造成政令不畅、信息阻隔、文教滞后等种种语言问题，意识到语言问题已经成为民族建国的巨大障碍。并且提出许多具体的解决方案，比如说针对古汉语词汇的不足他提出了“故有其名，今不能举者，循而摭之；故无其名，今匮于用者，则自我作之。”前者可以看做是“化腐朽为神奇”的方法，让旧有的词焕发出新义，后者则鼓励创造新词汇。针对方言驳杂的现象，章太炎主张用“疏导”的方法。正本清源，求同辨异。在这方面，章太炎更是应用其丰富的音韵学知识为现代音韵学研究创立了典范。

问题在于，章太炎早就具有改造汉语的现代意识，何以他后来又会站到现代语文运动的对立面？能否用鲁迅“渐入颓唐”这一断语来为章太炎晚年的文化思想盖棺定论？对于章太炎而言，其文化民族主义思想是“一以贯之”的。章太炎早期的“排满革命”思想，带有强烈的汉文化主体意识与文化危机意识，与孙中山“民族、民权、民生”比较起来，章氏的“文化民族主义”革命思想，虽然也曾兼顾到“民权”的政治思想与“民生”的经济意识，但强烈的文化意识仍然是其突出的特点。而以文化来规定种姓民族的“文化民族”观（即章氏所谓“历史民族主义”）为民族主义定义

① 章炳麟：《訄言（初刻本）·订文第二十二》，生活·读书·新知三联书店，1998年版。
② 同上。

带来了鲜明的近代色彩。章氏文化民族主义的革命思想有其片面性，由于其过于注重“文化主体”的政治正当性论述，所以其思想的传播面主要受限于当时新兴的知识精英阶层，而对更关注现实生存权利的普通大众较少有号召力。这可能是章氏思想在辛亥革命以后逐渐淡出主流意识形态话语的主要原因。而章氏思想中的某些错误意识，如当时所流行的所谓“黄白争种意识”以及由中日联合建立亚洲新秩序的天真幻想随着日本全面侵华野心的逐步暴露而变得非常具有讽刺意义。但是，章氏思想中的文化民族主义意识及其以“国粹激动种姓”的意识始终未曾动摇。只是从新文化运动开始之后，章氏文化民族主义的批判锋芒从以前的“反清排满”转向了以胡适等人的新语文运动为代表的新文化（“欧风美雨”）。这个时期章太炎虽然仍然积极参与各种政治活动（如反袁斗争与晚年提倡联省自治），但其被社会所认同的身份基本上由一名冲锋陷阵的革命战士转变为退居书斋的国学大师。如果说章太炎早年和刘师培、黄节、邓实等人一起提倡国学，是为了使民族文化摆脱“经学”、“君学”的意识形态藩篱，而使之脱胎为凝聚现代民族国家的一种文化力量。那么，新文化运动开始之后，章太炎的国学论述则已带有明显的捍卫民族文化尤其是民族语文以抵御日益泛滥的民族虚无主义与全盘西化思潮的意识。可能出于对章太炎当时崇高政治与学术威望的敬重以及由于新文化运动的几位重要人物与章太炎的师承关系，新文化运动似乎一开始就回避将章氏作为批判的对象。而章氏也可能自高身份而不屑与“后生小子”们公开论辩。但是双方思想立场与学术观点尤其是在语言改革问题上的认识分歧仍然泾渭分明。这一分歧，其实早在章太炎与巴黎留学生关于中国是否应采用万国新语的争论中已有一次集中的体现。

1908年，中国巴黎留学生刊物《新世纪》提出废除汉字、采用万国新语的汉语改革方案。章太炎专门著《驳中国用万国新语》等文进行批驳。章太炎指出：“文字者，语言之符；语言者，心思之帜。虽天然语言，亦非宇宙间素有此物，其发端尚在人为。故大体以人事为准。人事有不齐，故言语文字亦不可齐。”① 语言是民族的身份标志与民族文化的根本，“以冠带之民，拨弃雅素，举文史学术之章章者，悉委而从他族，皮之不存，毛将焉

① 章太炎：《规〈新世纪〉》，《民报》第二十四号，第55－61页。

附?”“语言文字亡，而性情节族灭。九服崩离，长为臧获，何远之有?”①章太炎认为所谓万国新语，是从欧洲各民族语综合简化而来，即便适合于欧洲，也一定不适合于亚洲。如其效用万国新语，不如以汉语与亚洲诸民族语为基础创立一种“亚洲新语”。章太炎进一步驳斥了关于汉语是一种未开化语言的种种说法。指出汉语这种象形文字与西语的拼音文字各有优劣，而国人识字少的主要原因并非汉字太繁难，而是由于教育推广的不够。在这里，章太炎坚持的始终还是语言的民族本位。

关于万国新语的构想与种种汉语拼音化设计，终于自动流产，现代汉语改革运动最终以胡适之等人提出的现代白话文方案取得折中。比较胡适之们的语言改革方案与章太炎的语言改革方案，我们不能不承认，胡适从白话汲取词汇、向欧化学习语法的方案不失为一种简便易行的方案。与之相比，章太炎“舍轻就重”的语言改革方案的确让人望而却步，非博学淹通如章氏者恐难当其任。但是，回顾现代白话文的百年历史，现代汉语“简单明了”的胜利，恐怕也是以在某种程度上丧失汉语的民族特质为代价的吧。

三、“发扬种姓”与“继绝存亡”：连雅堂“汉诗”及“语文”思想的文化语境

比较大陆与台湾地区的现代性轨迹，研究者会发现一个颇有意趣的现象，台湾地区在经济现代化的过程中一直领先于大陆，而在思想文化领域，至少在二十世纪的上半叶，与祖国大陆的风云际会的思想交锋相比，台湾地区的思想文化领域却似乎表现得风平浪静，呈现出一种明显的文化保守主义态势。这样一种说法恐怕并非空穴来风，“在二十世纪的上半叶，台湾是全中国最现代化的地区，但也是维护旧文化最有力的地区，似乎这样一个基调一直持续到二十世纪即将结束的今天。”② 以对中国现代文化影响最为深远的现代语文运动为例，大陆已如火如荼展开白话文运动的同时，台湾古典诗

① 章太炎：《规〈新世纪〉》，《民报》第二十四号，第55－61页。

② 陈昭瑛：《台湾儒学的当代课题：本土性与现代性》，中国社会科学出版社，2001年版，第2页。

坛却仍兴盛蓬勃。与胡适在大陆一呼百应的白话文倡导相比，张我军在台湾地区滞后的语言改革方案却并未见风卷残云的势头。

张我军何以没能成为台湾的胡适？换言之，中国古典文学何以在现代台湾仍然褒有旺盛的生命力？这一现象和日据时期台湾独特的文化语境有关。由于移民的原因，台湾地区的族群语言构成比较复杂，除了民间的闽客方言、原住民语言以外，通用于上层士绅阶层的官话构成一种独特的文化现象。有人在分析清代的台湾诗歌时发现，台湾诗歌的作者往往是士绅，而清朝台湾士绅的诗歌活动具有超乎文学之外的意识形态价值。“台湾早期是移垦社会，一直到郑成功才有正式的汉人集团进驻。换句话说，文人所构成的上层社会成立时间很晚，而这些游宦及流寓文人为了巩固强化上层社会的结构，往往会举行诗会来联络感情。所以台湾诗社的特质是较趋于应酬唱和的模式，目的并不在于作出传世的经典之作，其政治意义其实远胜过文学。而这种诗社性质也一直流传下来，成为台湾诗坛的特色。”① 事实上，除了联络感情以及维系统治集团的内部认同的功能之外，台湾的文人诗或者说士绅诗还具有强烈的教化功能。它不仅在内容上宣扬儒家价值，也在形式上承载着审美范式的功能。

我们知道，在割台之前，儒家文化在台湾经过从明郑时代到清朝二百多年的推广，已有相当的根基，儒家文化在台湾主要是通过书院的方式传播渗透到民间的。而儒生则成为沟通民间小传统与儒家文化大传统的重要中介。而儒家文化的两种重要活动方式，诗社与书院，在割台的初期，不是消亡，而更加繁荣壮大。这一现象颇为耐人寻味。事实上，文化殖民是日本占领台湾之后殖民计划的重要环节。而日本统治者的文化殖民政策，首先体现在他的语言政策上。台湾总督府的第一任学务部长伊泽修二在向当时的台湾总督桦山资记提出的台湾教育意见书中明言：“台湾教育的第一应该使新领土的人民从速学习日本语。”日本政府在台湾的语言政策可以分为三个时期：(一) 安抚时期（1895—1919 年），这一时期日本政府鉴于台湾人对日本占领的强烈抵抗以及抗日活动的组织领导者往往是儒生的事实，决定采取较宽松的安抚手段，一方面允许书房继续存在，同时鼓励台湾民众上日本学校学

① 黄美玲：《连雅堂文学研究》，文津出版社，2000 年版，第 70 页。

习日语。另一方面，对上层社会传统的诗社活动了加以奖励，甚至日督本人也标榜自己对汉诗与汉文化的喜爱，经常与台湾诗人互相唱和，但有意识地将诗歌创作引向游戏与歌功颂德的方向发展。所谓“击钵吟”即在这一时期流传广泛。(二) 同化时期 (1919—1937 年)。1919 年在台湾的日本政府觉得准备工作已大致完成，于是由台湾总督府发布“台湾教育令”，开始禁止书房并把汉文科目改为选修科目。书房从此没落，而大部分学龄儿童都进入“公学校”接受日文教育。(三) 皇民化时期 (1937—1945 年)。1937 年中日战争爆发后，日本政府在台湾明令取消汉文，并禁止说台湾话。①

从上引日据时期的语言政策资料可以看出，日本政府的文化殖民路线是通过语言改造的过程逐步剔除台湾人的汉文化认同以及依托于这种文化认同的汉民族意识，从而造就一批效忠于日本政府的“标准皇民”。但是，日本政府的殖民计划显然低估了儒家汉文化内在自我认同力与对殖民文化的抵御性。事实上，在清代，以士绅为主体的儒生阶层的台湾认同并不强烈，流寓台湾的士宦往往为职事所迫才来到台湾，并往往因羁旅怀乡而多愁善感。在某种意义上，乙未割台成了对台湾知识分子的一次民族国家之启蒙。“孤臣”与“弃民”的命运使台湾知识分子比大陆知识分子更决断地摆脱了君臣关系的束缚而直接走向现代意义上的“民族认同”。这种新型的民族认同意识不仅体现在武装抗日斗争以及“台湾民主国”的政治理想中，也体现在许多知识人的诗文著作中。后者表现出强烈的文化民族主义诉求，连雅堂就是这样一个典型代表。

连雅堂的民族主义文化观在他传世之作《台湾通史·自序》中有一段非常精粹的表述：“夫史者民族之精神，而人群之龟鉴也。代之盛衰，俗之文野，政之得失，物之盈虚，均于是乎在。故凡文化之国，未有不重其史者也。古人有言，国可灭，而史不可灭。是以郢书燕说，犹存其名，晋乘楚杌，语多可采。……凡我多士，及我友朋，惟仁惟孝，义勇奉公，以发扬种姓，此则不佞之职也。”②

---

① 以上日据时期台湾语言政策资料主要参考曹逢甫著《族群语言政策——海峡两岸的比较》一书。文鹤出版有限公司一九九七年版。

② 连横：《台湾通史·自序》，《台湾通史》，商务印书馆，1983 年版，第 7 页。

和章太炎在清末民初由于民族危机而产生的文化民族主义意识相比，连雅堂作为殖民地台湾的“中华遗民”，更痛切地感受到文化与民族精神的关系。“国可灭，史不可灭”的思想，是寄希望于民族精神的流传以最终实现“复国”、“复仇”的热望。连雅堂以为，不惟史学如此，诗歌乃至语言都是民族精神的体现。所以连雅堂在积十年之功完成《台湾通史》之余，创作了包括《剑花室诗集》，《大陆诗草》在内的大量诗歌，并收集整理《台湾诗乘》，写作诗学著作《台湾诗荟杂文钞》。另外，还深入研究台湾的方言俗语，写下《雅言》、《台湾语典》等语言学著作。在《雅言》八十七则中，连雅堂有一段话可以看做自述行志：“余既刊行《台湾通史》以保文献，又撰《台湾诗乘》以存文学。”所以阅读《诗乘》时应该与《台湾通史》并观，才能了解雅堂以诗证史，以史证诗的深厚用意。《台湾诗乘·自序》末曰：“然而余之所戚者则无史。无史之痛，余已言之。十稔以来，孜孜矻矻，以事通史，又以余暇而成《诗乘》。则余亦可稍自慰矣。然而经营惨澹之中，尚有璀灿陆离之望。是诗是史，可兴可群。读此编者，其亦有感于变风变雅之会也欤?”①

从史、至诗、到方言俗语，连雅堂的语文思想贯彻着一种民族主义的语文观。这一语文思想和章太炎的语文思想堪可比拟，并与之构成一种富于活力与生气的“对话”。概括起来，有以下几点：

1. 将语文看做是民族精神的载体，章太炎提倡以“国粹激动种姓”，连雅堂则主张以史与诗文来褒存民族精神，以发扬“种姓”。除上述以诗、史承载民族精神的思想之外，连氏的民族主义思想还深入地贯彻到他的语言思想与语言研究中。

2. 章连二人都意识到汉语改革的必要，提出汉语表现力的丰富与创新的问题并设计具体的解决方案。尤其是针对汉语方言驳杂的问题，章太炎提出统一民言的宏伟方案，而连雅堂则主要针对闽台方言作了深入的个案研究。当时一些台湾乡土文学作家苦于闽台方言有音无字，而文化殖民主义者也乘机贬低台湾方言为野蛮的、未开化的语言。在日语强势入侵所造成的本

① 连横：《台湾诗乘·自序》，《台湾先贤集·连雅堂先生集》，台湾中华书局，1971年，第5009页。

土语言自卑与语言危机之下，连雅堂通过对台湾方言的音义分析，首先指出台湾方言的渊源堂堂正正，“无一语无字，无一字无来历”；“台湾文学传自中国，而语言则多沿漳、泉。顾其中既多古义，又有古音、有正音、有变音、有转音。昧者不察，以为台湾语有音无字，此浅薄之见。夫所谓有音无字者，或为转接语、或为外来语，不过百分之一、二耳。”① 为此，连雅堂不厌琐细，不避俚俗，专门收集、整理了《台湾语典》，收录大量台湾方言词汇，并注音释义，一一指明其来源、出处及音义转化。比如说作者释闽台方言“盍”字：“何不也。《论语》盍亦反其本矣。”释方言“细”：“小也。与大反。《说文》细，微也。《广雅》：细，小也。［例］细汉、细姬。”此类具体而微的分析，无不见出作者的博洽与智慧。在方言研究方面，连雅堂先最大的理论创见，莫过于打破了雅/俗的等级制。指出在所谓方言俗语中，恰恰保存了大量上古雅言正音。这一思想，与章氏视俗语为雅言的语言观可谓琴瑟和鸣。为了证明雅/俗互相转化、互相影响的辩证关系，连氏还找出儒家正典中使用方言俗语的例子：“《论语》为孔门记载之书，所谓儒家‘雅言’也，而其中亦有‘方言’。‘文莫吾犹人也，从行君子，则吾未之有得’。今之学者，‘文’字为读、‘莫吾犹人也’为句，此从朱子之说也；不知‘文莫’二字，实为‘齐语’，犹言‘勉强’；犹曰‘勉强吾犹人也’，与下二句语气较顺。盖今之《论语》合‘齐语’、‘鲁语’而用之，故尚有齐语也。”② 连氏对《论语》这一不迷信权威、不避俚俗的重读，当视为对经典的一个创造性发明。

3. 在捍卫汉语的纯洁性方面。章太炎反对以万国新语取代汉语，反对汉语的欧化，而连雅堂对汉语的殖民化更是痛心疾首，当时台湾由于受日语教育与殖民文化的影响，出现了一种日汉夹杂的“洋泾梆”文体，连雅堂对此痛加贬斥：“对汉文不可不读，而字义尤不可不知。而今日台湾之汉文，非驴非马。莫名其妙。如酒馔也，而曰‘御驰走’；支票也，而曰‘小切手’。使非稍知日语者曰之将莫之其所谓。故台湾今日之汉文，可谓极

① 连横：《雅言·三》，《台湾文献史料丛刊·第八辑》，台湾大通书局，1987 年。
② 连横：《雅言·五》，《台湾文献史料丛刊·第八辑》，台湾大通书局，1987 年。

弊。[①]”在连氏看来，语言贯彻于国民的伦常日用之中，因而对民族精神影响至巨且深。这不仅体现为所谓雅言/国语对国性民德“移风易俗”的教化作用，也表现在俚语村谣对民俗民心的反映中，故而，正如《诗经》代表了儒家理想中风/雅互动的语言传统，体现了初民“思无邪”的语言－存在之本真状态，优秀的民族语文应该表现一个民族强旺的生命力与积极健康的生活态度，而颓废无聊的语言游戏与低级下流文字垃圾一样毒害一个民族的心灵。以此为标准，连氏的语文关怀与语文批判也不避雅俗，连氏即可以对民间俗谚中“有食烧酒也穿破裘，无食烧酒也穿破裘”这样的乐天主义“痛快语”击节赞叹，也有对“事既秽淫，语尤鄙野”的“乌猫乌狗歌”的严厉批评。而对当时受殖民政府所倡导并流行于士绅阶层的所谓“击钵吟”的态度可以看出连氏对台湾旧体诗歌语言的反省与批评，作为二十世纪初台湾诗坛的领袖人物，连氏坚决反对诗人视诗歌为“无聊之游戏”与“无病之呻吟”：“余见古今诗人，大多侘傺无聊，凄凉身世，一不得志，便悲愤填膺，穷愁抑郁，自残其身，至于短折。余甚哀之。顾余则不然。祸患之来，静以镇之；横逆之施，柔以报之。而眷怀家国，凭吊河山，虽多回肠荡气之辞，不作道困言贫之语。故十年中未尝有忧，未尝有病。岂天之独厚于余，盖余之能全于天也。”[②]所谓“天”与“天道”在诗人这里当理解为世界之运势与民族之命运，而“全于天”的现代表述则是回应世界潮流之大势与响应民族命运之召唤，在民族危亡的时代，连氏表现出一份独有的泰然自若与镇定自信，要求时代之诗人抛开一己身世的自伤自叹，不做道困言贫之语与侘傺无聊之思，而是静以镇之，养吾浩然之气，眷怀家国，凭吊河山，慷慨悲歌，荡气回肠，这不正是诗人《大陆诗草》的主题吗？

诗人的语言之思与家国之思甚至贯彻到日常游戏中，据连雅堂年谱载，连雅堂1912年游大陆期间，某夜曾与诸革命党友人宴饮，座间猜枚之声大起，“强先生猜之，先生曰：‘诸公为官僚派乎？’众愕然，先生曰：‘诸公以革命大义，覆异族，创共和，廓清瑕秽矣。乃习旧时之猜枚，以一品五魁聒余耳，余厌闻也。……’则曰：‘改之，改之而合于民主之制度。今以一

① 连横：《诗荟余墨》，转引自黄美玲：《连雅堂文学研究》。

② 连横：《宁南诗草自序一》转引自黄美玲：《连雅堂文学研究》，第32页。

品为统一。’众曰：‘善。’曰：‘其次为两院，为三权。’众曰：‘尤善，是共和国之神经也。’曰：‘曰四民，士、农、工、商，国之本也。曰五族，国之所以成也。曰六法，国治之根源也。曰七曜，曰八星，世界之大同也。曰九鼎，今之武功章也，以武励民，军国之主义也。’众曰：‘至矣美矣，十为如何？’先生曰：‘共和，以统一开其始，以共和收其终，岂非圆满之国乎？然则对手为平权，权、拳也，人与人平，而后国与国平，发彩呼为万岁，祷祝之意也。以此而较旧名，岂仅善恶之分，其所以涵养国人者，至深且大。宾朋之会，宴饮之间，口言之而心诚之，不及期年，风行山海，而专制之毒乃可得而绝。’”① 显然，连雅堂以猜枚行令绝专制之毒演共和之义的理想不失诗人的天真，但连氏认识到语言对于伦常日用之潜行默化的影响，则不失为一种深刻的洞见。

对于二十世纪初发生于大陆并波及台湾的新文化运动，连雅堂实际上持一种相当开明的态度。本着“文章尚古，学术尚新”观点，连氏认为一方面要留心于新学理、新知识，一方面为文又不“妄摭时语”，连氏所谓“妄摭时语”，主要是针对闽南语的殖民化，“此余二十年来所主张也。故余读古书，辄以最新学理释之；而握笔为文，则不敢妄摭时语，以炫新奇，真守旧也。”② 面对闽南语的殖民化趋势，连雅堂是痛心疾首、坚决反对的，而对于新兴的文学潮流，连氏则比章太炎开明。连氏认为，各种语言、各种文体各有优长，完全可以互相并存：“以台语为小说，台湾人谅亦能知，但恐行之不远耳。余意短篇尺简，可用方言；而灌输学术、发表思潮，当用简洁浅白之华文，以求尽人能知而后可改其效。夫世界进步日趋大同，学术思潮已无国境。我辈处此文运交会之际，能用固有之华文可也、能用和文可也，能用英、法、俄、德之文尤可也；外用罗马字以写白话文亦无不可。但得情愫互相交通，虽爱世语吾亦学之。故今之台人士，一面须保存乡土语言、一面又须肄习他国文字，而后不至于孤陋寡闻也。”③

事实上，作为变革时代的大文豪与大学者，连雅堂丰富与精深的思想很

---

① 王云主编，郑喜夫编撰：《民国连雅堂先生横年谱》，中华书局，台湾商务印书馆，1980年版，第83页。

② 连横：《诗荟余墨》，转引自黄美玲：《连雅堂文学研究》。

③ 同上。

难在此有限的篇幅中加以概述。本文只是试图管窥其语文思想之一面，指出连氏在日据时期面对殖民文化的挑战表现出来之刚毅的民族气节与生动的现代情怀。作为汉语及中国文化现代性过程中的一个特立独行的个案，连雅堂的思想似乎很难用现代/传统这样简单的二分法去加以划分。在他身上，儒家忠义传统与现代民族主义以一种创造性的积极方式互相转化，并在其诗文、德业中一以贯之。而在现代台湾的独特殖民语境中，传统在连雅堂身上表现得尤具积极意义。比较一下胡适、鲁迅、张我军等人叛逆与反抗传统的方式，连雅堂对传统的批判性继承难道不也是回应现代性的一种方式吗？对连雅堂的思考，或者也能间接为二十世纪台湾文化的“保守性”姿态提供了一种解释。

古龙武侠小说的现代特征及其文化价值*

朱双一

在中国现代武侠小说领域中，堪与香港的金庸比肩的，是台湾的古龙。在量上后者超过了前者。古龙曾自称在25年中写了两千余万字，被改编成两百多部武侠电影。其拥有的读者、观众群也不亚于金庸。据称用他的小说改编的港剧《楚留香》在台播映期间，掀起武侠连续剧最高潮，创造了电视收视率的新纪录，影响所及，几达颠倒众生的地步。

在不少人心目中，武侠小说可供消遣而难登大雅之堂。然而近年来还是不断引起一些严肃学者的关注。1987年底在香港举行的学术层次较高的首届“国际中国武侠小说研讨会”即是一例，而《文艺报》也于1988年载文评价大陆近年来的武侠小说创作。有学者指出：文学作品须为一般人所喜爱才有生命力。《诗经》、乐府、杂剧等之所以伟大，乃因它们深受当时人们欢迎，可是研究者常常是慢半拍，需待这些文类已不再为一般人所喜好了，才去研究。由此他提出质疑：今日我们有一种一般人都欢迎、喜爱的作品，却嗤之以鼻，这是合理的吗?① 从这个角度着眼，研究古龙武侠小说魅力之来源，评估其得失，就是一个有价值的课题了。因为它至少代表着一种值得关注的文化现象。

真正奠定古龙在武侠小说中突出地位的，是自60年代中期所谓“自我蜕变”之后，他对武侠小说所作的改弦更张的革新，由此标志着真正的“新派”武侠小说的形成。这种革新，最为突出的一点，是他的作品表现出强烈的现代性。这一特征弥漫于形式和内容的各个层面，并由此把他和金

---

* 本文原载于《福建论坛》1989年第1期。

① 樊志厚：《武侠小说初登学术殿堂》，香港《明报》月刊，1988年2月。

庸、梁羽生等区别开来。

古龙艺术上的调整，都是围绕着增加作品现代感这一轴心的。他首先抹去小说的历史背景，使之脱离任何历史本事。金庸等人的小说虽然角色的行为多是虚构的，但它常把情节融入一般读者所知道或笃信的某一个历史故事的框架中。其优点是能利用真实的历史给虚构的故事一个稳固的支撑，造成虚虚实实、亦幻亦真的艺术境界，以增强小说的真实感和吸引力，容或还有助于他们欲阐扬为正史所遗漏或遮掩之部分历史的目的。但这样的描写多多少少要受特定时代环境、历史真实的限制。而古龙小说虽失去了上述某些优点，却因摆脱了具体时间、本事的束缚，遂能更自由地驰骋想象力，天南海北、古今中外的素材尽拢笔下，为小说渗入大量的现代事物、现代意识提供了更多的渠道。

紧接着，古龙采用了许多符合现代读者审美趣味变化的新颖艺术技巧。随着现代生活节奏的加快，读者对传统小说细说慢道、详尽铺陈的写法已感厌倦，他们追求快节奏、多变化、强刺激。适应这一心理，古龙锤炼了一种极为简洁利落的文字模式。他一反旧派小说不分段或段落较长的习惯，尽量减少冗长的描述、常用寥寥数笔勾勒出某一情境，并把气氛营造得十分逼真。这种文字特别适合武侠小说场面紧张、动作快速的特征。为了把一个个急遽转换着的场面直接呈现在读者面前，古龙还吸收了背景切割、画面交错、镜头分摄等蒙太奇技巧。在描写一些景观、事物、人物外貌时，古龙常采用类似电影拍摄中推拉镜头的描写程序，由远而近，由整体而局部，由躯体而脸眼，最终呈现其特写画面。也许正因如此，古龙小说改编为影视的特别多。

侦探小说自柯南道尔以来，风行世界百年而不衰，现代读者仍乐此不疲。巧妙地在武侠小说中融入大量的侦探推理因素，使人读之如阅东方《福尔摩斯探案》，这是古龙小说最为突出的特点之一，也是古龙迎合现代读者心理的又一重要诀窍。古龙着力塑造的武林好手，不少是所谓“英雄与智者的混合”。他们不仅武艺超群，而且聪慧过人；不仅有诸葛孔明多谋善断的本事，还有福尔摩斯洞察幽微的分析推理能力。像代表作《楚留香》①，即以主人公对海上先后漂来的几具尸体所作的观察、分析揭开序幕。楚留香依据对尸体的分析、推测，由此窥见武林中一个巨大的阴谋，从而开始其与无花和尚、石观音、神水宫主阴姬等一连串的斗智斗勇。另一部重要作品《武林外史》中的沈浪，能从微小的破绽中发现王麟花棺材店的奥妙。《绝代双骄》中，人物的机智灵变，有时简直到了出神入化、令人难于想象的地步，甚至还有环中套环，骗局中又设骗局的曲折情节。如江小鱼在与江玉郎对阵时，根据“天绝地灭透骨针”的针筒落在谁手中的态势，一会儿称针筒是空的，一会儿称是实的，反复三次，每次都能说出一番令人信服的道理，使奸诈的江玉郎也终至上当受骗。这种斗智虚虚实实、扑朔迷离，而人物的推理分析则精确细致，甚至具有现代科学的依据，使作品显得跌宕多姿而又富于真实感。

古龙曾自称受到有关007探案的电影的启发，楚留香就是007的化身，因为他觉得在这苦闷时代的大众需要这种幻想式的英雄作为生活的调剂。确实，楚留香与007有某些类似之处。但若从情节的惊险多变、作者想象力的丰富奇妙而言，古龙小说比007故事实有过之而无不及。古龙小说中所蕴含着的侦探小说的某些特征，是最令读者着迷的地方之一。

采用顺应现代读者审美趣味的艺术手法是一方面，而最能代表古龙小说现代性特征，也最能引起一部分现代读者共鸣的，是他在小说中灌注进大量的现代情事、现代意识。小的如现代人特有的某种忌讳——女子怕人说她发胖，现代人常有的某种偏嗜——男人喜欢冒险、追求刺激，现代社会常见的某种场面——赌馆、妓院、拍卖场所的情景等；大的如现代人新建立的某种道德观念、伦理准则，新出现的某种心理特征等。

一个很能说明问题的例子是有关男女情爱的描写。古龙小说与金庸小说一样，仍属于侠情之系统，即不光写侠者行径，也写儿女之情。但金庸笔下女人对爱情极为坚贞，而古龙则常描写一种浪子型的情爱、女人均较为放荡。金庸基本上肯定真正的感情是一对一的，而在古龙笔下，女人不仅突破

① 坊间流行的有关楚留香的小说，书名有《楚留香》、《楚留香传奇》、《铁血传奇》、《风流楚香帅》等。我们这里以《楚留香》概称之。

了男女授受不亲的礼教之大防，大多数还抛弃了从一而终、死守贞节的传统信条，建立了新的贞操观。如《绝代双骄》中的胡药师原着意于白夫人，而铁萍姑则曾失身于江玉郎。但后来胡、铁两人在患难中同病相怜，由怜生爱，终结伉俪。这种描写显然更具现代品格。女人过于妖冶令人生厌，但拘囿于旧礼教也很难获得现代读者的认同。古龙对情爱的描写有时还向两极延展。在他笔下，一部分人物建立了更为高尚的现代爱情、婚姻观，如黑蜘蛛对慕容九的无条件的爱，以及深受礼俗教养的沈璧君的个性觉醒。而另一些人则由放荡发展到淫荡。如果说，风四姐、铁心兰、沈璧君等为了救人、胜敌等特殊需要而以胴体诱惑对手尚情有可原，那么“小公子”、白夫人等动辄脱衣解带、投怀送抱的举动就只能令人嗤之以鼻了。

所谓“孤绝感”，是现代西方社会的一种“流行病”。古龙小说对这种孤绝感的竭力渲染也是其现代性特征的重要组成部分。《萧十一郎》也许不算古龙的代表作，但在塑造孤独主人公方面，却是典型之作。萧本为仗义行侠的武林豪杰，却被一帮干尽坏事的伪“侠客”诬为江洋大盗，设下层层陷阱欲置之于死地。这使他陷入极度的孤独与寂寞。他哼着苍凉、萧索的歌调，浓眉深锁，隐藏着无从诉说的悲伤和忧郁，有时更被迫遁入山谷泽地与狼群为伍，在萧十一郎身上，我们隐约看到一个存在主义者的影子。对他来说，“他人就是地狱”，只有不断地进行自我选择才能获得个体的本质。因此他坚信：“只要我做得对，又何必去管别人心里的想法？”

但与一些存在主义作家笔下常见的忧虑、绝望、彷徨无主的“多余人物”不同，萧十一郎勇于与环境展开搏斗。古龙曾自称受海明威的影响，《萧十一郎》也许就是一个较好的例证。《老人与海》中的桑蒂亚哥有个小孩可慰其寂寞，但小孩因父母的压力离他而去；萧十一郎也有个沈璧君相依为命，但这位大家闺秀、有夫之妇受礼俗约束终得与之分手，所以他还是孤独的。桑蒂亚哥虽然在同外界的斗争中逃避不了失败的命运，但在精神层面上却立于不败之地，他的那种著名的“打不败”精神——“你尽可把他消灭掉，可就是打不败他”，在萧十一郎身上亦得到重现。由此可见，古龙对于西方现代哲学、文学的吸收，并不囿于单一流派，而是多方猎取，根据需要加以改造、糅和。

“孤绝”主人公的塑造显示了存在主义的影响，而古龙对所谓“人性”

描写的强调则带有弗洛伊德心理学的明显刻痕。古龙一再声称自己以抒写人性为创作的中心。他认为，情节的诡奇变化已不能算是武侠小说最大的吸引力，而人性中的冲突，却具有永恒的吸引力。武侠小说已不该再写神、写魔头，而应开始写人，活生生的人，有血有肉的人。①

文学作品应写人性，这本是不少作家的共同追求。但实际上，人性包含着社会性和生物性两个层面，而每位作家的侧重点并不一致，因此应做具体分析。有的作家将人的社会性存在，人的理智感、道德感视为人性的基本，因此偏重于描写人性美善的一面。有的作家则将人的生物性存在视为人性的基本，因此偏重于描写人的欲望、本能。古龙显然属于后者。当然，他也曾描写了燕南天大侠救乳燕于苍鹰爪下的悲天悯物胸襟；江小鱼摒弃“冤冤相报，血债血还”旧俗的新观念；楚留香重视人的尊严，不忍心杀人；沈浪宁担永生恶名，也要救活千万名丐帮弟子的人道情怀。但比起人欲、本能、变态心理的大量描写，这些几乎只能算是微不足道的点缀了。因此古龙所谓“人性的冲突”，基本上指的是欲望的冲突。

古龙大概认为人的欲望是与生俱来的，既说不清楚，也难于抑制。在他笔下，不少冠冕堂皇的武林豪强，在金银珠宝、美味佳色面前纷纷挫折英气，显露原形，甚至作者极力褒扬的楚留香，也是“对女人从来不会拒绝的”。而当这种欲望受到压抑时，就往往产生变态心理，不少罪恶也因此而诱发。古龙小说中不乏这类因欲望受压抑而心理变态的人物。如神水宫主阴姬为女性同性恋者，其“爱妾”宫南燕因生活不正常而发出“我也是一个女人”的呼声，主动找机会与雄娘子做爱，移花宫主姐妹因追求江枫未成，便在江枫的后代身上酿造旷古未闻的悲剧。白飞飞和王麟花是另一类型的心理变态人物。他们因自己的不幸命运（其母均为“快活王”所弃）而对所有的人怀着怨恨、恶毒之心。白夫人则是一个自虐狂和被虐狂，喜欢让人瞧她赤裸的身体。古龙这样大量、有意识地描写各种各样变态心理，并不时将罪恶的根源归结于本能的驱使或欲望的压抑，说它与现代心理分析学说没有关系，是无法解释的。

古龙还由他这种偏于生物本能的人性观，衍展出一系列较为独特的观念

① 参阅古龙《写在〈天涯·明月·刀〉之前》、《风铃、马蹄、刀》、《新与变》等文。

并融贯于作品中。由于人既要受社会规范的制约，又有无法自抑的本能、欲望，所以很少“完善”或“绝恶”的人。从这种认识出发，古龙努力塑造的“活生生”的人，往往善恶参半，优劣难分，江小鱼学会并超过了他的师傅“十大恶人”的所有作恶手段，而且的确常常在用手段骗人，但他能明辨是非，居心善良，骗人只是出于争斗或求生的需要。即使像“十大恶人”那样的歹徒，每个人多少也都有些“可爱”之处，因为他们“恶”名在外，并不自加掩饰，他们干坏事，常是为了满足与生俱来的欲念，而在作者看来，这也是情有可原的，因为人的欲念的压抑和掩饰才是更可恶的事。而“十大恶人”比起江别鹤那种用“侠义”外衣掩饰欲念，暗地却干尽坏事的伪君子，显然也好得多。这是古龙颇具特色的善恶观，也是古龙小说异于传统小说的地方之一。

由于偏重于人的本能，而本能具有普遍性，所以古龙描写的女性常有一些共同特点。如善妒心理就几乎无一例外。那些心理变态人物不用说了，就是较为正直、单纯的人物如朱七七、黑珍珠、小仙女张菁、段三姑娘、铁心兰等，也都不可免。这种妒忌是一种理性所完全无法控制的冲动，像朱七七就多次在紧急关头因妒忌干出危及生命的傻事。由于其中的一些性格缺陷，古龙笔下女性常是成事不足，败事有余。这就是古龙的女性观。在生命观方面，古龙褒生贬死，因为求生也是人的正当欲望。他极力颂扬原始的生命力，对他所喜爱的人物，一概赋予“野兽般的活力”、“野性的吸引力”。在他的作品中，一些自杀者多为龌龊人物，而对于生的执著，则是襟怀坦荡的人物的井同特征。正如沈浪所说：“人无论在什么时候，都要有活下去的信心，只有生存，才是人类真正的价值。”出于求生的本能，这些武林好手常在关键时刻、生死关头，在某种似乎已无法解脱的困境中，依靠一种逼发出的内在潜能化险为夷。这是一种用常理难于解说的“瞬间的光芒”。古龙显然认为，人在发出这种生命火光的时候，才是真实而值得赞美的。这种对原始生命力的企慕和赞颂，也许是不堪于平庸而又日益沉重之物役的现代人心态的曲折反映吧？而这种生命力迸发所造成的情节的突变，又恰好迎合了现代读者追求刺激、变化的欣赏心理。

由此可知，古龙确以刻画“人性”为创作的重心，但这种“人性”偏于人的本能和欲望，显然是西方生命哲学、心理分析、存在主义等各种现代思潮、流派浸渍所致。它是古龙小说现代特征最主要的体现。古龙以这种“人性”刻画为中心，在作品中灌输进大量的现代事物、现象、情绪、观念以及现代人行为的描写。应指出，古龙这样做的动机，主要仍在于顺应时潮、取悦读者。他曾明确表示，写小说的最大目的就是吸引读者、感动读者，而人类的观念，随着时代不停地改变着。小说是虚构的，纵然是同样的故事情节，若从不同角度着手，也可写出完全不同的小说，因此未尝不可在小说中注入新观念，以满足读者求新求变的要求。① 有了这种努力，再加上适应现代审美情趣变化的各种艺术技巧的大量运用，古龙的小说能有较大的现代读者群，也就毫不奇怪了。而这广大的读者群至少显示了古龙小说价值的一方面——具有较大的娱乐、消遣作用。

由于旨在取悦读者，这就决定古龙小说尽管有着极为鲜明的现代特征，但并未能完全脱离传统，因为它不得不顾及读者尚未改变的某些欣赏习惯。虽然它是“新派”武侠小说，但无法“新”到不描写武功、技击、招式，不用江湖、侠义这些传统名目，也仍需宣扬扶弱抑强、铲除奸恶的侠义精神。这就决定了其小说与中国近代武侠小说也有一定的传承和蜕变关系。如对于最具奇幻想象力，一反历史写实风格而开拓“趣味性素材”之领域的还珠楼主，最早用新文艺笔法而特重侠骨柔情的王度庐，以及讲究“武打综合艺术”，在取法西洋文学名著方面得风气之先的白羽等，古龙均有较明显的感应和效法。古龙的小说甚至保留了中国古典小说的许多特点，如结构严密、故事性强，有头有尾。虽然场面转换快，但情节却基本按时间顺序，甚至有意识地减少大幅度的时间跳跃。与古代优秀小说一样，古龙注意刻画人物形象，人物繁多但各具性格特色。此外，古龙小说虽然输入大量现代意识，但也仍保留不少传统观念，如上面提到的女性观就带有较明显的陈旧意识的痕迹。

但这并不意味着古龙有意结合传统与现代而建立新的通俗文学形式。传统因素的保留有些是无意识的，因为任何人都无法完全剖断传统，何况“新”武侠小说是从旧武侠小说中成长起来的；有些则是服从于广收博取、兼容混杂的文类特殊要求。大凡现代武侠小说都有这种“杂烩”性质，对

① 参阅古龙《写在〈天涯·明月·刀〉之前》、《风铃、马蹄、刀》、《新与变》等文。

各方面的素材，无论是历史的，还是现实的，人文的，还是自然的，实在的，还是虚幻的，乃至普通生活常识、社会现象，均信手摘拈，加以利用。这是武侠小说容涵量大、抒写自由，有时需搜奇猎怪以招徕读者的文类特征所决定的。这种包罗万象的“杂烩”性，不仅迎合了读者的娱乐需求，同时使武侠小说具备一种特殊的文化价值——成为大量文化资料的辐辏，并从这些资料中透露出社会生活的脉搏。称之为“百科全书”也许过誉，但在刀光剑影中聚集着丰富的文化信息却是事实。金庸、梁羽生是如此，古龙也不例外，甚至更为庞杂。不同的是，尽管外表上金庸较为写实，而古龙更为诡怪，但实质上金庸乃侧重于对中国历史和传统文化的描绘、诠释和新解，古龙却主要立足于对现代社会文化现象的鉴照和折射。古龙小说的现代性特征是如此鲜明、强烈，令人眼花缭乱，以至掩盖了传统因素的光泽。古龙小说离中国的历史、地理、文化、民俗日远，日益失去中国武侠小说独特的古典况味，但却与现代人的生活、情绪、心灵、爱好稍近。它说明任何一种文学品种，不管其渊源多长，都必将随着社会的变迁而改变其面貌。也许，对现代文化的鉴照、折射正是这种“新派”武侠小说特殊的文化价值之所在，尽管这种鉴照和折射不少是片面、扭曲了的。甚至古龙以内容和形式的丰富性、灵活性迎合现代读者求新求变求快的消遣心理的努力本身，以及读者对这种新派武侠趋之若鹜的情况，都可以看成大众消费时代一种文化现象的反映。当然，指出这一点并不意味着价值评判。一种旨在招徕读者、追求商业目的的作品，必然优劣杂陈、精糟互见，它的社会作用必然也有积极和消极的两面性，甚至后者大于前者，这是不必赘言的。

台湾文学中的“新女性”角色设计*

朱双一

寻求妇女解放之途，不仅需要“破”——揭露、批判男权社会对女性的压迫，打破数千年来妇女头上的枷锁，而且需要“立”——造就有别于旧传统的女性人格，树立新的女性形象。这种“新女性”的角色设计，至少可有如下三种类型：

一曰角色翻转，反客为主。这种女性对男权主义的压迫有深刻的体会和愤慨，不惜以各种方式加以反抗；或认定女性的能力并不比男性差，常以其超群出众的成就凌驾于男性之上，甚或“以其道反制其人之身”地对男性施于压迫和制裁。它以“女尊男卑”的关系式对传统两性关系做了180度的翻转。

二曰保持特性，呈示自我。这类女性并不否认男、女之间客观存在的差别，但却不承认所谓男优女劣的传统认定，因此顺应自然地保持着女性诸多固有的特质，并以此显示了女性“自我”的存在和价值。它显现的关系式是两性的“并列”。

三曰双性人格、雌雄同体。这一类型认为男、女的性格中各有其优点和缺点，因此理想的人格应是取长补短，摈弃各自的缺陷，将双方的优点融于一体。它显示的两性关系式是双方的“融合”。

这三种类型的“新女性”，在近一时期的台湾文学作品中，均跃然可见。

一、角色翻转，女尊男卑

当女性文学走过凄哀地描写和控诉男权制度下女性之悲惨命运的层次，

---

* 本文原载于《台湾研究集刊》1996年第1期。

开始进行“新女性”的角色设计时，最早出现的，即是试图反客为主，取男子而代之的形象。深受男权主义之苦的女性，在冲出樊笼之际，将从来就在笼子外充当囚禁者和饲养者的男性作为效法的榜样，其实是很自然的。

80年代初袁琼琼就创作了这样的作品。《自己的天空》中的静敏，在丈夫外遇提出分居时，狠下心要求正式离婚，从此自谋生路，从一个绝少出门的弱女子，转变成一个有把握、能自主、事业有成的“新女性”。工作中碰到一个自己很喜欢的男人，虽是有妇之夫，但静敏“决定自己要他”，于是主动追求，最终如愿以偿。这时她所扮演的已是本来属于男子的阳性角色。相形之下，她的前夫则退缩为阴性角色。另一短篇《小青和宋祥》中的男、女主角更明显表现出角色的颠倒。

以长篇小说的容量，刻画出一个更为典型的“女尊男卑”家庭的，是萧飒的《如何摆脱丈夫的方法》一书。小说主角苡天是个有主见、性格泼辣的女子，怀着少女的浪漫离家出走，嫁给了她所崇拜的“才子”褚浩成。婚后迫于生活，她先帮丈夫找了个职低薪微的工作，后来自己也出外谋职，并因成绩突出而被提升为主管。家里逐渐形成了女主外、男主内的局面。褚浩成虽然懒散不思进取，但却安分守己，委曲求全，包揽了家务事。然而苡天有着十分强烈的进取心。丈夫越体贴，她越看不顺眼，甚至生出强烈的憎恨和厌恶。经过一段僵局，苡天最终找到“摆脱丈夫的方法”，得以与褚浩成离婚。

小说对于女性的特殊心理有着精细的刻画。如其感情的善变无常，“爱的时候，对方什么都是好的；不爱的时候，连看一眼都受不了。”（第57页）对于女性主义思想，小说也有着精致的表达。它通过苡天的嫂嫂之口表达了女人应改变将感情置于人生首位的观点。苡天从人鱼公主的故事中得到启示：女人实在不必盲目的只为爱情所缚，她要全力以赴的是事业，“要是没有了事业，我会连自己活着的价值在哪里都不知道，还谈什么其它呢？光有爱情，我也不会快乐的。”（第163页）

然而，这并不意味着女性应取男子而代之，成为新的性别歧视者。小说最为深刻的，是对“新女性”成长中出现的“大女人、小男人”现象的观察、描写和省思。小说的结局显示着女主角并未能顺心遂意。显然，这场婚姻悲剧的主因在于苡天无法忍受丈夫的庸碌无为，而这实际上透露了男权社会传统观念尾大不掉的信息。这些“新女性”仍固守着一个亘古不变的准则——美满的婚姻必须有作为家庭支柱的“男子汉”的存在，因此无法容忍自己的家庭成为一个“女子主导型”的家庭，仍认准这样一个死理——事业有成是一个成功男子必不可少的条件和标志。她们有了一定的社会地位及足以自立的经济条件，却不能容忍一个在事业上比不上自己的丈夫。这说明数千年来沉积下来的女性“依附意识”仍牢固盘踞在这些“女强人”的头脑中。这种择偶上的刻薄要求，使她们的爱情、婚姻生活充满困厄和挫折，经常陷入苦闷孤独状态中。很显然，此道未必是理想的女性解放之路。

这种翻转角色、反客为主的现象，在一些“杀夫”故事中得到更强烈的刻画。萧飒早期短篇小说《姿美的一日》中因家贫而被迫做人姨太太的女主角，曾因丈夫的老丑而闪过勒死他的念头。这是“杀夫”的苗头，并未实施。袁琼琼的《烧》则是一个实施了的变相的“杀夫”故事。女主角安桃为了完全地占有丈夫，在丈夫生病的14天内，将他锁在屋内不让延医，导致丈夫的死亡。这样的故事在李昂的《杀夫》中得到极致的描写。小说的女主角林市，只有可供泄欲的女性身体作为其屠夫丈夫（陈江水）提供食物的交换，被迫忍受男性任意施加于其身体的暴力。虽有寻求经济自立的企图，却为丈夫所不许；加上周围封建伪道德意识的诽谤和围攻，致使其心灵遭受致命的重创，终于在精神恍惚中效法男人杀猪般杀死了熟睡中的丈夫。这种受压制的女性采取极端方式报复男性的描写，在文学作品中时可看见，如曹禺《雷雨》中的繁漪。这些强烈报复男子的女人，几乎都是遭非人禁锢、压迫而产生心理变态的女人。她们总有机会（如男人睡觉、生病时）反过来宰制男人。在这短暂的时刻，她们由被压迫者翻转为压迫者，取男性沙文主义者而代之。正如张惠娟所言：“在陈江水所代表的意识形态里，女子不能也不应寻求经济自立，因此等作为等于打破了传统两性的权力关系。林市最后将陈江水‘切斩成一块块’，在象征意义上，可说代表了对于女性遭受物化的反抗和控诉，将女性分崩离析、饱受切割的自我主体，投射到男性的肉体上。”①

显然，以极端方式报复男性也未必是女性解放之途，且极易引起男性的

① 张惠娟：《直道相思了无益》，《当代台湾女性文学论》，第55页。

反弹。如古添洪认为："《杀夫》这小说对妇女问题，尤其是在传统社会里与男性相对待下的妇女问题，有震撼性的演出，但并没有带来什么能使妇女问题与妇女运动向前推进的东西。"① 张系国则干脆写了《杀妻》与《杀夫》遥相对应。小说中的男主角受骄横妻子的欺压，引起精神幻想症而萌发杀妻之念。作者自述道："我的《杀妻》，正是描述在女性已经获得了经济独立之后，丈夫地位下降，沦落成为无用的人的悲惨状况之一斑，并提出男人的传统自大心理，'义和团思想'如何被打败，侧面指出妇女解放的积极意义。"② 当然，能引发这种反弹，本身就说明李昂等已达到其给"男性沙文主义猪"一个震撼和警告的目的。从这个意义上说，这类角色翻转的"新女性"形象，值得世上的男人和女人共同来加以反省。

二、保持特性，展示自我

上述翻转角色、反客为主的"新女性"之途未必行得通。另一些新女性主义者则承认男女之间确实存在着某些差别，并试图以此差别重新确认和强调女性自身的价值。她们力除父权文化认定的"男优女劣"的刻板印象，为此不惮于披露女性不同于男性的真实内心世界，包括情、欲方面的特殊感受。这类作家可从阿德纳式图解中得到理论上的支持。阿德纳以两个相交圆（X和Y）来代表男性"支配团体"和女性"无声团体"的关系。这两个圆大部分是交叠的，但各有一未交叠的月牙儿形部分，代表男、女各自的特殊经验区域。大部分的Y无声圆被包括在X支配圆的范围内，唯有一月牙儿形Y在支配范围之外，这月牙儿形Y便能保持"原始状态"——它是一个完全没有男人的区域，代表着有别于男性的女性生活样态。本来也有一个严禁女人的男性X月牙儿形区域，但所有的男性意识都在支配结构的范围之内（即整个X支配圆），都可由语言表达或组合，早已成为"传统的主题"，因此女人知道男性月牙儿形区域为何，即使她们从来没到过。而男人却不知女人的原始区域为何。对一些女性主义文学家而言，这个原始区域或"女

① 古添洪：《读李昂的〈杀夫〉》。

② 《杀夫·杀妻·沙猪——张系国V.S李昂国际传真对谈》，《沙猪传奇》，第221页。

性空间”就是建立一种真正女性中心的文学艺术和理论批评之所在，“她们的共同目标是要让女性意识的象征力量付诸实现，让不可见的部分变成可见，让沉默的开始说话。……当一个女人自愿进入此原始区域后，她便脱离‘男权空间的高压界限’而创作。”① 了解到此，就可理解为何立志描写女性特征的女作家们最多地涉笔于欲情题材，因这正属于所谓“原始区域”，为男性所不知，其内中的感受也与男性最为不同。通过此描写，最能达成对女性自我的探究。

黄有德的作品虽少，却几乎都对准着女性的“情欲”问题，并由此揭示了女性情欲心理的一个重要特征——复杂性和婉曲性。詹宏志称她以“一个男女关系的光谱呈现”，揭示了欲望的“千种面貌”②。《玉贞的手稿》中的玉贞是严守贞节的女子，因禁锢本能欲望而逐渐枯萎，终至了无生趣而自杀；《牛郎织女》中的陈太太则全无禁忌、完全按内分泌发情行事地放纵欲望。她们正代表着“性关系光谱”的两个极端。在他们之间的是《啸阿义，圣阿珠》、《异教徒之恋》等描写的情景。将几篇小说合起来看，可见女性“情”、“欲”的格外复杂的存在形态。

袁琼琼稍早的小说刻写“反客为主”的新女性形象，而在1989年出版的长篇小说《苹果会微笑》则试图通过女性欲情生活的描写，真实展现女性的内心世界及女性的心理成长。小说女主角赵光明在中年丧夫后与其他男人的关系，呈现出多种“面貌”，有的是无爱之性，如对那些老男人而言，有时则出于一种恋慕青春的本能，如对一些较年轻的男子，但有一共同点，是她对男人的一种习惯性服从。这种情况直到她与信德相识后才有所改观。两人的恋情是在“无心插柳柳成荫”的自然状态下成长的，除了信德的相对年轻外，更主要的是信德比其他男人显得真率、诚实些。信德向光明“血淋淋的披露自己”，使光明“感觉了自己在信德心上占有了特别的位置”，她感到“她一下子成了少女，在信德泛滥的热情里悸动不安。而心理影响了生理，她在展开身子接纳信德时，奇怪的觉得自己在做一件从前没有做过的事，她这具接受过无数男子的肉身，在信德的密语和自己的震动中被

① 伊兰·修华特：《荒野中的女性主义批评》，《中外文学》，1986年3月。
② 詹宏志：《欲望有千种面貌》。

净化，变得纯洁和无知，而覆在她身上的，成为她此生唯一的男人。”（第149页）与此同时，光明也逐渐认识到以往自己所过的是“没有自己的生活”，她决定在与海祥的婚姻中“豁开来”，自己“设法愉快”（第95页），也首次敢于拒绝一个求欢的男人（小彭），“居然把他给甩了”（第119页）。女主角终于在欲情的海洋里找到了真正的“自我”。小说对女性的生理和心理的曲折微妙极尽描写，展现了为男人所陌生的一个欲情世界，即上述阿德纳相交圆中的Y月牙儿形区域，作者执意要探究的女性原真的内心世界。

这部小说一言以蔽之，就是“任性”、“诚实”和自然爱欲。作者曾称：“任性是不顾一切，不管别人，也不管自己。必须要任性才能诚实。”[①]一方面，作者是任性和诚实的。她推崇濑户内寂听的作为，因这位日本女作家为避红尘而出家，却未能消减爱欲之心，于是也就安然地接受，“这也不失为一种诚实”。袁琼琼自述道：“这本书之所以会存在和呈现出来，其实也是根源于自己这点想诚实的任性，因为想试着来面对自己的肉体，来面对自己四十年来身为女子，对爱与性的感觉。”[②]另一方面，小说女主角也是“任性”和“诚实”的，她几乎抛开了一切礼教习俗，诚实而任性地追求、展现自己的情感和爱欲，“很自然地去爱慕青春”（濑户内寂听语）。从这个意义上说，赵光明也是一个追求和实现女性自我的“新女性”形象。正如濑户内寂听所分析的：“人的心是善变的……在爱情终结之处，爱仍会茁长新芽”，许多人，已经有了贤惠的妻子或足可依靠的丈夫，为什么他或她还要移情别恋，更求肉体上的爱？“回答似乎只有一样：因为他们是人。自有人类以来，人就已经是这样子的了。”[③]显然，这种“任性”和“诚实”，正是实现女性主体意义和体现“人”的自我价值之所在。

顺应自然的欲情主题是李昂创作的重心所在。如早期作品《雪霁》“将性提升到劳伦斯的观念层次，性是原始的、纯真的、健康的、自然的，是一种冲破藩篱自我更新的祭典。”[④]《转折》中的女主角通过自己选择的性爱而实现了自我——她爱上有妇之夫却难以结合，即在新婚前夜将自己给了那

① 《苹果会微笑·后记》。

② 同上。

③ 濑户内寂听：《你能赤裸着从男人面前走过吗？——〈苹果会微笑〉代序》。

④ 贺安慰：《台湾当代短篇小说中的女性描写》，第99、94、88页。

有妇之夫，虽是唯一的一次，却因拥有了最直接最忠诚的对方而从此不再遗憾。《莫春》一作以极为大胆的笔触直接刻写女性在性爱过程中的感受。女主人公唐可言觉得“唯一实在的只有那可证实自身的男性身体及由此引发的行为”，通过做爱“点细体知出新临的乐趣”和一种“缓缓注入生命基础源泉的安慰”，觉察“潜藏体内的未知部分悉数被开发了”，从而证实自己“是一个完整的女人”。李昂对此解释道：“我们是为男性或女性，性别应具有何等意义和特性，必有一段混淆的时期，历经成长的转变，性是为一种自我存在的肯定。那也是何以性在我的追寻中占有这般重大的意义。”①

然而，李昂与大多女作家不同的，是她自觉地将男女的性爱和社会问题相连接，指出某些性爱行为乃是现代人孤寂、空虚心灵的一种慰藉。如对《莫春》一作她自我检讨道：“我没有将这小说推展到另一层次，去问，为什么我们的社会会产生这种病根，这种如此迫切地想要借性来解决问题的矛盾。”并表示：“假如性与社会的一些问题是相关联的，我还是会以性为题材来写，可是，不再会像《莫春》只限定在两个人的关系。”② 因此，她笔下的女主角多数是以苦闷的态度来面对性的接触，常呈现出一种绝望的激情和事后的空虚，这样的描写，“只给人强烈性反抗的象征……象征了女性的自我追寻、肯定和突破。”③

此外，李昂的另一个特殊之处，在于描写女性“原始区域”的特殊经验的同时，还揭示了她们必须自强、自立、自尊的真谛。近作《迷园》是一部结合了性与政治、女权和人权主题的长篇小说，其中一条线索铺展女主角朱影红和暴发林西庚的感情、婚姻纠葛。在这里，李昂仍发挥了率真地表达女性在情爱生活中的特有感受的特长，如描写了朱影红最初为林西庚所吸引时渴望被臣服的心理；描写了朱影红与 Teddy 张的无爱的纯生理的接触也能带给她的回应和愉悦；更描写了与林西庚的建立在真正感情上的性爱所带给她的对女性自身的发现。但另一方面，李昂表达出，男女的情爱，毕竟与社会环境紧密相关，女性要获得真正的幸福，还需靠自强自立。当朱影红沉

① 林依洁：李昂访谈录《叛逆与救赎》。

② 同上。

③ 贺安慰：《台湾当代短篇小说中的女性描写》，第 99、94、88 页。

迷于感情，心甘情愿地“臣服”于男性时，节节败退，几乎沦为情妇不如的地步。后来她挣脱感情的枷锁，认识到自己必须是林西庚追求的对象而非他豢养的女人，因此一反以往以林西庚为中心的行为方式，毅然拿掉所怀的他的胎儿，并表示绝不纠缠，显露自强自立的决心。事实证明，这样反倒能挫杀大男子主义的霸气，寻回自我，达到自己的目的。

当然，这类女性在爱情、婚姻问题上能取得胜利的毕竟是少数。廖辉英、苏伟贞、蒋晓云笔下女性的“姻缘路”往往更为曲折和哀凄。她们着眼于“以女性的本性来写出两性关系中的潮流与危机”①，所谓“女性的本性”，即女子在爱情、婚姻问题上不同于男子的观念意识、情感态度和处理方式。苏伟贞塑造的女主角，多是有知识，有教养，如出尘的莲花，清明高洁，又具有一份“无可理喻”的真情。她们有的“情到深处无怨尤”，明知寡情的对方终要离开，反而格外疼他惜他，心甘情愿地要陪他走一段（《陪他一段》）。即使能逃出“痴”境而淡然释然，取宁缺毋滥的姿态面对“爱的阙如”，其内心仍有着对“爱”的执著，才这样毫不放松的要求有“真爱”的婚姻。在与大多数男性角色对爱情态度的自私、轻率乃至龌龊的对比下，苏伟贞写出了一个女性独特的感情世界。然而这些女性角色最多也只是洁身自好，从未有求取男女平等地位的诉求和举动，相对于《迷园》中的女主角能反制男性而取得某种意义上的“胜利”，她们显得软弱而无力。廖辉英同样致力于刻写女性特殊的情感世界——她们往往更需要情爱的慰藉。更由于社会长期的压抑和束缚，至今仍难以消除种种怯弱和自卑的心理。如《不归路》中的李芸儿，出于寂寞，结识一有妇之夫并失身于他，从此欲向他托付终身，乞讨温存。而《窗口的女人》中的朱庭月亦属同一类型。

苏伟贞、廖辉英等笔下的女性虽然缺乏抗衡男权主义的锋芒，但她们与那种从一而终，死守贞节的传统女性，已有很大区别，可说已进入了“新女性”的行列。只是她们仍保持着较多的“女人味”——一种不同于男性的独特的女性气质和情感特征，不管这些特征是根植于女性生理或心理的固有特质，或者其实是男权社会长期以来强加于女性的观念意识。这些人物在

① 贺安慰：《台湾当代短篇小说中的女性描写》，第99、94、88页。

现实生活中的凄恻命运，说明这些纯女性化的角色，和那些反客为主，试图凌驾于男性之上的纯男性化角色一样，均难称完美的人格。女性不能模仿历史上的男性成为新的性别歧视者，同样，女性也不能在父系文化限定的女性精神内求得自我的完善和解放。

三、雌雄同体，双性人格

无论是男、女角色的翻转或两性角色的并列，显然都未尽人意。部分女性主义者则提出了所谓“雌雄同体”或“双性人格”的设想。凯若琳G. 赫布兰在《双性人格的体认》一文中写道：“我相信未来的救赎全赖超脱性别的两极化和禁锢，而迈向一个允许自由选择角色和行为模式的世界。……这个理想称为‘双性人格’（androgyny）”，它“指两性之间水乳交融的精神”，这不仅是男女“对待彼此如兄弟姐妹”，而且是更深一层的“自我重新结合两性”。正如戴奥尼色斯那样“呈现自己为男人中的女人或女人中的男人”，在其身上“刚健与柔弱混合，威凛与妩媚并存”。或者说，这种角色设计要求性格的划分与生理性别彻底分手，女性可以涉足原本属于男性的精神领地，而男性角色也可以具有传统的女性风度，男女之间取长补短，互通有无，从而建立一种兼具两性优点的更完善、和谐的人类。

从艺术形象看，朱秀娟的小说较多地塑造了这类人物。如《女强人》中的女主角林欣华一改传统女性自卑畏缩、依附性强等弱点，面对联考挫折，毅然选择通过社会实践以求成才的道路。无论是起步阶段的超常人的刻苦学习，或是稍后在竞争激烈的商业运作中独当一面，敏捷、果断地处理各种事务的能力和魄力，确令人有“巾帼不让须眉”之叹；而她在爱情婚姻问题上表现出的以事业追求为重、自尊自爱、不为“情”字所役的理性态度，也与传统女性判然有别。然而，作者在赋予人物这些似乎属于男性专利的优点后，却让她仍旧保持着若干女性固有的性格特征——或称传统的女性美德。如在家庭中能忍辱负重，表现出对家庭成员的孝心和亲情；在工作中表现出作为一个女性的较能与同事协调配合的特点，以及对所服务公司的某种程度的忠诚——在职权被解除后，她并不采取恶意报复手段，而是保持超逸的姿态，必要时仍为公司的利益工作。正如论者所言：“这种胸襟与气质，乃天性之至刚至强，始能具体表现出甚柔至弱的修为。”①

小说不仅塑造了性格向男性方向滑移的女主角，同时还刻画了一位性格向女性方向滑移的男配角——叶济荣。女主角在先后两次倾心于两位家境豪富、风度翩翩的“白马王子”，终因无法忍受他们对她的限制而相继告吹之后，终于回头选择了这位从小青梅竹马、后走求学之路而略显隔阂的男友。其实，这位似乎缺乏所谓“男子汉”气概的留洋回台博士，在女主角遇到困难时总能给以智慧的忠告，行动的指南。这一人物的塑造，有意无意正吻合了“双性人格”提倡者的这样一种认定：富创造力的男性比创造力稍逊者更常表达天性中女性化的一面。赫布兰曾引用心理学家麦钦南在一项性别倾向测验中的研究成果：“富创造力的男人在女性化方面的得分也相对较高，虽然他们整体看来并无女性化的外表，对同性恋也没有较高的兴趣或较多的经验……他们对情绪和感受保持开放的态度，也具有敏锐的智性，善于体谅的自觉，及广泛的兴趣——甚至包括许多被美国文化视为较女性化的活动。”② 无独有偶，研究女性主义文学的中国大陆学者孙绍先也认为，知识男性比非知识男性更带有女性化的特征，因为“知识的积累是以理性形式出现的，那种冲击秩序、冲击理性的鲁莽性格，不能不在知识世界中一再退却。”③ 由此看来，朱秀娟着力塑造男性化的女子形象和女性化的男子形象，并让他们双双成为胜利者——事业上和爱情上的胜利者，似乎正寄托着作者的理想——一种融合两性固有优点的“雌雄同体”的“双性人格”。

朱秀娟的另一部长篇小说《丹霞飘》塑造了类似的“女强人”形象，只是这位女主角尹桂珊保持着更多的传统女性品德特征。她具有超乎一般男人的坚忍不拔、锲而不舍的禀赋，也取得了不少男人无法企及的辉煌成就。但她又具有自洁自爱的品格、亲切大方的风范、刚柔兼济的素质。小说的男主角刘炳弘则与《女强人》中的叶济荣相似，扮演着以其宽阔的胸襟、坚强的毅力和聪颖的智慧鼓励、协助、支持妻子攀登事业高峰的“新男性”角色。

---

① 济贤：《现代社会的心路标志——〈女强人〉读后印象》。

② 凯若琳·G. 赫布兰：《双性人格的体认》。

③ 孙绍先：《女性主义文学》，第76页。

另一位倾向于刻画“双性人格”的作家是吕秀莲。在《新女性知多少》一文中，她断然否定新女性崇尚男性化、重女轻男、要与男人为敌等说法，并明确肯定新女性能兼具阳刚与阴柔，主张权力的平等也强调义务的均衡，愿和有理性、重人道的新男性携手缔造更融洽的两性社会。这一理念，在其《这三个女人》、《贞节牌坊》、《小镇余晖》等小说中得到艺术的体现。

首先，吕秀莲让她笔下的“新女性”仍保留着若干传统女性固有的品质。面对男人试图将她们“纯女人化”的企图——如《这三个女人》中的许玉芝受到丈夫“本本分分地做一个妻子，一个母亲，像单细胞植物那样，越单纯越好”的要求——她们或迟或早都能加以抗衡，克服依附于男子的阴柔性，求得自我价值的实现。但她们并没有走上凌驾于男性的另一极端。如许玉芝在突破贤妻良母的角色后，仍珍惜其家庭生活，较好地处理了施展自我抱负和维持美满家庭的关系。她的同学汪云，其传统女性的梦想被现代生活撞得粉碎，终能深自反省，体察和理解丈夫生前外遇的原因，并对“情敌”表现出女人之间的姐妹相惜之情。即如典型的“新女性”高秀如，对于人生原则有着格外的坚持，但她并不拒绝婚姻和感情，遭遇挫折时，也“渴望能有一双笃实的臂膀相提携”。在介入一场三角恋爱时，她同样表现出“姐妹团结的觉悟”。正如陈菊所言：这显示作者笔下女性刚中有柔，柔中有细，“作者尝言是什么像什么，这不一定是女性的委曲求全，或可言之为东方文化形态所塑造出来的产物”①。其次，吕秀莲又不忘“新男性”形象的塑造。因她认为女性的真正解放离不开两性的相依互勉、相互扶持，而这就需要男人克服其“大男子主义”等观念。《小镇余晖》中的俊、《贞节牌坊》中的叶明就都是这样的“新男性”。俊对妻子以前与别人的一段旧情，能够给予充分的体谅和容忍。叶明在蓝家遭变故时，仍不改对蓝玉青的爱情，并宽容后者为偿还父债而当伴舞女郎，真心地给予同情，时时予以督促，使她不会迷失自我。这样的人物，与朱秀娟笔下的叶济荣、刘炳华等颇为相似。

更重要的是吕秀莲对“贞节”观念作了新的诠释。小说中明确、反复地表明了如下观念：贞操不是某种生理表征，而是心理的忠贞，因此它不以

① 陈菊：《无情人生有情人》。

传统的“性”关系为限；它应是两性共同的责任，而不应是单方面的苦守，更不是为了光宗耀祖，满足男性片面的虚荣；“贞操应该从礼教的桎梏提升为人性的修炼，从被动的束缚转换成主动的操持，更从女性片面的伦理扩充为两性全面的道德戒律”。显然，吕秀莲并不想完全废除“贞操”概念，而是力图加以改造，注入新的内涵。一方面，她向本无关乎“贞节”的男性头脑中注入“贞节”观念——一种对自我尊严和生活原则的操守和坚持；另一方面，她使女性在“贞节”问题上由被动改为主动——从被迫的压抑人性的举动变为主动坚持的精神上的操守。这样，吕秀莲小说中的男女分别从两性对峙的两个端点相向滑移，终能在某一点上相遇拥抱、握手言欢。而这一会合处，呈现的即是融合两性优点的“双性人格”。

然而，所谓“双性人格”也许是人格完善的终极目标，但在当前现实环境中仍只不过是一种理想。妇女的不同于男子的心理特征和社会角色尽管有着令人愤慨的历史因由，但既已形成，要在短期内完全消除并不现实。另外，这种十全十美的女性，实际上乃应合了一般人（特别是男人）对女人的期待。因此，这类作品经常显得过于理想化或概念化，乃至有媚俗之嫌。张惠娟就曾对朱秀娟的作品有较为中肯的评价：“赵光明的故事（指袁琼琼《苹果会微笑》——笔者按）尽管结局突兀，其通篇潜藏的嘲讽至少提供了另一层反省的深度。相较之下，朱秀娟的《女强人》则‘完美’得像‘一本中规中矩的女性励志小说’，其情节安排屡屡予人以不真实之感。女主角欣华的故事充满了巧合，其迈向成功之途所遭逢的困顿皆得以轻易解决，甚至作者所刻意铺陈的婚姻与工作冲突的主题，也在结尾以一个新式婚姻的乌托邦远景轻轻带过，浪漫有余，而深刻不足。”①

综言之，世间女子只有在两性关系式中建立起自己的新人格和新形象，才算为妇女的解放找到了明确的方向。上述三种女性角色，虽然不同程度地冲破了男权主义的藩篱和传统贞节观念的枷锁，但都还有不尽如人意之处——或本身人格尚非完美，或过于理想化而缺乏普遍性和现实性。这显示了妇女解放课题本身的复杂和艰巨，而并非都是作者在创作上的缺失。相反，

① 张惠娟：《直道相思了无益》，《当代台湾女性文学论》，第55页。

台湾女作家笔下“新女性”形象的多样化，说明其艺术思维在广度和深度上的开拓，这也是近年来台湾女性主义文学不同于以前女性文学的一个明显的进展。

一种诗评的典范*

——读余光中《井然有序》中的诗集序文

朱双一

一

余光中《井然有序》① 一书中所收作者多年来为人所作之序文，并非一般应酬应景的文章，而是悉心品读、认真思索后花费心力所撰写的文学批评文字。其中为10位诗人的10本诗集所写的序言，就是10篇掷地铿锵的诗评文章。在笔者看来，它们也并非一般的诗评，而是堪称一种诗评的典范。本文主要就此10篇文章，略窥余光中诗评的鲜明特征及其值得吾人借镜之处。

余光中在《蓝墨水的下游》一书的《后记》中写道："我虽然也写一点评论，却不是理论家，也不是当行本色的评论家。我写评论，主要是由经验归纳，那经验不仅取自个人的创作，也取自整部的文学史。我写评论，在文体上有点以文为论。在精神上，却像是探险的船长在写航海日志，不是海洋学家在发表研究报告。要了解飞的真相，我宁可去问鸟，而非问观鸟专家。"②

这段话，实际上夫子自道式地挑明了余光中诗评的两个特点。一是诗人评诗——余光中是以一个诗人的身份，而不是以一个学者、理论家的身份来评诗论诗的，因此没有多少高深莫测、不着边际的理论，而是从自己写诗的

* 本文原载于《华文文学》2003年第6期。

① 余光中：《井然有序》，台北：九歌出版社，1996年版。

② 余光中：《井然有序》，台北：九歌出版社，1996年版，第279页。

经验和读诗的感觉出发，来加以品评论说的。其二，余光中评诗时，善于将对象放置于文学史的脉络中加以考察，因为这样才能更深刻地阐明对象的优点和不足，以及其价值和意义。

诗人评诗的第一个好处，是处处可见一种对创作得失的真切体会，这种体会，是非有亲身的创作经验而无法确知的。这些经验，往往积十数年乃至数十年而得，有时不仅属于艺术技巧层面，更有诗人自己的历史经历渗透于内。如对于陈义芝的“川味十足”的“两辑力作”《出川前纪》和《川行即事》，余光中因为自己少年时代在嘉陵江边度过，对四川风物恒感亲切，因而能有特别的感受和理解。在《穿过一丛珊瑚礁——序复虹的〈红珊瑚〉》一文中，余光中就复虹从早期主观而带浪漫的诗风，到后来从主观走向客观，写出自然淳厚、充满乡思亲情的“乡土诗”的转变，指出：王国维所谓“主观的诗人不可多阅世，客观的诗人不可不多阅世”的说法，未免太强调定型，“其实优秀而清明的诗人常会转型：人入中年，忧患相迫，感慨渐深，写诗自然而然会渐趋客观。人到中年，要不多阅世也不可能，阅世既多，那‘世’就会出现在诗里；至于怎么出现，则视诗人艺术之高下了。有些中年诗人不让那‘世’出现在自己的新作里，往往给人不真、不变之感。”① 这显然也是余光中个人的经验之谈。

不过，这些序文中最为精彩的，还是余光中依仗自己的创作经验，对于诸多诗作从选字用词、节奏韵律到句法、段势、文气等艺术技巧层面的细致剖析。这种剖析总是那么精到、准确，总能抓住某一首诗、某一位诗人创作的特点，或直接切入要害。余光中往往不仅指出某些诗的妙处所在，也指出某些诗的缺陷和不足之处，而且常常为人改诗，以为示范。如对于复虹的晚近作品，余光中指出其句法上的两个现象要特别注意，一是“西化的直硬句法”，如复虹《写给母亲》中的几行：

> 我贴着
> 冰凉凉的强韧的
> 透明的阻隔啊
> 听到传来

① 余光中：《井然有序》，台北：九歌出版社，1996 年版，第 46 页。

不断的海潮的声音

余光中指出：连用五“的”，形容词任其无限串叠，乃成堆砌。也许可以这样化解：

我贴着
透明的阻隔啊
冰凉凉而强韧
听到传来
海潮不断的声音

其二是回行太多，乃使句法繁琐，文气不贯。回行本为中国诗法所无，酌量使用，原可调节过分畅滑的句法段势，而收顿挫悬宕、能敛能放之功。但是用得太多，反有吞吞吐吐嗫嚅不快之弊。例如《又歌东部》的第三段：

水要冲走泥沙
水汹涌而来
我潜入，潜低，只要
我一触到那柔软温润
的泥沙，我便能把
竿插下，用猎熊
的臂力，追鹿的腿力
把二十根竹竿
围成一块土地——

余光中认为，九行诗里有五处回行，读起来觉得节奏不顺，相当拗口。要救这样的段落，必须重组句法，减少不必要不见效的回行。当然，余光中并不一概地反对“回行”。像林彧《分贝》的末段：

妈妈在苍茫街头喊着走失的
稚儿，孩子呼叫陷落矿坑的
爸爸，父亲咒骂卷款逃逸的
老板，还有选举暗地进行的
交易，还有飞机在蓝天上的
解体，还有坦克在遥远处的
驰骋，以及征战，以及掠地

这些声音加上我的血流心跳

几分贝？总共，几分贝？

就因它“一口气六个回行，把关键字眼一律抬到句头上去，反而造成层出不穷的悬宕和气势”，得到余光中的肯定。他指出：“这些句子如果复原为散文，其实都平淡无奇，但是排比在一起，却因特殊的组织、坚实的阵势而发挥了强劲的力量。”①

余光中在为陈义芝的《新婚别》作序时，深入分析了陈氏写作中的两个较大的缺陷及其原因：其一，陈义芝作为中文系出身的作家，虽有辞藻丰富，语气简练，句法浑成等长处，但也往往容易落入前人的格局，安于四平八稳的成语，而不能创出自己的腔调。有时候“笔下太文，不合诗中人的口吻，不配诗中特殊的场合，或是不协上下文白话的节奏，而演成文白夹杂”。如“惊见虫蚁攀爬于上攒聚成行”，不但语气太像文言，词组有偶无奇也颇似散文。这样的词性与句法离白话太远而显得“隔”。它如“流水多变亦有其不变”，“戚戚焉久久”等句也嫌太文了。又如“教人忍不住大喊：为什么不跑，有何不舍？”则文白不调。

陈义芝面临的第二个大问题是“散文化”。余光中认为，诗的句法在于奇偶相间，跳荡生姿，圆熟溜转，不粘不滞，若要把前因后果交代得一五一十，就落入散文的格局了。如陈义芝《川行即事》里的两句：

故乡的心事因注入了异乡的心情

乃像癣疥一样令人痛痒

前面的“因”和后面的“乃”原是散文逻辑的呼应，到了诗里反成了窒碍，应该删去，让句子有自由回旋的空间。此外，在遣词用字上尚可再加锻炼，例如“你眺望江上独明的江船”，两个“江”字未免重复。又如“慢性像想家的病”一句里，“像、想”的声音纠缠难念，不妨用“如”代替“像”。再如“一千年前的云千年后还停在谷里吗”本是佳句，可惜“千年后”实在多余，正是散文化的思路。至于

午后在和风连连的亭台小憩

武昌在蛇山下

① 余光中：《井然有序》，台北：九歌出版社，1996年版，第83页。

棋布着一如从前的童话般的红屋瓦

余光中以为：前一句并无问题，其实还相当干净、自然。但若与下句并观，就会发现问题，那就是：如果句法多半如此，就欠缺变化而稍嫌平直。这种句法只顾往前走，不知回头，所以要用不少以“的”殿后的片语。其实可将它化解、松绑如下：

午后在亭台小憩，和风连连
武昌在蛇山下
棋布着红屋瓦，一如从前的童话

这么一来，不但“的”字少了，而且句法以尾应首，较有变化，也就是“不粘”。“陈义芝的诗每有创意，如果语言上再加锤炼精进，力量当能十足发挥”①。

显然因为余光中自己是诗人，而且有着唐朝诗人李贺等的那种“吟安一个字，捻断数茎须”的炼字功夫，所以为他人改动诗句，在笔者看来，都十分地精彩。唯一略有不同意见的，是焦桐《双人床》中的一句：“好为漫漫长夜培养足够勇气”，除了直露之病外，余光中还认为此句太长而显突兀，宜将它分为两句。笔者却以为句中有“漫漫长夜”等字样，或许是作者有意将句子拉长，以直接传达那种“长夜”的感觉，这原是这批年轻诗人喜欢采用的“伎俩”，作者既有其用心，似乎也无不可。

如余光中自己所说，这些序言大多应作者约求而写，然而它们绝非应景、捧场之作，而是认真读过诗集中的每首诗，仔细品评思考，然后下笔成文。许多人写序言，常碍于情面，讲好话的比较多，余光中则决然抛弃“人情世故”，完全从“诗”本身的好坏出发，好的就说好，不好的就说不好，并认真地分析好在哪里，缺陷在何处，从字、词、句、行、格律等形式因素的经营，到思想、观念、情感等内容因素的处理，无不提出中肯的意见。这样对于诗集作者而言，无疑更有实际的帮助。这样的序文，实际上超出了一般的序言，特别是当前流行的应景的“序言”，而成为货真价实、高质量的“诗评”。正是在这个意义上，笔者觉得余光中的这些序文，是值得吾等效法的一种“诗评”的典范。

---

① 余光中：《井然有序》，台北：九歌出版社，1996年版，第133页。

这里还想指出的是，余光中之所以能将别人用来捧场的序文写成诗评的典范，与他对缪斯的钟爱不无关系。在《从冰湖到暖海——序钟玲的〈芬芳的海〉》的结尾中，余光中化用“吾爱吾师，吾尤爱真理”的名言，改为“吾爱吾徒，吾尤爱缪斯”。确实如此，余光中为之作序的大多是后辈诗人，自然可说是他的“徒弟”，余光中爱这些徒弟，但他更爱缪斯，所以写序时，先将私人情面等考虑放到一边，一切从“缪斯”（即诗艺等）出发，始终以“缪斯”为中心，表现出对于“缪斯”的无以复加的忠诚。余光中有时甚至拿自己以往的诗作“开刀”，如在评说林彧的《名片》时，以自己的旧作《收藏家》来说明林彧的超越前辈之处。这时甚至可以说是“吾爱自己，吾更爱缪斯”了。不过，余光中所谓“爱缪斯”，最终还是可以归结到“爱徒弟”。因为“爱缪斯”，才是真正的“爱徒弟”，如果不是这样将“爱缪斯”摆在首位，其实也只是空言、虚言“爱徒弟”而已，甚至会将徒弟“捧杀”。

二

余光中诗评的第二个特点，是善于将评说对象放置于文学史的脉络中加以考察。而这里所说的“文学史”，涵盖中土和西洋，但重心在中国。而就“中国”而言，则又包含了中国古典文学、中国现代新文学，以及余光中所亲身参与的当代台湾新诗发展史。早在1949年余光中转学就读厦门大学外文系，在当时的《江声报》、《星光日报》上发表他最早的一些作品时，里面就有《郊寒岛瘦——从时代观点看孟郊和贾岛》、《臧克家的诗——烙印》两篇诗评，且一篇属于中国古典诗词，一篇属于中国现代新诗的范畴，这或许已经显露了余光中兼及古今的兴趣和功底。

余光中取文学史的“经验”来写诗评，一是依靠他对于古今中外诗人作品的娴熟和丰富的文学史知识，善加比较，指出所评诗作与前人的渊源、传承或创新。如周梦蝶那“几乎带有自虐而宿命的悲观情结”，“近于纳兰性德、黄景仁、龚自珍、苏曼殊、王国维、李叔同一脉近世诗人的传统”①。

① 余光中：《井然有序》，台北：九歌出版社，1996年版，第136页。

在为斯人《蔷薇花事》作序的《不信九阍叫不应》中，余光中指出《私语》一诗的开头和末尾分别化用了韦应物、王维的名句，“但是不即不离，无缚无脱，是活用而非死参，即使不明出处，也无碍读者心领神会”。而《故事》一诗的前六行，“无论就题意、语气、节奏等来看，都一气呵成，甘美酣畅，有如莎士比亚的十四行诗”。《寒夜吟》等三首长诗中，典故和集句（截句）颇多，如“不管这世界将毁于火或毁于冰”一句出自佛洛斯特，“至于谁的嘴唇又吻过我的嘴唇我早已忘却”句出米蕾，“曳尾涂中”语出庄子，“环绕着梦境的灵风永夜摇震我的心旌”意师义山，等等，由于它们与本文承接无缝，一般读者难察其别有来头，“如果涉猎不广，书卷不够，就少了山阴道上之趣”。斯人对基督教的文学，尤其是但丁的《神曲》，亲炙颇久。她在“潜意识的深处，梦的转角，晦涩的边疆”开发美，而李商隐、李贺、布雷克、霍普金斯等，亦“往往游走于这些边区，成为神奇世界的走私客”。斯人不仅“兼融中西古典的美感”，也与当代台湾诗人方旗、周梦蝶、夐虹等，有着某种联系和可比性。该序文的末尾有言：“斯人的主题当然也不限于爱情……而不论主题是否爱情，她的笔下能温柔也能刚健，每每能屈能伸，能闺秀也能须眉。所以如此，一大原因是她敢流露真我，不讳言老之将至。李清照早年的旖旎固然动人，但晚年‘吾归秣陵树，人老建康城’的沧桑，更令人震撼。少女有少女之娇，老妇有老妇之美。如果只能欣赏一种美，就不足以言全面的人生，只能守住少作，安于次要诗人之列”，则更直接以文学史的经验为今人之告诫了。

余光中在对马来西亚女侨生诗人方娥真“序”说时，也不断指出她与古今中国文学传统的联系。如指出《倒影》、《侧影》、《聊斋》等三首诗，“都有点鬼气森森，别有一种凄艳之美，令人想到《聊斋志异》和《怪谈》。在这一类诗中，方娥真实在像一个‘娥眉李贺’，长怀千岁之忧。”在读了《似曾》、《画》等诗作后，余光中将它们与废名相比，指出：“方娥真干净而空灵的象征笔法逼近30年代的废名。只是废名不及方娥真多产，而所创的禅境又与爱情无关。”“方娥真的《画》一诗，用机巧的联锁创出迷离美妙的禅境，功力稍逊于废名，却有一种童真稚拙之气。”①

① 余光中：《井然有序》，台北：九歌出版社，1996年版，第32－33页。

余光中更为着力的，则是指出方娥真与当代台湾诗坛的关系，写道："'缪思最钟爱的幼女'，此语我曾加于敻虹，现在，也许该移赠方娥真了……十年前，我曾经举出诗坛有三方——方思、方莘，方旗。如今加上娥真，真是名副其实的四方了。有趣的是，方莘颇受方思影响，又转而感应了方旗；如今出现的'小方'又竟似受了方旗的一些影响。早期的郑愁予、林泠、叶珊、敻虹，曾有'婉约派'之美称。这一种寓浪漫于古典的中国风格，我认为可以叫做'现代词'，我自己的《莲的联想》也可以归于此系。十多年来，'现代词'的苗裔不但日见繁盛，形成现代诗中的新古典主义，更旁衍出悲壮激越的一支豪侠诗来。"这里所说的"豪侠诗"，方娥真的夫婿温瑞安是其中的健笔，"如果温瑞安在他的诗中扮演的是江湖上的豪侠，则方娥真在《娥眉赋》中扮演的是闺中的才女，常在楼上守着一盏灯，等她的侠士从江湖上闯荡归来"。余光中并据此反驳有关台湾现代诗"全盘西化"的论调，指出："这许许多多的现代词和豪侠诗，说它是写意而不够写实，是可以的，说它全盘西化，却有违事实。"温瑞安等"从侨居地的马来亚毅然决然东渡来台，便是文化归宗的壮举。他们在作品中吐纳的那一股豪情侠气，正是寄居他乡的不平之鸣，也是对中国历史和江湖传说的向往。这样子的文化乡愁，浪子情结，无论如何都与西化无关，并值得我们深深同情。如果台湾的现代诗坛是全盘西化，又怎能远隔烟波召唤这一群怀乡的少年？"①

如果不仅指出新老、前后诗人之间创作的某种联系，更将他们放在文学史的发展脉络中加以考察，则往往能得出一些重要的、具有全局性意义的结论。对于林彧的评说就是如此。尽管余光中也指出林彧常把抽象名词引进感性世界而产生"隔"的毛病，因此难和杨唤、郑愁予比美，但他对于林彧诗集中探索 80 年代都市生活的一组诗，给予高度评价，称其为"最有创意、最具代表性、最富当代感的作品"。余光中写道："60 年代的台湾现代诗，在西方文艺影响下，也曾慨叹现代人在大都市里的孤绝和失落。其实那些诗都嫌早熟，因为那时的台北尚未十分工业化，生活的节奏仍然悠闲，专业化的现象未见显著，机器对人性的压力也不沉重。进入 80 年代后，台北

① 余光中：《井然有序》，台北：九歌出版社，1996 年版，第 26 页。

的都市生活却加速地科技化，已可比拟西方的社会……如果说，60年代的现代文学倾向揠苗助长的前瞻，则70年代的乡土文学倾向无可奈何的回顾。目前的台北、高雄等地有的是现代大都市的新现实，等待新的知性和感性去探讨，新的语言和技巧去表现。林彧，正是这样的一位新人。在纷纭复杂的都市生活里，他扮演的角色，是受薪阶级青年知识分子的代言人，用生动的形象演出他这一类青年的恐闭症和无奈感，以及在人群的压力下力图保持个性的欲望。”① 在艺术技巧方面，林彧也同样有其意义：“70年代的语言对60年代是一反动。今日比较杰出的青年诗人，在作品中不像上一代那么注重惊人之句和强烈的感性，却能用知性来平衡感性，用完整的篇法来补偿平淡的句法，使现代诗能够‘在安定中求进步’……比起早期的现代诗来，林彧的诗确然显得抽象。早期的诗重个性，较浪漫，今日的诗重通性，较古典……十年前我称罗青为新现代诗的起点，因为他用结构的张力来代替字句的张力，用意念之妙来代替语言之妙。这预言似乎不太落空：近年来表现出众的新人，或是呈现新貌的旧人，大致都有这倾向，林彧正是其一。”②

从这些将诗人作品放到文学史发展脉络中加以考察的文字中，我们可以发现，余光中对于各种不同的文学倾向、文学思潮，持兼容并蓄的态度，并不偏执于一。他对“新古典主义”的“婉约派”、“现代词”、“豪侠诗”等，赞誉有加；对具有现代主义乃至“后现代”倾向的“都市诗”，给予充分的肯定；甚至对于夐虹的《白色的歌》等“乡土诗”，也不无好评。由此可见，作为“艺术多妻主义者”的余光中，并不特别反对某一“主义”或某一“派”。不过，这并不等于余光中无所反对。从这些诗集序文中可以看出，余光中贯穿始终难以容忍的，是诗创作的“散文化”倾向。或者说，反对“散文化”是余光中近期诗评诗论的主轴。余光中肯定了维持着语言的张力，淡而不散，“平易之中另有一股内敛力”的乡土诗，但如果“一般自命朴素的诗”，不能维持起码的张力，流于草率、散漫，“就算是散文，也只是稀释冲淡了的散文”，为余光中所不取。徜徉于古典和现代，并追求宗教境界的斯人，有时多用了代名词，也会出现“散文化”之弊。余光中

① 余光中：《井然有序》，台北：九歌出版社，1996年版，第72－73页。
② 同上，第76－77页。

就此指出：散文化亦即是西化，“古典诗所以空灵不拘，一大原因正在于少用代名词、连接词、介系词之类；同理，新诗的语言要求灵活流畅，也应避免这些文法上的纠缠。”①

将“散文化”弊病讲得最为透彻的，是为焦桐《失眠曲》所写的序文。余光中写道：一般诗作常见之病，是语言的散文化与主题的抽象化。而抽象化其实就是概念化，本质上仍然是一种散文化，“写诗，其实就是抵抗并且征服散文化的过程：对诗人而言，这件事往往需要终身的修炼……诗人要炼正果，舍此莫由。”② 又指出：“无论诗人强调什么主题，坚持什么信念，这种克服散文化的自律，这种反释义的修炼，是他必须接受的考验。否则他的信念无论有多神圣，他只能算是宣传家，还不是诗人。一般诗的作者，大半仍徘徊在圣凡之间，欲超乏力，欲入无门，其故正在散文化之病，未能祛祓。”③ 余光中并且联系当前台湾的社会现实，指出：“解严以来，言路大开，但是乐观人士等待的政治诗杰作迄未出现。写诗毕竟不像杂文，痛快淋漓，骂完作数。政治诗仍然是诗，必须维持虚实相生、语带双关的艺术水准，才能把抽象的概念‘演’成生动的经验。言论自由之后，性急的人干脆去写杂文，直接论政，甚至去组党、竞选了，谁还耐烦那么缓不济急，去琢磨什么诗艺呢？真正的后果是：文学非但不见蓬勃，反而萎缩了；大众非但没有文学化，反而政治化、商业化、媒体化、世俗化了。自由，并不能保证产生好诗，包括政治诗。”④ 字里行间，表露出对于缪斯的永不反悔的虔诚。

1994 年余光中在“第十五届世界诗人大会”上作《缪斯未亡》的主题演说，发出“缪斯未死，但是她病了”⑤ 的警策之语，而诊断缪斯的病原，仍为“散文化”，虽然余光中在这里讲的主要是所谓“缪斯哑了”（指现代诗“在声调上的乱象”），但反对“散文化”的主旨，却与上述序文一脉相通。“今日习见的自由诗任意回行，任意分段，任由诗行忽长忽短，失去常

① 余光中：《井然有序》，台北：九歌出版社，1996 年版，第 158 页。
② 同上，第 148 页。
③ 同上，第 151 页。
④ 同上，第 153 页。
⑤ 余光中：《蓝墨水的下游》，台北：九歌出版社，1998 年版，第 57 页。

态，任由句法忽起忽落，失去呼应”，读者大众甚至小众也不愿逆受这样的现代诗①，钟爱缪斯的余光中才会如此焦急，奋起大声疾呼，试图挽狂澜于既倒，愿还缪斯以健康的身躯！这应是余光中近年来时刻萦绕于心的祈望吧！

① 余光中：《蓝墨水的下游》，台北：九歌出版社，1998年版，第67页。

学术生命与文化土壤

——漫评龚鹏程现象

徐　学

一

龚鹏程已进入知天命之年了，作为国学家，他尚处于含苞欲放之时，学界和友人都很看好他。此人的学术神出鬼没难以规范：他治学善用考据，但与一般考辨古史的学者不同，他总要进入有宗旨的论道，力图展现他对生命的感受和省思，对知识的熔铸与创造；他治学又不拘于某个专门，入机虽由清末，探源却直叩先秦，上古神话，经传、诸子学说，道教佛家无所不窥，故能通观全体，与划定疆域的专门家不同。

面对中华文化的衰退和西方文化的强势，他有一种紧迫感，他的学问是与生命相结合的，是整个人投入在整体历史文化关怀之中，对文化问题做总体把握，而不是以学科来限制自己，所以他不同现代学术规格中某一科目的专家，他的论著也时或不合学术规范。他关心的是中华文化的生机与出路，所以他随时可以对中华文化中的任何问题深入钻研，热烈回应。

当然，他的学术也有基本的路数，用他自己的概括，就是“所有知识化的工作，都是我个人生命的体验，在一本书一本书、一个字一个字之间刻苦建立的。所有方法意识，也都是从凿山采铜的经验里，摸索获得的。……我用我法，而我法即从中国传统学术中变化而出，似洋似古，乃又不洋不古。”①

① 龚鹏程：《四十自述》，台湾：印刻出版公司，2002年版，第105页。

我无意也无力在此全面评价他的学术道路和学术成就，我感兴趣的是，这样充盈着中华古典韵味的学术生命，或曰龚鹏程现象，是如何生长出来的？它得力于何种环境何种因素。（我发现，国人对未有未得之成果，有着强烈的探究精神，比如中国为什么没有人得诺贝尔科学奖之类？而对已得之成果，尤其是人文成果，却兴趣缺乏，比如说类似龚鹏程这般杰出的国学家为何能绝处逢生，彼伏此起。）

二

台湾作为一个自郑成功时代才形成的汉人移民社会，常常为中原人士所诟病，认为它不仅在地理上，而且在文化上处于边缘，怪异浅薄，不足为训。但是，近年来，登台的大陆人士开始发现台湾地区的中华文化传统比大陆得到了更好的保存。对此，多次在台北接待大陆文化来客的龙应台这样说。

“到过台湾的大陆文化人——如果他不是很倒霉地每天都在和人吃饭的话——几乎都有一个共同的观察：台湾是传统中国文化保存的最丰厚的地方。我记得莫言说过，王安忆说过，还有许多来开会的学者。他们指的当然不是古城古迹——台北怎么能跟西安相提并论？他们指的是看不见的文化内涵。台湾保留了许多传统：宗教，不论是佛教还是道教，一样的昌盛；教育还教孔孟儒学和古典文学，孩童还上孔庙朗诵三字经与唐诗；尊师重道，出悌入孝仍是主流价值；待人接物，语汇用词仍是旧时规范。”

大陆的文化界也有与此相似的观点，例如，1997 年，作家王蒙访问美国莱斯大学，被问到为何大陆作家余秋雨的散文在台湾能够受到读者的热烈欢迎。王蒙的解释是，余秋雨的作品，“甜酸、微苦、有书卷气”，与台湾读书界的文学品位相投，这里的有“书卷气”，指的就是一种由传统古典文化熏陶而出的品位。

对于这一现象，有人会归结为政府行为，也就是说，大陆经过了“文革”浩劫而当时台湾推行了中华文化复兴运动。

这种说法过于简单化。免于浩劫，固然保护了一些传统，但它是不能用来解释“龚鹏程现象”的。

在《四十自述》中龚鹏程写道："提倡'中华文化复兴运动'（民国五十五年），似乎要面对西化狂潮，拨洋返中。实质上却是以复兴为名，以西化为宗。何以故？此刻所谓中华文化，被诠释为'伦理、民主、科学'之所谓道统。从蒋中正发表《科学的中庸》，到主持文化复兴委员会、孔孟学会的陈立夫先生之《四书道贯》，都是把孔孟之道解释成为一种符合现代化民主科学精神之物。中华文化，根本丧失了主体性。而且，蒋中正几度谈话，也都强调'复兴'中华文化的意义，不在复旧，而在开新。故此一运动，貌若返古，实乃曲折地附从于整个社会的西化现代化。"①

也许，龚鹏程现象与当代新儒家的活跃有关，但从龚鹏程的自述中，可以看出他也不是追随当代新儒家，亦步亦趋。作为知识分子，龚氏与钱穆、牟宗三、唐君毅、徐复观诸先生有许多相似之处，也受到他们和"鹅湖"友人的影响，但是，龚与他们依然不同。他曾经指出，钱牟唐徐诸位是"以民主科学之价值为基准，来衡量中国传统哲学，并以西方哲学为模型，来诠释中国哲学。"他们说东方文化有西欧已经失落的精神价值，还是脱离不了东方主义的文化态度。②

龚鹏程入大学前后，台湾经历了退出联合国、保钓、与日本断交等重大事件，台湾回归乡土的文化潮流因此蓬勃兴起，唐文标、关杰明对台湾现代诗恶性西化的批评；余光中与杨弦合作"民歌"；文学理论中有颜元叔的"民族文学"；许多外文系的学者呼吁建立比较文学的中国学派；舞蹈有林怀民的"云门舞集"，以黄帝乐舞之名，直搠汉民族的洪荒记忆；出版界有"汉声"杂志，有《龙族评论》和《夏潮》，而龚就读的淡江大学也是台湾校园民歌，乡土文学的重要阵地。

龚鹏程的学术生命是在这一文化背景生长起来的吗？不然，他说："我与那些参与各种社会文化运动的朋友，多是相熟的，在校园中我亦为一活跃分子。可是为什么他们做这些事时我都没参加，甚至根本恍若未闻，实在是连我自己也不晓得原因。只能说我的生命发展自有轨道，自我佚离于时代潮流之外，故风潮流波澜，其浪花未能溅上身来。其中，有些我也听闻了，见

---

① 龚鹏程：《四十自述》，台湾：印刻出版公司，2002年版，第164页。

② 同上，第167页。

识了，但由于生命另有脉络与轮轴，所以也激不起什么感动、兴不起什么涟漪。”

我跟大家实在是太不相同了。先是，六十年代“美军介入越战而大量驻台，美国文化强势涌入，除美国新闻处所编辑出版之书刊、推动之活动外，美军电台、美军俱乐部、热门音乐乐团、夜总会、演唱会、翻版唱片工业，以及电视影片、好莱坞电影……构成了青年文化的重要内容。大人们在报上热烈讨论大学生为何不看‘国片’。这时，我却只看‘国片’，尤其是要看李小龙。看他拳打日本鬼、脚踢西洋佬，觉得好不快乐。”“有一度，我甚至认为喜欢看外国影片，听外国歌的人，都是卖国贼。”①

当时，他对民族文化的态度是“大大夫立身自有本末，何须由西方是否重视我而见其精彩，显其价值？圣贤之道，如丽日经天，不为尧存，不为桀亡，斤斤计较其能否开科学民主与否，不悖于现代与否，其态似亦小哉。”②

三

并不得力于官方提倡的大气候，也并非完全出于学院教育，龚鹏程对于民族文化的痴迷与尊崇，以及在此基础上形成的独有的学术生命，是扎根于何种的文化土壤之中呢？

是台湾的民间儒学，一种草根文化。

台湾的儒学传统，早期依赖书院和科举制度维系。清代台湾有“官学”（府县儒学、书院、义塾）和“民学”（社学和书房）。儒学有深厚的传统，它在台湾形成了一种庶民生活准则，这里应该指出受过儒学教养的地方士绅发挥着教化和示范作用。这种作用，就是日据时期也无法灭绝，甚至在日据时期的某些阶段还有松动的迹象，如辛亥革命后有一段时间，日本统治者认为儒家道德有利于统治，并不禁止地方士绅宣传儒学，儒教团体活跃一时，儒学的价值观和伦理观混杂于佛、道，且渗入祭祀、丧仪等日常生活礼俗以

① 龚鹏程：《四十自述》，台湾：印刻出版公司，2002年版，第164、148页。

② 同上，第167页。

及民间教育和民俗艺术中。儒士和地方士绅不能进入政治核心，似乎难于引领风潮，实际上却脱离了民间反感的权威性格，便于进入大众社会。

从移垦社会到定居社会，台湾总是处于远离汉文化中心的边陲地带。但却也在文化上获得了意外的收获。首先，它避开或削弱了近代以来大规模反传统的杀伤力；其次，由于边陲对于中心的尊崇和向心，由于外族的入侵，后来是由于放逐和乡愁，更激发起民间传统文化的深厚和蓬勃。在台湾，民间儒学保有汉文化的各种习俗，并融入释道各色宗教团体，成为抗拒西化，台湾百姓安身立命的价值系统。

作为学者，龚鹏程有过人禀赋，但在他早期教育（学术生命的萌芽期），他也必然需要有特定的合适的文化场域和文化氛围，所以我们应该对他童年和少年时期的文化环境作一番探究，在这里，我们发现最重要的就是台湾的民间儒学。

从三岁到十七岁，龚鹏程一直住在台中。父亲退役之后，以摆摊卖面为生，生活困顿，居无定所，有时食不果腹，还要到野地采些地瓜，果子来充饥。他们租住过铁道边的违章建筑，租住过风化区旁的破屋，邻居是杀蛇的、打拳的、卖药的……总之是一些挣扎在生活底层的边缘人。

生活环境虽然困苦悲凉，但家庭和周遭环境却依然经营出一种文化氛围；从小，他在父亲摆在十字路口的面摊旁练大楷字；父亲用白纸写成三字经，让他读；把《孔子传》作为过年的礼物，它对儿童龚鹏程有深入影响，“写孔子的生平行谊，出处抱负，以及孔门之师弟性情言谈，娓娓动人”，让他“油然生起无限向往”。①

父亲给他讲家乡吉安的传奇和文化习俗，他从小就知道“故乡有欧阳修、有文天祥，有我龚家村之文采遗徽，也晓得我的谱名‘祖渤’是指汉朝龚遂治渤海的故事。是以怀乡者亦有了文化上的思念与认同。”②

还应该提到小学老师黄灿如，她发现了龚聪明过人，就让他直接从一年级跳级读三年级，并答应在假日在家里辅导他，她取《孟子》一卷，逐步教念，次日来，则叫龚鹏程先背诵昨日所读，再讲解文义，教念新课。龚鹏

① 龚鹏程：《少年游》，台湾：时报文化，1988 年版，第 291 页。
② 《四十自述》，第 56 页。

程回忆此事时说："这个经验对我非常重要，至今脑海中还经常浮现长夏读经、师长期我以远大的图像……《孟子》里所喜读者，乃前半论天道仁政部分。摩挲日久，亦使我有三代圣世王道的向往。蔼然仁风，畅我经世之怀，宏裕恢博，慨然以天下自期。"

这样，黄老师为儿童龚鹏程开启了一扇门，他"推门进去，越走越深，竟迷失在厅堂里……我疯狂地读课外书，看章回小说，而对课堂所教，毫无兴趣。"①

但是，龚鹏程绝非只读圣贤书的现代文化遗少。

从初中开始，龚鹏程便迷恋上边缘社会流行的各种书籍，学院之外的草根文化对于这失乡而叛逆的少年有一种天然的亲和力，他读李宗吾的《厚黑学》，学铁笔子易卜，因习武练拳，更搜罗武术书刊近百种。这些民间之学，常他被用来与孔孟斗嘴。

此外还有活生生的人和事，"父亲的友人，那些捡破烂的老乡，卖酒酿的老友，退伍军人，落魄士绅，流浪汉，道士等等，每来我家面摊旁闲坐，也无非是追忆乡里故人往事，臧否时政，谈掌故，记吟咏 。"②

由此，幼小的心灵早早就感染了时代的沧桑，他后来喜欢上易君左先生的《海角天涯十八年》，喜欢上清末的诗人龚自珍、章太炎、刘师培……也就是因为他们与自己的生命姿态相仿佛。

为了更清晰地描述三四十年前台湾的草根文化，这里，还想引用一篇文学作品。

这是一篇普通的散文，刊载在1982年的台湾报章，说的是一个男孩的成长背景。

抗战时期，有个小男孩降生在一个因为战事勉强捏合而成的家庭，自出生的那一刻，他已经无辜地坠入了民族苦难造成的破碎与撕裂中。

他被寄养在亲戚家里，功课不好，天天挨打，少年离家，沦落街头，靠售煤、送报、卖水果维持基本生活。最后有惊无险，考进了艺专，进入电台，成了教授和文学名家。

---

① 《四十自述》，第300页。

② 同上，第21页。

是怎样一种力量将他从人生的悬崖绝壁上拉回？散文告诉我们：

“第一个拉着他的是书。”

古书里的知识给他极大的乐趣和拯救，读《冯谖市义》、《缇萦救父》、《吴凤画传》，读得气血翻涌；看到于右任的联——与世乐其乐，为人平不平。心中洞然，立志拿它作为终身志业。“知识是权力，知识是尊严，知识有其永恒不移的确凿性，而为读书人，自有放眼天下的规模气度，这一点，对他而言，无论如何颠沛失所，却是死不能忘的真理。”

“第二个拉着他的是全社会所共同经营出来的一种氛围。”

到乡下同学家去玩，“泥草和的墙，胡乱拼凑的家具，一切简陋至极。奇怪的是看到远方小客人来了，竟也揖让有度，菜虽简而不怠，礼虽少而不慢，笑谈之间绝无寒俭气，他暗自吃惊，原来文化就是一种使人可以穷得如此彻底而不失其尊严的东西。又如当兵在蚵仔寮，见渔人生涯的朴拙勤苦，其中有一份无言的大定力，令人惶愧不敢不自振。甚至像左营路边一个卖鸭肉面的宵夜摊子，竟也题上“爱晚亭”那么美丽的名字，使人感到虽身为市井之人，亦有无所不在的诗情。或如静夜里墙头危坐，闻听隔壁人家在院子里说书，五千年讲不完的忠孝节义……”①

散文在这里形象地展示了如空气般弥漫在台湾社会的民族文化，它由乡土中国民间草根直贯精英知识体系，无论是平头百姓抑或饱学之士，都不免受其濡染，虽有不同的领悟，却都用于支撑自己的人生，困顿中不失安详，凡常里自有庄严。在家国多难的年代，百姓正是凭借着它凝聚起浩荡磅礴的英雄气。

四

正是这样的民间的草根文化初步奠定龚鹏程的人格，也制约了他的治学方法和学术取向。为进一步观察台湾草根文化对他的影响，这里我们对龚学术形态稍加剖析。

龚学术形态的第一个特色是以才性感兴为动力。他治学的动力，与其生

① 张晓风：《未绝》，载1982年5月3日《台湾时报·副刊》。

命的内在需求紧紧相连。这可以两个方面来谈：一、缓解“乡愁”；二、随“兴”起舞。

龚进入学术研究，完全是因为生命中不可排解的“乡愁”，从小他就有“失乡”的感觉——“不但从籍贯上认识到我是个异乡人，具体的生活也无法让我有乡居的感觉”。①

正是这种不安定的感觉，使他力图抓住一些什么来安身立命，也因为异乡人的处境，培养了他的现世疏离感和叛逆精神，二者结合形成了强烈的学术动力——他必须努力探求生命的意义，解答生命中的疑难，只有解答或者理解了这些人生哲学上的问题，他生命中的忧伤，（文化意义和哲学意义的乡愁）才能得到慰藉和缓解，甚至某种程度上的安顿。如他自己所说：“心灵层面的失乡感，只有进入幽邃的历史场域中，去观察人类永恒的悲哀，才能得到慰解”。“家山，是空间暌隔的另一地，沧桑，是时间变异所生之另一景，当此时世，既不能用世媚俗，自然只能托心于异地异时了，此即所谓乡愁，具有文化上否斥现世的意义及历史性的追怀。”②

如果说，乡愁是龚鹏程进入学术研究的原动力，“兴”就是那持续的助动力。

龚鹏程说：“随兴，是随着自己的感兴而学之，以事触情，由情生感，感而学之……不是有了一个固定的学思目标，并非悬一目的以志之并按部就班循序为学。我的情与思，它本身的抽绎以及它们和外物之间的振动，就是我所学的内容。故读书，撰文以凝构思虑，对我而言，非职业，非志业，非工作，非休闲，且根本非一身外之物……有此生命，有此呼吸饮馔，便有此学。”③

必须着重指出的是，此处的“兴”，并非简单的情绪波动或浮泛滥情，它可以是不受理性、规律与秩序严格束缚的强健活泼的生命表现，它更是生存的本质悲哀和对民族文化衰乱的感受相结合而成的一种情感模式思维定势。作者自称为“文化上的遗少”的“文化同体感”。

---

① 《四十自述》，第53页。

② 同上，第61页。

③ 同上，第71页。

龚学术形态的第二个特色是“旁搜博览”的治学方法。他强调的是“无师自通”和“博通”。①

龚鹏程的大学教育基本是一种美感教育，有机锋式的禅悦，有令人沉醉的艺术氛围——“宫灯教室里，黄暗的灯火，诗人（老师）曼声吟哦，墨笺娟美，夜雾低迷，那一句句诗语，都不是古人古书上的意象，而就是我们读诗时亲身体验的情境……应目触心，理解即在当下。至于对诗的知识性理解究竟如何，并不会去想，想也想不起来”。②

这种教育丰满了他的才情，但却不能帮助他建构起知识体系，他试图把所学到的东西系统化，这时，帮助他的是少年习武读拳的经验。龚鹏程说“我之知识化与方法化，是由练拳打架开始的”。

幼时，父亲讲述大陆旧时族中佚事，其中许多奇情侠举最是让他着迷，少年时，他迷恋武侠作品，并由其浪漫的侠情转入武术技法的实习。他搜集了近百种刀经拳谱，勤加揣摩，因修习各种不同功法曾导致经脉错乱，鼻血狂喷，不得不试着采用分析归类，通过对比互勘去思索各种派别方法之间的关系，在此基础上练出自己的招式。

这种经验后来发展成他的治学方法，他说“当时（大约高二、高三时期）我搜集的专业图书和杂志都是武术类的。我搜罗资料，寻访图书，比堪研读，亲身练习体验，而渐能融会贯通的治学本领，全由这上面来，是影响了我一辈子读书做学问的方法。后来在学界，看到新学说，遭逢学术辩论时，脑子里不由自主地就会有武打的类似情境。”③

这一方法约略包括两个方面：

一、务求博览，披源溯流，作者自称“对于经典文本进行诠释脉络的梳理与还原，已成为我方法论思考中的重要部分。”④ 如大学时代注解《庄子》，就是取古今各家笺注，对各家说法整理归纳，然后，融会贯通，形成自己的解说。又如他的《古学微论》讨论先秦诸子，也是力求找到诸子学说中可以缝合、类比、沟通、衔接、会通的地方，然后再阐发自己的见解。

---

① 龚鹏程：《知识分子》，台湾：联合文学出版社，2000 年版，第 114 – 117 页。

② 《四十自述》，第 88 页。

③ 龚鹏程：《侠的精神文化史论 · 自序》，台湾：风云时代，2004 年版。

④ 《四十自述》，第 190 页。

在钻研一个学术问题时，他总习惯于尽可能先穷尽前人在此问题上的著述。

二、独申已见。研究拳经最终是要能够打败对手，研究学术也是如此，披源潮流博览众说之后。并非求综合与浑融，而是要推翻前人，大胆立论。

龚曾用拳法比喻自己的治学方法，说它如金庸小说中陈家洛的“百花错拳”“百花错者，杂收百花而成，又须与原花不同”。又说自己的治学是从吸星大法逐渐变化为独孤九剑，见招拆招，遇阵破阵，仙佛神鬼，一概斩杀。①

可以看出，龚鹏程的学术生命与学术格局，不仅出于天资的卓越，也有其特定文化氛围，失乡与边缘人的生活激发了他的叛逆和桀骜，也激发了他顽强的生命力并把它投入到自己学术活动，这就是他的学术活动的推动力。而自学武籍的少年经验影响了他的治学方法，使学问总带有“问题意识”，总要“为我所用”。

在对“龚鹏程现象”和台湾草根文化做了一番匆匆巡礼之后，也浮现出若干心得，可以与师友分享。

一、我们应该更加珍惜和努力培植民间草根文化，使儒学和中华文化渗入百姓大众的日常生活之中。只有形成了民间儒学的深厚土壤，才能保证民族文化的源源不断，继往开来。

二、我们应该认真研究台湾以及东南亚的华人社会在保存和培植民间草根文化中的经验，包括成功与失败两方面的经验。从教育、宗教、礼俗、艺术方方面面，特别注意总结其近百年来的特殊经验，作为我们推行中华文化的借鉴。

三、面对“龚鹏程现象”，我们大陆的学者应该有一种紧迫感。文化意义上的中心与边缘，并不是一成不变的，重建“文化中原”需要我们付出更多的心力。

---

① 《四十自述》，第93－94页。

近十年来台湾节日变迁与文化认同研究*

张　羽　张彩霞

一、前　言

从历史脉络来看，台湾节日和相关庆典活动，渗透在日常生活中，民众喜闻乐见，积极参与，是台湾大众文化的重要组成部分。执政当局常借政治强力，主导节日纪念内涵和方向，打造出有利于执政的社会氛围。近十年来，在李登辉、陈水扁的主导下，原本呈现中华文化意涵的节日成为政治打扮下的“小姑娘”，台湾人原有的“中华文化认同”也遭到最大限度的改写。相关改写虽常受到在野党和民众的呛声和反对，但随着执政者对节日政策的细化和逐步采行，还是在改写台湾民众的集体记忆方面，取得了一定的“实效”。

相对于过去以语言、文学、历史、神话为考察重点的文化认同讨论，笔者将重点讨论台湾节假日的变动与台湾人文化认同的改变之间的内在张力关系，以及与节日庆典密切相关的媒体及公共文化场域的相关问题，希冀思考一系列的问题：台湾节日的社会框架（界定、论述、仪式、集会等）究竟经历了何种改变？经由节日，可以看出台湾社会发生了哪些变貌？政治强力如何操控节日场域？由节日所透视的台湾大众文化，乃至解严后台湾集体感如何形成？哪些节日的变化改变了台湾人的文化认同？……在这样的思考中，节日的文化象征因素被突显出来，由节日小符号可以见出社会文化大问

---

* 本文发表于《厦门大学学报》2008 年第 5 期，获得首届台湾研究优秀成果奖三等奖（2009）、福建省第八届社会科学优秀成果奖三等奖（2009）。

题，这也是文化认同的观察重点。

二、变与不变：台湾“法定节日”的建构与解构

依三民书局（1985 年）所编之《大辞典》指出：习俗的佳节、固定的纪念日、古代帝王的生日都称节。根据台湾“行政院内政部”公布的“2007 年纪念日及节日表”，台湾登记在案的节日，大约 70、80 个。① 这些节日大体可分三类：

一、政治性纪念日。此类纪念日当天全台湾必须悬挂“国旗”，各级机关大都会举行纪念仪式。依政治事件而制定的，如二二八和平纪念日、军人节、“国庆日”、台湾光复节、“行宪纪念日”等；依政治人物而制定的，如“国父诞辰/逝世纪念日”、革命先烈纪念、蒋介石逝世/诞辰纪念等。

二、民俗文化节日。依循中华传统习俗庆贺的农历节日，如除夕、春节、清明节、端午节、中秋节等；缅怀文化人物，如孔子诞辰纪念、屈原逝世纪念等。

三、一般节日，由有关机关、团体和学校进行庆祝。国际性质的节日，如妇女节、儿童节、劳动节等；职业性的节日，如教师节、护士节、记者节等；民俗宗教节日，如道教节、佛陀诞辰纪念、妈祖诞辰日、保生大帝诞辰等。

这些节假日历经主政者的更迭和社会力量的推动，庆祝及纪念规模都发生了很多改变。近十年来，台湾节日相关法规的修订，已有 13 次之多（国民党迁台后至戒严时期曾有“纪念日（或节日）纪念办法”和后续修订，总计只有两次修改纪录）解严后，随着言论、集会、结社等方面自由度的增加，台湾法定节日也面临着不断被建构、被解构的过程。这些改变主要表现在三方面：1. 增订、增加放假时间、改定为放假日：增加假日的重视程

① 根据“2007 年纪念日及节日表”（http：// www. moi. gov. tw/dca/custom96/calendar17. htm，2007 年 4 月 21 日）和《台内民字第 0960155673 号：修正“纪念日及节日实施办法”第 2 条、第 3 条条文》（《“行政院”公报》第 13 卷第 191 期，2007 年 10 月 8 日，第 30733－30734）。

度或放假效果。2. 只纪念不放假、废除：减低假日的重视程度或放假效果。3. 改期、增名或改名、合并放假：改变对假日的定义，或纠正原先的误解。①

其一，从强化到淡化：政治纪念日遭遇的历史尴尬

国民党执政时期，非常重视政治纪念日，如"开国纪念日"、"国父逝世/诞辰日"、革命先烈纪念、蒋介石诞辰/逝世纪念日，这些纪念日成为当时台湾社会符号的重要指标，全台必须遵照一定程序和仪式展开纪念活动。2001 年前后，政治纪念日的存废虽引起争论，但以"事涉政治敏感，为避免陷于意识形态之争"，建议保留相关纪念日，但将相关节日改为只纪念而不放假②，由此，造成了民众的不注意、集会不易等。随后，民进党开始在各个场合指出孙中山、蒋介石纪念日流于义务化，形式化，已经丧失了纪念意义。不久，民进党当局开始技术性"处理"与"中华民国"相关的纪念日，淡化处理政治人物纪念日，移去蒋公铜像，以强化其"去权威"的努力。至 2007 年，台湾内政部径直废除了与蒋介石相关的纪念日。不同的执政者对纪念日强化与淡化，实际上也是借助纪念日的空间，进行政治切割，做出利己的重要/非重要的判识。

其二，新节日的文化认同背景

这其中，最重要的是，二二八纪念日的从无到有。早在 1990 年，民进党提出将 2 月 28 日增订为"和平纪念日"，并提出予以放假一天。隔年，内政部与行政院将二二八纪念日暂定为"台湾事件纪念日"。1997 年，陈水扁认为，二二八纪念日与其他八个有假可放的纪念日相较，政府并未同意放假，似乎有"矮化"意涵，借以强调当年的省籍冲突，夸大台湾人与大陆的鸿沟。同年，增订二二八和平纪念日为法定假日，以假日制定的权力，重新肯定、承认了二二八事件对台湾的历史意义。二二八成为周休二日后，成

---

① 薛佩玉：《台湾 1950—2004 年国定假日的社会学分析》，台湾中山大学中山学术研究所硕士论文 2004 年，第 25 页。台湾假日政策采行办法共分为八种：增订、只纪念不放假、增加放假时间、改期、改定为放假日、增名或改名、废除及合并放假。

② 相关新闻报道可参见：林水昌：《谁来追思》，《联合报》2001 年 11 月 13 日，第 13 版综合；胡若梅：《蒋经国先生逝世十三周年大批党政要员行礼镜头不复见但仍有不少民众前往追思》，《联合报》2001 年 1 月 14 日，第 9 版社会话题。

为仅有的几个放假日之一，可以看出历法的社会时间面向，成为典型的节日与国族争议的例子，① 自此，二二八也成为台湾选举操控下的节日。如2004年2月28日，举办了“百万人手护台湾”，为选举造势。

2002年，“行政院”在“纪念日及节日实施条例”中，加入“原住民族岁时祭仪”②，这是台湾首度将原住民岁时祭仪纳入立法保障的传统节日中，其意图一方面在于打造台湾多族群意象；另一意图在于强化过去汉族对原住民的打压，借以突显扁当局对原住民的重视。然而，检视落实情况，因各部落节日时间不同，难以真正落实到工商业界的放假制度上，只停留在重视原住民的象征性意涵上。

此外，因应不同时期的政治政策和对外关系，还有一些新订纪念日，如2006年，台湾内政主管部门增订3月14日为“反侵略日”；2007年，增订7月15日为“解严纪念日”；2007年10月，增订10月24日为“台湾联合国日”，这些新纪念日的诠释和论述多由扁当局主导，确立之初颇为郑重，但随后影响不大，与执政当局的增订本意相去甚远。这些节日打造并未取得成功。

其三，从单数到复数：节日的增名措施及其政治意涵。

从原本单一意涵的节日，出现一日多义，乃至多意涵，这种增名现象，在台湾节日中有很多，如“国父逝世纪念”/植树节、“国父诞辰纪念”/中华文化复兴节、医师节/革命先烈纪念/青年节、蒋介石逝世纪念/民族扫墓节（清明节）、蒋介石诞辰纪念/荣民节、孔子诞辰纪念/教师节、行宪纪念/耶诞节。增名现象是一些“新假日”为寻求正当性的基础，先寄附于固有节日之上，以达成增名的目的。

增名后，同一日期里包含的内涵与活动更显多元，新增加的假日名称当中，有多数是自原有假日所赋予的精神、信念或其历史贡献延伸而出的。不

---

① “行政院”2002年讨论的《纪念日及节日实施条例》草案中，列入纪念日的共有十个，分别是“开国纪念日”（元旦）、二二八和平纪念日、“国父逝世纪念日”、革命先烈纪念日、蒋公逝世纪念日、孔子诞辰纪念日、“国庆日”、蒋公诞辰纪念日、“国父诞辰纪念日”及行宪纪念日。见陈秀兰：《纪念日节日放假 有法可循：元旦、二二八、国庆日及民俗节日放假 其余只纪念》，台湾：《经济日报》2002年9月25日，第6版，综合新闻。

② 台湾少数民族庆祝农忙丰收的传统祭典，族人均相当重视，若有族人缺席，会遭所属部落的责难，岁时祭仪是象征族人是否团结的一项重要指标。

过，随着民进党对过去节日的压抑，亦有“附属”节日后来居上，庆祝规模与仪式都赶超原有节日。如国父诞辰也是医师节和中华文化复兴节，国民党时期，节日当天既有肯定三民主义思想对中华文化的贡献的活动，亦有医师节纪念大会，庆祝中华文化复兴的活动，三者联庆，增强了人们对其的重视程度。至扁当局执政时，则忽视了“国父诞辰”和中华文化复兴节，基本上只庆祝医师节。

其四，利用大众文化资源，打造政治目的。

节日场景中，颠覆性的展露往往是为了与过去划清界限。蒋介石在位期间，往往在“开国纪念日”、“青年节”、“国庆日”和台湾光复节等节日中，发表固定文告、接受检阅，接受欢呼等等，这些固定而严肃的仪式，往往强化个体的“强人”形象。1994 年，陈水扁担任台北市市长，为积累个人声望，走平民路线，先是从“蒋公”到“阿扁”（带有闽南话土味的自称）的称呼转变，更在节日场景中，打出了“空间解严”、“快乐和希望”的旗号，尤其在处理富有纪念味道的节庆时，颠覆性地举办“阿扁式”的聚会。如 1994 年上任之后，在 12 月 25 日“行宪纪念日”前夜，举办“阿扁和他的自助舞会”；1995 年 1 月 1 日“开国纪念日”，特别将“历年来严肃的升旗典礼改变为跨年联欢晚会”①；1995 年 10 月 25 日台湾光复节，陈水扁举办“共鸣时刻——We Are Here”飙舞活动；2000—2001 年，由民进党主导的跨年晚会，举办“民间大乐兵”夜间花车游行，与阅兵谐音，突出与民同乐的主题……这一系列带有“作秀”色彩的纪念活动，也是近年来台湾政治参与大众文化的重要参考，以往的纪念活动程式化凝重而庄严，如强制动员参与、或观看三台联播的节日庆典，被陈水扁搞成游戏性的民众狂欢节日。

对这些节假日的产制和变化过程，简略地进行历史倒带，会发现政治强力和社会结构的变动都直接或间接地改变节日的制定政策，形成社会文化演变的一部分，而执政当局寄附于节日变更，更深切的目标达成则是，台湾民

① 朱俊哲：《倒数计时迎新年 市长市民跨年联欢》，《联合报》1995 年 1 月 1 日，第 14 版综合。跨年晚会的重心在于钟表时间上的倒数意义：辞旧迎新。最早的跨年晚会是《纽约时报》（The New York Times）在 1904 年 12 月 31 日所举办，当夜约有 20 万人参与。

众的集体记忆或意识形态上的塑形，企图在民众的社会生活之中调试出有利于执政的氛围，利用节假日的发展或变动，影响台湾民众的集体记忆和文化认同。

三、节日时空下的集体记忆与文化认同

所谓集体记忆，“一个团体或组员所具有的独特记忆，它的存在和建构使团体成员拥有一个命运共同体的经常感受，同时也可以增强团体成员的社会和政治认同”。① 文化认同与集体记忆有着密切的关系，相似的集体记忆越多，文化认同的可能性就越大。集体记忆并非本来就存在的，具有“社会选择性”。“日常生活的社会行动”是集体记忆创造、选择的来源，从这一角度看，节日时空无疑是打造集体记忆比较好的选项。

根据台湾历史学者王明珂于1994年至1995年间所作的一项针对台湾青少年的历史记忆调查②，青少年在回答“历史上的重要人物”时，出现频率最高的前5名历史人物中，依序为孙中山、唐太宗、秦始皇、孔子、蒋介石。这项结果显示出当时台湾青少年对于“本国历史上的重要人物”之认知，体现出强烈的“中华意象”。这与国民党于战后的台湾社会、媒体、教育等诸多方面的教育有关，也与其将人物诞辰日与去世日列入纪念日，并展开仪式、空间设计等方面有着密切的关系，这些周而复始的造“神”工程，长期塑造台湾青年群体的历史记忆，直至影响集体记忆和历史认同。民进党执政后，亦对节假日进行了修改，其变更的动力来源是：第一股动力是现实经济面的，是因应“政府冲量”总体工商竞争力和民众休闲权益等等“国家体制”改造，在工时、休假日数等社会性时间的变革而做出的逐步调整；第二股动力则是政治权力面的，解严以来集体记忆的重整，观察节日修订的内容即可发现，有一些历史记忆获得“官方”认可，保存于可借周期性社会时间加以不断凝聚、确认的节日中，随之有一些历史记忆则遭到冷落。在

① 瞿海源、王振寰主编：《社会学与台湾社会》，台北：巨流图书公司，2003年版，第63页。

② 王明珂：《华夏边缘——历史记忆与族群认同》，台北市：允晨文化实业股份有限公司，2005年5月初版，第383－384页。

另一方面，对节日有诠释权的，也不仅是“中央”官方，社会上许多团体的争取也对中央形成压力。① 这里，着重考察民进党执政时期，在集体意识打造方面进行了哪些操作？如何控制论述造成新的集体记忆？对哪些节日做出非重要的暗示，制造“集体失忆”？

其一，利用新节日空间彰显“主体”台湾，创生新的集体记忆。

民进党上任之初，处处打造“这是新时代”的氛围，在节假日这一大众文化场域更着力于区隔新旧时代，创生新的集体记忆，甚至会改变地理及时间的感知。他们增加带有政治意义的“法定”节日，在挑选历史素材、情感记忆上，有明显的改变，借以维持他们所认同或型塑台湾民众的政治价值观念。

民进党善于利用台湾民众的“悲情”和“出头天”意识，夸大来自祖国大陆的挤压，以行政命令的方式制定了一些特殊的节日，如因“反分裂国家法”的通过，民进党和“台联党”等独派政党将3月14日，定为“反侵略日”；2007年，将7月15日定为解严纪念日，这两个节日的制定，是为彰显“台湾主体”而特意创生，主事官员曾指出：这两个纪念日一是凸显中国对台政治军事威胁打压，一是象征台湾从威权走向民主自由，足以形成强烈的对比。② 同年，更将10月24日，订为“台湾联合国日”，在第二天的光复节，陈水扁完全避台湾光复不谈，仍大谈联合国话题，指责蒋经国未积极“返联”。在这些新生的节日中，民进党发言多强调“人权”和“台湾主体”，利用两岸局势变动，非常主观地选择节日素材，渲染台湾悲情，“引导”台湾民众走向“独立”的集体记忆。

其二，利用旧节日空间制造选择性“集体失忆”，最终“祛魅”乃至“去中国化”。

法国人高格孚曾以台湾外省人民族认同作为研究的主题，撰写博士论文，以孙中山与蒋介石为例，指出近年来台湾社会已对这两位“伟人”失

① 周俊宇：《戒严、解严与集体记忆——战后台湾的国定节日为中心》，《台湾文献》第58卷第4期，2007年12月31日。

② 《“政院”定7.15为解严纪念日》，《自由时报》2007年6月20日。

去了兴趣，原因在于二人与大陆有着紧密的联系①。廖汉腾 2004 年完成的硕士论文亦有深刻的观察，他指出扁当局对旧节日“操刀”切割的方式：首先，一些原本与中国历史相关的节日，均以“身份别”为由而取消放假。如原本纪念日军投降的九三军人节、纪念黄花岗烈士的三二九青年节等节日均取消放假，并在扫墓节前，倡议取消中枢遥祭黄帝陵典礼，旨在切断台湾纪念日与国民党的关联，进而切断与中国的关联……再则是政治人物纪念日的淡出与二二八和平纪念日的凸显。凡与政治人物纪念相关的节日均改为只纪念不放假，但 2000 年政权轮替后，二二八和平纪念日与元旦、国庆及民俗节日并列为能有假可放的假日（陈水扁于市长任内就曾大力提倡将二二八定为国定假日）。此外，他指出了陈水扁对假日政策的订定中，明显重视原住民的岁时祭仪，决策者将原住民岁时祭仪纳入民俗节日，让国定假日中更具多元族群文化的味道。② 2006 年、2007 年大举推动台湾正名运动、中正纪念堂改名和拆除慈湖蒋公陵寝、各地蒋介石铜像的“去蒋化”运动等等政策，对昔日的政治认同象征展开批判、检讨，力求切割过去，对“两蒋”的台湾影响进行“祛魅”。虽有国民党的反对，但民进党意识形态操弄依然取得了后效。

除了对政治意味浓厚的节日进行“去中国化”，对中华色彩浓厚的岁时节令则进行“台湾原创”的宣示与改写，将现今仍盛行于中国大陆的民俗节日，技巧地做了“去中国化”的转义和切割。如台湾民俗家刘还月一方面强调台湾节日的原创性，最“大胆”的改写是对台湾端午节的习俗与传说的改写：“台湾龙舟赛其实与屈原无关，主要是习自平铺族人”③；另一方面将一些来自闽粤等地的民间节日，突出强调其在台湾发展出的独特性，如食尾牙、送神日祭灶、行香、拜天公等年俗，早已发展出“完全代表这个土地精神的海洋文化”④。此类改写符合执政当局在节日政策方面的“去中

① Corcuff Stephane: Memories of the future: national identity issue and the searchfor a new Taiwan. M. E. Sharpe. Armonk, NY. 2002，转引自薛佩玉：《台湾 1950—2004 年“国定”假日的社会学分析》，台湾中山大学中山学术研究所硕士论文 2004 年，第 14 页。

② 卢汉腾：《从开国纪念日到跨年狂欢——论新兴的台湾大众文化国族主义》，台湾大学新闻研究所硕士论文，2004 年 7 月。

③ 刘还月：《台湾人的岁时与节俗》，台北市：常民文化，2000 年版，第 114 页。

④ 刘还月：《台湾人的岁时与节俗》，台北市：常民文化，2000 年版，第 60 页。

国化”意图，由修订节日政策到进入文化脉络的深层改写，显示了台湾当局“去中国化”的全面操作，此类民俗文化方面的改写，完全误导了台湾年轻人对民俗文化的认知，后续影响更为深广而恶劣。

其三，节日文宣的“唱念做打”：利用政治话题改写文化记忆。

政治气氛的变动，也引发了节日庆典中措词、内容和程式的鲜明变化。光复作为台湾历史上重要的转捩点，光复最初几年必隆重庆祝，释放被日本殖民的压抑，赞颂祖国的伟大，战争终获胜利。蒋介石时期，光复节的庆祝内涵中，多用来昭示“新生”和“反共复国”的象征符号与行动；蒋经国执政时期，光复节意义衍生为“爱国精神”的表现上；李登辉及陈水扁执政时期下的光复节，渐次加入了“台湾经验”与“台湾主体精神”乃至“台湾独立”的意涵。早在1995年10月25日，时任台北市长的陈水扁举办的庆祝“终战”五十年的飙舞大会，掀起了“台湾光复节”的定名之争，是终战？还是光复？当时即引起学者的反对和批评，批评陈水扁以“终战五十年”作为台湾“光复”的历史诠释，认为这是日本人为掩盖战败事实所使用的词语。[①] 定名风波尚未平息，民进党又进一步提出取消光复节，认为此举能够确认台湾目前处于“再沦陷地位”[②]，也使“中华人民共和国减少一个对台湾宣称祖国地位的符号，使10月25日对台湾的意义得以还原。”[③] 并试着摧毁原本光复节的纪念意义。民进党人士还指出：“‘台湾光复节’是国民党展开对台统治的纪念日”[④]。陈水扁上任后，为凸显与国民党的不同，更削弱与光复节相关的纪念活动。

扁当局连文化节日都不放过，也完全为政治服务，如2007年的孔子诞辰纪念，时任新闻局长谢志伟演说中，虽多次提及孔子，但多是调侃的语调：“他（孔子）当年周游列国，此则文宣国际，或有巧合之处。尤其在民主化后，台湾的主体认同日益高涨，新一代年轻人都可以豪爽地自称‘台

① 李锡光：《台湾光复 有什么不敢说的》，《联合报》1995年10月25日，第11版。

② 陆倩瑶：《民进党主张取消“台湾光复节”要确认台湾目前处于“再沦陷地位”推动立法确定领土范围》，《联合报》1995年10月26日，第6版。

③ 林永胜：《民进党主张取消台湾光复节　并将透过立法确定国家主权领域范围》，《民生报》1995年10月26日，第20版。

④ 刘时荣、徐国淦：《劳动节 劳工不再放假“立院”初审通过 春节未来放6天 劳工平均年休112.6天》，《联合报》2002年11月26日，第6版。

客'，我们可以骄傲地宣称：周游列国行销自己，中国自古有'Johnnie Walker'——文宣国际行销台湾，台湾今有'叫我台客'，英文是'Jiaowo Taiker'"① 演说最后，"在'中国孔子'的生日谈'台湾入联'的文宣，正应了我们将要进行'无孔不入'的策略"。与以往的诉诸学历阐释为主的专题报告相比，不免让人觉得孔子纪念已经流于形式，成为与当下流行话题相并称的一个节日。

其四，在野党与社会民众对执政当局节日政策的反作用。

台湾执政当局以改动节日政策，来造成特定时间内的"非常"行为，影响社会大众常态作息，从而操控节日空间的集体记忆改编过程，并不是全部都能随心遂意，研究发现，自李登辉执政时期开始，全面性的节日"改头换面"现象开始发生，但仍有经济力、在野党与休闲文化的干预与制衡。如经由宗教界人士的多年努力，执政当局终于将宗教民俗节日列入"法定"，先是1999年10月"内政部"正式增订农历4月8日为佛陀诞辰纪念日，又于2000年2月3日宣布增订农历春节正月初一为"道教节"。佛教节和道教节的增订，其中不无执政当局为执政利益而"妥协"，为"讨好"台湾信众，争取选票的考量②。

近年来，台湾节日空间渐次发展为民间力量呛声与对抗民进党集团的场域，频频发生在野党和民间力量"以小搏大"的冲撞、呛声行为，可看出民间力量借用节日空间发泄对执政当局的不满。如2006年双十节，陈水扁致词时，"倒扁红衫军"发动的"天下围攻"（谐音天下为公），抗议陈水扁亲信及家族的贪渎行为，面对民众的呛声与闹场，陈水扁并未直面应对，却随意表示今后不再举行"大会"③。就连扁当局执政之初，深受台湾民众欢迎的"跨年晚会"，如今被人批评为："跨年晚会只是麻痹神经营造欢乐，甚至是执政者掩饰施政失败的最简易手段……从民众的角度来看，积郁了一整年，所有的指标都像失速的火车急速下坠，社会被政客撕裂，民众惨遭政

---

① 《2007年9月28日"总统府"举行"中枢纪念大成至圣先师孔子诞辰暨宣誓典礼》，http：//www. President. gov. tw | php-bin。

② 《宗教学者：选举当前无奇不有》，《联合报》1999年9月1日，第6版。

③ 《外面围攻里面闹场扁怒："国庆"大会以后不再办》，《中国时报》2006年10月11日，第A2版。

治践踏，已经造成心理学所谓的‘集体创伤’现象。”① 节日场域的狂欢与放任，成为台湾民众疗治“集体创伤”的诊所，释放不满情绪的公共场域。节日气氛映衬出民众对陈水扁的满意度直线下滑，甚至直接影响选举，最终使民进党丧失了继续执政的民心基础。

四、结　语

从社会学“集体记忆”（collective memory）角度考察海峡两岸节日与社会的关系会发现：社会成员的身份认同得到维系，需要诸多的集体记忆，这些集体记忆往往成为维系社会稳定，成员之间相互认同的重要纽带。近十年来，台湾当局借力于节日场域，制造台湾为“政治实体”的集体记忆，借以改变台湾人的身份建构，乃至对中国文化的认同。多年来的“去中国化”的操弄，已使两岸民众的节日记忆焦点相距愈来愈远，台湾 80 后至更年轻一代接受“去中国化”节日系统的教化，虽热衷于过各种节日，但在节日认知上，却误解重重。

2007 年 12 月 16 日，祖国大陆公布了新的《全国年节及纪念日放假办法》，其中最大改变就是加重了中华民俗节日的放假，如清明节、端午节等节日的放假，台湾亦很重视清明节和端午节。在中华传统节日中，强调两岸大众的参与，利用历史档案、大众传播媒介等，关心两岸民众的文化心态，防止任意的、工具主义地改写节日的历史记忆，需要两岸共同努力建构一个开放的、自由的节日公共领域。近年来，海峡两岸积极搭建舞台，同庆中华佳节，如除夕、元宵、中秋等节日，常有连线两岸时空的文娱节目播出。除了这些传统佳节，还有不少民间节日，如妈祖诞辰日（农历 3 月 23 日）、保生大帝诞辰日（农历 3 月 15 日）等，常有不少台湾民间宗教团体组织信众赴大陆谒祖进香，规模浩大，此举加深了台湾民众的中国认同。正是在这一意义上，如何在中华传统民俗节日空间，复兴中华文化的集体记忆，发挥更大的弥合作用，“润物无声”地增强台湾民众的中国文化认同？如何建构两岸民俗节日新模式、新架构，寻求更多交集？如何从节日立法角度，尽量

---

① 卓亚雄：《跨年之后》，台湾：《联合报》2008 年 1 月 1 日，第 A19 版。

给予两岸人民在节日空间的往来自由，最大限度地发挥两岸庶民活力……一系列问题成为新时期值得思考的有趣议题，也当为新时期对台文化交流工作思考之重点。

文学与博览会的对话*

——以1935年台湾博览会为中心

张 羽

据吕绍理统计，日据台湾51年间，台湾参加岛外大型展示活动计有74次，岛内举办各式农商工业与美术教育卫生等主题的展示活动则达224次之多。① 1935年，10月10日至11月28日，日本为庆祝其据台所谓“始政”四十周年纪念（全名为“始政四十周年纪念台湾博览会”，“纪念”为日文汉字，台湾学者多使用“始政×周年纪念台湾博览会”，本文以下简称台博会），举办了长达50天的博览会，“此为日据时代举办展览会中规模最大的一次，总参观人数之2,758,895人，斥资111余万元，‘国库’补助60万元，无论其规模或参展人数，至今仍保持其台湾历史上之最，尚无记录能及。”② 策展者挟持着霸权，借助实物展示和知识文本的相关诠释，竭力展示了日据四十年台湾“繁荣”和“昌盛”的一面。这场台博会的后续影响至今，成为某些团体判定“日本殖民有功”的证据。尽管台博会的宏大叙事遮蔽了很多边缘发声，但我们似乎还是可以从当时的一些文学随笔、小说、歌仔词、日记中翻捡出一些虽然弱小，但不乏质疑的声音。1935年底，距台博会结束刚好一个月，杨逵主办的《台湾新文学》创刊，创刊号上，有周定山的随笔《无聊春秋》③ 对这次台博会进行了直截了当地批评。随后

---

* 本文原载于《台湾研究集刊》2009年第1期。

① 吕绍理：《展示台湾：权力、空间与殖民统治的形象表述》，台北：麦田出版社，2005年，第25页。

② 程佳惠：《台湾史上第一大博览会：1935魅力台湾Show》，台北：远流出版公司，2004年。

③ 一吼（周定山）：《无聊春秋》，写于1935年12月22日，《台湾新文学》第1卷第1号，1935年12月28日，第12页。周定山曾四次赴大陆各地游历，并与鲁迅有过接触，1935年，任《东亚新报》汉文部编辑主任，年底写就该篇随笔。

的二、三合并号上，原本计划刊出的朱点人小说《秋信》遭遇“官检”①，被全文删除，如今留存的全本，依然可以看出作者强烈反对这场以宣扬殖民政权正当性为主旨的博览会。1936年2月，邱清寿编写的歌仔册《尫某看博览会新歌》② 出版，该歌仔册是用福佬话写成的博览会导览手册，虽无明确的批判意识，但歌词中体现了参观者走马观花、看个热闹的游览心态。此外，亦有林献堂《灌园日记》、张丽俊③《水竹居主人日记》对本次博览会有所涉及，但态度较为隐讳，似乎也有曲笔写春秋的意涵。本文希冀分析一系列问题：台博会与日本帝国和殖民地台湾有何关联？日本策展者力求打造何种集体记忆，努力传达何种意识形态？台博会与民众集体记忆塑造的关系是否密切？台湾民众在参观台博会后是否认同策展者的选择记忆，从而对其文化认同产生正负迁移的作用？各种记述如何展现出台湾“殖民现代性”的混杂性和多义性……

一、学习与贩卖：作为工具的博览会

我们细心考察，就会发现日本在学习和贩卖“博览会”这一现代工具方面，展现出两种心态——“担心迟到”和“力求超越”，也代表了日本不同时段——“脱亚入欧”和“兴亚抗欧”时期内的迥异心态。日本在“脱亚入欧”时，当时博览会正在欧美国家蔚为风尚。日本近代文化启蒙大师

① 朱点人：《秋信》，写于1936年1月31日，原载《台湾新文学》一卷二、三月合并号，1936年3月3日出版。根据《台湾新文学》1卷4号（1936年4月1日）的编辑后记中有如下记载：“三月号二十五、六页及五十五－六十四页，依当局的命令删除”，笔者查阅《台湾新文学》一卷二、三月合并号，见目录中有朱点人小说《秋信》载于第58－66页，期刊内也是58－66页不见《秋信》踪迹。同刊第90页，有毓文《同好者的面影》对朱点人介绍，称其为文坛“麒麟儿”。在本文中，“官检”意谓借由殖民霸权的检查制度与机制性暴力，使殖民地艺术家的创作产生压抑和扭曲，甚至不被发表，乃至删节。本文参照张恒豪主编的《台湾作家全集——短篇小说卷·日据时代⑤·王诗琅、朱点人合集》（台北：前卫出版社，1991年初版，2000年8月第六刷）中收入的《秋信》。

② 依据吕绍理的考证，该歌仔册是1936年2月由“玉珍汉书部”发行，现藏于台湾大学图书馆杨云萍文库，共有四册，编者可能是台北邱清寿，作者生平不详。详见《展示台湾：权力、空间与殖民统治的形象表述》，第289页。本文对该歌仔册的引用均出自该书附录，文中只注明页码。

③ 张丽俊（1868—1941）字升三，台中丰原人。自号水竹居主人，日据时代曾担任保正，为地方士绅，其日记记载了20世纪前半叶台湾社会变迁的重要史料。

福泽谕吉最早将 exhibition 译为“博览会”，他解释说，西欧国家借由此种崭新器物的陈列，以达到取他人之长以利己之目的，如“智力工夫之交易”。① 此时日本热衷于参加各种国际性的博览会，表现出主动的学习和探索精神，师法西欧各国的经验来发展其工业。在多次参与后，日本发现博览会是一种工业技术的竞争，并悟出“大国不足惧，小国不可欺”的道理。随后的“兴亚抗欧”时期，日本一跃成为亚洲新殖民帝国后，在博览会中，渐次加入了殖民地台湾、朝鲜和傀儡政府“伪满洲国”的展馆，布展内容已不再局限于日本国内物产，开始加入了殖民地的物种和人种，炫耀势力版图的扩张，向世界宣扬日本已经获得了与欧洲同样进程的现代化资格，显露出与西方分庭抗礼的野心。

1935 年的台博会以台湾总督府为总策划，由中川健藏总督为总裁，总务长官平冢广义负责执行，邀请来自日本、台湾各地、朝鲜、“满洲”及“南支”、南洋等地部会首长，来担任博览会“名誉顾问”。那么，日本为什么选择 1935 年这个年份来举办这场声势浩大的博览会？同步对照 1935 年前后的国际动态和日本社会，我们似乎可以知晓博览会背后更为微妙的情势：1929 年，世界性的经济危机自美国开始爆发，迅速波及日本。1931 年，日本对外贸易急剧下降了一半，工业生产也下降近一半，失业者人数众多，几达 300 万人，日本殖民地人民反抗也越来越激烈。日本政府和军部为了脱出本国困境，开始实行经济军事化，大幅度提高陆海军经费，三菱、三井等大财阀和一批新兴财阀发展军事工业，也为发动侵略战争做准备。1931 年“九一八”事变后，日本加紧侵略中国东北的脚步，1932 年，日本卵翼之下的伪满洲国宣布成立。1933 年，在国际联盟 19 国会议上，日本因侵略中国而受到谴责，国际上更形孤立，日本进而退出国际联盟。1935 年，为了将台湾包装成“繁荣”和“昌盛”的形象，日本借以博览会这一较为文明的方式向世界（特别是殖民地民众）显示：尽管经济危机刚过，但日本仍将台湾统治得“欣欣向荣”——正如台湾总督府的公开说明：“歌颂世界殖民史上未曾有过的成功”（《始政四十周年纪念台湾博览会志》1936 年），进

---

① 福泽谕吉：《西洋事情》，永井道雄集编：《日本名著·33：福泽谕吉》，东京：中央公论社，1975 年版，第 312 页。

而说服殖民地民众，使之在博览会的无数物证面前，承认日本帝国是“东洋文明的中心”。自此，台湾作为日本殖民的“模范”的样板工程被建构起来，并为其未来殖民南洋的“南进政策”作舆论准备。于是，台博会结束后，日本发动了一系列的侵略战争：1936 年，台湾进入皇民化时期；1937 年，日本发动卢沟桥事变，开始了全面侵华战争；1941 年 12 月，占领香港、泰国、攻占美国的军事基地；1942 年 1 月，占领马来西亚；2 月，攻破新加坡，控制马六甲海峡；3 月，进入荷兰殖民地东印度群岛；5 月，占领菲律宾，在西南太平洋，日本占领了一系列群岛……显示出日本步步进逼的嚣张气焰。

二、帝国“装饰”：台湾的“繁荣”与“昌盛”

当年这场博览会展示物高达三十万件以上，那么，策展者是如何对展示物进行“叙事编排”的呢？一般来说，策展者在对展示物进行搜集、保管、研究和陈列的修改与选定中，可以达成对特定群体有意义的知识引导和身份建构。不同的呈现和排列可能会通向迥异的世界……由此可见，不同的策展者会有不同的编排历史的方式。那么，台博会的展示空间会对台湾的历史、文化、社会、经济和意识形态等面向做何种成绩“炫耀”和叙事“编排”，并由此透露出何种深刻的意涵呢？

第一，展览主题全面包揽了日本在台湾进行的初级殖民建设

1935 年的台博会竭力展现日本帝国的国力和日本在台湾殖民所带来的现代化的具体成果，共分四个会场，主要展览馆约四十馆，主要展览场设在台北市，台湾各地也相继举办小规模展览（仅澎湖无相关展出记载）。展览主题几乎包揽了台湾总督府的各项建设成绩，展现在以下的各展馆中：

经济建设方面：产业馆、林业馆、糖业馆、矿山馆、专卖馆

公共建设方面：交通土木馆、交通特设馆、铁道案内所

工业建设方面：兴业馆、电器馆、三井馆、船舶馆、日本制铁馆

“国防”建设方面：马产馆、国防馆、军用犬及军用鸽舍

地方建设方面：府县馆、爱知名古屋馆、北海道馆、大阪馆、京都馆、

东京馆、奈良馆、福冈馆、花莲港馆、台中州、新竹州、台东厅。

殖民建设方面：蕃屋、朝鲜馆、“满洲”馆。

观光建设：迎宾馆、草山观光馆

南洋各国建设：南方馆、暹罗馆、菲律宾馆、福建省特产物介绍所

文化建设方面：第一文化设施馆、第二文化设施馆。①

在会场的规划上，根据不同的展出主题来安排会场，第一会场以日本殖民地（台湾、朝鲜、“满洲”）建设展出为主轴，其中以台湾的各项物产、交通为主要的展览重心。第二会场以日本在台的各项政绩与工业、专卖的展出为主，搭配日本各府县的物产展出。分场则为南洋各国风土与物产的介绍。草山分馆以台湾的观光景点介绍为主。另外在台湾各地的展场则为各地方的风俗民情展。由各展馆的展品设置，我们可以看出日本据台四十年，殖民触角已经遍及经济开发、理番、文化教育、医疗卫生、军事、休闲娱乐等方面。

第二，“醒目”地展示殖民地台湾的变迁

台湾总督府策展的主旨就是展示台湾的“繁荣”与“昌盛”——“殖民地台湾进步之意象”，特别在经济建设方面与文化建设力面，因此，各主题馆非常注重模型、图表、壁画或实物展现，“凸显日本人据台前后各方面的差异，以更进一步宣扬其‘德政’。”② 为了更“醒目”地展示台湾的变迁，台博会上有大量“精心”的设计：如“糖业馆”中，有“糖业为台湾之母”的三段式电动循环模型装置，展现台湾产业的“过去、现在与未来”，这样的展示设计，让观者跟随策展者的编排，体会殖民地台湾历经过去、现在（尤其是日本殖民统治之下），“认识”到殖民地台湾之巨变，并对台湾未来“为之可期”的前景充满“期待”。③ 还有如公共卫生的维持、实业教育、农业生产、食物的分配、犯罪的防治、税收的需要、自然灾害的

① 此处论述参照程佳惠的《台湾史上第一大博览会：1935 魅力台湾 Show》中的相关论述、亦对张世朋《日治时期始政四十年台湾博览会之研究》（成功大学建筑学系硕士论文 2005 年第 58－62 页）有所借鉴。

② 陈 仁.《台湾博览会、空前政治秀 1935 年“始政四十周年纪念博览会”》，《中国时报》1995 年，10 月 10 日，第 44 版。

③ 《展示台湾：权力、空间与殖民统治的形象表述》，第 259 页。

预防，都透过图表的方式与过去做比较，利用色彩、数字、线条来区分据台前后彼此差异的程度。博览会里的知识总结也成为日本继续殖民的舆论支撑，对台湾步步进逼的统计化、数字化，代表了殖民论述已经逐步系统化和精细化。

第三，力促台湾、伪满洲国、朝鲜之间的竞争与较劲

策展者将台湾、伪满洲国、朝鲜并行展出，反映了殖民宗主国的管理需求和建构强势霸权论述的目的。第一会场就是以台湾、朝鲜、“满洲”建设展出为主轴。除了全面介绍台湾四十年的“变貌”，也介绍了新兴“满洲国”和朝鲜的文化及主要特产，尤以“满洲”的介绍为重。位于第一会场的“满洲馆”，共258坪，展示的内容分为11项。10月27日被称为“满洲国日”，当日举行了“日满交驩会”，希望加强“日满”两国的关系，强调技术国日本与资源国“满洲”的合作关系。时任伪满洲国外交部总长的台湾人谢介石主持“满洲馆”的“满洲日”活动。此前，谢介石曾发表声明说：“满洲建国之日尚浅，他要到全岛各地走走，先进的台湾可作为满洲国的典范。”① 由此可见，1935年的台博会是一个复杂的殖民文化系统，其构成与功能是多元一体的。作为一个具有自身殖民使命的文化系统，对台湾、“满洲国”、朝鲜之间的竞争、合作与发展有巨大的“推进”作用。

第四，帝国/种族的凝视：台湾少数民族展示

台博会的“第二文化设施馆”旁设有原住民蕃屋、望楼与实演场，大量运用台湾少数民族的“真实”道具、布景、土著的表演与娱乐等，有远从苏澳郡寒溪地区的部落移来的“实物”蕃屋，又请来几十位原住民妇女、壮丁、幼童，在“实演场”中“演出”原住民妇女纺织之类的日常生活“实况”，还让站成一排的男性原住民做身体展现，在观者的凝视下成为一个个再“真实”不过的展示物。“久立的壮丁们，表情尴尬不耐，活生生地显露了殖民主义和种族主义意识形态下原住民的处境。”② 这里的台湾少数民族的人种展示，往往与日本的文化建构和国家（帝国）认同密切相关。已经有很多学者指出，帝国主义透过博览会中人种的收藏与展示，为其隐喻

① 《台湾日日新报》第12755号，1935年10月3日，第7版，新闻报道。

② 《台湾史上第一大博览会：1935魅力台湾Show》，第95页。

书写服务，并架构其殖民人类学知识体系。

第五，收编台湾民众集体记忆体制的制作：现代性 = 日本性

集体记忆培植和空间展示的关系非常密切，集体记忆的保存与维系，往往依赖它在空间的停泊点，如此一来，台博会就具有了台湾总督府对台湾人集体记忆进行操控的空间功能。博览会作为日本将执政成果压缩式、“集大成”的展示空间，昭示出日本的帝国气象，和带给殖民地台湾方方面面的“现代性”，以博览会这一较为文化的手段统摄台湾人的记忆，认同日本性与现代性有高度的“等同性”。事实上，日本是向西方学习模仿过程中取得现代性。相较于亚洲的其他国家，日本确实是优先到达现代。但是，在建构殖民论述时，日本却将这种优先性转化成为优越性。对那些被动员前来观摩博览会的台湾人来说，他们很容易误认为是日本人就等同于科学与进步，由此也认同了殖民论述的框架。陈芳明曾指出：博览会最为奇妙的地方，就是让参观者把现代性与日本性在潜移默化中等同起来。凡是有过参观经验者，无论是殖民母国的市民，或是被殖民的民众，再也无法分辨现代性与日本性之间存有任何的差异。①

如此一来，台博会就成为收编台湾民众记忆体制的“精心”之作，策展者竭力擦拭掉台湾民众对于过去武力镇压、被剥削的殖民记忆，重新建立日本带给台湾可歌颂的现代化的记忆，以及充满希望的未来蓝图。自此，现代性、日本性和殖民性三种价值观念混杂出现在台湾的各阶层，并极大地影响了普通百姓和知识分子的文化认同。由此可见，台博会的召开具有高度政治目的，“繁荣”而“昌盛”的“台湾图像”成为一种象征资本，日本借由对台湾人过去记忆的修改或创造，以换得现实利益。那么，日本到底有没有获得现实的利益，这还要看观众观看后取得的效果。

三、文学“托寓”：台湾知识分子的个人记忆与颠覆书写

当我们把视线从策展者和展示物移转至台湾的参观者身上，也许会有不

① 陈芳明：《文明与殖民》，引自吕绍理：《展示台湾：权力、空间与殖民统治的形象表述》前言，第12页。

同的发现。当时“广而告之”的博览会宣传，让1/3的台湾民众参与了这场“盛会”，他/她们共同见证了这场博览会。会场中80%以上的展示物是和台湾民众密切相关的，就是他们日常生活的“总结”和“升华”，作为最有发言权的参观者，他们有没有留下自己的声音呢？本部分将以文学记述来对话1935年的台博会空间，也许可以看到与台湾总督府竭力打造的“集体记忆”截然不同的“个人记忆”，进而探析一系列的问题：他/她们的参与，到底是欣然赴会？还是迫不得已？殖民者苦心编织出的“繁荣”与“昌盛”的幻景下，到底有没有征询过台湾民意，台湾普通民众生活的实况如何？这场台湾历史上“最大展览规模”以及“最多参展人数”的博览会之中，台湾人民观后感是什么？他们是如何见证与观看殖民“他者”对“自身”的再呈现呢？哪些固执的个人记忆依然在顽强地搏斗着？

在文学批评中，“托寓”（allegory）是指作为“‘字面义’（lireral）的对立物而存在。‘字面义’（literal）是就字面的指涉，讨论文本真正处理到的历史与社会脉络；‘托寓’（allegory）则是更加抽象的表达形式，特指在政治上含有影射意义，类同指桑骂槐的方式……在种种暴力的摧残之下，历史的片断如何重新发展形构其历史意涵，如何透过辩证的方式，将历史中具体遭受压迫与被隐抑不言的部分加以呈现出来……”① 如果从文学与博览会的关系这一角度讲，《秋信》无疑是这些文学作品中，最具托寓色彩的作品，它提供了从台湾人的角度，来理解这场台博会的一面镜子，尤其是作者有意让对日本文化毫无认同感的前清老秀才担任主角，更有利于揭示那些台湾人固执的中国认同。周定山是毫无顾忌的批判直陈，托寓指数很小，但何以《秋信》被禁，而《无聊春秋》得以发表，是否因为新刊物创刊，未被殖民官方注意，而侥幸逃过被割天窗的命运，我们不得而知。而更复杂的则是林献堂和张丽俊都参观过这次台博会，也在日记中零星记述了参观行程，但内中毫无个人情感的抒发，他们为何不在最真实的个人空间——日记里，对这场“华丽的表演”作以分析和论述，这种无言的“托寓”是否也有着某种婉曲的告白，似乎也让人难以理解。带着这些微妙的问题，我们再去探

① 廖炳惠：《文学与批评研究的通用辞汇编关键词200》，台北：麦田出版社，2003年9月23日，第16页。

寻历史的缝隙中，留存的一些陈迹。在此意义下，我们也许可以看到这些文学叙事的“功能性”意义——殖民地作家如何让自己的意义产生体系，而不被殖民高压压垮。

第一，台湾民众面对的宣传策略

我们先来看一组数字：当时的台湾人口约530万，参观博览会的人次，竟高达3346972人次，其中到台北市参观的人次为2738895人次，① 依据主办单位的计算，由日本、欧美及伪满洲国等地前来参观的人数才7000余人，只占总入场人数的千分之三不到。此统计数据可以说明主要的参观人群正是台湾本地人。这么多台湾民众被“成功”动员到台北参观博览会，可以想见台湾总督府的宣传手段多么到位，他们几乎动用了当时的各式宣传工具，例如广播、电影、飞机撒传单、火车宣传板等等，借此告知各阶层的群众，文学作品中如何真实揭示台湾民众面对的宣传策略呢?

1. 强迫。朱点人借火车车厢这个公共场域中两个农民的闲聊，真实揭示了很多农民“不得已”才来看博览会：“阿柳兄！你要到哪里去?”/“到台北去的。”/“唔，你平素是那样勤俭，怎样也甘（舍得）到台北去!”/“这，一半是不得已的。”/“是你自己愿意去！怎说不得已!”/“我庄的警察，强押人着（得）去啦!”这就是农民放弃劳作，斥“巨资”（旅费、住宿费）赴台北参观博览会的真相。

2. 劝诱。一般分为直接劝诱和间接劝诱。直接劝诱在朱点人的《秋信》中有生动的展现，从日本巡查询问老秀才是否知晓台北展览会开展的家常闲聊开始，就是博览会资讯的传达。最后，一个隐居山野、不谙世事的前清老秀才被巡查、孙子、邻居的轮番劝说下，凑了“博览会”的热闹，可见，博览会的宣传策略不仅动用了巡查，而且还会打“亲情牌”（亲人、邻居），做得非常到位。另外主办方因为有能力直接劝诱学校的校长，并释放出“团体见学（校外教学）”② 等团体优待票鼓励台湾各学校可以“集体”进场。

① 参照吕绍理：《展示台湾：权力、空间与殖民统治的形象表述》，第270页。

② 当时州厅调查的台湾岛内观光团体中，以学生团体人数最多，共183300人，公学校就占了105300人。引自《台湾史上第一大博览会：1935魅力台湾Show》，第164页。

间接劝诱则表现为铺天盖地的各类宣传，《秋信》揭示了博览会开幕前，当局的宣传策略："当博览会未开幕以前，当局者都竭力宣传，而岛内的新闻亦附和着鼓吹，就是农村各地，也都被派遣铁道部员前去劝诱，本来不怎么有益的博览会，一经宣传的魔力，竟然奏了效果，引起热狂似的人气(好名誉)。"（第227页）如此旺盛的"人气"形成，全赖策展者的周密部署，新招不断。早在1934年筹备会就在报纸上密集报导博览会的相关新闻，参展的补助与优待等，台湾铁路沿线架设大型看板以告知旅客，利用航空宣传，空飘台博宣传单。① 博览会开幕当天，总计投下近60万张宣传单，主要是博览会的宣传广告，入场兑换券、商品券也在其中，捡到的民众可以免费参观"博览会"。这种"从天而降"广告宣传让台湾民众充满了"惊喜的期待"②。台湾民众哪里经得起这些直接和间接劝诱的轮番轰炸，早被博览会的热潮冲击得丧失了理性，凡是生长在台北以外的人们，都抱着这个念头——"去！到大台北看博览会去!"甚至还流传着"借重债也要看吧，整四十个年，才有这一回"的说法。（《无聊春秋》第93页）"看一次，就是死也甘愿!"（《秋信》第227页）这些间接劝诱活动正如现今的商家打折促销活动一样，以最"实际"的诱惑策略，成功吸引了很多台湾人前往参观。

3. 协赞。《秋信》还借日本警察佐佐木之口道出了宣传策略中还有一招，就是"募集会员"，所谓的招募会员，要普通百姓缴费，"博览会的协赞会要募集会员，普通会员一口要……五元……/若作了会员，协赞会就会给你一张会员券，一个纪念章，在博览会的期间内，任你随意出入，还要招待你……"（《秋信》第229页）从这段简短的对话，传达出协赞员不仅仅是缴费五元，而且还要实际参与到台博会的现场。这里所说的协赞会是指由台湾地方机关与民间商贾士绅所组成的团体，据《台湾博览会协赞会员名簿》统计，协赞会会员比例中，台湾人的比例颇高，11109位协赞会员中，

① 《台湾日日新报》，转引自吕绍理：《展示台湾：权力、空间与殖民统治的形象表述》，第270页。

② 程佳惠：《1935年台湾博览会之研究》，中央大学历史研究所硕士论文，2001年，第60页。协赞会在经费上未受到台湾总督府的相关补助。协赞会必须借由会员的募集，募得赞助金，推动会务。

台人就占了6506人，超过半数。[1] 无论怎样看，自1895年起就“失业”整四十年的斗文先生（不愿效劳日本人），从财力和意愿来讲，都不可能跻身协赞会，但依然会有日本巡查耐心地劝其加入协赞。可以想见，台湾的协赞会员中应该有不少是耐不住日本巡查的死缠烂打，而无奈加入的。[2]

我们必须注意的是，能达成这么多台湾人蜂拥北上，主办方不单是采取殖民暴力式的强迫，而是采取种种“利诱”策略，来召唤普通台湾民众协力刷新以往博览会参观人数的纪录。

第二，实话实说：殖民统治下台湾人的生活

1935年召开的台博会，“总督府透过报纸的宣传与明信片的发行，用以证明资本主义的优势以及工业文明的进步。这种文字、图像的再呈现，事实上是为了达到扭曲台湾历史真相的目的的。如果仅是阅读总督府的宣传图片，也许会误以为台湾人民在日本殖民统治之下过着非常幸福的生活。这种知识传播的掌控，无疑是殖民者合理化其历史的最佳利器。”[3]

1. 地震重创与“人造景气”　1935年4月21日，台湾发生有史以来伤亡最惨重的“中部大地震”，夺走了2249人生命，两个月内余震不断。大环境不景气是众所周知的。台博会中强大的殖民现代性的宣传，与台湾知识分子日常所接触到的殖民黑暗面，二者相形对照，逼迫着知识分子边缘发声，借由“小叙事”来肯定被殖民者自己的认同和不同于殖民者历史书写，这些“小叙事”多是以零星的、多元的、拼贴的方式出现在报章一角，以隐晦、暗示性的语言，表达出迥异于台博会的历史书写，试图挑战握有“象征资本”的殖民者。

周定山在《无聊春秋》就指出：台湾博览会展出的盛况乃是借由台湾总督府的宣传而创造出蜂拥而入的人潮，使得台北城鼎沸一时，火车增加临时发车，商家生意兴隆、空屋成了旅社，但是这都只是一种“人造景气”的假象……最暴力的、只有旅馆、酒楼饮食物和艺妲……（《无聊春秋》第93、95页）他还这样描写台博会狐假虎威的气氛：无线电话借扩声机、到

---

① 《1935年台湾博览会之研究》，第81页。

② 《台湾史上第一大博览会：1935魅力台湾Show》，第39页。

③ 陈芳明：《现代性与殖民性的矛盾：论朱点人的小说》，江自得主编：《殖民地经验与台湾文学》（第一届台杏台湾文学学术研讨会论文集），台北：远流出版公司，2000年，第71页。

处都机械般不断在吹送。交通巡查多不管细雨和热日、两手像变奇术的指挥“市虎”的进止。还有数台涂饰奇样的花车、在市上如穿梭的示威。这样也许是就算“台博”的气氛吧？……不料因这暮气包围里、更能发现累进哲学的策源地。三角店的屋上赁人广告、空家改营临时的旅馆、商店到处都靠一万元的景品壁单、尽量发挥它特别气质的怪叫、顿挫有致。自动车强烈的激动声、和嘈杂的人声相交流。全市鼎沸极了！这样的“台博”人造的景气。(《无聊春秋》第94页）无数参观者的涌入，确实带来了经济繁荣的表象。

2. “废时失事、惨不忍言” 周定山在随笔《无聊春秋》中，讲述了一个小工商业者的诉苦，台博会成了他“苦难”的渊薮：我月给不满四十元。台博开幕才十三天，友客就达五十三名。两个月的生活费、尚不够开销？每月还有数个亲朋向我强要借钱！……小工商业者较常月的收入加多无几、友客却比大商家和富豪几乎多数倍？大都没有能力享受旅馆的滋味！所以废时失事、惨不忍言！(《无聊春秋》第95页）周定山一直非常关注处于社会底层的小人物的悲鸣，施懿琳曾分析过：“早年痛苦的经验，影响到周定山日后的性格，他的傲岸悲郁、疾恶如仇；他对低下阶层的关怀和同情，以及对社会黑暗面的敏锐感受，实自幼时即埋下根苗。”① 一次大战后日本经济萧条与帝国主义低迷之际，台博会不仅有助日本企业振兴，也拓展日本帝国主义的精神。但却遏止了台湾民间的经济活力，人民未蒙其利，反受其害。自1906至1936年，30年间，台湾人民负担增至三倍以上。自1937年至1944年之间，又增至4倍以上。② 1936年以前，参照各阶层每一家庭每月平均收支情形，平均每人每月收入为60－90元，每年收入720－1080元，其租税负担占所得11.9%－12.9%。③ 由此可见，受益的是主办方和商家，而台湾普通民众则花费血汗钱去看热闹。

第三，不被认同的“殖民地变迁史”——台湾民众的观后感

---

① 施懿琳：《饶有闲情逃名易，绝无媚骨入时难——周定山生平与作品》，《周定山作品选集》代序，彰化县文化中心出版，1996年版。

② 黄通、张宗汉、李昌槿编：《日据时代台湾之财政》，台北：联经出版公司，1987年初版，第92页。

③ 转引自黄通、张宗汉、李昌槿编：《日据时代台湾之财政》，第101页。

在展览会场中，台湾民众具有双重身份，既是作为“知识的客体”——被展示，又是“认识的主体”——参观展览，经由台湾人的观感，我们似乎可以看出殖民地展览会与“殖民统治”之间的某种联系，而展示是否具有说服力，必须经由参观者的检验，这决定着博览会能否有效地使参观者接受它所构筑的知识秩序和文化认同。

1. 帝国的“跃进”与台湾的“寸进”。《秋信》中，日本巡查临别时，劝说道：“老秀才！你去台北看看好啦，看看日本的文化和你们的，不，和清朝的文化怎样咧?”“清朝”两个字，引起斗文先生如触电般，起了个寒战。(《秋信》第229页）朱点人用形象的手段一语道破台湾总督府费尽周折举办博览会的目的就在于要那些坚守“清朝文化”的台湾人，来看看日本文化的“现代性”和“先进性”。

“第一文化设施馆”主要介绍台湾的教育变迁过程。这一馆，正是斗文老秀才驻足浏览之地，由于不懂日文，他无法理解展示的意思，只得请教别人，日本人告诉他说：“产业台湾的跃进，是始自我们啦”，其他两位日本学生则对他投以睥睨的眼光。这里并列设置了日本参观者和台湾参观者，在日本参观者优越感的映照下，台湾参观者显然受尽屈辱，因此，才有老秀才气愤地嘶吼出：“国运的兴衰虽说有定数，清朝虽然灭亡了，但中国的民族未必……说什么博览会，这不过是夸示你们的……罢了……什么‘产业台湾的跃进……’，这也不过是你们东洋鬼才能跃进，若是台湾人的子弟，恐怕连寸进都不能呢，还说什么教育来!”（《秋信》第235页）如果以“光谱”为比喻分析了台湾人对于博览会的反应，《秋信》无疑代表了最具反叛性、最具抵日性质的书写，朱点人借陈斗文将台湾人激烈抵抗的博览会的心理状况充分反映出来。① 此类书写，是台湾作家在与台湾总督府争夺文化阐释权，来还原殖民地台湾的真实状况，但《秋信》最终被删节，也说明了台湾作家在争夺象征资本的形势上更形弱势，因为殖民地社会的权力结构不是开放性的互争主导，而是封闭性的主从关系，因此，台湾作家要争夺象征

① 参见《展示台湾：权力、空间与殖民统治的形象表述》，第285页。

资本的诠释权，实属不易。①

2. 凑热闹。歌仔册《尪某看博览会新歌》描述了寻常百姓进入台博会现场，东看看，西逛逛，颇具庶民色彩，几乎包罗了所有的“新鲜事”。但对策展者刻意安排的展示背后的权力架构，毫无注意，对策展者展示的机械力量，亦没有知识分子感受的落后与现代的“分野”，例如利用无线电控制的桃太郎机器人，描述为：“一介囝仔直直崇，囝仔阁能猫猫动，身躯个肉红红红……这款有影真巧气，能开能合真即奇，爱开着用手皆比。”（第411页）又如策展者花费大力气、大开销介绍台湾从传统蔗业如何转变成机械榨糖的“巨变”，只简单介绍为：“换来皆看旧蔗铺，一宫草厝无通苏，用牛块拖恰干苦，蔗铺一宫真庵湖。旧个蔗铺无外大，用二只牛店块拖，近来个人恰开化，全用机器恰看活。”（第417页）由此可以看到的是，台湾普通庶民对“巨变”的感知颇为“冷感”。至于让朱点人笔下的老秀才耿耿于怀的教育展，歌仔册中描述为：“换看育教千业类，手提算盘夯铁槌，有三个人做一位，二个产产一个肥。一个肥肥二个产，三个阁格做一班。”（第417页）在这里，我们完全看不到台湾岛与日本天壤之距的劣势之感。对于参观博览会的“妙处”，歌仔词以诙谐的口吻，多处写道“添寿”、“清心肝”等，而非知识传授、开阔眼界的作用。至于博览会中强调的“日本认同”，歌仔词亦没有任何回应，倒让我们意识到，普通庶民只闲逛台博会，而对策展者的殖民总结毫不理会的反讽。周定山《无聊春秋》讲述自己去看台博会的感受：我也曾跑向会场去看群众中的挤作一团在滚动、看雷公的发电、看海女机械的表演、看筱三麻子的唱“唏唏……”、看旧货新排的把戏、看乡土馆的汉鼓商爵、台湾民主国的邮票、清朝的台湾汽车票……（《无聊春秋》第95页）由此我们可以看出，相对于台湾总督府对博览会的“精彩编排”，台湾参观者所引发的感受、经验多为新鲜、热闹，而这样的情绪与感受却无法转化成为“积极”的“日本认同”的行动力量。

3. 选择性接受。林献堂与张丽俊二人日记中，对于此次博览会的隐晦记述多少代表了知识分子的选择性接受的一种态度。张丽俊曾于1916年参

① 赵勋达：《〈台湾新文学〉（1935—1937）定位及其抵殖民精神研究》，台南市：台南市立图书馆，2006年12月，第253页。

加台湾劝业共进会，详细记述他所看到的陈列品，并写下了数首诗激赏共进会。1926年赴台中参加“中部台湾共进会”，张氏在日记中写道：“无甚新奇，亦无甚珍异”①。1935年的“台博会”，张丽俊于10月23日随同丰原水利组合的成员一同北上，此行主要目的是参观桃园大圳的水利设施，后顺路参观了台博会。张丽俊走马观花地看了一下第二会场，因家眷跌入水沟受伤，遂伴其回丰原。10月30日的日记中，张丽俊这样写道：“我一生好漫游，前日北上观博览会尤其次也。到中坜，往大嵙，到桃园，西往大园，东入石门，此广我眼界而寔获我心也。”② 他婉曲地表达出，与台博会相比，让他更觉动心的乃是台湾的山山水水，实为对此次台博会无言的批判。林献堂则在日记中，简略记述了参观台博会的行程，③ 但语气平淡，未曾留下他对“台博会”的任何感想或心得。事实上，我们从林献堂日记中，看到他担心日本的南进政策（正是本次“台博会”的宣传主题之一）将使台湾的土地资源进一步被日人所夺，尽管总督府在农业技术上锐意改良（也是本次台博会尽力讴歌的农业技术改良），然而人口增加、耕地日渐不足，即使再好的农业技术，“农事之改良实难奏效”④。林献堂亦对台湾农业分配问题，提出意见，对农业分配问题的回避，正是策展者力求掩盖的真实社会面向。不过，林献堂亦能正视博览会所欲传达的现代技术，因此鼓励并安排一新义塾的学生前往台博会参观。由此可见，二人日记所流露的，正是对于博览会选择性的接受和无言的批判。此类书写呈现了殖民性和现代性之间形成的复杂的张力场域。由此我们可以看到，在多重认同结构冲击之下，日据下的台湾知识分子有着复杂的文化认同观念，甚至时常变动。今天看来，我们很难分门别类地将日据时期文人们处世之道、政治认同、文化认同、民族认同放入我们预先设计好的系谱之中，因为如此一来，恐有武断、不周之嫌。如若单一地以民族大义的标尺去丈量，恐怕又陷入一面观的境地，唯有深入

① 张丽俊：《水竹居主人日记》（第7册），许雪姬、洪秋芬、李毓岚编纂，“中央研究院”近代史研究所、台中县文化局，2004年1月初版，第27页。

② 同上，第126页。

③ 林献堂10月10－11月8日分7次参观了台北及各地的博览会，并于11月2日，应馆人之请写了“空前盛会”书法字幅。参见林献堂著：《灌园先生日记》（八），许雪姬等共同注解，台北市：“中研院”台史所筹备处2000年，第356～397页。

④ 林献堂著：《灌园先生日记》（八），第380、397页。

人物所处的复杂情境之中，分析其所面对的复杂社会，才能了解殖民情境下台湾知识分子微妙的内心世界。

萨依德在《文化与帝国主义》中指出："当然帝国主义的主要战斗力乃是争夺土地，但当涉及谁拥有土地、谁有权力定居其上，谁继续保有它、谁将之争取回来、谁现在可以计划其未来——这些议题在叙事中被反省、被争论，甚至有时在其中被决定了。正如某位批评家所提到的，民族自己本身就是叙事。叙事的权力，或者是阻碍其他叙事之形式发展，对文化和帝国主义都是非常重要的，也构成了两者之主要关联的其中之一。"① 1935 年的台博会让我们看到殖民者的"远距治理"，台湾民众从台博会这一窗口所看到的知识总结都是正面的、硕果累累的，而无法意识到深深掩藏于其后的是殖民性。由文学与台博会的对视空间中，我们看到了繁华背后的贫穷真实，但也不过是全貌中的冰山一角，因为台博会身处多义的、纷杂的"现代性"建构过程当中，有待整理的历史线索仍然很多。

① ［美］萨依德著：《文化与帝国主义》，蔡源林译，台北：立绪文化公司，2000 年版，第 3 页。

从老兵悲歌到眷村史乘*

——有关族群关系的一个议题

朱双一

一

在近年日益高涨的族群论述中，有论者提出当前台湾社会存在着闽、客、“原住民”和1949年前后迁移台湾的“外省人”等四大族群。这一提法的科学性或许尚需斟酌，但如果承认一个社会不仅有基于血缘、文化等关系的“族”的区分（如汉族和高山族之分别），而且有缘于其他因素的“群”的组合（如汉族内部的再划分），那上述说法在某种意义上提示了当前台湾社会“族群”关系颇为复杂的状况。如何调整族群间的利益关系，化解其矛盾，使之和谐共存，共襄繁荣，显然是社会面临的重大问题。从人道的立场出发，所有族群，无论它属于强势的还是弱势的，其生存环境和命运都应得到社会的关注，其中自然也包括40年代末随国民党涌入台湾的“外省人”在内。

台湾文学对于这批“外省人”的生存环境和命运的关心，经历了一个发展演变的过程。活跃于50年代的外省赴台“第一代”作家，并没有把太多的笔触投于他们当时在台湾的生活上，而是更多地“回忆”着以前他们所逃离的大陆的种种，甚或描写着官方虚假宣传所提供的大陆正“发生”的事情，乃至这一时期的文学主流被总括为“大陆文化的回顾”①。较早将审视焦点转移到这些外省人到台湾后的生活的，是已属于大陆赴台人员

* 本文原载于《台湾研究集刊》1994年第3期。

① 见《联副三十年文学大系》总序《风云三十年》。

“第二代”的白先勇。然而他将主要笔触放在上流社会的达官贵人、名花巨贾等身上，对于占赴台外省人大多数的中、下层人员，并无多少涉及。真正承担起对“外省人”在台湾生存情境的较全面反映的，是被称为“新世代”的一批年轻作家。当然，他们当中不少人仍属于外省人的第二代，但多出生于台湾。由于缺乏大陆“经验”，他们不再取材于大陆而是更多注目于台湾，特别是下层社会的生活，是很自然的，也是值得鼓励的倾向。

在中、下阶层的“外省人”中，首先受到作家们格外关注的，是“老兵”们。如果说陈映真《将军族》等为老兵立传的作品在60年代尚属凤毛麟角，那从70年代中期“新世代”崛起后，这一题材开始成为文坛的一大热门。众多的“新世代”作家如钟延豪、张大春、苦苓、履疆、王幼华、吴锦发、洪醒夫、曾心仪、李赫、朱天心、苏伟贞、雪眸等，均曾涉笔于此。作品反映出，这些“老兵”们其老境普遍不佳。在离开军队后，由于身无长技，甚至因年老而丧失了资本家所需要的简单劳动力，在唯利是图的资本主义社会里，必然被抛入社会的最底层；而国民党当局也视其为包袱，因而酿造了一幕幕社会悲剧。如苦苓《柯思里伯伯》以真人真事的“李师科事件”为本，叙写贫穷和绝望使一位原本循规蹈矩的善良退伍老兵铤而走险，走上抢劫银行的犯罪之途。老兵们在婚姻问题上经常面临的困窘处境是作家们最常描写的题材之一。履疆《两个爸爸一个妈妈》、吴锦发《兄弟》、王幼华《南山村传奇》、苦苓《张龙赵虎》等小说中的老兵，由于财力、年龄等原因无法正常地娶妻生子，只好买山地少女为妻，或数人共娶一妻，甚至合出聘金在一个痴呆女子身上发泄性欲，因而造成生活和感情上的诸多反常局面。

“老兵”题材作品的一个明显的共同特点，是往往不约而同地侧重于展现老兵们的精神和行为的种种变态。如70年代末相继出现的钟延豪《金排附》、黄验《冷热胸膛》、履疆《排附和我》等刻画在职的下层官兵面临升迁无望、回归无期、日渐老迈的困境，在为保持一点残存自尊而做的挣扎中产生的孤僻心理和怪倔举动。老兵们的种种精神变态现象，固然与其生活的贫困、地位的低下有关，但同时还有更深刻的社会原因。部分作品描写了老兵的心理病变源自一种残酷的精神折磨——为当局所哄骗而长期怀着“反攻大陆”、“战士授田”等迷梦，然而这注定只是一种毫无结果的空等。如王幼华《天魁草莽录》中几个结拜的老兵合资为“老三”娶妻以延续香火，而“老二”终日抱着收音机等待“好消息”而不可得，其精神崩溃在所难免。著名小说家张大春也着重于对老兵们的精神变态现象及其原因的揭示。如早期的《鸡翎图》中充当伙夫的老兵将他倾尽心血饲养的一群鸡当做自己留在大陆的亲友的化身，并将自己的人格尊严也寄托于此，因此当部队移防时，做出宁可棒杀，不肯贱卖的近乎疯狂的举动。稍后的被视为其重要代表作之一的《四喜忧国》更以黑色幽默的笔触呈现卑微的小人物在“世界也越来越糟”的黑色境况中变态心理的绝望挣扎。作品描写疯疯傻傻的退伍老兵朱四喜模仿政要撰写所谓《告全国同胞书》的荒唐举动。度日艰难的低微地位、识字无多的文化水平，与僵直意识形态灌输所形成的“忧国忧民”的宏大“抱负”构成强烈的反差和喜剧讽刺效果，提示了老兵心灵变态的又一个重要原因。

二

如果说一曲曲的老兵悲歌显示了台湾文坛对迁台“外省人”生存环境的不断加深的关注，那稍后出现的“眷村小说”更将这种关心推进到一个新的层次。所谓“眷村”乃国民党迁移台湾后为其带有家眷的中、下层官兵提供的住所，少则几家几十家，多则成百上千家聚落为村而得名。从“老兵小说”到“眷村小说”，不仅描写的对象从“老兵”扩大到他们的眷属，同时更是一种文化视域的扩展。

“眷村小说”本身呈现了发展变化的两个阶段。1980 年前后的第一阶段，眷村小说往往是一些原本擅长描写男女情爱、呢喃儿女私语的年轻“闺秀作家”的感性之作。朱天心的中篇《未了》、苏伟贞的长篇《有缘千里》堪称其代表。不同于老兵题材作品主要是下一代对上一代的观察和审视，眷村小说更多地包含了对自己和同代人生活的回忆和描写。如《未了》乃朱天心受到以前住过的眷村即将拆建为国民住宅消息的刺激而匆匆下笔，为的是替一段即将消失却难于忘怀的生活留一记录，保留着太多当时朱天心清纯、自传式的感性文体特征。它以十数年时间跨度重笔描写了一群眷村小孩从牙牙学语到逐渐成人的过程，几乎可以以“少年成长小说”视之。尽管如此，这些早期“眷村小说”仍有其不容忽视的特殊认识价值和美学价值——它们都在某种程度上提示了“眷村文化”的存在并反映出其特质。这种特质至少包括如下几个方面：

其一，眷村是一个非血缘、宗族关系建立的聚落，其人员也不靠在土地上的生产劳动存活，经济上主要依靠当局的薪俸，因此形成一种不同于本地原有村落的社会组织形态。眷村中人将周遭的本地居民称为“老百姓”，而作为非“老百姓”的自己自然形成一个与众不同的特殊群体。眷村外的人“常以好奇又不解的眼光冷眼望向眷村，而眷村，自己存活着”①。另一方面，眷村虽然对外而言形成一个封闭式的小天地，其内部却又有着同喜同悲、休戚与共的较密切的相互联系。台湾各地的眷村有着几近类同的建筑格局，大多是一排排低矮、简陋的平房，户户紧临，门虽设而常开，聚邻而居的又是一些具有相似的经历和愿望，从事着相近性质工作的人们，因此虽然没有血缘、宗亲关系，但邻里之间来往频繁，小孩子也总是玩在一起，某一家发生的事，往往很快成为街头巷尾、家家户户议论的焦点，弥漫着“共有分摊的种种情感、情绪和情结”②。

其二，眷村在离乱的低沉、无奈气氛中透露出希望。眷村人员多因战乱流落至台湾，起初大都将台湾视为暂时避难之地——眷村“只是一个过程，并不是目的”③。但不久就发现反攻回大陆的希望并不现实——“回不去了，回不去了”他们会噙着眼泪说④，但一时又难于或不屑于融入本地社会中，甚至担心着连这一块寄人篱下般的立锥之地也难于长保。离乱的记忆、乡愁的煎熬、现实的担心使眷村笼罩在一片低沉、无奈的气氛中。但不同于白先勇笔下高官贵妇的无可奈何的没落，也不同于一般老兵的一蹶不振的悲运，眷村具有下一代，而新的一代正是未来的希望所系，因此眷村子民并未完全消沉，在低迷中仍有殷殷指望。另一方面，尽管当局仍在叫喊“反攻”，一般人却已心知肚明。他们感到，“虽然不是生在这儿，却长在这儿”⑤，逐渐

① 爱亚语，《八十年短篇小说选》第172~173页。
② 张大春：《眷村子弟江湖老》，《中时晚报》1990年12月29日。
③ 苏伟贞《有缘千里》第184页、166页。
④ 爱亚语，《八十年短篇小说选》第172~173页。
⑤ 苏伟贞《有缘千里》第184页、166页。

对眷村有了感情，把眷村当做第二故乡。这对未能扎根土地的失根态有所扭转，也是对社会的一种必要的调适。早期眷村小说由于多描写了下一代的成长以及眷村子民心态的一些转变，从而为作品增添了亮色。

其三，眷村弥漫着十分浓厚的中华传统文化的气息，而这成为眷村子民共同的道德规范和行为方式。这个后来被朱天心等称为“浓浓的眷村味儿”的东西，正是眷村的最主要特征之一。如敬老爱幼、善尽睦邻之责的传统美德，在离乱逆境中相濡以沫的温馨情谊，乃至眷村子弟热爱生活、努力上进、乐于助人的精神品格以及所谓子承父志、报效国家的自诩和努力，在苏伟贞《有缘千里》中得到重笔描写。所有这一切，构成一种特有的“眷村文化”。如果说40多年前随国民党赴台人员单独构成一个“族群”，那很大程度上也是基于这种特殊的“眷村文化”而言的。

如上述，早期的眷村小说因展现了特有的“眷村文化”而获得其特殊的价值和意义。在当时，它们主要是一些成长于眷村的女作家的感性之作，并没有族群关系问题的严峻背景，或者说作家并非有意识地想通过作品表现某种有关族群的意识形态。然而这时的眷村小说仍有个共同特点，即较多地流露出对眷村子民的同情和欣赏，而对眷村外的本地居民则显得较为隔阂。在审美情感的价值取向上，她们倾向了前者。如《有缘千里》中描写了造成赵致潜这个专情、勇敢的大陆女青年的爱情悲剧的，是以其男朋友的母亲为代表的具有保守、专制封建色彩的台湾本地大家族传统势力。朱天心的《未了》则被钟肇政称为“作者的观念里好像本省、外省的成见相当深”，因它将外省人描写得很斯文、很有韵致，而将本省人描写成很土、很幼稚、水准极低的人①。这话或许有几分确实，而且这种情况要到近期的眷村小说才有根本的改变，而在当时，由于作者从小成长于眷村，自然对眷村较为了解，对眷村怀有深厚的情感，对周围的本地居民，了解则较为表面，因此即使作家真的对本省同胞有些许低调的描写，也是作者当时内心真实的感触和想法，而非某种刻意的偏见。相反，她们颇为真实和真诚的描写，展现了眷村生活的内里，有助于眷村内外的人们了解这一相对封闭的世界的情况，而“了解”正是消除鸿沟、走向融合的前提。早期的眷村小说正是在此显示了

① 见台湾《联合报》1981年中、长篇小说奖总评会议记录。

它的又一意义。

三

如果说前期的眷村小说由于是少数女作家的感性之作，它们往往被视同于该作家当时大量的描写儿女情长的闺秀小说而未引起人们的特别注意，那近年来出现的眷村小说创作热潮，则因具有当前族群论述高涨的社会背景而格外引人注目。相对而言，后者也增添了前者无法比拟的思想深度和历史幅度。

眷村小说的近期发展，最主要的体现于反思意识的加强。作家们不再满足于对眷村生活的情意缠绵的自恋式感性描写，而是以理性的眼光审视眷村过去发生的种种，思考着眷村子民走过的历史途程、它和当前台湾各派政治势力的关系以及它的未来前景等。

首先，作家们一改以往着重于对眷村正面描写的倾向，转而注意观察和揭示眷村的种种不尽如人意的缺失。如羊恕《垒城》将眷村子民在低沉时代氛围下的灰色生活——太太们终日无所事事，沉溺于方城之战，为小事而争争吵吵；小孩子结伙游荡，无聊至极；失去大陆祖产的军官为子女暗藏金条，并因失窃闹得天翻地覆等等——刻画得淋漓尽致。小说采用的戏谑、讽刺笔调，与以前女性作家的温馨笔触判然有别。这种谐谑笔调在苏伟贞1990年11月出版的又一部眷村小说——《离开同方》中也不时可见。这部新著不再像《有缘千里》那样将人物的爱情悲剧归咎于外部对眷村的伤害，而是着重描写眷村内部的自斫和自残；也不像《有缘千里》那样将几位贤良、热情的太太、母亲作为小说的主角，而是围绕眷村几位精神失常人物展开一幕幕悲泣的故事。如段叔叔是一位孤僻的洁癖患者，又是一个一挨近老婆便浑身发抖的性障碍患者，最后更因其太太（席阿姨）帮忙照顾重病的小佟叔叔而发展到极具侵略性和自虐狂倾向；李妈妈则是一个具有表演天赋、本能流溢而理智丧失、无法说出其子女的父亲是谁的精神病患，随戏班走后更患了遗忘一切的失忆症；方妈妈则因独生女儿的失踪导致身体和精神的双重崩溃，躺在床上怪兽般嘶喊。这种心理病态、性格变异甚至感染了下一代。如袁宝因高烧而导致痴呆；狗蛋从小寡言少动，过于宁静而散发出一种神秘的气息，长大后当了神职人员；方姐姐在与小余叔叔恋爱遭受母亲的遏阻时，也有脱光衣服的反常举动；平时似乎修养甚好的赵庆，最后也成了告密者和杀害其继父的凶手。其实，作者的意图尚不止于此。作者似乎想说，简直整个村子都具有疯狂的倾向。如小说描写老太太们为了挽留戏班，发了狂似地挨家挨户“乐捐”，散尽以前珍藏的金银首饰，最后自作自乐地不管青衣、武生、老旦一亮相，“她们就跟染病似的笑个不停”。当全如意（李妈妈的艺名）随戏班重回同方新村，其子女想澄清与其有关的复杂关系时，全村更几乎发疯似的倾巢出动，充当“看客”的角色。小说中的恩怨故事最后在“大家都疯了，场面完全失去控制”的互相厮杀的描写中落下帷幕，印证了作者几次通过人物之口发出的“我们村子全疯了”、“这里的人没有几个是正常的”等论断。

当然，作者对心理变态疯狂人物的这种刻意描写，并非搜奇猎怪、寻求刺激，而是要借以表达对眷村乃至整个时代社会问题的深刻的观察。尽管出于对小说象征艺术的追求，作者将其企图在艺术形象中埋藏得较深，但读者还是能从蛛丝马迹中看到导致大面积心理变态现象的时代社会原因。一方面是历史的原因。这些人的精神病变显然与他们曾经饱受离乡别亲的战乱之苦不无关系。几个精神失常的人物，在大陆战争时期都曾有过一段流离坎坷的经历。精神恍惚的李妈妈逢人便要求：“你带我去重庆好不好?”有怪癖的段叔叔最后发现自我角色的颠倒：“我原来是个种田的，怎么会当上军人?而且还当那么久!”“我待在这里做什么？回老家至少还有块地给我耕吧!”“我们家乡规矩没人收尸便投不了胎，一辈子要在半空中飘荡，我死也要死在老家啊!”又如，“只想活回更古老以前，还没出土以前，没有人知道”的李伯伯，其孤异怪谲的性格，乃其被战争剥夺了生殖能力，又因兵荒马乱而凑合了不正常婚姻的经历所孕育。显然，“时代的残缺使一些人疯了、健忘了、无品了，或无奈地不完整地煎熬着”①。再从现实方面看，眷村氛围本身的压抑、窒闷是心理病变繁多的又一个重要原因。这种压抑、窒闷的空气来自整个时代氛围，来自某种僵直的意识形态的笼罩，也来自眷村内某种封建传统的迂腐气质。眷村某种意义上乃军营的延续，而部队里的“高级

① 陈义芝：《悲悯撼人，为一个时代作结》。

长官”连吃喜酒都硬邦邦地“从头到尾没有换过姿势”。还是少年的赵庆因看不惯席阿姨对小佟叔叔的关心而向段叔叔告密，说明连眷村小孩也感染了迂腐和僵直。眷村人总是将邻里是非当做他们生活的重心，常以看热闹的心态围观别人家发生的事，这与鲁迅笔下中国传统社会未启蒙的愚昧“看客”颇为相似。通过方姐姐和小余叔叔的恋爱波折，可以看到眷村中盼子（女）成龙、光大门楣和门第观念等封建意识和家庭专制作风远未扫除——正如爱亚所言：“当年眷村的矮小平房，不论灰瓦红瓦，每一个小小的单位都充斥了强而可畏的父权，以及保守、炎热、压抑……”① 实际上，小说的主要线索——一个戏班子的来临引起的全村倾巢而出的轰动，本身也许就可视为一个象征，反衬出眷村平时的封闭和窒闷。袁伯伯经常性的表白：“我讨厌束缚！这简直是个陷阱”、“我自己都快闷疯了”等，可说将他处身眷村的真实感受袒露无遗。

压抑、窒闷、僵直和疏离于本乡本土的失根态必然使眷村丧失生机，趋于腐烂，精神病患者的增多是其结果和表现之一，反过来，普遍的精神病态又进一步促使眷村的混乱和没落。正如小说中“我”的爸爸所说：“么么拐高地风气越来越坏，没几个正常人。我看如果有机会我们得离开这里。”小说取名“离开同方”的深沉含义也许就在此。小说中最早离开同方的，正是几个精神失常者或受压制最烈的反叛者，如李妈妈、段叔叔、方姐姐等。而从某种意义上说，神经病患常有超乎常人的敏锐感受，以及不受理智束缚的勇敢举动。他们也许最早感受到了眷村的腐败、没落的气息，并在行动上有所体现。曾有论者因小说的头尾设置了一家人已搬离眷村的“我”遵照母亲的遗愿，将其骨灰运回同方新村存放的情节，称其与小说名称形成吊诡。确实，小说描写的重心在“离开同方”，而开头结尾却是写的“回到同方”，这也许正寄托着作者对眷村的某种既恨且爱、拒受两难的复杂感情。“《离开同方》蕴藏了我个人生命中所能及的最高记忆——一段无法严格划分的时空，一群没有真正善恶的人们，一份不确定的情感需要。”②“叙事者重回同方新村，并不是要承续上一代人的故事，而是借着倒叙手法，揭露人

① 爱亚语，《八十年短篇小说选》第172~173页。

② 苏伟贞：《离开同方·再版序——分解记忆》。

物传奇，松解眷村情结——离开同方的悲悼寓意因而至为明显。[①]”

从《离开同方》对于普遍心理病变的描写中可以看到眷村小说和老兵题材作品的某种血缘关系。老兵和眷村人具有相似的病态心理状态，而其病因也十分相似。这说明他们都属于同一个“族群”。或者说，无论是老兵或眷村子民，他们的命运都可视为整个随国民党赴台人员命运的一个缩影。“新世代”作家们从外视地描写老兵的精神病变到内视地描写包括自己在内的眷村子民的心理病变，正提示着“新世代”作家自我反省意识的加强。《离开同方》与早期眷村小说《有缘千里》相比也可见极大的变化。这种改变不仅是艺术手法上的，更主要的是作者对眷村的审视角度、情感态度、价值判断等的巨大改变。或者说，作者从早期的拥抱、留恋眷村，到近期的审视、批评乃至离开眷村，同样显示了作者的自我反省意识的不断增强。在作家笔下，眷村从一块污泥浊水中赫然挺立的净土，一下子沦为混乱不堪、疯狂没落的渊薮，这固然会令眷村子民读来倍感凄切悲凉，但也许更能激起反省的力量，也更能引起社会对眷村子民命运的普遍关注和思索。

四

无独有偶，朱天心近期的眷村小说《想我眷村的兄弟们》也对眷村生活采取了审视和省思的态度。当然，其视角未必雷同于苏伟贞，但这样更能多角度地全面揭示眷村的问题。例如，作者对于眷村人未能扎根土地的现象有深刻的反省。她写道，她所熟悉的兄弟姐妹们起码在那些年间，并没有把这块土地视为此生落脚处，没有人没有想过离开这个地方的念头，书念得好的，靠家里借债支持出国深造，念不出的就用跑船的方式离开，大女孩念不来书的，拜越战之赐好多嫁了美军得以出国。这种失根、无根的状态，必然使眷村郁闷窒息，斫失生机，终至腐朽——“原来，那时让她大为不解的空气中无时不在浮动的焦躁，不安，并非出于青春期无法压抑的骚动的泛滥，而仅仅只是连他们自己都不能解释的无法落地生根的危机迫促之感吧。”而这种浮躁迷茫正和本地农家子弟的笃定怡然形成鲜明对照。于是

---

① 陈义芝：《悲悯撼人，为一个时代作结》。

“你渐渐很不耐烦老在村口克难球场群聚终日的那些等待兵役期，抽烟打屁，除了打球无所事事的幼时伙伴……甚至不愿意承认你快看不起他们，觉得他们对未来简直有点不知死活。”在此情况下，眷村的没落成为一种必然。与此相关的，作者又对眷村与国民党的微妙关系作了思考。由于眷村本身是国民党迁移台湾的产物，因此并无法否认眷村与国民党的千丝万缕的联系。然而居住于眷村的多为中、下层官兵及其眷属，并非如当今社会上某些人所认为的是既得利益阶级，也难于接受因为父辈是外省人就将全家等同于国民党的血统论。因此眷村人对于国民党持有颇为矛盾的态度。一方面，“与其说你们是喝国民党稀薄奶水长大的……你更觉得其实你和这个党的关系仿佛一对早该离婚的怨偶，你往往恨起它来远胜过你丈夫对它的，因为其中还多了被辜负、被背弃之感”；另一方面，“尽管终其一生你并未入党，但你一听到别人毫无负担、淋漓痛快的抨击它之时，你总克制不了的认真挑出对方言词间的一些破绽为它辩护，而同时打心底好羡慕他们可以如此没有包袱的骂个过瘾”。

显然，朱天心对于日渐消失的眷村仍怀有无法消弭的浓厚感情和无法割舍的情愫，在反省中充满对眷村的理解、同情和无奈。因此，作者反复体味和描写所谓“浓浓的眷村味儿”。这种无论在哪里，都能凭着它，从人群中一眼辨认出眷村子弟的“眷村味儿”，说穿了乃他们长期受共同的文化熏染而形成的相同道德规范和行为方式，如始终抱持“国家兴亡，匹夫有责”、“以国家兴亡为己任”的理念，尽管这种根深蒂固的情怀往往被误导和滥用。这使眷村子弟显得有点虚浮乃至迂腐，但又有几分可敬。即如作者对于某些已无法成家立业，依附于眷村，不时干出猥亵少女举动的单身汉（与张大春笔下常对着女明星画像自渎的“四喜”们有神韵相通之处）的重笔描写，与其说是谴责，不如说包含着对其可悲命运的几分怜悯和同情。正是这种思索、反省和同情、怜悯同在的质地，赋予朱天心近期“眷村小说”的艺术感染力。它说明作家对眷村的省思并非对它的背弃，而是着眼于未来，冀望于其子民对社会作出其应有的调适。作者要表达的是：封闭式、失根态的眷村已失去生命活力，只有与这块土地上的所有族群相融合，才有出路和前途。

这种对于眷村子民的前途和出路的思考，不仅出现于朱天心、苏伟贞等作家笔下，它同时是近期眷村小说的普遍主题。如张启疆的获得《中央日报》小说首奖的《消失的球》即一例。小说描写13年前“我”作为唯一投手的眷村小孩组成的棒球队，在一场生死决战中败给由当地小孩组成的TK（台客）队，从此依照协议永远退出那片绿草地，并成为铭刻心底、经久难弥的创痛。13年后，当时的主要对手陈国雄出现于“我”所在的贸易公司，并以其卓越才能很快成为“我”的上司。“我”为此递上辞呈，放弃父亲临终前靠其尚存的一点关系为“我”所做的最后的也是最好的安排。显然，“我”难于面对陈国雄，因他使“我”回想起那场惊心动魄的球赛。然而这与其说是“怨恨”难解，不如说包含着对自己的以往和未来的一种深沉的愧疚和思索。“我”从小不乏一股执拗劲，体现于球场上，就只练快速直球，而将弯曲的变化球视为“不是男子汉的球路”。正如齐邦媛所指出的：“这是一种极端的悲剧心态，也许‘我’不自知受了父祖训示的影响，对人生缺少了调适的能力和意愿。”① 更可悲的，这种胜负的分野13年后又在真正的人生舞台上重演，怎能不造成心理上的不平衡？然而，“我”的辞职乃是决心摆脱靠父辈荫庇以及未能很好调适于社会的现状，开创新的人生要道路。“即使卅岁的‘我’所写的辞呈也是对人生的肯定。‘我’不再靠父祖的荫庇，自创振作的生活，泥水工、摆地摊，参加六年国建工作……何处不可寻得生路，找到新的球场，再投一些好球！如同此文作者，在眷村文学中又辟出如此展望高远的新路！”②

五

从老兵题材作品到眷村小说，作家们较完整地勾勒出1949年随国民党来到台湾的中、下层人员的生存历程和处境。正如《消失的球》中原来那个“矮矮黑黑脏脏丑丑”的小个子本地农家子弟，早已长成风度文雅、宽容兢业、体高1米82、肩膀厚实如城墙的大个子所包含的象征意义，作为其“对立面”的眷村子民实际上早已沦为当前台湾社会的弱势族群之一，

---

① 齐邦媛：《消失的球与眷村心结》。

② 同上。

但不少人对它仍抱有几分不解和误解。正如张大春在评论朱天心作品时所指出的："事实上，当人们无知地将眷村视同'外省人第二代'，再视同'压迫本省人的政权的同路人'的时候，'眷村文学'便自然而然地被意识形态的追逐者贴成浅俗的政治标签，遂也沦为另一种'不解、恐惧和冷漠'的对象"。朱天心大约已经敏锐地察觉到此，"于是她宁可自行解剖'从未把这个岛视为久居之地'的眷村视域，是如何在党国机器的摆布、操弄之下失去对土地的承诺，也失去'笃定怡然'的生命情调，相对地，激化之后的省籍冲突的双方也都在不复'笃定怡然'的生命情调中失去的对历史的允诺。"①

从当前台湾族群论述高涨的背景下看老兵题材作品和"眷村小说"显然具有特殊的意义。总体而言，这些作品展现了一个社会弱势群体的生存形态，有助于消除人们对它的误解，这也许更符合于人道，对社会的走向和谐也更有好处。眷村已经、正在或必将消失，但眷村子民并不会跟着从台湾的土地上消遁。他们或多或少仍带着他们的"族群"特征——所谓"浓浓的眷村味儿"散落于台湾社会每个角落。因此社会（无论是官方、政党或民众）不能也无法抹杀他们的存在，更不宜于对他们加以有意的歪曲或人为扩大他们与其他族群的矛盾。对于这些 1949 年随国民党赴台人员及其后代，特别是因种种原因而陷入困窘境地的下层人士，社会应给予必要的关心和平等的发展机会，而他们也应自我反省，克服各种不必要的心结，调适并融入社会，以此造就一个正常、健康的族群关系。这正是从老兵题材作品到眷村小说所孜孜探索的问题，也是它们所透露出来的代表着一部分台湾同胞的要求和愿望。

① 张大春：《一则老灵魂》。

闽厦视野中的二二八事件*

朱双一

福建的厦门、泉州、漳州、福州等地与台湾一水之隔，历史上渊源深厚，人员往来密切，特别是光复初期来到台湾的大陆人士中，福建人占了极大比重。因此台湾发生的事情，福建民众格外地关心，在报刊上也会有迅即的反应。二二八事件发生后，从三月三或四日开始，福建各报几乎每天都会有关于事件发展情形的报道。除了官方“中央社”的电讯外，还有其他类型的书写，如社论、署名评论、采访、亲历记乃至文学作品。通过对一九四七年三月厦、泉、榕等地主要报刊的考察，可提供从岛外观看和思考二二八事件的另一种视野，从而发现它并非局限于台湾一地的单独事件，而是广泛地联系着当时整个中国社会的脉动。

一、战后初期两岸共同的政治经济社会问题

三月一日，台湾事变的消息还没传到香港，《华商报》题为《抗议泛滥全国的暴行》的社论写道：今年二月，真是天下开始大乱的月份。从“二五”、到“二九”，重庆上海连续发生特务暴徒殴打学生和职工的暴行，有

---

* 本文原载于《二二八六十周年特辑》，人间出版社编辑出版之《人间思想与创作丛刊》2007年春季号。

本文参考文献有：1. 蒋伯英主编：《福建革命史》，福州：福建人民出版社，1991年版。2. 福建省总工会编：《福建工人运动史》，北京：中国工人出版社，1990年版。3. 杨锦和、洪卜仁主编：《闽南革命史》，北京：中国计划出版社，1900年版。4. 金文亨：《闽中人民革命史》，厦门：厦门大学出版社，1991年版。5. 中共厦门大学委员会党史编委会：《厦门大学党史数据》第二辑，厦门：厦门大学出版社，1988年版。6. 曾健民研编：《新二二八史像》，台北：台湾社会科学出版社，2003年版。7. 王晓波编：《二二八真相》，台北：海峡学术出版社，2003年初版二刷。8. 厦门《江声报》、《星光日报》、《中央日报（厦门）》、《立人日报》。9. 泉州《福建日报》。10. 福州《福建时报》、《民主报》、《中央日报（福建）》。11. 台北《民报》。

的打伤，有的打死，伤的要受审，死的不许埋；二月十日以上海为中心，发生全国金融的大风潮；从十八日深夜开始，北平军警举行大搜捕，至廿七日为止，已经逮捕了两千以上的北平市民，"对人民是这样强横霸道、残酷无理，还以为不足……请问政府当局，你们究竟是在把全国人民都逼死杀死不可吗?"

天下之所以"大乱"，既有政治的原因，也有经济的原因。国民党当局为了消灭共产党，点燃了内战的烽火，到处抓丁拉夫，致使人民妻离子散、农村凋敝。又强化专制统治，指使特务对进步人士盯梢，殴打，绑架和暗杀。为了弥补内战造成的财政亏空，获取巨额军费，不惜依附美帝，出卖国家主权，继空中飞行、海港使用、铁路修建等协定之后，又于一九四六年十一月签订《中美友好通商航海条约》，宣称"中国领土均向美国商人开放"。在经济上官僚统治集团贪污成风，强征田赋和各种苛捐杂税，滥发纸币，造成物价腾升，贫富差距拉大，民众普遍挣扎于饥饿线上难以维生等严重情况。

这种情形，于海峡两岸皆然，在闽台报刊上也有颇为相同的反映。三月十六日厦门《星光日报》刊登特约旅行记者落陀于二月间采写的《台湾生活难》一文，写道：台湾本是产粮的省份，今年的粮荒纯是人为的反常现象，原因包括：沪金价大涨，粮商大量囤积，消费者群起多买抢购，以及走私运出省外等等。而粮价上涨，其他物价亦相随猛涨，贫民及工资阶级，因之断炊的比比皆是，饿死或因饥饿而自杀者也时有所闻。粮食局试图限定价格和发售米店，"于是米的行列，在每一家指定的米店门口，排成一串长蛇阵。有背负小孩的主妇，有扶杖的龙钟老人……"，那种纷乱，扰攘，愤懑，使人有一种"将有不幸的事发生了的感觉"。二月廿三日上午，台北市民一千余人，集合于万华龙山寺口，整队前往市政府请愿，沿途并高呼口号："我们要吃米"、"打倒奸商"，途中行人多有随时参加行列的，一时民情汹汹，向市政府提出请愿书三件……

三月廿二日同一报纸上兴霖《伤心惨目话潮汕》一文，写的是紧邻闽南的广东潮汕地区的情形：天灾固是接二连三地降临，但人为的灾祸更为可怕，"家庭星散，骨肉分离"等字眼，用在今日潮汕已毫不足为奇。收刈时，农人们喜极而泣，因为这是几年来未有过的丰收，以为总可以偿还一笔高利贷，快乐过几天温饱日子，怎知突然恢复征赋，“征实”挟“征借”一起来，加上地方政府的附加捐，每个农人收获来的谷子，被征缴去二分之一，留下的一半除去还地主的租息，余下的还不足还借来种子的高利贷，多少的家庭便这样破灭了，老弱饿毙道旁，壮汉们卖田当地，远渡重洋往南洋谋生，许多年轻少女和未成年儿童，由他们的父母亲手以斤论钱地卖给人家做妾侍养子，有的沦落为妓女，在斗米五万余元的物价底下，可以同等价钱买到一个十七八岁的妙龄女子，“悲惨的现象，几乎每日都在上演，随便在哪个角落都可闻到这种无告的悲泣之声的”。

三天后的《星光日报》上，同时刊出几篇报道。《打风袭漳州》一文写道：城市是那么的古老，商业是那么的凋零，工业不但是落后，简直是一无所有，可是所有一切的腐化现象，不法的举动，越轨的行为，在大都市所能发生的事件，在漳州也不甘示弱，“勇往直前”。《贪污处处有，莫如东山多》揭露东山的乡镇基层政治腐败不堪，贪污舞弊成风。《龙岩兵役一团糟》则分析道：龙岩米价大涨至全国最高的原因，竟是“征召壮丁乱捕抓，致一般乡下佬未敢运米进县来粜售”；其次则为丁壮人人自危，恐徨万状，纷向他县倾流，使得农村劳力减少而影响生产。

这种社会状况在各报的文学副刊上有更形象生动的描绘。《星光日报》“星星”副刊第二四八期为“诗页”，所刊五首诗中有四首写的是贫穷和困顿。可尼《先生·厨房》写毕业生的苦衷：“师范毕业做先生/……/待遇为四级/一共七万四/伙食去七万/剩下四千买草纸/如果逢欠薪/只得饿肚子”。许湘美《街头卖艺者》写“流离奔波的一群”，“罪恶的黑手驱迫他们苦离了故乡跑”，每日辛辛苦苦表演完了，“破锣里只多了十余张钞票冷冷地躺着笑。”雨相《咯血》拟为一位吐血的垂死病人的口吻：死后荒芜葬地的寂寞“绝不使我可怖、伤情”，使“我”格外悲伤的是一对苍了头发的双亲、怀抱幼儿的爱妻，他们还得生活在“斗米万金下的一日三次点命的人世”。劳汉《老妇》更写出了社会的不公和可怖：“一个老妇踉踉跄跄地走来，/流下的眼泪挂在脸上，/花白的头发蓬松着，/脸上的皱纹刻画出一生的辛酸账”——“她的第一个儿子死在战场，/第二个抽去了后音信杳，/满想第三个总可以伴她过老了吧！/又谁知狠心保长半夜三更把他抓。/委员长都说抽丁要公平啊！/可恨那保长，/有钱有势的五六个儿子他不要，/偏偏找到了留下传种的阿三哥!”

厦门《星光日报》、《江声报》、福州《民主报》等属于民办报纸，在一些官方报纸的文学副刊上，有着相同或类似的叙写，说明这种状况的确实存在和当时文坛的普遍“左倾”。三月四日《中央日报（福建）》“中央副刊”第九一七期上有苗渃《苦难的故乡——献给吴航的父老们》一诗，写故乡先后经历了日寇的残害、天灾的肆虐，如今人们更要焦虑着“调查户口，/纳税，/绑架，/缺乏食粮，/无止境的物价上升，/因此他们只有：/面临着流浪，/面临着死亡!”

二二八事件发生的二三月，正值春暖花开、万物复苏的季节，本为骚人墨客抒怀歌咏的对象。但这时广大作者笔下的“春天”，却显得破败衰颓，阴霾重重，反映了当时人们的心情和整个时代的氛围。三月九日《民主报》“新语”副刊新一五九号上，程志刚《春夜小唱》写道：“彷徨，我彷徨/我宛如一只迷途的羔羊/在深邃的山谷/茫阔的沙漠/踯躅、徜徉……//悒郁，我悒郁/我宛如一片沉郁的孤帆/弥漫着阴霾/笼罩着烟雾/愁闷，烦郁……//悲恨，我悲恨/我宛如唧石填海的精卫/在闪烁的沙滩/深邃的大海/唧着，填着//彷徨，悒郁，悲恨/交织着我的心田”。冯士心《春雾》写道：“风，像疯妇般的号叫，清静的广野，稀疏的村乡……远方呵，是一片的悲哀凄寂。春天到哪里去了呢？……因为这里，只有大雾：雾，遮住了一切东西，遮住了春天。”骆驼《危楼断想》写道：“春天到了，假使我终日苦闷在家里，春天于我有什么呢？……春天到了，但当她降临在这病、贫、兵交迫的国土上，她已经变成惨淡的了啊!”同一副刊新一七七号上杨柳枝《在那阴霉的春天》同样描写春天里的困坐愁城：“在这阴霉的春天/我的心感到痛苦和忧伤/因为关闭在自然的牢笼里/连轻微的动弹也不能//我面对淌泪的土墙/想告诉它我的/希望，怀想和愤怒/它只吐给我辛酸的冷气/沉寂无言……”新一七三号上李逸平《春天里的冬天》则写出人们期盼春天真正到来而不可得的心情：“春像安琪儿的使者，该已降临到这寂寞的人间？但是我觅遍周遭，仍是荒凉一片，不见春的芳迹。人们在这苦难的岁月中渴望着一个明媚的春天，给他们带来温暖与活力，光明与希望，让卑微的生命苟延下去，因此，善良的人期待着明天，明天又等着另一个的明天……一直到气穷力竭，心血枯干，微小的希望方化成了渺茫的泡影，然后无力地倒在这凛冽的风雪中，这是春天中的冬天。……恐怖的寒流已不断地猛袭着我们的国度，我这不哑的喉咙啊，已唱不出了歌声。”三月六日福州《福建时报》“詹言”副刊第一〇七期刊出微曦的《我诅咒着春天》，可说最强烈地表达了人们在一九四七年春天来临时心情，也成为当时中国社会状况的一个真实映像：

“春天”——该是一个多么幽美绮丽的名词，多少人憧憬着它翩翩降临，骚人墨客更把它作为吟咏的好题材，可是在现实的环境里，我却没有闲情逸致来粉饰与歌颂，我将开始憎恨，愤懑，莫名地诅咒。

春天展开的是风风雨雨一幕血泪交织的惨景，无数在饥寒线上挣扎的同胞，他们正过着非人的生活，呻吟辗转，冷风针刺着他们战栗的心坎，苦雨湿润了他们深陷的眼眶！

春风吹动了物价的狂波，如野马脱缰，如怒涛澎湃，带给奸商们的是得意的狞笑，赐给小民们的是严重的威胁！真所谓“朱门酒肉臭，路有冻死骨”！

春风吹炽了漫天的战火，翘首北望，半壁河山已染遍了猩红的血迹！贪婪者为了满足自己的欲焰，毫不吝惜地掀起了空前的战幕，置整个国家安危于不顾，成千成万的难胞，他们挥尽了八年流亡的酸泪，不料又遭此同室操戈的浩劫，难道他们一生的命运，就是安排在流离失所的途上吗！

春风滋长了社会的颓风，拭眼一瞧，哪里不是道德沦丧，是非颠倒，在混浊的人海里，扮演着欺诈蒙骗的丑剧。弱肉强食，花样百出，“真理”两字已经被罪恶的暗影蔽住了。

……

何时会来一阵狂风暴雨，把四围的阴霾扫尽，把肮脏的大地洗刷，那时候，高空爽朗，阳光照耀，抚慰着人们多难的创伤！

二、“冷战－内战”交叠结构雏形中的反抗和镇压

战后初期中国的政治经济社会弊端，使得官僚统治阶级和广大民众的阶级矛盾空前激化。有压迫就有反抗，全国各地反饥饿求生存，反内战求和平，反迫害争民主的群众运动此起彼伏，愈演愈烈。闽台虽然地处边远海

疆，上述情况却与广大内地无异。

一九四五年昆明西南联大“一二·一”惨案发生，福州学生迅即加以声援。翌年二月廿八日，厦门大中学生五千余人举行了声势浩大的示威游行，要求停止内战，实现和平民主。一九四六年十二月北京“沈崇事件”发生，福州七所院校成立了“福州大专学生为北大女生被辱声援会”，厦门大学学生则选举产生“抗议美军暴行委员会”，并举行罢课和示威游行。一九四七年三月，福州爆发了规模较大的“三二五”学生反暴运动，与资本家和警察展开斗争。同年五月，全国性反饥饿、反内战、反迫害运动展开，福建学生群起响应。五月十六日，泉州海疆专科学校师生因物价飞涨，生活困难，发表罢课宣言；同月廿七日，南安师范学校掀起了驱逐反动校长的斗争；厦门大学学生自治会应全校四百多名同学签名要求，于五月十六日晚召开大会，向教育部提出四项要求。几天后，国民党当局镇压南京、天津等地的反饥饿、反内战学生运动，酿成“五二〇”血案，福州、厦门、泉州的学生均决定举行数天的罢课和全国“六二反内战日”的游行，在当局抢先于六月一日大逮捕后，又勇敢地进行营救同学的活动。同年十月下旬，浙江大学学生自治会主席于子三被捕并惨死狱中的“浙大血案”，推动了全国规模的“反对非法逮捕，反对特务，反对屠杀青年”的反迫害运动，十一月十三日，厦大学生会发表抗议宣言，决定罢课3天，并致电蒋介石要求惩办凶犯。追悼会上同学们高呼“反迫害、反屠杀、反诬蔑”，“争人权、争自由”，“人权万岁”等口号。

和全国各地一样，福建的学生运动逐步发展成为由工人、农民、学生和各界人士共同参加的全民性反蒋反美民主运动。仅以一九四六和一九四七两年为例，全省各地的罢工、怠工斗争不绝如缕。一九四六年二月十三日，晋江县制烟工会因物价飞涨，要求增加工资却遭资方拒绝，当即发动工人罢工，迫使资方答应工人的要求。二月下旬至三月上旬，福州、泉州闽北电信局员工因物价暴涨，响应上海、汉口等地员工的行动，实行怠工，致使各地电信业务中断。二月廿六日，厦门益同人公会会员举行游行示威，抗议美国水兵侮辱中国妇女、殴打工人的暴行。该年第一季度福州共有二十多种手工业发生工潮，造成福州市手工业生产几乎全部瘫痪。同年五月中旬至六月中旬，福州制香、制鞋、制笔、制茶等行业工人，因物价高涨，生活困难，或因资方不服从仲裁，拒绝改善工人待遇并任意解雇工人而先后举行罢工。三月中旬至四月下旬，厦门自来水公司职工、烹饪工人、鞋业工人也有相同的举动。五月中旬，厦门鼓浪屿双桨渡船工人因生活困难，举行暴动，沉没轮船三艘。十一月十一日，福州印刷行业工人三百多人集会，通过增加工资和救济失业工友两项决议，遭资方拒绝后，于十四日晚开始罢工，使福州六家报纸无法正常出版。

国民党当局于一九四七年二月十六日颁布了“经济紧急措施方案”，冻结了工人工资并禁止工人怠工、罢工和任何要求增加工资的斗争，激起了广大民众的强烈反对。三月四日晨，福州复兴公共汽车公司全体职工为要求提高待遇而举行罢工。四月十七日，福州印刷业五百多工人，为要求改善待遇再次举行罢工，福州五家报纸连续四天无法正常出版。五月间，响应全国性“反饥饿、反内战、反迫害”运动，福州、厦门、泉州、漳州、晋江、南平、龙岩等城镇的工厂工人，码头工人，航运工人以及水电、木器、印刷、交通、邮电、汽车、人力车等各行各业的工人，从数十人到数百人，采用怠工，罢工和示威请愿等方式进行斗争。七月间，晋江木器业工人、南平自来水公司员工也都因物价高涨，为增加工资而举行罢工。

应该说，在大陆发生的民众抗争运动，有不少是共产党组织、发动和领导的；台湾虽然有着相同的政治弊端、经济困境、社会矛盾和沸腾的民怨，但在二二八事件之前，大规模的群众抗争事件并不多见。如果有，也带有很强的自发性。这只能用共产党还未能在战后短短的一两年内于台湾建立强有力的组织系统来加以解释。

在一系列群众运动中，一九四六年十二月因“涩谷事件”和“沈崇事件”而爆发的抗议活动比较特别，因它们具有反美帝国主义的鲜明色彩，而前者更直接关联着台湾。早在该年七月日本警察开枪射杀台湾同胞的涩谷事件发生时，台湾作家赖明弘即于《和平日报》上发表《彻底消灭日人黩武主义》，而台湾《大公报》也发表《抗议日警枪杀我台胞》的社论。十二月十日，驻日美军法庭竟然宣布日警无罪，而被拘捕的台胞却被判刑。消息传来，旅沪台湾同胞对麦克阿瑟的这一处置极表愤恨，发出《告同胞书》，严正指出：“中国人民是坚决反对这无理判决的!”在台湾本岛，十二月二十日学生和“政治重建协会”等发动了有五千人参加的大演讲集会，并到美国领事馆示威抗议。这是台湾光复后第一次大规模的街头游行，被《大明报》称为“台北青年怒吼！”紧接着，同月廿四日发生的美军强暴北大女生的“沈崇事件”，更引发了全国性的“抗议美军暴行、要求美军退出中国”的爱国运动。这一运动获得了台湾同胞的热烈响应。一九四七年一月九日的《民报》写道：省垣台大及其他数校，对此事案颇为关切，经各校代表集合讨论，决定组织台湾省学生抗议美军暴行联谊会，产生由林阿礼、郭世一、李登辉等十人组成的主席团，拟于九日在新公园广场举行对美抗议大会和示威大游行，其口号标语有：（一）中华儿女不可侮辱；（二）立刻严惩凶手；（三）赔偿沈女士一切损失；（四）撤退驻华美军；等等。而该校于最近所创刊的壁报，其内容竟一致地刊登着对美军抗议的文章，学生的举动并获得老师的同情和支持。次日的《民报》又对示威大游行的情形（包括前往美国领事馆抗议）做了具体的报道。上海《文汇报》则形容游行队伍为“台北一条铁流”，参加者有万人之谱，并称：事先陈长官曾企图阻止游行，令警备司令部镇压，柯参谋长亲自出马，但无效果，大队所经之处，攒动着黑压压的人影，到处是“义勇军进行曲”的歌声。

与台湾一水之隔的厦门学生对于沈崇事件也有强烈的反应。与全国其他地方有所不同的，当时在厦大就学的台湾学生，积极参加了这一“抗暴”运动，同时向同学们介绍了“涩谷事件”，使同学们更认清了美帝欺压、损害中国人民的本质。一九四七年一月二日，厦大有学生将《文汇报》、《新华日报》关于美兵强奸案件消息张贴校中，同学群情激动，并有人前往鼓浪屿新生院宣讲中国女大学生不能受此侮辱等等。一月四日下午，新生院同学开级会选举干部，有一女生起立对北平美兵强奸事件有所发言，另一台湾籍学生继起对日本涩谷事件亦有所陈词，会中情绪至为激昂，并通过四点方案：（一）电美总统杜鲁门对北平美兵奸污女生事件及东京涩谷事件加以抗议；（二）举行示威游行；（三）散发宣言及标语等；（四）与校本部联合发动。一月六日在厦大本部召开全体学生大会，通过了发电抗议美军驻华、联络各中学于七日晨罢课游行、组织抗议美军暴行委员会等议案。七日的游行虽然遭到三青团的阻扰和破坏，但仍成功举行，在厦门市民中产生较大影响。在运动中台籍学生表现积极，如正在新生院就读的林江（翁泽生之子翁黎光）提议开展罢课和游行示威，并在院领导面前据理力争：“四海之内皆兄弟，我们都是炎黄子孙，美兵在祖国的土地上侮辱我们的姊妹，我们怎么能坐视不抗议!”郑洪池（又名郑坚）更因在抗暴运动中表现出色，加入了中国共产党。

厦大学生抗暴运动的第二波发生于二月底三月初。三月一日厦大抗议美军暴行委员会发表《响应平津签名运动告同学书》，写道：我们认清了中国问题的关键在于内战，助成内战的是美国对华的错误政策，但中国人民对于美国改变对华政策的要求却被漠视和歪曲，因此号召同学响应平津学生签名运动的三个诉求：（一）美军立即全部撤离中国；（二）美国立即改变对华政策；（三）反对中美商约。“前面那两个是我们抗暴运动的中心目标，第三个是美国对华政策中心的一环，在中国国民经济总崩溃的前夕，更是最现实最紧迫的一环”。

签名运动因其强烈的反美色彩而遭到国民党、三青团人士的更激烈的阻扰。时当莫斯科四国外长召开之际，报刊上出现大量具有反苏意涵的反对外国干涉中国内政的言论。三青团方面的学生则质问既反美何不反苏，并提出苏联应改变对华错误政策，苏军应自华撤退，并归还自东北抢走之一切物资的主张。双方爆发争执甚至互殴。校园内出现伪造的具有诬陷性质的“红色传单”（其中的“消灭无能政府”、“打倒国民党”等口号足以提供当局捕人的借口），以及称抗暴会只供少数人把持、做奸党尾巴的布告。还有人发动解散抗暴会之签名，后来干脆以学生自治会名义强行将抗暴会撤销。

从厦大学生抗暴运动中可以发现，这时已显露国共两党对决的格局，亲苏反美和亲美反苏的分野，或者说，这时已出现了“冷战－内战”交叠结构的雏形。虽然这一结构当时在台湾还不明显，但如采用这种“冷战－内战”思维看问题，足以使当局将共产党视为二二八事件的主因之一。

还值得指出的，大陆的群众运动不少具有共产党组织和领导的背景，这从其“有理有利有节”的特征可以看出。如厦大的“抗暴运动”从一开始就认识到问题的实质：政府当局为了内战需要美援，因此不惜出卖国家主权；但对群众则强调运动目的的单纯——无党无派，只为了正义、公道、国家的主权，并非“反美”而是反对美国在华驻军和错误的对华政策等等，以免授人以柄。当担心大规模的街头示威游行会过早暴露进步力量而招致损失时，他们就会修改计划，改为校内座谈会等较缓和的形式，如“沈崇事件”时的福州学生抗暴运动，以及“六·二反内战日”时的厦大学生。相比之下，二二八事件更具突发性和盲目性，而没有共产党、毛泽东所要求的“有理有利有节”的特征。这可作为二二八事件并非共产党直接发动和领导的佐证。

三、二二八事件的闽厦书写

厦、泉、榕等地报刊对于二二八事件的书写，其形式包括记者的报道采访、社论、署名评论、文学作品等，其态度则分为全然否定的，基本肯定的，以及较为持中的等三种。

撰写新闻电讯的中央通讯社记者，对于事件大多持全然否定态度。三月廿七日“中央社”发出白崇禧通过广播向全国同胞报告台湾事件“真相”的电讯，可为官方对事件原因的权威认定。白氏将事件原因归结为二：一是台胞受了日本五十一年的统治，日人施行褊狭的恶性教育，歪曲宣传中国政府、人民及军队的不良，使台胞轻视祖国及其人民和军队，甚至产生不良印象和深刻恶感；二是光复以后，共产党恶意宣传，诋毁国民政府革命军，并且称兵造乱，希图颠覆政府，台湾少数共产党及野心家，亦同时在台造谣惑众，利用缉私案件，掀起暴动大风潮，其企图直欲推翻政府，夺取政权。此外，乘“海平”轮由台抵厦的中央社记者寇冰华所撰《台湾事件始末——中央社记者亲历惊险》也颇耸人听闻。该文视事件为台湾流氓浪人“打杀阿山”、夺取政权的暴动，并介绍了国军“敉平”暴动的情况。三月十日《福建时报》上一则《台湾事态严重》的“本报上海九日专电”也颇值得注意。该文认为二二八纯系有计划有组织的政治性事件，缘肇事之初，本有三种势力夹杂其间，一为不满陈仪虐政的本地土著；一为趁火打劫的日本残余势力及本地浪人；另一种为知识分子及具政治性之工农；“现前两种势力已较平静，而暴动力量已大部为政治性势力所控制领导，四日示威游行中，已发现反对内战、反对一党专政等标语口号”，中央对此事密切注意，除决定派员前往调查和宣慰外，并出动国军兵力，专轮开往镇压。这说明，国民党当局其实是将二二八事件视为当时全国各地此起彼伏的，经常受到共产党领导或支持的反蒋反美民主运动的一部分来看待的，而这也是国民党当局最为害怕、最不能容忍的。出于这种“冷战－内战”思维和判断，它派重兵加以“敉平”，也就不奇怪了。

与官方口吻相反，共产党、民主派或一些民办报纸对于二二八事件有着不同的评价和书写。一九四七年三月十四日《民主报》刊登一则慰问团自台湾归来，其成员陈碧笙控诉陈仪施行恐怖政策的报道：台北成一死城，武装部队巡行市内，国军八日到台北，陈仪即推翻过去所答应之条件，实行恐怖政策，尽量逮捕民众领袖，曾任国大代表或参议员之台胞，或被监视或失踪，某教授及学生二十余人且被枪杀，警备司令部柯参谋长尚认为非杀人不可。陈氏等认为，此次全民暴动实因人民对于政治之反抗，怨恨官吏臻于极点；日人征召之壮丁五万余人亦为动力之一，渠等在胜利后曾被政府以俘虏看待，回台湾后又无职业。至于长官公署谓此次台变由于：（一）日人地下组织之活动；（二）共产党之活动，无非企图减轻责任而已。现唯希望政府实行诺言，如蒋主席在纪念周上之表示，则可担保绝大多数台胞必能拥护政府之办法，而台湾事变亦可结束；如仍实行报复性恐怖政策，结果必在台湾开辟内战第二战场。至于报载台湾民盟要求联合国委任统治一说，实为全体台湾人民所反对者。

学校里受共产党影响的进步学生，对于二二八也持类似的态度。在一份潜藏于厦大学生中的国民党情报员的密报中写道：“台湾‘二二八’事件发生后，奸党分子乃在校肆意宣传攻击政府。国军进入台湾后变乱平息，奸党分子仍自台湾方面获得大量宣传品，并厦门大学一部分台湾同学联合出刊台湾问题专论，从事挑拨同学感情，一面复向学校当局请求由同学公开投票决定抗暴委员会续存与否”。这从侧面反映了当时共产党视二二八事件为反对国民党官僚统治的人民起义的态度。

厦门《江声报》作为非官方报纸，与众不同地刊（转）载了合众社电讯或上海《文汇报》的报道，认为此次暴动之起因，乃当地政府增强经济之控制，官员与士兵霸占私产，行政方式为腐败封建制度，工业独占已置台湾繁荣生产于死地等等。该报还刊登了由台湾旅沪同乡会理事长李伟光签名的给蒋介石的“上书”，指出“少数官吏，不恤民情，因而招致台民骚动，当是时，宜以和平手段，善为诱导，万不能滥使强力，以枪弹加诸手无寸铁之平民，致酿流血惨剧”。三月八日，该报刊登社评《台湾二二八事件》，同意李伟光所称“自台省接收以来，长官公署实行种种统制虐政，处处与民争利，致物价高涨，失业增多，台胞多不聊生，‘二二八’事件，实为台省民众对当局不满之总爆发”的说法，又对当局把责任推到“奸党”的说法表示反对，质问道：专制皇帝尚知“罪己”，现在所有罪责都推给“奸党”，自己一点责任不负，孤行罪恶，毫不踌躇么？对于有人所谓“日本时代台湾人不如此，现在怎如此”的疑问，社评认为：“其实，台民的要求，仅限于撤销虐政，改善政治，并不及其他。至多只像家里子弟向家长吵架，并不减其亲切。家里事家里闹，无宁更显其亲切。”社评显然希望当局能给予台湾同胞更多的理解和体恤。

此外，《江声报》的“人间”副刊上，不时有涉及“二二八”的作品发表。如唐兮在其“煮茶朝话”专栏中，就有《台胞暴动》、《拭目待睹》、《收拾人心》等篇，指出因陈仪当局丧失人心而导致事件的发生。三月九日棘火的《关怀台湾》一文，在为同胞死伤惨重深表痛心之余，写道：“想不到一片干净的土地，获得解放之后，竟被一些败类做为捞金的圣地，贪污之风吹过台湾海峡……要抑平台省的众怒，惟望当局公平的处理，惩办渎职的官吏固属第一，而放宽统制，澄清吏治亦为当前急务，我们决不能让这一片干净的土地变成烂泥，后患是不堪想象的。”

由侨商创办的厦门《星光日报》三月十一日发表社论《台湾民变正论》，认为：台湾此次民变，无疑义地完全是陈仪的黑暗专制的统治所造成。台湾同胞正和我们福建同胞一样，虽极善良而守法，但当无法可资遵守的时候，则将转变为倔。台湾同胞受日本血腥统治达半世纪，其间的悲惨苦痛，实非文字所能形容。所以终日本统治之日，台湾革命迄无宁岁。而敌人投降、国军东渡，举台莫不额手称庆，箪食壶浆。假如新承丧乱的统治者能有赤子之心，不忘这已经被弃五十余年的遗孤，稍加抚慰，则又何至有此不幸事件的发生？然而不然。政治上独裁专制，集全台种种大权于己身；从经济说，继承了被日本殖民者没收的土地而不发还给台湾民众，加上征实、搜刮和物资统制，使台湾也不能不遭受饥荒，去年底台北已有过饥饿队多至二三千人在街头游行。这次事件原直接发生于一烟摊的穷苦老妇。老妇何辜，贩卖私烟即使违法又何至于被枪杀？徒手民众向长官公署请愿，又何至于被饮机关枪弹？陈仪忘记了“民不畏死，奈何以死惧之”的古训，乃至演成此“官迫民变”的惨剧。我们不能不希望政府迅即明令将陈仪撤职查办，以平台胞之愤；明令撤废一切专卖统制机构，以恢复台胞的生机，能如此，则台湾的动乱局势将马上可以平复。

不过，这篇社论也对台湾同胞给予提醒和警示。它写道：台胞因不堪黑暗政治的荼毒而发为反贪污反专制之变，全国同胞尤其福建同胞是会寄予无限关切的。唯日来传闻，有若干省外同胞并遭杀害，显示心存报复，致使无辜受祸，吾人殊未敢赞许。处委会所提改革建议，大致虽可同情，唯第三十一项显已违反自己的立场。“这里，我们但望台省同胞能够提高警惕，严肃自己的阵营。须知道，祖国终是可爱的，如果因为不满于现实的贪污政治而遂动摇其对祖国的信念，甚至发生离心倾向，都是不可恕的罪失，而结果则必将自己投向地狱!”

国民党官方背景的报纸（本文考察的包括福州的《中央日报（福建）》、《福建时报》，泉州的《福建日报》，厦门的《中央日报（厦门）》、《立人日报》等），由于其不同隶属（如分属政府、党部或军统等）以及国民党党内派别之争，其对于事件的看法显得颇为复杂，并不尽相同。其中有些报纸，既对长官公署在台湾施行的政策措施、赴台人员的作为表示不满和批评，同时对台湾人打杀外省人的行为颇感愤恨。三月十二日《中央日报（福建）》社论《敬告台胞三件事》，一方面指出事件导因于一年多来台湾的一切行政未能尽如人意而引起当地民众强烈的反感，但更抨击“奸党”的作乱，要求台胞遵守法律、恢复秩序、信赖政府。三月廿六日的《福建日报》发表李于右的署名文章《我对于台湾事件的看法》，认为：我们对于事件的态度应该是：警惕、反省，而不是仇恨，假如我们让仇恨的种子发芽、生叶、开花，那么将有一天，我们会被迫去摘取其苦果的。所以这次事件的严重性，并不在于事件的发生和解决，而在于今后两岸人民之间如何相处。该文指出日据时代台湾同胞不忍屈膝偷生，先后发动了十九次反抗运动；当台省光复、祖国接收部队到来时，三天三夜如疯如狂郊迎数十里，家家焚香祝天祭祖，欢庆重睹天日。然而后来的情形让他们太失望了：内战烽火遍燃，物价疯狂飞涨，失业、米荒接踵而至，日本余孽播弄是非，于是五十年来所受的压制、仇恨，一年来所积的失望、委屈，一时如山洪暴发，一泻而不可遏止，他们疯狂残忍地一看见非本省人便骂便打便杀，把人剖腹分尸，割耳削鼻，曝尸广场，剥光女人的裤子游街示众，扭断儿童的颈项，弃尸路旁。他们在残酷的报复中，获得了病态的满足，做了别人争夺地位势力的工具而不自知，这是多么不幸亦复可怜伤的事啊！作者接着写道："在此次事件中死亡、负伤者的亲属朋友或其本身所发出的报复之声，自然也是人情所难免的，但是我说：假如我们不要台湾了，我们可以杀他一个不留。假如我们以台湾为我们的殖民地，我们是他们的统治者，我们或者也不妨那样做。但假如我们还要台湾，还以为台湾是我们的一省，是我们中华的儿女，是我们同一祖先的兄弟，那末我们便须先数算一次从一到十，然后再想一想，如此或可减少我们以后的懊悔。假如我们用的是仇杀的方法，则仇杀复仇杀，冤冤相结，日久日深，我们万世子孙，将永远被迫吃食我们为他所播种的'仇恨之果'的。想到日据时代他们那种与先民'时日曷丧，予及汝偕亡'、'王师北定中原日，家祭毋忘告乃翁'的同一心境时，我们惟有感动。我们假如对这次不幸的事件做一次深深的反省，从它获得一个教训，以后时时警惕，晓得须如何走上一条更新更善的道路，如何好好彼此相处下去，那么这一次死者的死，伤者的伤，以及一切的损失，便不至于是完全白费了。"由于作者是在二二八前夕离开台湾的，文中描述的事件情况，应也是从相关报道中得来的，属"道听途说"，未必完全是事实，但他所持的反省、理解与希望两岸同胞和睦相处的态度，毋宁是值得肯定的。

三月廿八日《中央日报（福建）》"中央副刊"第九三〇期上路凡的《避难记》，写了亲眼目睹的事件爆发之初外省人被打的情景：公共汽车被截住，坐在里面的凡是外省人，一律被抓出来打，拳脚交加，晕倒后，用靴踏在头上，至于脑浆流出而死；穿旗袍的女人被拉下车，粗大的拳，向耳光上括；一个穿西服的人被围住，强令"跪下"，等到他下跪时，拳脚已像雨点般落下去了……不过也有台湾人救助外省同胞的感人一幕：一福建人携带妻、子于二二八那天来到台北，在旅社楼窗上看到打外省人情景，人地生疏的他们抱成一堆哭了，"然而人类毕竟是有心肝的，何况是语言差不多的同胞，最终他们三个人赖旅社老板的同情，从后门逃到老板家里去，得以无事。在同时间，这样可感动的事不知有多少，许多台胞他们忘却了自己被侮辱的危险，拿出本地衣服叫外省人换下中山装，而把他们藏起来。"

此期间有亲友在台湾的福建同胞，其内心的担忧、焦虑应是难以形容。

多产诗人江白帆在三月十六日《民主报》“新语”副刊新一六六号上发表了《祷——祝爸爸平安》一诗，写道：“为了一家五口的生活/为了你几个儿女的学业/你牺牲了你应有的休息/你挣扎在异岛//每月十万块钱的家款/苟延了我们的气息/而你啊/生存在疾病痛苦的日子//这是复员后的表现/这是时代的赐予啊！//‘二二八’的暴动/像箭射穿了我们惊弓之鸟/我们抖战着/我们的心在恐徨/啊！爸！我们在希望着/希望着你的电信……//如今/快半个月了/爸/我们接不到你的信/我们是多么焦急……”这首属于“二二八文学”之列的诗，真切反映了海峡彼岸的亲友的心情，也说明了两岸平民老百姓其实都是无奈的受害者。

四、结　语

一九四七年一月十五日台北《民报》的社论《同胞们莫坠意气》颇为精辟地指出：“目前，中国最紧迫的问题，一是不统一，自相残杀；二是到处贪污，惟利是图，以致经济濒于崩溃，民不聊生。”与台湾有密切渊源的闽厦地区的“二二八”书写，再次证明了我们对于事件的一些基本看法：事件的发生并非偶然，而是“冷战－内战”交叠结构雏形下，遍及全中国的官僚统治阶级与广大中国人民的阶级矛盾激化的产物。虽然在台势力未臻强大的共产党并未在事件中起主导作用，但国民党却将其当做事件的两大主因之一，这说明当时他们已以“冷战－内战”思维来看待和处理中国政治问题。共产党方面也从全国局势考量，将台湾同胞的抗争视为全国反美反蒋爱国民主运动的一环，给予道义上的支持。当然，由于台湾的特殊历史际遇和社会环境、民众心态的复杂性，也由于健全共产党组织和领导的缺位，台湾事变显得更为突然、盲目和混乱，其损害和遗祸也更为严重。事件对于两岸广大民众都造成了巨大的损害，其提供的历史教训和经验，值得统一再次到来时两岸人民的共同警惕和省思。

哈耶克思想在台湾的传播*

蒋小波

称哈耶克（Friedrich A. Von Hayek，1899—1992）为影响台湾当代人文社会思想最为深广的西方学者之一，此话大概并不为过。台湾学术界对哈耶克（台湾学界一般译为“海耶克”）思想的译介与接受，从20世纪40年代末开始以迄现今，跨越了整整半个多世纪（大陆学术界从上个世纪80年代末以来，随着以市场为主导的经济改革与社会转型的深化，也激起了一股哈耶克热。而大陆学术界对哈氏思想的理解与接受，其中应不乏殷海光、林毓生等台湾学者的推手作用）。在不同的时期，台湾学者对哈氏思想关注的中心并不相同，比方说，上世纪50年代以《自由中国》为核心的台湾自由主义知识圈主要关注哈耶克的“反极权”思想，其主要理论来源大概不离哈耶克的《到奴役之路》（*Way to Serfdom*，1944）；从20世纪60年代开始，台湾学术界对哈氏思想关注重点一方面转移到他的自由秩序理论，其思想资源多出于哈氏论述自由秩序的名著《自由秩序原理》（*The Constitution of Liberty*，1960），《法律、立法与自由》（*Law*，*Legislation and Liberty*，1973—1976），以及较早的著作《个人主义与经济秩序》（*Individualism and Economic Order*，1949）。同时，出于由对哈耶克“自生自发秩序”的理解，又引出哈耶克关于自由与传统关系的论述，在这方面，引述得最多的主要还有哈耶克论述近代启蒙理性主义的名著《科学的反革命》（*Counter-revolution of Science*，1979），《致命的自负》（*Freiburger Studien*，1985）等著作。台湾学术界对哈耶克的接受史，一方面受制于哈氏个人学术思想的展开。哈耶克的自由主义思想，虽然一以贯之，但不同时期的侧重面各有不同。作为一个活跃而多产的当代作家，哈耶克直到逝世前夕仍然在丰富与完善自己的思想体

* 本文原载于《台湾研究集刊》2009年第2期。

系。台湾学术界持续半个多世纪的哈耶克热体现了台湾学术界对哈氏思想几乎同步的追踪，表明了台湾自由主义知识分子对以哈耶克所代表的古典自由主义理念的不断深入理解。同时，台湾当代思想文化界的风云际会也影响了台湾学术界对哈氏思想诠释主题的“代际转移”，故而，追溯哈耶克思想在台湾的传播过程，本身也折射出一条当代台湾的思想史脉络。

“社会主义”还是“资本主义”

虽然哈耶克早已被看做是作为奥地利学派的新一代传人，并因与凯恩斯展开关于货币理论的争论而知名于专业的经济学领域，但是使他获得世界声誉的成名作却是《通往奴役之路》，此书甫一出版，立即热销欧美。《通往奴役之路》一书之所以在当时激起如此热烈的反响，一个重要原因是因为它以一本学术著作的形式切入了一个非常敏感的时代主题。在整个冷战时代，这个问题在意识形态领域具有压倒一切的重要性：社会主义制度与自由资本主义孰优孰劣？从19世纪末开始，随着资本主义世界内部矛盾的尖锐化，自从马克思主义对资本主义的经典批判之后，自由主义在意识形态领域可以说是节节败退。在整个20世纪上半叶，社会主义或各种准社会主义思潮弥漫全球，西方知识分子阵营表现一种强烈的“左”倾色彩。而《通往奴役之路》一书，以一种雄辩滔滔的论战风格，将各种各样的社会主义政治实践等同于“极权主义”，认为社会主义终将会走向个人自由的对立面——对人的奴役，并极力捍卫市场经济与个人自由等古典自由主义信仰。虽然此书至今仍然引发很多争议，但不可否认它在当时对左派思潮的扼制作用。正如美国一位学者对此书的评价：“迄今为止，自由企业的鼓吹者和反对者之间的辩论并没有达到一个很高的水平。……这本书论证的思路是非此即彼。没有妥协余地。作者写作时充满激情，本书具有伟大的教条主义者的极端清晰性。哈耶克真诚地相信别人持有某种危险的观念，而这些人却没有察觉。他怀着充满爱意的焦灼心情，对他的同胞发出了警告。”①

中国学人开始知道哈耶克的名字，应该也在《通往奴役之路》震惊西方世界的时候。而对于当时在台湾聚集的一群自由主义知识分子而言，哈耶

① ［英］阿兰·艾伯斯坦：《哈耶克传》，秋风译，贵州人民出版社，2003年版，第156页。

克坚定反对社会主义的态度可谓雪中送炭。因为当时团结在《自由中国》周围的一群中国自由主义者也面临着一种思想上的尴尬：他们一方面坚决反共，另一方面又对“社会主义”恋恋不舍。

中国自由主义者的社会主义情结由来已久。在第一次世界大战之后，随着社会主义大国苏联的崛起，同时也出于对西方世界的失望，中国的知识分子纷纷向左转。而包括罗素、杜威这些曾对中国现代知识界产生重大影响的欧美知识分子，也都抱有浓郁的社会主义情结。所以，当时中国知识界的领袖人物，不仅以陈独秀、李大钊为代表的左派热烈地无条件地拥抱苏维埃模式，甚至坚守自由主义旗帜的右派，比方说梁启超、胡适、丁文江等人，也试图选择一种综合了社会主义计划经济的“优点”与西方民主政治原则的中间道路。胡适作于1926年的《我们对于西洋近代文明的态度》一文可以说代表了中国现代自由派知识分子对社会主义的基本立场。胡适认为：“十九世纪以来，个人主义的趋势的流弊渐渐暴白于世了，资本主义之下的苦痛也渐渐明了了。远识的人知道自由竞争的经济制度不能达到真正‘自由，平等，博爱’的目的。救济的方法只有两条大路：一是国家利用其权力，裁制资本家，保障被压迫的阶级；一是被压迫的阶级团结起来，直接抵抗资本家的压迫与掠夺。”① 胡适将以上观点看做是“社会化”的新宗教与新道德。而国民党意识形态的创始人孙中山也认为社会主义优于资本主义。在孙中山看来，资本主义的弊病在于财产过于集中于少数个人，故而社会贫富悬殊，造成阶级对立，故而他提出“节制资本”与“平均地权”等经济政策来强化国家的干预能力并调节社会财富的分配，并称民生主义就是社会主义。②

在官方意识形态与自由知识分子共同抱持这种的主流心态下，20世纪50年代初期，《自由中国》的反共话语一开始只能以区分“社会主义”与“共产极权主义”的方式来攻击苏联与大陆新政权，以彰显“自由世界”的价值。然而，他们所操持的种种以“假社会主义”之名针对以苏联为首的“社会主义”阵营的批判，往往多少流于口号式的谩骂而表现出一种理论上

① 胡适：《我们对于西洋近代文明的态度》，原载于1926年7月10日《现代评论》第4卷第83期，收入欧阳哲生编：《胡适文集》，卷4，北京大学出版社，1998年版，第15页。

② 中国国民党党史委员会编：《国父遗书·三民主义》，台湾：中央文物供应社，1973年版，第157页。

的疲软。当时台湾思想界这种犹抱琵琶的骑墙态度最明显地表现在经济思想领域，由于当时台湾的经济主要是以“公营事业”为主的公有经济，所以如何看待社会主义模式的计划经济与资本主义模式的自由市场，成了一个让人为难的选择。正如戴杜衡所说的：“今日最使人困恼的，是经济问题。政治上的民主与反民主，至少在理论上是泾渭分明，而经济上的自由与反自由，则纠缠不清，一般都莫知所从。”① 许多人试图在“经济平等”与“政治民主”之间求得一个折中。比如说傅斯年发表于《自由中国》创刊号上的文章《自由与平等》中，集中讨论了“政治自由”与“经济平等”的关系问题，作者主要以“假平等”来抨击苏联模式的社会主义，并认为只有在实现了“政治自由”之后才可能保证真正的“经济平等”。虽然，作者给出了“政治自由”相对于“经济平等”的优先性，但是，“经济平等”仍然是一个强烈可欲的诉求。当时，有些台湾学者对以哈耶克等人为代表的奥地利学派所鼓吹的自由放任资本主义持相当保留的态度。比如说，1950 年 8 月，王希龢在《论计划与自由》一文中提到西方经济学界关于计划经济的三派意见：反对派、折中派、支持派，并将哈耶克（Hayek，王希龢将其译为“黑叶”）作为反对派的代表。但作者并不认同哈耶克的意见，而是认为要坚持社会主义的福利理想，对传统的自由经济加以指导有其必要。② 而高寿昌在《经济的自由主义》一文中则在肯定“近代自由主义的历史就是一部争取自由经济的历史”这一大前提之后，将经济自由主义分为三个时期：个人主义的自由经济，社会改良主义的自由经济，社会主义的自由经济。这样一来，他又将“有限度的政府计划”也纳入了经济自由主义的大框架之内。文章同样反对哈耶克（作者称其为墨克教授 Prof. Hayek）的“极端观点”，在作者看来，哈耶克对计划经济的批评似乎太偏颇。他认为：“如果一个实行彻底民主的国家，掌握所有生产手段和所有权力，总比掌握在为少数人谋利的资本家手里要好，其计划的意志比较少数的资本家要公平得多。”③

---

① 戴杜衡：《从经济平等说起》，《自由中国》第七卷第八期，1952 年 10 月 16 日。

② 王希龢：《论计划与自由》，《自由中国》第三卷第一期，1950 年 7 月 1 日。

③ 高寿昌：《经济的自由主义》，《自由中国》第四卷第三期，1951 年 2 月 1 日。

但是，毕竟要看到，在同一时期，赞成自由市场的声音在台湾学术界渐渐多起来，并大有逐渐演变为主流的趋势。20世纪50年代初，哈耶克、米塞斯、门格尔等奥地利经济学派诸大师的理论陆续引起台湾学术界的注意，并悄悄地影响了他们学术观点。一个显著的变化是，一部分学者开始慢慢地接受“资本主义”，并理直气壮地排斥“社会主义”。一个哈耶克式的命题——社会主义=计划经济=个人奴役，资本主义=市场经济=个人自由，慢慢被许多人接受。受欧风美雨的熏染，胡适较早地开始转变自己先前礼赞社会主义的态度，认为社会主义只不过是近代三百年西方自由民主运动所走的一段弯路，而人类文明的坦途仍然是自由经济与个人主义。① 戴杜衡则极力鼓吹自由经济，而将“平等”贬抑为一种“虚假的价值”，认为“社会主义的第一个动机，便是经济平等。这是一个最强烈的动机，却仅能找到最薄弱的论据。它赢得多数人感情的支持，却经不起任何人理性的考验”。作者认为，平等取消了促使人们努力的激动，因而阻滞进步。现代政治理念之所谓“人生而平等”，“是就政治的意义言。若就天生的禀赋言，则颇与事实相反。不自由的原因是后天的、人为的。而经济上不平等的原因，则主要是先天的、自然的。”② 戴杜衡这篇为资本主义与自由经济翻案的文章，虽然没有直接引用哈耶克，但是处处可以看到哈耶克的影子。

反思社会主义的同时，台湾学术界发起了一场为资本主义正名的运动，台湾的自由主义者们意识到，要为资本主义正名，首先必须洗刷“资本”的原罪。胡适率先表态，说资本主义只不过是“勤俭起家”而已。③ 戴杜衡则援引“渔网案例”来说明原始企业家通过储蓄、积累加上智慧创造而改变生产方式并实现资本原始积累的过程，并引用奥地利学派大师庞巴卫（E. V: Boehm-Baweek）的名著《资本肯定论》（*The Positive Theory of Capital*），说明利息为一种永久的存在，即便在社会主义社会，亦无法废除。④

---

① 胡适：《三百年来世界文化的趋势与中国应采取的方向》，《自由中国》第八卷第三期，1953年2月1日。

② 戴杜衡：《从经济平等说起》，《自由中国》第七卷第八期，1952年10月16日。

③ 胡适：《从〈到奴役之路〉说起——在《自由中国》社欢迎茶会上讲词》，《自由中国》第十卷第六期，1954年3月16日。

④ 王希龢：《论计划与自由》，《自由中国》第三卷第一期，1950年7月1日。

夏道平及时翻译了米塞斯的名著《反资本主义的心理》，此书将现代人反对资本主义的心理根源归结为形形色色的“怨恨”，贵族因为失去身份与特权而怨恨资本主义，失败者为自我安慰而怨恨资本主义，知识分子因不适应市场的残酷竞争而怨恨这种制度，白领工人因认为自己理应得到更多并且厌烦于办公室的文案工作而心生怨恨等。米塞斯的怨恨心理学，其实并无多少创造性，只不过是捡拾尼采、马克斯·舍勒等人的怨恨论并反其意而用之罢了。但是，对于当时急于为资本主义正名的台湾自由主义知识分子而言，这一理论极具时效性。①

发生在半个多世纪之前台湾学术界的这场“姓资”与“姓社”的讨论，以殷海光翻译哈耶克的原著《通往奴役之路》而达到高潮（殷海光将 Hayek 译为海耶克，将《The Way to Serfdom》一书的书名译为《到奴役之路》，台湾学术界至今沿用这一译名）。此书的翻译，揭开了哈耶克身上种种神秘，也开了哈耶克著作中文翻译的先河（大陆学界在 20 世纪 50 年代也翻译了哈耶克的《通往奴役之路》，但当时只是作为“反面教材”供“内部使用”，故而并未进入一般读者的视线）。殷海光在翻译中加入了大量金圣叹式的评点，越发加强了此书的警世效果。此书的译介，在象征的意义上可以看做是台湾自由主义知识人对自身“社会主义情结”的一次集体忏悔，同时也代表了一个时期台湾学术界对哈耶克的理解视野。

自生自发秩序

20 世纪 60 年代，台湾的政治空气与 50 年代相比发生了一些显著的变化。以 1960 年所发生的“雷震案”为分水岭，台湾的激进自由主义者试图趁冷战的西风实现台湾的民主转型的企图宣告失败，这一事件或许可以看做是亨廷顿所谓世界范围内的第二波民主化浪潮在台湾的终结。进入 20 世纪 60 年代以后，受国民党权力中枢所操控的官方文化日趋暴露出保守的特性。而当局在坚持政治与文化上的保守主义的同时，却在经济领域出台一系列政

① 米塞斯：《反资本主义的心理》，夏道平译，《自由中国》第十六卷第一至第四期连载，1957 年 1 月 5 日至于 957 年 2 月 16 日。

策，鼓励私营企业的发展。在这种威权政治结构+市场资本主义的时代空气下，知识界的哈耶克热丝毫没有降温。1965年与1967年哈耶克两次受邀访问台湾，并与其著作的主要译介者进行了几次面对面的交流，其中包括殷海光与周德伟等人。但是，殷海光与周德伟对哈耶克的解释取向存在着明显的差异。殷海光试图将对哈耶克的解释导向他所坚持的启蒙主义方向，而周德伟所阐释的哈耶克则更加温和，几乎和官方的保守主义文化没有冲突。

事实上，周德伟可能是最早关注哈耶克理论的中国学者。据其自述，1933年他在留学伦敦政治经济学院时，师从当时的经济系主任罗宾斯（Lord Robbins）。当时哈耶克正在该校任教，周德伟参加了哈耶克所主持的讨论班，并被哈耶克所阐释的奥地利学派的观点所吸引。1935—1936年周德伟转学到柏林大学，时值哈耶克正与凯恩斯就货币政策发生论争，周德伟曾以德文撰写论文，支持哈耶克的货币中立论。后来周德伟回国参加抗战，并著《储蓄与投资及抗战时期的经济政策》（1938年）一书，其中论述储蓄与投资的部分多采哈耶克之说。因为当时哈耶克还未拥有世界声誉，所以周德伟对哈耶克理论的介绍在当时似乎未引起国人的注意。但是当哈耶克因出版《通往奴役之路》而称誉西方知识界之时，台湾的自由主义者急切地想了解哈耶克，此时，周德伟早年浸润于哈耶克经济学理论的一段学术经验，便显得弥足珍贵了。哈耶克中后期学术兴趣主要向政治思想领域转移，周德伟对哈耶克的关注重心也随之转移。但周德伟对哈耶克的介绍，不止于忠实的转译（周德伟于1970年将《The Constitution of Liberty》一书译成中文在台湾出版，题名《自由的宪章》），而是加入了他对儒家的礼治传统的理解。

“自生自发秩序”（spontaneous order）是哈耶克所提出的一个重要概念，也是理解哈耶克思想体系的核心观念。而哈耶克对自生自发秩序的阐释，是通过他对西方近代两种知识论传统——以休谟为代表的英国经验主义传统与以笛卡尔等人为代表的大陆理性主义传统的区分来完成的。周德伟非常敏锐地把握了这一区分。在《自由的宪章中文译本导论》及《哈耶克的社会演化论》等文中，周德伟本着哈耶克的论述颇为详细地梳理了两种不同的传统：大陆理性主义传统（又称为“唯理论”，Rationalism）起源于笛卡尔（Rene Descartes，1596—1650）。笛卡尔说“我思故我在”，将一切存在的根源追溯到"我思"，表面看起来似乎很深刻，但是这一思想的弊害在于，由此产生了"相信人类理性的能力无远弗届"的观念，将理性等同于宗教家所谓"超人的能力"，而一切不合于理论检验标准的社会习俗、法律制度，被认为可以任意废止与革除，并相信理性可以创造出一个完全合乎理性的新社会。笛卡尔的理论后来经过卢梭的改造，被法国人奉为圭臬，至法国大革命时，达到巅峰，"大革命时之领导人物及一般人民遭受了长期的暴政之痛苦，转而迷信绝对理性的力量，蔑视由经验累积的文明。彼等认为不合理者，均可一举废除之，故所产生者为混乱、暴动与屠杀，而非和平及秩序，更不符合平等、自由、博爱的真谛。"① 而受笛卡尔影响的另一派思潮则为孔德（Augustas Comte，1798—1857）所发展的实证主义，认为"不能经科学证明之事项乃不合理之事项，均可由吾人推翻"。② 此派波及中国，则演成现代以胡适等人为代表的唯科学主义。唯理主义将社会几千年文明发展积累起来的种种习俗、制度视为可由人类理性加以任意修改，而英国经验主义者则不然。此派由休谟（David Hume），亚当·斯密（Adam Smith）及费格孙（A. Fergson）奠基，并由当时的涂尔克（Johsia Tucher）、柏克（Edmund Burke）及巴蕾（William Paley）衍其绪，流传至今。此派极力解释各种制度、规律的自发生长，并宣称只有局部的了解，更不相信有超越的智慧能懂得一切，能设计未来。"彼等相信社会乃接受传统，尊重传统于发展进步之途的社会。彼等从未杜撰一乌托邦。"正因为此派言论相对于前者显得低调，开不出未来种种美好前景的支票，在一般浅人看来，远不如前者有魅力，故而唯理主义与革命论在近现代得以大行于世，酿成种种洪流。

哈耶克在英国经验主义传统的基础上，发展出"自生自发秩序"与"扩展秩序"的概念。关于哈耶克这两个可以互换的概念，周德伟可能是中文世界中最早做出精当理解的学者。哈耶克认为，自生秩序的产生，乃是基于一个开放社会中个人的"无知"，或者说个体知识的有限性。开放的现代社会（哈耶克称之为"伟大社会"）区别于远古时代封闭式的"部落社会"的一个显著特点是，每个人都生活在一个他不可能完全理解的巨大规则系统

① 周德伟：《周德伟论哈耶克》，北京大学出版社，2005 年版，第 56 页。
② 同上，第 57 页。

中，他只是基于习惯而行动，而不是基于理解而行动。而他个人行动的成功依赖于同一系统中的他人同时做出相应的行为，并为他的行动提供他可以预期的种种服务。在这个自发调节的巨大“市场”中，每个人都基于对秩序的信赖而分工合作，并以个人的自发行动加入并推动体系的正常运转，由此经过世世代代的淘汰与积累而生成的调节规则就体现为习俗、法律、道德等。这种自发的调节规则类似于经济活动中的那只“看不见的手”。这种“自发秩序”区别于“人为秩序”，“乃无数人行动之结果，绝非哲人的设计”。而社会秩序一旦被人为地安排，必然会失去其自发调节的活力，整个社会运转就会失灵。①

尤为难得的是，周德伟对哈耶克的自发秩序理论并不满足于学研式的翻译，而是试图将这一自由秩序原理应用于对中国传统的阐释。在1965、1967年哈耶克访台期间，周德伟与哈耶克曾两度长谈，集中讨论了哈耶克的自由秩序原理。周德伟提出儒家哲学的中庸观念所表达的“时中”与西方哲学“动的平衡”、“动的中立”完全一致。周德伟还指出哈耶克在《自由秩序原理》中所引冯友兰之中国哲学史谓“管子之法治思想与西方之法治思想相同”乃是出于对中国思想的误解，认为管子之法治思想与欧洲中古之绝对王权论，同其归宿，而与古希腊罗马的自然法理念不相容，指出中国正统的法治思想出于孔孟之“道德法”、墨子的“仁法”、荀子的“义法”；并称中国的“礼治”为西方的“传统及文化遗产之治”。哈耶克对此深为赞同，并认为“周德伟先生已认清了大社会内各项因素之相互关联，并认清了于纷繁事项中及事项后须构成融会贯通的思想体系。”②

在《哈耶克的自由哲学与中国的圣学》一文中，周德伟进一步发挥他对中国古代自由主义传统的理解，认为中国古代圣贤对自生自发秩序已有相当深刻的认识与精妙的表述。在周德伟看来，儒家“正名定分之礼，其功用即是调和诸多利益的冲突，促使社会关系和谐。用现代术语讲，礼即制度及传统。礼绝不是一个人的创作或杜撰，而是出于人与人相处之规律及传统”。而孔子的名言“民可使由之，不可使知之”正好符合哈耶克的“无知

① 周德伟：《周德伟论哈耶克》，北京大学出版社，2005年，第84页。

② 同上，第11－13页。

论”。在《论中国历史上何以无保障人权的制度》一文中，周德伟认为关于自由的学说，“中国较之西方名异而实同者，或名异而实更精者益甚丰富。孔子万物并育而不相害，道并行而不相悖，墨子主兼爱及分工，均自由也。”分工以自由就业为前提，符合亚当·斯密在《国富论》中的论述。而孔子“己欲立而立人，己欲达而达人”与约翰·密尔（John Mill）及哈耶克所表述的自由之义完全相同，显示了自由与责任的关系，① 并认为西方学者徒知古希腊罗马为两大自由民族而不知古中国也是伟大自由民族。古希腊尚有广泛的奴隶制度，而中国西周以前，史传似无奴隶制度的记载。秦汉以后的奴婢，在总人口中所占比例极小。但中国确实缺乏保障自由的法律制度及人民自己挺身出来要求人权的观念。这是什么原因呢？周德伟认为主要是因为“中国地广人稀，资生之具丰富，而官吏极少，朝廷多轻徭薄赋，故人民实质不感到多少不自由之痛苦。而欧洲地中海区域则不然，地狭人稠，资源短缺，人种、语言、民族成分极其复杂，内外矛盾激烈，故人们深受不自由之苦，故极感自由人权之必要。”② 周氏这一说法，其实是抄袭孙中山，而现代学者钱穆也持相似的说法，甚至以中国的朝廷比附西方的议院，以三公九卿制度比附西方的议会。对此，徐复观曾有过一个驳诘。

周德伟对哈耶克自生自发秩序的解读允谓精当，而他对唯理主义的反思，对于中国现代自由主义思想传统而言，也不乏醍醐灌顶的警醒效果，因为现代中国知识分子所坚持的自由主义主流，正是哈耶克所批评的法式自由主义，陈独秀的新道德主义与胡适的唯科学主义正是这一主流的两个典型代表，并由此而导致新文化的“全盘反传统主义”倾向。但是，周德伟在“圣学传统”与西方式的自由理念之间种种不加批判的比附，是否僭越了某种尺度呢？周德伟版本的这个哈耶克，的确对中国现代启蒙主义传统构成了一个尖锐的挑战。

自由与传统

20世纪60年代初发生在台湾文化界的那一场关于中西文化的论战，可

① 周德伟：《周德伟论哈耶克》，北京大学出版社，2005年，第179页。

② 同上，第182页。

能是促使台湾自由主义知识分子反思五四传统的一个重要诱因。这场论争是由纪念胡适之死而引发的，结果却酿成了一场“全盘西化派”与“传统文化派”的“肉搏战”。凭借初出茅庐的青年作家李敖的凌厉文笔，“传统文化派”在论战中几乎被弄得声名狼藉。但对于这一场来得过于轻松的胜利，“自由主义”一方似乎并不都抱乐观态度。比如说当时一位远隔重洋的看客林毓生就在与他的老师殷海光的通信中表示“非常气愤”，因为在他看来“两方面都是不学无术一派胡言”，尤其是李敖在《给谈中西文化的人看看病》一文中所提到的“文明是梅毒”的怪论，让林毓生非常反感。[①] 在林毓生看来，这是一场两败俱伤的论战，没有胜利者。

事实上，殷海光早年就属于全盘西化派的一员，并曾在《自由中国》与《民主评论》等刊物上与维护传统价值的现代新儒家进行过几次相当尖锐的论战。但是在他生命的最后几年，殷海光的思想悄悄发生了一些变化，而在促成这种变化的原因中，应不乏哈耶克的酵素。殷海光的这种变化，是从对五四的反思开始的。

1966年，殷海光在与林毓生的通信中提到，“自五四以来，中国的学术文化思想，总是在复古、反古、西化、反西化、或拼盘式的折中这一泥沼里打滚，展不开新的视野，拓不出新的境界。”[②] 并认为“五四人的意识深处，并非近代西方意义的‘to be free’（求自由），而是‘to be liberated’（求解放）。”这二者虽有关联，但究竟不是一回事。五四知识分子所追求的是从旧制度，旧思想，旧的风俗习惯，旧的文学解放出来。于是，大家一股子劲反权威、反传统、反偶像、反旧道德。结果是破坏有余，而建设不足，旧秩序打破了，新秩序却无从建立。[③] 殷海光自命为“后五四人物”（a post May-fourthian），在纪念五四运动50周年的一篇文章里，殷海光反思了五四“民主”与“科学”的口号，认为陈独秀当时所谓的“科学”的内涵和所指，远远超过了哈耶克等人所说的科学主义（Scientism）。哈耶克所非难的“科学主义”，主要是指“工程师类型的心理状态”，并且顺着这种心理状态

---

① 《殷海光书信集》，台北：桂冠图书股份有限公司，1990年版，第91页。

② 同上，第151页。

③ 同上，第151－152页。

扩张，将科学方法引用到它无法奏效的领域。陈独秀所说的“科学主义”，在他的思想演变过程中，发展成了人生观、乌托邦思想、历史哲学，甚至是一种社会的动力。他把他所认为的科学当做他的宗教。胡适的科学主义缺乏从数学、逻辑以及严格理论哲学的训练而可能提高和增强的抽离的思考力，是简单的归纳法。① 而五四所追求的民主带有强烈的乌托邦色彩，距离人间的烟火遥远得很。“货真价实的民主，是风调雨顺、和平、富裕及民智较高，有容纳不同的意见的雅量之综合的结晶。”②

但是，反思五四，并不等于否定五四，反思五四，更不等于回到传统。即便是在清醒地认识到五四启蒙主义的唯科学主义与乌托邦色彩之后，殷海光仍然忠实于他的“后五四人物”立场，即正面肯定五四的“锐气”，并认为五四是一个起点，后来者的任务是接着往前走，而是往回走。尤其是在对中国古代传统的理解上，殷海光与周德伟持不同的态度，而在对两种自由：即消极自由与积极自由的价值判断上，殷海光也表现出对哈耶克所批评的所谓法国启蒙理性主义的坚持。按照哈耶克在《自由秩序原理》一书中的论述，现代自由应是一种消极的自由，即法治秩序内不受他人任意干涉的自由，而对法国式自由，即自我实现的自由，则应保持高度的警惕。但是，在中国这样一个没有法治传统的文化中，如不经由启蒙理性的自觉建构，如何产生法治秩序呢？这个问题，可能也曾让周德伟感到为难，但他基本上认为中国古代人“逍遥法外”的自由为哈耶克等人所谓消极自由，但这种比附似乎缺乏理论上的说服力，殷海光对此极不认同。在《五四的再认识》一文中，他对中国式的自由与西方法治秩序下的自由有一个清楚的区分：“中国人是否有‘自由’，这个问题的解答，牵涉到‘自由’一词的语意。如果这个问题里所谓的‘自由’意指‘有制度保证的自由及被正式建构化了的诸基本人权’，那么中国人自有史以来根本不曾有过自由。但是另外两种意义之下，中国人享有不少自由。第一，因着统治观念尚自然、重风俗习惯、有时尚无为，加之统治技术不发达而官府管不到的空隙颇多，于是小百姓的

① 殷海光：《五四的隐没与再现——为五四运动五十周年而作》，原载于 1969 年 5 月 15 日《大学生活》新四卷五期，收入贺照田编：《殷海光选集·思想与方法》，上海三联书店，2004 年版，第 144 页。

② 同上，第 146 页。

‘自由’颇多。第二，权力结构松弛，甚至解体而形成的权力真空期，人民和知识分子也会得到一些额外的‘自由’，五四正好处于这样一个时期。”①

故而，殷海光也就不会认可周德伟视儒家的礼治秩序为自由秩序的说法，而他对传统文化的态度基本上仍是负面的，认为以儒门为主导价值观念的中国社会文化，在一长远过程中，是不尚变，甚至于拒变。由此而形成的制度化的崇古文化乃是基于一种对开放社会的畏惧与排斥心理，而其结果不是哈耶克所谓的自由进化，而是腐败与退步。②

自由秩序不可能在全盘否定与破坏之后的沙漠与废墟上建立，但无条件地拥抱过去又难以避免“义和团精神”与“阿Q精神”，这确实是殷海光作为一个“后五四人物”所面临的两难选择，唯一让他看到一线希望的，是林毓生所倡导的“创造性转化”。殷海光晚年曾试图在中国现代思想史的领域有所建树，借由对现代思想传统的重新梳理来探讨中国文化的走向问题，虽然由于受心力及身体健康状况的困扰，殷海光在这个问题上并未做出多少实质性的创造和收获，但是对“创造性转化”这一提法他是相当赞成的。

林毓生是殷海光在台大的学生，而后又于1960年留学美国芝加哥大学社会思想委员会师从哈耶克。所以，如何兼容两位气质迥异的老师所代表的思想传统——前者更多地体现法国式的浪漫启蒙精神，而后者身上体现了雄浑、古朴的古典自由主义传统，这个问题，在某种意义上决定了林毓生的文化思考方向。林毓生对殷海光在台湾政治保守主义的低气压下坚持自由主义理想的道德形象持高度肯定的态度，在一篇纪念殷海光的文章中他谈到：自由与民主的建立，必须仰赖于道德自主性（moral autonomy）观念的养成。换句话说，自由与民主，必须建筑在个人的尊严上。“任何谈论自由民主的人，如不拿殷先生在分析海耶克的自由思想的长文中，所提出的‘把人当人’的结论作为言行的前提，终究是借自由民主之名，行反自由民主之

① 殷海光：《五四的再认识》，原载于1968年5月15日《大学生活》新三卷五期，收入贺照田编：《殷海光选集·思想与方法》，上海三联书店，2004年版，第125页。

② 殷海光：《五四的隐没与再现——为五四运动五十周年而作》，原载于1969年5月15日《大学生活》新四卷五期，收入贺照田编：《殷海光选集·思想与方法》，上海三联书店，2004年版，第138–139页。

实。”[①] 林毓生对自由精神中主观道德价值的高度重视，也决定了他所理解的哈耶克及其所代表的自由精神，与周德伟版本的绅士式的儒雅会有所不同。在林毓生看来，哈耶克一生在逆境与批评声中坚持自由主义理想所体现的人格，在内敛之中透出强烈的道德责任感，绝非一般取媚讨好的乡愿可比。[②] 有意思的是，林毓生提到哈耶克曾自嘲为“头脑迷糊型”的思想家，意指哈耶克是属于那种困惑型的思想家而非博雅的通人，虽然林毓生较少辨析哈耶克的思想渊源，但我以为林毓生对哈耶克气质的把握事实上触及到一个哈耶克思想来源较为复杂的一面，而这个问题曾被许多敏锐的哈耶克研究者注意到，那就是哈耶克的思想来源绝不仅仅只有英国经验主义传统，同时还包含着以康德为代表道德先验论。由于人们在关注哈耶克所论述的自生自发秩序时所表现的尊重经验的特点，他身上的后一种气质往往被忽略。[③]

按林毓生的解释，所谓创造性转化，意味着发明传统中那些有活力的价值，并通过创造性的诠释使之转化为指导现代生活的伦范。以儒家传统而言，林毓生认为与其无批判地拥抱僵死的礼治传统，不如通过对礼的精神血脉——仁的道德感的重新激活以使之转化为哺育现代民主与法治的土壤。在林毓生看来，孔孟的仁的哲学正可作为基本人权的理论基础。仁的哲学的最基本的原则是：肯定人的道德资质是与生俱来的；这种道德资质是天生的、永恒不变的，不是社会演变、后天教育或法律约束的结果。就每个人都有天生的道德资质、都有发展道德资质的意愿而言，人是生而平等的；所以每个人的身体、精神与意愿都应受到基本的尊敬。西方人权观念的历史渊源是相当独特的，需要经由法律之具体保障的人权观念的“语境”，这是与儒家传统环绕着人际间的伦常观念所发展出来的道德意识的“语境”截然不同的。然而，以孔孟所代表的古典儒家思想，却与人权观念有许多相容之处，尤其

---

① 林毓生：《纪念先师殷海光教授》，原载《大学杂志》第四二期，1971 年 6 月；收入氏著《中国传统的创造性转化》，生活·读书·新知三联书店，第 309 页。

② 林毓生：《海耶克教授》，原载《文星杂志》第九十五期，1965 年 9 月 1 日；收入氏著《中国传统的创造性转化》，生活·读书·新知三联书店，1996 年版，第 338 页。

③ 关于哈耶克身上所表现出来的休谟传统与康德传统的冲突，可参阅邓正来：《哈耶克的社会理论——〈自由秩序原理〉（代译序）》，生活·读书·新知三联书店，1997 年版；斯蒂文·霍维茨：《从感觉秩序到自由秩序：哈耶克理性不及的自由主义》，收入［美］拉齐恩·萨丽等：《哈耶克与古典自由主义》，秋风译，贵州人民出版社，2003 年版。

当我们了解了孔孟思想中“仁”先于“礼”的真谛之后，“仁”这个观念，是可以转化为现代人权与法治的思想资源的。[①]

所以，在林毓生看来，对传统文化进行所谓“创造性转化”，不仅意指一种方法：使用多元的思维模式将一些（而非全部）中国传统中的符号、思想、价值与行为模式加以重组与/或改造，使经过重组与/或改造的符号、思想、价值与行为模式变成有利于变革的资源，同时在变革中得以继续保持文化认同。[②] 同时也意味着要重振中国知识分子的使命感，而对当前中国的文化环境而言，这绝对是一个创造多于守成的为自由而奋斗的过程。从这个意义上来说，受制度保证的消极自由与灌注着强烈道德自觉的积极自由具有同等的重要性。

比照上述诸人对哈耶克不同的理解，在简单回顾了哈耶克思想在台湾的传播历程之后，我们要问的一个问题是：对于解读哈耶克这样一位“头脑迷糊型”的大思想家，包括两岸在内的汉语学界面临的思想任务是不是才刚刚开始？

---

① 林毓生著，朱学勤编：《热烈与冷静》，上海文艺出版社，1998年版，第40－41页。

② 同上，第26页。

从何其芳到王鼎钧

——独白体散文诗漫论

徐　学

一

散文诗，简单地说就是具有诗质的散文。这种说法太过抽象。文学，广义言之，都应具有诗的品质。那么，散文诗应何处找寻？

其实，可以让阅读感觉帮我们的忙。翻开那些没有情节结构也不分行的文本，一个有阅读素养的读者会品味出两种不同的美感：一种以现实的人物、事件或者客观的自然万物为重心，引申或蕴涵人生社会之理，传达出悠闲的、质朴的、从容的韵味，这是散文；一种以作者的内心世界为中心，为了细致入微地刻画、淋漓尽致地表现个人的主观世界，不惜将客观世界压缩、变形。它更多地借助诗的方法，如稠密的典故、意象、大幅度地跳跃……表现出更多的个性色彩和风格，这应该就是散文诗了。

若是同意这一划分方法，就会看到一些论者或作者并不认为是散文诗的作品，其实正是绝好的散文诗。散文诗，据我的观察，至少可以分为三类：意象体，以意象为中心，如商禽、苏绍连等的作品；寓言体，现代寓言结构全篇，如杜十三；鲁迅的《野草》，是兼而有之。独白体，像余光中的《逍遥游》、《地图》、《听听那冷雨》，王鼎钧《左心房漩涡》，杨牧的《叶珊散文集》① ……这些作品都采用了相同的叙述方式——独白，而且正是独白使它们更多地摆脱了散文的框架向诗升华。这就是本文要论述的独白体散

① 余光中三篇可见：《隔海说文》徐学编选，厦门大学出版社，1988 年版。《叶珊散文集》，台北：文星书店，1968 年版。王鼎钧：《左心房旋涡》台北：尔雅，1988 年版。

文诗。

独白来自何方？独白源于戏剧，指一种带有韵律的话语。西方的近代以前的戏剧，无论是古希腊的歌队咏唱，莎士比亚笔下的人物念白，拉辛剧中的崇高台词，总是伴随着韵律；在中国戏曲中，大凡抒发胸中喜悦怨怒，摹状目前场景，讲述自家遭遇身世时，也多是韵白或唱辞。韵律使语言超越了琐屑的日常生活，向诗与音乐靠近，这是西方诗剧与中国戏曲的共同之处。然而，我们不把中国戏曲中的唱辞和韵白视作独白，这是因为：一、中国戏曲的程式化使它难于细致入微地刻画性格形象的内心冲突，如莎剧里的哈姆雷特的矛盾，奥赛罗自杀前的表白，理查二世失势后的长叹与哀语……二、它善恶分明道德教诲意味浓厚，缺乏耐人寻味的哲理。三、它少有浓郁的悲怆氛围。所以，我们认为独白基本上应该是一种舶来品。

二

叙述方式指作者以特定的语调或口吻导引读者的艺术方法。不同的叙述方式会透露出不同的情感色调和情绪节奏，达成不同的美学效果。独白是一种更接近诗的叙述方式，为了更透彻地了解这一点，这里我们把它与散文中最常见的“诉说”做些比较。

“诉说”这一叙述方式指散文家常用的随随便便，似乎与友人纵意而谈任心闲话的口吻，作者仿佛面对亲临现场的交流者，直接倾诉，因此，喜欢用“呢”、“吧”、“啦”等语气助词和“儿”化词汇，还常常插入“你知道，”“我说，”“我们……”领起的段落，努力营造一种现场感和口语化的语境。

“诉说”这一方式兴盛于“五四”之后，在反封建说教追求个性潮流的激荡下，散文家试图寻找一种平等交流的口吻和语调，取代宣教的陈词堆砌的滥调。他们从英国的随笔与中国的白话小说中汲取了养分，追求一种口语化的效果。30 年代，鲁迅翻译厨川白村《论英国随笔》，其中有——“如果是冬天，便坐在火炉旁的安乐椅上，倘在夏天，则披浴衣错，啜苦茗，随随便便，和好友任意谈话。将这些话照样移到纸上的东西，就是 ESSAY”，这一段被当时及后来的作者与论者一再引用;[1] 林语堂更直截了当地说，“我所要搜集的理想散文，乃得语言自然节奏之散文，如在风雨之夕围炉谈天，善拉扯，带情感，亦庄亦谐，深入浅出，如与高僧谈禅，如与名士谈心……”[2] 可见当时散文界对“诉说”的一见倾心和群起仿效。今天看来，“诉说”自有其不可替代的艺术功效，尤其对于宣传鼓动，对于沟通大众，它依然是较“独白”更见成效的叙述方式。它在20年代至80年代的中国散文作品中极其普遍，可以预期，进入21世纪它仍将占据大众传媒。

在“诉说”为主导之时，有人仍潜浸于神秘的个人经验、幻想、一些骄傲和愤懑，以此结构和酝酿自我独特的美感结构，尝试着把意识与灵魂压缩转化，逸入纯粹的诗的世界。在那世界中重新认识自己，从而和周遭的现实保持一定的距离，甚至和自己保持一定的距离。“独白”作为一股潜流一直在中国文坛忽隐忽现，特别在30年代，先后有陆蠡《海星》（其中第一至第四辑）、何其芳《画梦录》以及卞之琳、李广田写于1936年的散文诗作品。[3]

这些篇章是一群青年散文家苦闷心境的独白。可以看出作者写作时心情暗淡，对与人沟通的可能性心存疑虑，因而，无意甚至是有意排斥与人对话，一意诉诸自我孤寂的内心，寄托于阴冷的意象抑郁的氛围，这种不求解人的阴冷独白越发浓重了作者的孤寂。

30年代的独白散文诗以何其芳成就最大，他也是这一青年散文家作家群中最能深刻反省和把握个体创作经验的文艺理论家。他对散文诗的阐释有助于我们了解独白体散文诗，因此有必要对他多说几句。

何其芳在《画梦录·代序》中自述创作动机道：“喜欢想象着一些辽远的东西，一些不存在的人物，许多在人类的地图上找不出名字的国土。”“不知何时起世上的事都使我厌倦。那时我刚倾听了一位丹麦王子的独语，一个真疯，一个佯狂，古往今来如此冷落的宇宙显得十分热闹，一滴之饮遂

① 参见《现代作家谈散文》，佘树森编，百花文艺出版社，1986年版。

② 林语堂：《小品文之遗绪》，载《林语堂散文》（一），河北人民出版社，1991年版。

③ 陆蠡：《海星》何其芳：《画梦录》，此二书同为上海文化生沽1936年版。李广田《马蹄篇》、《通草花》、《雾》此三组散文诗收入其《雀蓑记》，上海文化生活，1939年版；卞之琳此时散文诗收入《沧桑集》，1982年版。

使我大有醉意，不禁出语惊人了。”①

一年后，在《关于〈画梦录〉和那篇代序》② 中他更深入地说明了《画梦录》的创作内容和艺术方法，这其中值得我们注意的是两点：

一、《画梦录》创作缘起：作者因为不满于新文学散文的抒情一支，“多半流入身边杂事的叙述和感伤的个人遭遇的告白”，遂希望“为抒情的散文发现一个新的园地”。他说，“应该像一个有自知之明的手工匠人坐下来安静地、用心地、慢慢地雕琢出一些小器皿了，于是我开始了不分行的抒写”。“我企图以很少的文字制造出一种情调：有时叙述一个可以引起许多想象的小故事，有时是伴着深思的情感的波动。……我追求着纯粹的柔和，纯粹的美丽。”

二、《画梦录》不是唯美之作、空虚之作。作者承认作《画梦录》时，他异常孤独，“生活一直像一个远离陆地的孤岛，与人隔绝”。但是，这孤独不是庸俗者的无聊，而是思想家、艺术家的寂寞。这寂寞乃至悲观，实出于对人生“充满了热情，充满了渴望”“实在是有所爱恋，有所憎恶。并不像《画梦录代序》中所说的，对于人生我动心的不过是它的表现”。

了解了这两点，我们就能读懂《画梦录·独语》中的句子，“每一个灵魂是一个世界，没有窗户。可爱的灵魂都是倔强的独语者”；我们也能约略知晓思索者的精致独白与情绪化的感伤告白的分野了。

一个时代有特殊的思想情感，新的文学样式因此应运而生。散文诗在西方的诞生，为的是表现“现代的，更抽象的生活”，“适应灵魂的抒情性动荡，梦幻的波动和意识的惊悸”（波特莱尔《巴黎的忧郁·献词》）。散文诗在中国，也出自一种新的生活感觉和美学精神，它是思想者于脱序人生中寻觅诗意碎片时的创造，是文体家借助文字和意象挑战浅薄敷衍之作的尝试。特别是独白体散文诗，既表现出浓郁的哲思，也将笔触探入梦幻、潜意识等非理性的内心冲突中，它具有更强烈的个性色彩和文体意识，表现出与“文以载道”“以理节情”中国古代文学大相径庭的开创性的艺术风格。

---

① 何其芳：《扇上的风云》（《画梦录》代序），载《画梦录》。

② 何其芳：《我和散文——〈还乡杂记〉代序》，载《还乡杂记》。1949 年上海文化生活出版社出版。

三

独白体散文诗在大陆，很长一段时间被视作作家进退失据时的颓废之作，有意无意地将其屏弃于主流文学的视野外，独白这种凸显个人内心刻意以文采脱俗的叙述方式，当然也就近似禁地少人问津。而在台港及海外，作家外受西潮激荡，内感国恨家仇，辛酸屈辱的漂泊与放逐，急剧变更的社会环境，激起敏感心灵的层层波澜，独白体散文诗自然成为他们喜好的文体。自60年代起，独白体散文诗就引人注目，80年代，更是蔚为大观。限于篇幅，本文仅以余光中、杨牧、王鼎钧三位的作品为例。

余光中认为，“本质上说来，文学的较高境界，是内在的独语（monologue），不是外在的对话（dialogue）。诗人的作品，本质上说来，也是一种‘话’，但是这种话不是为了某一场合说给某一个人听的，他是诗人气质的流露，性灵的表现，任何人在任何时代都是这种‘话’的对象。‘余亦能高咏，斯人不可闻’，李白的话是说给古人听的，也是说给自己听的，也是说给后人听的。‘念天地之悠悠，独怆然而涕下’陈子昂的话不一定要说给谁听，它是说给虚空听的，但是每个读者都觉得似乎是特别说给他自己听的。(凤·鸦·鹑)”

1958年发表的《石城之行》,[①] 是余光中抒情文的创作发端，他自此一发而不可收，一直到香港时期，才渐渐平息了紧张的内心冲突，转入雍容闲适与幽默的散文传统。自《左手的缪思》到《听听那冷雨》，诸文集中，有近三十篇是诗情浓郁之作，如作者几十年以后说的“是壮年的诗笔意犹未尽，更伸入散文来贾勇逞能，比起正宗的散文多一点诗情，比起诗来又多一点现实和气势”。[②] 但是，就是在这些作品中，可以严格定义为散文诗的，应该只有《逍遥游》、《四月，在古战场》、《塔》、《下游的一日》、《伐桂的前夕》、《听听那冷雨》、《地图》、《蒲公英的岁月》八篇。它们共同的特点在于，并不以一件事（如《鬼雨》写仅存三天的生命）或一个景点（石城、

① 载余光中：《左手的缪思》，台北：文星，1963年版。

② 余光中：《逍遥游·九歌新版序》，载《逍遥游》，台北九歌出版社，2000年版。

塔阿尔湖、爱伦坡旧居、西敏寺、南太基、纽约帝国大厦等）为中心，而是将焦点对准内心，以一个或数个意象缩结全篇。它们才是本文要分析的独白体散文。

杨牧的《叶珊散文集》和《搜索者》多是自我观照与自我剖析，他写道："我开始把自己视为宇宙的中心，我信仰自己，极端地崇拜自己……我曾经半年内尽量避免和别人说话，甚至对家人也如此。我把自己关在房间里幼稚地沉思，荒唐地痛苦着，用不成熟的忧郁咬啮自己稚嫩的灵魂"。① 无论身处萧然斗室或空寂夜街，作者都在摹写内心，仿佛已被荒芜吞没，唯有自己才是宇宙的中心。有对童年至少年自我成长经验的反省；有艺术生命的蜕变——朦胧美感的萌发到对美的主动追索；也有事件和人物，……但只是作为心灵成长中折射的光影而融入自我的思绪和印象中。

王鼎钧《左心房漩涡》共33篇，分为"大气游虹""世事恍惚""江流石转""万木有声"四部分，它并非按创作或发表的先后排列，而是以书中"我"的心路历程来组合的。

前两部分的主调是感慨，漂泊与乡愁引发出不胜沧桑的低落情绪，里面有怪诞的意象，如被斩成两段，用下半身追赶着上半身，"上半身没有腿，居然会跑，下半身没有嘴，居然能喊"；也有奇异而恍惚的奇境，现实与梦境的混杂。第三部分是转折，前几篇依然承续着抑郁慨叹——母亲无墓，红石榴被伐倒，从前的密友突然陌生，中国的苦难更让"我"哀号。然而，情感的流程犹如水穷云起，第三部分的后三篇渐从抑郁转向开朗，由失望变为希望。《给我更多的人看》显出对历史和命运的豁达态度——"把叶子吹离枝头的，是风，把叶子围拢在树根四周的，也是风。把花瓣从陌上冲走的，是水，把花瓣一个挨一个铺满湖面的，也是水。俱往矣。不要讽刺生命，当心生命会反讽你。"深重悲恸恍惚失魂后，情感并不陷入玩世不恭，而流于尖酸刻薄愤世嫉俗，得力于内在的化解，在这一部分，作者自问自答，回旋往复，将内心的矛盾纠葛逐一解脱。到了第四部分，几经迂回曲折的情感，终于破关而出，基调一变为豪迈开阔圆通达观，有如灰烬中重获新生。《夜行》传达出"天行健君子自强不息"的进取态度；《年关》赞美了

① 杨牧：《昨日以前的星光》见《叶珊散文集》。《搜索者》，台北洪范，1982年出版。

中国人除旧布新的操作智慧；《看大》和《看苗》，寄希望于家乡的未来，更寄希望于家乡的青年，“苗给人的喜悦，胜于穗；那一地嫩绿给人的信心，多于遍野金黄”；《黄河》更通过对黄河的评判表达对祖国的担待和激情。

《左心房旋涡》的四部分如交响乐的四个乐章，“小我”的委屈哀怨与“大我”的执著坚毅是交相呼应，贯穿全书始终的两大主题，它们之间的冲突形成的张力，把读者卷入艺术的漩涡中：一、二章中，家国情怀一度几成精神病患的呢喃，生命无常造化弄人的哀怨成为主旋律；清明的省视和超拔的气度似有若无，时隐时现。在第三章，虽然还有一些疑惑，一些沮丧和愤懑，悲天悯人的宁静笃定终于压倒了“小我”的酸楚。最后的乐章，以大气磅礴的旋律中完成净化和升华。

四

余光中、王鼎钧是当代独白体散文诗的杰出代表，他们的作品将中国散文诗艺术提高到一个新的境界，其具体表现如下：

（一）作品的生活容量更显阔大

余光中等人的独白体散文诗，虽然也都环绕着自我的内心世界，成长记忆或私密心境，但总有几十年的家国之别和深重的文化乡愁为背景，总有旧大陆（祖国）、新大陆（美国）和岛屿（台湾或香港）的现实侧影，总有几千年古典文化的芬芳。因此，“小我”中有“大我”，既是个体生命的横切面，也是亿万中国人的灵魂取样。

情感的充沛，思虑的深广，内容的丰富必然导致篇幅的扩大。余光中的独白体散文诗，一般都在四千字上下；王鼎钧《左心房漩涡》虽然大都在两千字以下，但33篇有机组合，一气呵成，构筑起史诗般整体。他们的艺术实践，突破了散文诗仅能写小感触的小格局。

（二）艺术表现力更加强烈而多元

余光中等作家深受西方现代绘画、音乐、摄影、戏剧，特别是现代诗的熏染，这不但促成了他们新的观察内心的感性结构（情绪、直觉、想象），也加强了他们的知性结构（哲思、知识、经验），使他们的独白体散文诗兼容并蓄，把蒙太奇的节奏、现代诗的意象，现代绘画的变形与抽象，现代剧的象征及怪诞融为一体，纵横捭阖，汪洋恣肆，具有多元的美感。他们的成就得力于时代、阅历和对于诗的新的认知。

他们所处的时代，比起三、四十年代，是一个相对安定的年代，心灵也许如失根的兰花，生活却尚能免除战乱之苦，尽可从容涵泳于中西文化之中——世界文化交流的日益密切，使他们对现代文化的渊源和趋势有更为真切与深入的了解；中国古典文化的再评估和新诠释，使他们避开了抱残守缺与故步自封的偏激摇摆。

他们个人的生活阅历也更加丰厚。30 年代何其芳为代表的作家群，作独白体散文诗时，都还处于青春期。以 1936 年为界，李广田最年长，不过三十岁，最小的何其芳才二十四岁，卞之琳二十六岁，陆蠡二十八岁。今天读这些满带青春气息的散文诗，不能不为其才气惊服；但与同样慧心独具的后来者相比，总显得阅世较浅，为文局促；须知，余光中的独白体散文诗作于三十七岁至五十岁之间，王鼎钧写《左心房漩涡》已六十三岁，新酿毕竟不敌老窖。

他们对于诗的认知更加深入全面。首先，诗是“以最经济最有效的文字，将主观经验客观化的艺术。”余光中明确指出，主观经验是思想、情感和感官三者的综合，执著其一不及其余便不能臻于上乘；客观化的文字操作也须综合，尤其应该注重意象（诗的可视性和空间面）和节奏（诗的可听性和时间面）的融合无间。① 其次，对汉诗的传统有更清醒的观照。看到传统中偏重抒情忽略叙事不作史诗，而在量少的叙事诗中，缺乏足够的戏剧性和深入的心理刻画。“言志也好，抒情也好，中国诗一直跳不出第一人称的局限”。② 正因为有清醒的认知，所以能出入于古今中外，折冲樽俎，后来居上。

---

① 余光中：《从经验到文字》，载《望乡的牧神》，第 157 页。台北：《纯文学》，1974 年版。
② 余光中：《放下这面镜子》载《焚鹤人》台北：《纯文学》，1972 年版。

高阳小说中的平民世界

徐　学

一

论及高阳，学者总注意到高阳的世家气质及由此衍生的小说中圣君、贤相、良将、名士才子、国色天香。这本无可非议，高阳确有以贵族为荣的思想。贵族世界也是高阳创作中重要部分。

与同样出身晚清名宦巨族的当代小说家相比，高阳这种世家为荣的思想就更为突出，比如张爱玲，她对自己生长其中的大家族怀着深深的憎恶并作过彻底的决裂。① 而高阳却不同，在他的杂文中，提到与自己家庭有关的人与事，总自觉不自觉地流露出景仰和眷恋；在他的小说中，对贵族家庭中那考究的饮食、游乐、住所及起居生活，也大都有倾慕之意，多次借人物之口说出“不是三世做官，不知穿衣吃饭②”。

在中国漫长的封建社会里，值得后人向往仰慕且珍惜把玩的好时光并不多见，历史留给我们更多的是由昏君庸相贪官污吏组成的黑暗图景。也许正因为如此，太平盛世，浩然正气，才格外令人驻足留恋。高阳小说中着力刻画的优秀人物，只是皇家贵族中的凤毛麟角。高阳通过他们，来宣泄自己的理想主义，达成自己“唤起历史温情”的创作主旨。这种努力和独创，应该成为“高学”研究的重心。

但是，我们不应该因此便忽视了高阳小说中的另一些侧面，如文本将要

---

① 张爱玲的弟弟张子静在张爱玲逝世后发表了长文《我的姐姐》，回忆了张爱玲与其家庭的关系，从中可以看出张爱玲对其大家族憎恶之深与决裂之彻底。该文载《永远的张爱玲》季季、关鸿选编。上海学林出版社，1996 年版。

② 参见高阳《我的老家“横桥吟馆”》，载《高阳杂文》，台湾：风云时代出版股份有限公司，1995 年版。

分析的——高阳小说中的平民世界。

高阳小说中的平民世界中主要是由以下几类人物形象构成：

一、世家大族或豪门巨贾中的侍妾丫环和家丁佣仆。世家大族如其红楼小说系列（包括《秣陵春》、《茂陵秋》、《五陵游》、《延陵剑》、《曹雪芹别传》、《三春争及初春景》（三卷）、《大野龙蛇》（三卷）中所描绘的苏州织造李煦家、江宁织造曹寅家、平郡王讷尔苏家，豪门有《绝色寡妇》中的黄亮功家，巨贾为《胡雪岩全传》中的胡雪岩家。①

二、形形色色的社会大众老百姓。如小贩、媒婆、镖师、下层幕僚、客店老板、钱庄火鸡、算命先生、落地秀才、戏子画工……

上面所说的第一类人物在描写世家贵族与豪门巨贾的小说中常作为陪衬和配角穿插于小说情节中，但在世家或豪门逐渐衰落或突遭变故之时，亦往往成为舞台中心的主角之一。如《大野龙蛇》中的秋月、锦儿；《刘三秀》中的刘三秀②；《萧瑟洋场》和《灯火楼台》中的罗四姐……

上述第二类人物在高阳的小说中极易被人淡忘。他们之中的许多人有名有姓，但都来去匆匆，无法占据小说的舞台中心。可正是这些人物群象成为高阳小说世界中历史生活的肌理和细胞，成为高阳小说世界中有血有肉的历史文化生活氛围。例如《水龙吟》中写道的小尤，他仅仅在知州刘青到达州时出现过一次，便再不提起，但他却可以让我们了解到，在清末，廉吏远行时不愿携带女眷，却可带个男童随行，来满足性欲上的需求。这样，小尤这个人物便成为清代官场习俗的有机部分③。高阳为表现其小说中具体环境，经常大段穿插一些游离于情节主线之外的掌故轶闻，牵扯出许多次要人物。从纯文学的小说美学标准来看，这些人物和他们的故事可说是节外生枝、横生枝节的藤蔓，但高阳的小说之所以能避免主题先行先入为主的写作

---

① 《秣陵春》、《茂陵秋》、《五陵游》、《延陵剑》四部合称《红楼梦断》，由海峡文艺出版社出版，1985年版。《曹雪芹别传》中国友谊出版公司1985年出版。《三春争及初春景》1983年至1985年，台北联合报社出版。《大野龙蛇》1985年至1987年，台北联合报社出版。《刘三秀》，台北：南京出版公司，1979年版。《胡雪岩全传》，中国友谊出版公司，1995年版。

② 《刘三秀》一书，大陆出版时改题为《绝色寡妇》。

③ 见《水龙吟》，第144－145页，台湾：联合报社出版，1992年版。

方式，而被论者誉为“历史民族志”。① 很大程度上便是得力于这些来自三教九流名不见经传的芸芸众生相。

二

高阳虽然愿意以一个不动声色的“历史侦探”出现在他的小说中，而拒绝做“历史的法官”，任意去判定历史的是非，古人的功过②。但在高阳小说的平民世界里，我们仍可以寻到高阳对人生的洞照和评估，它或隐或显的流贯于字里行间。

首先，高阳并不认为高贵者愚蠢卑贱者聪明或卑贱者愚蠢高贵者聪明。他没有一个固定的模式，他总是从人物所处的环境出发，写出平民世界的复杂多般。在他的笔下，中国古代的平民百姓是一种力量与软弱、渺小与伟大、正直与卑污的混杂群体。其中一些人物品质恶劣、利欲熏心、为非作歹。如《杨乃武与小白菜》中的沈媒婆，为贪钱财终使小白菜走上绝路；《秣陵春》中的土郎中石大妈乱用虎狼药，使绣春几度欲死；孀妇魏大姐将名士李绅灌醉强行同房逼成夫妻。而另一些人却见义勇为、不惜身家、义薄云天。如彩云、朱二嫂、沈宜士（《茂陵秋》），镖局掌柜仲四（《曹雪芹别传》、《大野龙蛇》），大刀王五（《胭脂井》）……

其次，高阳以他小说中的平民女性形象颠覆了“唯女子与小人难养”的传统礼教。在他的平民世界中，最感人最出色的是那些因其沧桑坎坷而有主见有担当的女性形象。除我们上面提到的秋月、罗四嫂、刘三秀等人外，还有任姜（《荆轲》）、降仙（《百花洲》）、玉英（《醉蓬莱》）、青儿（《大将曹彬》）、杨大姐（《杨乃武与小白菜》）等。高阳对于她们的才情容貌，以及在待人接物理财服众中的智慧才情与品性禀赋有着深入的了解，对她们丰富细腻的思想情感有建立在长久揣摩和观察之上的细致描绘。

这里为加深读者的了解，我们特地试举两例加以剖析。这两位平民女性

---

① 参见杨煦《历史小说与历史民族志》一文。载《高阳小说研究》张宝琴主编，台北：联经出版社公司，1993 年版。

② 见江澄格：《历史小说巨擘高阳》，台湾：三思堂文化公司，1995 年版，第 129 页。

形象是《胡雪岩全传》中的罗四姐（后被称为螺蛳太太）和《曹雪芹》系列中的秋月（后改名为秋澄）。

为什么在高阳众多的平民女性形象中挑出她们两个作为分析的对象，理由有二：第一，她们是高阳小说代表作中的重要人物，在小说中活动的时间长场景多。如罗四姐，16岁与胡雪岩交往，26岁成为胡家妾妇，43岁胡家破产后自杀身亡。在小说《灯火楼台》、《萧瑟洋场》和《烟消云散》中她都曾登台表演，某些时候还成为舞台的中心人物。秋月的活动跨度更大，在《秣陵春》（高阳“红楼系列”第一部）出场时是26岁，在“红楼系列”近300万字浩瀚篇幅中，她不断出现，直至终卷，已是50多岁的人了。第二，罗四姐与秋月分别代表了平民女性形象中不同的两类形象。罗四姐精明干练，善于理财管家，能够处理大家族各种人事纠葛；秋月则文静好学、处事忍让，愿意牺牲自己成全他人。

秋月在曹家，最初服侍曹老太太，虽然极为得宠，却仍然处事谨慎，在与霸气的震二奶奶，憨直的绣春、精明的锦儿、阴诡的春雨的相处中尤见其持重通达。芹官的成才与否是曹老太太临终时最为牵挂之事，也是曹家能否中兴的大事。曹老太太辞世之前郑重地将此事与她一生的积蓄托付给秋月。秋月果然不负重托，在这以后的几十年中，曹家遭逢了一系列重大变故，查抄、充军、败落……她却忠诚不贰，危难中总能舍己挺身，将故主之托视同终身使命。高阳把这个平民女性的忠诚正直写得生动感人，她的品质并非奴性，更远离势利趋附，而是闪耀着“士为知己者死”的义勇光辉。

高阳红楼系列小说中的人物设置，与《红楼梦》中的形象体系有着相当明显的对应关系。其中李煦家与宁府相互对应，如鼎大奶奶/秦可卿；李鼎/贾蓉；李煦/贾珍。曹家与荣府相对应，如曹老太太/贾母；贾政；马夫人/王夫人；楚珍/金钏；春雨/袭人；小莲/晴雯……这里的秋月，在开始时也明显有《红楼梦》中鸳鸯的某些痕迹。但随着小说的进展，这种对应显著淡化。尤其在《大野龙蛇》第一部至第三部中，秋月的言行和心理都得到极为细微的表现，这使她成为高阳小说中一个独特而令人难忘的平民女性形象，远非《红楼梦》中的鸳鸯可比拟。

罗四姐的形象同样鲜明丰满，在《胡雪岩全传》中，她自小父母双亡，在战乱中流徙千里。好不容易成家，丈夫又早逝，但命运没能使她屈服，反而造就了她的胆识和才干。当她与少女时的男友胡雪岩11年后再度重逢时，她并不愿意靠着财神坐享其成，而是立刻用胡雪岩赠与她的钱，买了一块即将增值的地皮，归在胡雪岩的名下。当胡雪岩看到她递过的地契，证件程序丝毫不差，不由自叹不如。

罗四姐成为胡家妾妇之后，以其才干肚量使胡雪岩不得不加倚重，给予她事实上胡夫人的地位。胡雪岩没有看错人，在风云突变，财神行将倒地之时，罗四姐表现出不凡的手段。

当她先于胡雪岩得知变生不测，大祸将临之时，便以处变不惊矫情镇物的功夫，若无其事地会见了深夜赶送电报的阜康钱庄档手，并做出对经不起刺激的胡母封锁消息的决定。她还预测了各种可能的乱象，传令钱庄歇业闭门。第二天凌晨，礼节性请示了大太太之后，便集合全府上下，晓以利害约法三章加以管束，稳住了阵脚。之后，拜访官府，通过与自己换帖的藩台姨太太，说动藩台及知府率领公人前去弹压，平息提款风潮，在胡雪岩到家前有效地控制了局面。这以后，夫妻共谋，各撑内外。罗四姐一面照原定日子气派非凡的为胡家三小姐操办婚事，一面转移家产图谋再起。虽最终因识人不明家产尽失功亏一篑自杀身亡，但作为一个丰满的形象有着不可磨灭的艺术魅力。

三

平民女性形象是高阳塑造其平民世界时最为着力之处，自然也成为其小说平民世界中最引人注目之胜景，将此类形象与其他小说家所创造的相近形象加以比较，将有助于我们更清晰地透视高阳小说创作的某些特点乃至其创作观。

本文以下将其与张恨水笔下的平民女性形象稍加比较。比较二者的依据在于：一、张恨水与高阳都是本世纪以来最为著名的多产小说家，他们都以善于描摹世态人情而著称。二、张恨水小说中最出色的形象多为一些出身微贱寒素的平民女子，如《金粉世家》中的冷清秋；《啼笑姻缘》中的沈凤喜、关秀姑；《美人恩》中的常小南；《满江红》中的李梅芬；《夜深沉》中的杨月蓉等。

通过细致的阅读，我们可以指出他们有两个明显的不同之处。第一，张恨水的是言情小说，他的小说总是以男女主人公的爱情婚姻作为主线。因此，他笔下的平民女性也大都在爱情的漩涡中打转，凸显的是这些女子的爱情婚姻观和爱恋情欲。而高阳的小说虽然也涉及男女之情，但绝不限于未婚青年男女，他较少写青年男女中那种欲说还休的朦胧情愫；他更喜欢在广阔的社会活动背景中偶尔穿插一些情爱故事，而不似张恨水总是以爱情故事为主干。即便在高阳那些以爱情为主干的小说中，如《王昭君》、《再生香》、《小凤仙》、《李娃》等，他也是在爱情故事中展现社会政治经济生活的各个侧面，因此即便是这样的小说，我们也不能称之为言情小说，称之为世情小说更为合适。特别是高阳所着力表现的平民女性形象，她们的爱情更非才子佳人的模式可以涵盖。她们的爱情和恋情总是闺房、后花园、寺庙之外，与商业竞争、政治倾轧、家族祸福密切结合，在错综的矛盾和纠葛中展露她们的风采。高阳的爱情故事中很少有为迎合市民趣味而将爱情庸俗化，如琼瑶小说那般的死去活来的；反之，他处处不忘把男女之间的执著恋情与他表现大历史的创作意图联系起来。在他的小说中我们常会看到家庭与国家相沟通的一些有趣笔墨。比如，在叙述罗四姐在胡家的地位时这样写道：

胡家中门以内是“一国三公”的局面，凡事名义上是老太太主持，好比是慈禧太后的“垂帘听政”，大太太仿佛恭亲王，螺蛳太太就像前两年去世的沈桂芬。曾经有个姓吴的翰林写过一首诗，题目叫做《小姑叹》，将由山西巡抚内调入军机的沈桂芬，比作归宁的小姑，深得母欢，以致当家的媳妇，大权旁落，一切家务都由小姑秉承母命而行。……胡家的情形最相像的一点是，老太太喜欢罗四姐，就像慈禧太后喜欢沈桂芬那样，每天“上朝”——一早在胡老太太那里商量这天有什么要紧的事要办，通常都是罗四姐先提出来，胡老太太认可；或者胡老太太问到，罗四姐提出意见来商量，往往都言听计从，决定后才由胡老太太看着大太太问一句：“你看呢?”有时甚至连这句话都不问。①

这里可以看出，在爱情故事中也有政治隐喻。正是在这种力图勾连家庭、社会与国体之间的努力，使高阳笔下的许多平民女性都似乎站在了与男

① 见《烟消云散》一书，第47页，中国友谊出版公司，1985年版。

子并肩的生活制高点上，而较多地偏离了传统社会相夫教子的附庸式生活轨迹。她们因此多了几分矫健，平添一股侠气。张恨水曾经说过，艺术家“有寄托于山水者，有寄托于花月者，有寄托于男女爱情者，其结果所至，若为侠客，若为高僧，若为隐士，若为风流情侣，又各异矣。以言品级，侠士为上，高僧隐士次之，风流情侣，斯下矣。”他又坦然认为，自己小说多写的是“风流情侣”①。这些“风流情侣”与高阳小说中那些英气逼人的平民女性相比，品位上当然相当差一截。

第二，张恨水小说在人物塑造上表现出更多的主观色彩，有一种悲观色调，总不时在其小说人物身上表现出来。而高阳的小说显得客观冷静，有一种历史学家考证学者的科学态度，也有一种民俗学者如实展示的实证风格。

这种差异来自双方不同的创作心态。

张恨水出身于一个小县城中的贫寒之家，自少年进入报界，时值中国社会最为动荡黑暗时代，所见所闻污浊不堪。命运多舛，前途未卜，他一度有过托钵云游的思想。最终虽未出家，但消沉悲观的情绪却一直在小说（尤其是几部代表作）中浮现出来。他笔下少有昂扬乐观的主人公形象，而更多的是如杨杏园、冷清秋、樊家树这样的人物，身世多难，再三挣扎也无法改变悲剧的命运。“人生宇宙间，岂非一玄妙不可捉摸之悲剧乎？……吾深感人生不过如是，富贵如何？名利如何？”这段写在其代表作《金粉世家》序言中的话充分表现了张恨水的创作心态②。

高阳出生在东南金粉之地一个富于书香气息的官宦世家。虽然8岁丧父、家乡沦陷。但因母亲能干，薄有家产，加之兄妹十人他排行第九，从小得到宠爱，过着一种平静宽裕的生活。他在杭州读高中时就经常去听戏看电影，对于好戏和名角从来就不放过③。高中毕业后很快在报社找到工作，以后考入军官学校，仍然从事文职工作顺利进入文坛，一生基本上无太多坎坷。不比张恨水是长子，下面有五个弟妹。父亲去世后，家庭丧失了经济来源，他早早地担负起赡养母亲和照顾弟妹的责任。生活压力一度极为深重。

① 张恨水：《满江红》自序《满江红》，安徽文艺出版社，1985年版。
② 张恨水：《金粉世家·序》。
③ 庄练：《我与高阳在空军官校的日子》，载台湾《中央日报》1992年6月8日。

所以，高阳的创作心态远较张恨水更为明朗。

还有，双方创作高峰期处于不同的人生阶段，也造成创作上主客观因素比重不同。

张恨水以小说出名时年仅25岁，其重要小说均在30岁左右时完成，也就是在1919年秋至1930年。而高阳小说的创作高峰期是在50岁至65岁之间，也即70年代初期至80年代中期，较之30岁的张恨水，高阳在创作力最旺盛之时，无论是人生阅历、学识储存和写作经验上都显得更为厚实老到，完全摆脱了“为赋新词强说愁”文艺青年式的感伤色调。

四

高阳小说世界中的平民形象，尤其是平民女性形象的塑造，与作者的生活阅历文史修养有着密切的关系，对此文本在上面也略有涉及，下面再作更详细的分析。

早年的生活与阅读。上面说过，高阳年少时，因母亲能干，家庭中和睦相助，过着衣食无忧的生活。这不但使他养成了追求高级物质享受讲排场不善理财的性情，也使他对平民生活、尤其是底层的平面生活缺乏真切的体验。这时期他对平民生活的了解和认识，主要有两个途径：

一、母亲口中的故事。高阳在回忆文章中写道：“（少年时）我家每每成为‘聚会中心’，这不仅因为我家天井大，走廊宽，主要是我母亲好客而健谈。我的外祖父曾入北洋大臣直隶总督荣禄的幕府，与我的祖父是磁州知州的前后任，磁州在邯郸之南，为由河南入京必经之地，‘衡、繁、难’三字俱全。光绪廿七年冬天，两宫回撵，驻跸磁州。其时我母亲新归先父，回撵的情况，亲见亲闻”①。

母亲在高阳少年时所说的故事，应该主要以大家族乃至清末宫廷的掌故逸事为主，其中当然也免不了有许多侍从、仆役、丫环的故事。高阳的文学种子中想必储存了大量有关他（她）们的讯息，以致他在后来创作的小说中，所出现的平面形象大都与宫廷、贵族或世家有着程度不同的联系。这点

① 见《高阳杂文》，第51页，台湾：风云时代出版公司，1993年版。

与张恨水、老舍笔下的平面形象大不相同。后二位作家出身贫寒，也曾有过底层的生活经验，因此他们的平面生活图景中常有饥寒交迫无以为生的贫民出现①。而高阳的平面生活图景大都以富庶的百姓，即介于贫民与富豪之间大众为主。

二、喜欢阅读的文学杂志。高阳少年时喜欢看的杂志是《礼拜六》及《红杂志》、《红玫瑰》等一些以登载张恨水小说为主的刊物②。张恨水的早期小说虽然不免脂粉气，但进入中期却越来越富于现实性和平民性。在他的作品中，常表现出这样的思想倾向：重义轻利，重德轻力，讲究自我修养自我完善，对被凌辱被欺压者充满同情。他总是站在深受传统道德影响并未接受多少新思潮的古老中国大众的立场上，以他们的爱憎他们的褒贬甚至他们的艺术眼光，来观察社会万象，抒发情感，这使他的小说具有为大众欢迎的现实性和警世批判。

这种思想倾向与写作方法无疑对少年高阳有相当的影响。据高阳的回忆，躺在藤椅上阅读《礼拜六》杂志，是他少年时最惬意之事。而《语丝》等新文学刊物，并没有引起他多大的兴趣③。当然这种影响也见于高阳小说中有时或隐或显的有些小市民的趣味，这也是他和张恨水都处于文学商品化环境的关系。

中年的经历与阅读。步入中年，高阳经历了自身漂泊来台，经历了多年的军中文书和新闻工作，对社会人生都有了更深入的观察。这时他大量阅读了野史稗记，培植起终生不改的浓厚的考据癖。与以往大多数考据家不同的是，他更在意于那些方富于历史上正统王朝兴衰没有直接关联的一些历史细节乃至生活琐事，而不把主要精力用于经典中原文原字或正史中所谓大事的考查上。他在考据中所获取的材料，大都出自明清乃至民国初年的笔记、札记。这些笔记札记，或是由某些不见容于正统社会忍把浮各换了浅斟低唱的文人所作，或是某些文士官宦借此抒发他们被礼法官位所束缚而不敢明说的牢骚。显而易见，这种阅读兴趣渐渐培养起高阳非正统的民间的立场，使他

① 参见老舍《骆驼祥子》、《月牙儿》；张恨水《丹凤街》、《夜深沉》。
② 见《高阳杂文》，第51页，台湾：风云时代出版公司，1993年版。
③ 同上。

对历史人生有了一种与正统史学家、学院教授完全不同的切入点，也使得他笔下的平民形象显得更为丰满动人。

晚年的爱情境遇。1983 年，已逾耳顺之年的高阳同少妇吴菊芬相识相爱，从此相濡以沫，终生厮守。吴菊芬生于一个下层军官的家庭，长期经营小餐馆，是平面社会的一分子。高阳在和她的爱情生活中，更为其且深入地认识了平民的生活，对她们的喜怒哀乐有了新的体验，更激发了表现她们的创作欲望。

1983 年以后，高阳小说创作中的平民女性形象明显地增加了。这时，他塑造了他小说平民世界中最为丰满的四位女性形象。除了本文前面分析过的秋月和罗四姐，还有绣春（《大野龙蛇》）、合玉英（《醉蓬莱》）。

在他的小说中，他还借着贵妇和世家子弟之口说出自己的感受："人品的高下，原不在读书多少。从古以来，原有不读书的圣贤英雄。""咱们都该羞死！讲起来是衣冠缙绅人家，要论到立身处世的大过节，真述不及没有读多少书，可是阅历很深的人①"。

上面，我们对高阳小说的平民世界特别是其中的平民女性形象作了初步的分析，并将其与高阳的生活阅历及阅读经验相印证，将其与高阳同代作家作品中的类似形象略作比较。限于学识及篇幅，仅是勾勒。但即便如此，读者也能从中窥见高阳小说艺术世界的一个侧面，窥见那贵族气质与平民禀性在一个小说家身上是如何奇妙地融合。

① 参见高阳：《大野龙蛇》第三部，台湾：联合报社，1987 年版。

余光中文学创作与现代绘画艺术*

徐　学

余光中是一位善于融汇和吸纳多种艺术于文学创作中的作家，在当代文坛上被称为“艺术的多妻主义者”。在他创作风格的形成和发展中，现代绘画艺术有着持久和强烈的影响，探讨余光中对西方现代绘画艺术的消纳、变形与融会贯通，有助于我们把握余光中文学创作的丰富内涵，也有助于我们更深入具体地了解当代台湾文学与现代艺术现代文艺思潮的互动关系。

一

余光中与现代绘画艺术的关系可以从两个方面来考察：对西方现代绘画艺术的汲取和对台湾现代绘画艺术的参与。

西方现代绘画以印象主义为发端和标志，印象主义指 19 世纪下半期，以法国为中心风靡全欧并具有世界影响的艺术运动，它经历了印象主义（Impressionism）、新印象主义（Neo - Impressionism）和后印象主义（Post - impressionism）几个阶段。其代表人物分别是德加、马奈、莫奈、雷诺阿、毕沙罗（印象主义）；修拉、西涅克（新印象主义）；塞尚、高更、梵高（后印象主义）。印象主义画派对现代欧美绘画艺术的各种流派，如立体派、野兽派、达达主义都有极大影响，可以说自印象主义崛起，绘画艺术的现代风采方见端倪，它是文艺复兴以来幻觉写实主义艺术观的结束和以形式和结构为中心新艺术观的开始。

余光中对西方现代绘画艺术的汲取，主要也就是法国印象主义画家群到现代绘画艺术集大成者毕加索。下面我们把他学习、评介西方现代绘画艺术

---

* 本文原载于《台湾研究集刊》2008 年第 2 期。

的活动历程做一大略描述。

余光中比较深入地接触西方现代绘画艺术是在50年代。1954年，余光中大学毕业才两年，诗人后来回忆，“那是我一生最烦恼的时期，身多病而心常乱，几乎无日安宁”。① 正是在这样的状态下，余光中开始翻译《梵高传》。

《梵高传》的作者是美国著名的传记文学作家伊尔文·史东，（1903—1989，大陆译史东为斯通）他一生著有传记小说二十多部。《梵高传》出版于1934年，全书三十多万字，是史东的第一部传记文学，也是他的成名之作。

梵高如今已誉满全球，他的故事走上银幕，谱成歌曲；他的书信有各国译本；他的作品引动千百学者著书立说；艺术拍卖会上，他一幅画的售价足以开办几所艺术院校了。可是，在生前，他只卖掉一幅画，只在生命将尽时看到一篇肯定他的评论。他的家族经营着欧洲最著名的画廊，却从不认可和接纳他的画作；他的爱情热烈而且执著，却没有一个女人肯让他携着走上红地毯；他常常三餐不继，一贫如洗，……梵高反差巨大的凄苦与辉煌，使译者余光中深受震撼。余光中后来回忆道，“本已身心俱疲，又决定要揽下这么一件大工程，实在非常冒险。开始的时候，只觉不胜负担，曾对朋友说，‘等到我译到梵高发疯的时候，我自己恐怕也要崩溃了。’可是随着译事的进展，我整个投入了梵高的世界，朝夕和一个伟大的心灵相对，……在一个元气淋漓的生命里，在那个生命的苦难中，我忘了自己小小的烦恼……就这样，经过十一个月的净化作用，书译好了，译者也渡过了难关。梵高疯了，自杀了，译者却得救了。”多年后，余光中在回忆翻译《梵高传》时说“我不但在译一本书，也在学习现代绘画”。② 自此余光中开始与现代西方绘画艺术结缘。

1958年，余光中去美国爱荷华大学修读艺术硕士，在那里，教授上课时佐以上千张表现西方现代绘画发展的幻灯片，考试时从中抽出几张让学生阐释。翻译《梵高传》时对西方绘画已下过苦功，再经过这样严格的训练，使余光中对西方现代绘画有了深切的体悟和了解。60年代，他写了《毕加

① 余光中：《梵高传·新译本译者序》，载《梵高传》，台北：大地出版社，1991年版，第15页。

② 同上，第16页。

索：现代艺术的魔术师》、《现代绘画的欣赏》、《从灵视主义出发》多篇长文，全面细致地介绍了西方现代绘画艺术。①

上个世纪 70 年代以来，余光中对西方现代绘画的热情经久不衰，他不断地观赏西方现代绘画，写了许多精辟的画评，特别值得一提的是 1990 年，余光中自称是“我的梵高年”。余光中在那一年，向梵高一连献上了《破画欲出的淋漓元气》、《壮丽的祭典》、《莫惊醒金黄的鼾声》、《梵高的向日葵》四篇总字数逾四万的梵高专论。1995 年，台北故宫博物院展出罗浮宫博物馆馆藏名画，余光中在左推右拥的人流中尽情观赏，写下《西画东来惊艳记》。1997 年，发表《面目何足较》，就西方绘画传统中自画像这一问题作了深入的阐发。他还许下宏愿，退休后要再译几部西方现代画家的传记。②

余光中也是四十年来台湾现代绘画运动的积极参与者。

60 年代初期，现代主义浪潮在台湾风起云涌，余光中和台湾现代音乐的奠基人许常惠、现代绘画的倡导者刘国松三位艺术家同为《文星》撰稿人，时常相聚切磋，为文相互支持，“像隔行而不隔山的三泉汇成一水”推动创造中国特有的现代艺术。此时，余光中的主战场在现代诗，但也时时腾出手来，为现代绘画助阵，1961—1963 年，他每年都给台湾现代画派“五月画会”写一篇综述。后来，他对这一段经历有动情的追述，“挣扎求存的穷画家”和“出道未久的青年诗人”“两股刚刚出山的泉水，清流淙淙，都有奔赴大海的雄心，到了历史转折的三角洲，自然便合流了……波涛相激，礁石同当。在共有的两岸之间向前推进，以寻找中国现代文艺的出海口相互勉励”。③

70 年代以后，余光中仍然没有放弃对中国现代绘画发展的关注。除了对杰出现代画家，如刘国松不断成长的作品给予新的阐释之外，楚戈、罗

---

① 余光中：《毕加索：现代艺术的魔术师》、《现代绘画的欣赏》，《从灵视主义出发》载《余光中集》，百花文艺出版社 2004 年版，第四卷，第 55 页，第 60 页，第 218 页。

② 余光中：《破画欲出的淋漓元气》、《梵高的向日葵》《壮丽的祭典》、《莫惊醒金黄的鼾声》，同上，第 7 卷第 447 页，第 468 页，第 474 页，第 494 页。《西画东来惊艳记》。《面目何足较》，同上，第 6 卷，第 598 页，第 629 页。

③ 同上，第 4 卷，第 82 页，第 229 页，第 233 页。第 6 卷，第 163 页。

青、何怀硕以及香港、东南亚的当代华人画家的创作也被纳入他的批评视野之中，他为他们的画册作序，为他们的画展写画评。①

除了写画论画评，余光中还用诗笔写画境颂画家，几十年未曾间断。现代画是余光中诗歌的触发点。最早的一首是作于1958年的《超现实主义之夜》，以后有《我梦见一个王》、《发神》和《飞碟之夜》（3首），分别取材于王蓝、席慕蓉与罗青的画境；《寄给画家》《你仍在岛上》（四首之一）都是脱胎于席德进的水墨画；以梵高画作为主题的有《星光夜》、《荷兰吊桥》和两首《向日葵》；《造山运动》是观赏了江明贤等五位画家当众联手画黄山巨画后作的，写于1996年。②

二

现代绘画对余光中的影响长久而强烈，渗入其艺术精神、艺术观念、艺术技法和艺术题材各个方面。

在艺术精神方面，对余光中有重大启迪和影响的是梵高。这种精神概括起来就是，献身、博爱与进取，其中最重要是那种献身的赤诚。余光中多次赞赏梵高艺术之可贵，贵在其诚。余光中说，梵高把传教般的狂热倾注到绘画中，“他是现代艺坛最令人不安的性情中人……他告诉弟弟，谁要是可惜自己的生命，终会失去生命，但谁要不惜生命去换取更崇高的东西，他终会得到。”③ 在歌咏梵高名画《向日葵》的诗中，余光中写出这样的句子：“你是挣不脱的夸父/飞不起的伊卡瑞斯/每天一次的轮回/从暑到暮/扭不屈

① 余光中：《云开见月——初论刘国松的艺术》，《新现代诗的起点——〈吃西瓜的方法〉读后》《涩尽回甘味谏果——何怀硕〈苦涩的美感·序〉》同上，第5卷，第202页，第214页，第264页。《腕底生大化——楚戈画集序》、《黑白灰，入三昧——郑浩千画集序》、《造化弄人 我弄造化——刘国松的玄学山水》、《十年看锋芒——香港锋美术会十周年特刊序》，同上，第8卷，第242页，第245页，第249页，第256页。

② 余光中：《超现实主义之夜》同上，第1卷，第271页。《我梦见一个王》、《寄给画家》、《发神》，同上，第2卷，第229页，第537页，第542页。《你仍在岛上》《飞碟之夜》、《向日葵》、《星光夜》、《荷兰吊桥》、《向日葵》《造山运动》，同上，第3卷，第14页，第38页，第227页，第314页，第316页，第318页，第330页。

③ 余光中：《梵高传·新译本译者序》，载《梵高传》，台北：大地出版社，1991年版，第16页。

之颈，昂不垂之头/去追一个高悬的号召”。[①] 可见，梵高的献身精神是余光中朝拜缪思与永恒拔河的巨大动力，在余光中“敢在时间中自焚，必在永恒里结晶”的自我写照里，有梵高坦然殉道的背影。

其次，是民胞物与的博爱精神。余光中指出，梵高的生活经历与悲悯情怀使他自然而然地将艺术的重心从美女贵人移向“中下层阶级”，使他能把“原本平凡的人物画得具有灵性和光辉，更重要的是，具有尊严”。余光中特别指出，由于有深厚的同情和广博的挚爱，梵高关爱不幸和无助，却不流于抗议或怨恨，“他的爱自个人的一端延伸到整个自然，其中固然包括了社会的阶级，但也超越了其限制。他的艺术也超越了社会写实，兼有个性的表现和普遍的象征”。[②] 这些话语中包含着余光中对自己创作的反省，从创作之初的《扬子江船夫曲》、《清道夫》、《老牛》到写于60年代末期的《一枚铜币》，诗人一直在诗作中表现出对平头百姓由衷的关爱和认同。[③] 尤其是《一枚铜币》，诗作缘起于烧饼店老人放入诗人掌心的一枚旧铜币，“依稀，我嗅到有一股臭气/一半是汗臭，一半，是所谓铜臭/上面还漾着一层恼人的油腻/”，是老人无猜的微笑打消了诗人的犹豫，铜币落掌，“有一股热流，沸沸然涌进了我的心房。我不知道/刚才，是哪个小学生用它买车票/哪个情人用它卜卦，哪个工人/用乌黑的手指捏它换油条/……我紧紧地握住它，汗，油，和一切/象征和全人类握手”。这种情怀，和当时的乡土诗并无二致。

这并不奇怪，余光中本来就自认是茱萸的孩子（余光中出生于重阳，在古老的汉族民间习俗中，这一天是逃难的日子，例当举家登高，佩茱萸囊饮菊花酒。）他生在有难的日子，忧患的时世，流离的年代……一生从苦难到淡泊，与奢华富贵总难交融。然而，余光中并不拘囿于写实技法和时事抗争，在艺术创造中，他有无穷的天地和多般的方法。毋庸置疑，梵高廓大的心胸拓展了余光中吸收、感受、容纳生活以外的视野和能力——静物之微，

---

① 《余光中集》第3卷，第14页。

② 余光中：《梵高传·新译本译者序》，载《梵高传》，台北：大地出版社，1991年版，第16页。

③ 余光中：《扬子江船夫曲》、《清道夫》、《老牛》、《一枚铜币》，载《余光中集》第1卷，第3页，第5页，第7页；第2卷，第222页。

宇宙之大；船夫盲丐，伟人名流；儿女柔情，英雄断腕；私己隐秘，民族记忆……一一纳入他的诗文之中。

三

艺术观念上，现代绘画对余光中影响最大的是两方面：一、走出写实与感伤。二、告别虚无的现代病。

余光中自童年起的漂泊实历，臧克家等三十年代现实主义诗作的影响，使他在创作之初显示出浓郁的写实倾向。他的第一本诗集《舟子的悲歌》中不少作品都是刻画底层民众的苦难和坚忍，如《扬子江船夫曲》等。另一方面，青春骚动的他也倾向新月派之唯美雪莱济慈的浪漫，感染中国古典诗词的悲春伤秋，这使他的艺术观在写实与感伤之间摆荡，这见之于他《蓝色的羽毛》、《天国的夜市》等诗集中，其中的作品大都有激切的情绪而少深刻的情思，有浅掠的感觉而无沉潜的感悟，漂浮如羽毛的感伤成为主调。写实，是对现实的粗略反映，感伤，是将情感作肤浅的表白，二者似乎并不相类，其实都是幼稚简单的艺术观在艺术创造上的表现。①

现代绘画，特别是后期印象主义极大地改变了余光中这种简单幼稚的艺术观念，他说，“自后期印象主义，各种绘画运动莫不加速地从临摹走向表现，从外在走向内在，从自然走向自我。……写实主义已成为历史名词”。“抽象画不师自然，至少不直接效法自然，它要消化自然，泯造化于性灵，泯物于我”在《万圣节·自序》中说“在新大陆时，深受现代画的启示，大部分作品有抽象的趋势，渐渐摈弃了装饰性和模仿自然，转而推出一种高度简化后的朴素风格”。②

自少年时代，余光中就浸润于西方诗作中，去台后所处的时代和环境更加深了他艺术观的西化倾向，这种倾向突出地表现在他60年代之前的诗作中，《沙浮投海》是描写失恋的希腊女诗人沙浮投海的悲剧，以后又有《吊济慈》、《致惠特曼》、《饮一八四二年葡萄酒》，这几首诗处处可见英美诗风

---

① 余光中：《舟子的悲歌》、《兰色的羽毛》、《天国的夜市》，同上，第一卷。

② 余光中：《万圣节·自序》，同上，第1卷。第255页。

的激荡……一度，他也迷失，把西方等同于现代。但是，余光中的“现代麻疹”时间很短。深入地体察西方现代绘画，和积极参与台湾现代绘画运动，促使他较早地摆脱了割断传统的虚无的现代病。①

1958年初他赴美国，画家伍德的艺术道路给他许多启示——伍德经过多年的摸索，最终摆脱了对巴黎艺术的模仿，以自己的故乡美国中西部为对象，创造出一种朴实、坚厚而又经过艺术简化的风格。以此征服了巴黎，在现代艺坛占有一席之地。在爱荷华，伍德以及其他艺术家的成长历程，西方现代绘画的长处与局限，让青年余光中大开眼界。因为具备了开阔的国际视野，余光中对西方艺术有了新的认知，他开始反省西化的意义和作用，认识到西化只是手段，不是目的；西化是现代化的充分条件，以西化为手段，可以西而化之，以西化为目的，就难免“恶性西化”。②

余光中那时已经意识到，五四以来的作家对西方现代文艺的认识是极不充分的，对中国古典文学的重估也不准确，“在艺术和音乐上他们似乎不知道印象主义是怎么一回事，不知道莫奈和德彪西以后发生了什么。……自由主义的作家们，似乎只知道浪漫主义，只知道雪莱和歌德。“左”倾的作家们，似乎只知道自然主义和写实主义，只知道左拉、高尔基、易卜生……“左”倾的作家们要用阶级斗争的批评眼光去看我国的伟大传统，其他的作家们也或多或少地盲目否定了传统中的某些精华。在改造社会的热忱之中，他们偏重了作品的社会意义，忽略了美感的价值”③。为纠正前辈作家在中西之间的“左右不逢源”，1959年回台后，余光中一面大力介绍西方现代艺术，一面努力研究现代艺术与中国古典文化的相通之处，尤其是美学精神上的相通之处。比如，他在《从灵视主义出发》中，用中国道家的无状之状，无物之象的“道”去诠释抽象画所极力追求的内在世界，把中国传统的画黑留白，执有临无，守有限而游无限与抽象画现代的灵视相接。

60年代初期的台湾，现代化最有声有色的，依次是现代画、现代诗、现代小说、现代散文、现代音乐，与台湾现代画家的沟通激荡成为余光中建

① 余光中：《沙浮投海》、《吊济慈》、《致惠特曼》《饮一八四二年葡萄酒》，同上，第1卷，第26页，第85页，第137页，第167页。

② 余光中：《石城之行》，同上书，第4卷，第90页。

③ 余光中：《下五四的半旗》，载《逍遥游》台北：九歌出版社，2000年版，第15页。

立起自己融汇中西之现代艺术观念的一大助力。

在对台湾现代画观赏与研究中，他指出“五月画会的画家们，扬弃了中国绘画中的写实部分，形而上地把握住中国传统绘画的本质。……他们深谙‘重为轻根，静为噪君’之道，以不画为画，以无为为有为，达到了‘笔所未到气已吞’的中国古典艺术精神”。“他们开始尝试以受过现代艺术洗礼的新的敏感和技巧来探索生活于二十世纪的中国灵魂，在他们笔下，西方和东方渐趋接近。……抽象是最时髦的，也是最古典的；如何使时髦的脱却稚气，使古典的免于腐气，如何使二者化而为一，就是我们这些有才也有志的少壮画家的任务了”。① 这样的论述，也可以视为余光中更新中艺术观念的旁白或注脚。

四

在艺术风格和艺术技法上，现代画家数梵高对余光中影响最大。梵高在余光中创造风格上的最明显印记是那种阳刚之气。

与梵高结缘几十年，余光中对于梵高的画作百看不厌，总是“肺腑内炽，感奋莫名，象是和一股滚滚翻腾而来的生命骤然相接，欲摆脱而不能”。若有心对余光中的梵高专论细加梳理，可以发现，余光中认为造成这种美感的原因是：一、“蟠蜿淋漓”“沛然运转”“笔挟风雨一气呵成”节奏感，或者说是“蟠蟠蜿蜿起伏汹涌无始无终的颤动、震动、律动”。它由梵高独特的线条造成，“那些断而复续，伏而复起，去而复回的线条，象是宇宙间生生不息动而愈出的一种节奏，一种脉搏”。二、奇异的光辉。它来自梵高大胆运用几种强烈的主色。余光中说“光辉与颤动正是梵高画中呼之欲出的特质”。其实，这也是余光中诗文的主调。综观余光中的创作，大处着笔力能扛鼎小处落墨纤细入微，能犀利，能冲淡，能幽默，能庄重，嬉笑怒骂，风格多般。但最为突出的风格标志仍然是那种浓重的色彩和笔挟风雨的节奏造就的阳刚之美。他自称：“崇拜一支男的充血的笔，一种雄厚如斧野犷如碑的风格。……嗜伐嗜斩，总想向一面无表情的石壁上砍出自己的

---

① 余光中:《朴素的五月》,《余光中集》第4卷，第84页。

声音来……罹了史诗的自大狂，幻想你必须饮海止渴嚼山充饥，幻想你的呼吸是神的气候”。[1] 特别在他那些“飞扬跋扈为谁雄”的诗文中，镜头总是对准广漠、巨石、山风、海潮，钢铁长桥、摩天大厦、生命力强悍的人与如猛兽狂奔的车；背景总是千年的文化、万里的地图和永恒的星空，角度总是便于摄取广阔深远的场景的俯视，即所谓“凭空视远，如君而朝万众”；喜好选用声调高、音幅大的阳性词而行文则注重气势，泼墨淋漓，在不事细部雕饰的整体形象的飞扬流动中，表现出激荡磅礴的力量和速度。在这些诗文中，我们同样得到了立于梵高画幅之下的美感，一种元气淋漓剧烈冲突的生命挥洒而出的绚丽色彩。我们甚至可以具体指证梵高画作在余光中作品中的印痕，如《逍遥游》的开篇基调有梵高《星光夜》的气氛；《火浴》、《想起那些眼睛》、《九命猫》[2] 等诗歌不断出现的火焰意象，也仿佛是法国南部古镇阿罗的灿亮烈日所点燃……

梵高和毕加索的艺术风格的多元多变也促使余光中不断调整美感以达成艺术上的蜕变，不断开拓新境追求多元风格。余光中推崇毕加索的“多才、多产、多变”。他说，艺术家可以分成两类，“一是精纯集中，一生似乎只经营一个主题，一个形式。另一类是无尽止的追求好象木星，乐于拥有十二个卫星。……毕加索属于后者。我的个性也倾向后者。……我是艺术的多妻主义者。”[3] 他喜爱梵高早期以《食薯者》为代表的写实之作，认为它们“阴沉之中有温暖，黯澹之中有光，苦涩之中有一种令人安慰的甜味”。“另具一种坚实苦拙之美，接近原始而单纯的生命，十分耐看”。他也推崇梵高后期那些饶富象征意味的画作，赞颂梵高能“从写实的局限里跃升入象征与表现”。他将梵高十年艺术生涯分为不断求新的三个时期，并总结道，“这十年探索的历程，以风格而言，是从写实的模仿自然到象征的重造自然；以师承而言，是从荷兰的传统走向法国的启示而归于自我的创造；以线条而

---

① 余光中：《破画欲出的淋漓元气》、《梵高的向日葵》、《壮丽的祭典》、《莫惊醒金黄的鼾声》，同上，第7卷第447页，第468页，第474页，第494页。《西画东来惊艳记》、《面目何足较》，同上，第6卷，第598页，第629页。

② 余光中：《逍遥游》、《火浴》、《想起那些眼睛》、《九命猫》见《余光中集》第4卷，第258页；第2卷，第128页，第177页，第167页。

③ 余光中：《五陵少年·自序》，同上书，第1卷，第323页。

言，是从凝重的直线走向强劲而回旋的曲线；以色彩而言，则是从沉褐走向灿黄。”① 余光中半世纪的创作历程，同样是不拘于一格，不安于小成的进取，力求超越前人、时人和自我的蜕变。

梵高作画，喜欢从不同的角度反复处理同一题材。如向日葵，就是他常作之题；自画像，更多达四十多幅。对于梵高这一创作特点，余光中多有所论，认为是“为了求全、求变”。“频频画自己，是要向灵魂倾诉，更频频画星空，画麦田，画不完童颜的向日葵，是要向万有的生命倾诉。②”余光中创作，亦常见同题（或者相同题材）异作这一手法，母亲、离别、月光、恋情等题都是常写不衰的诗题，还有同一题材分别见之于诗歌和散文。这样做，既是为了充分利用题材，更重要的是借此考验自我挖掘生活的艺术能力。能在同一题材上不断推陈出新，正是作家艺术开拓不息与艺术手段高超的标记。而自我形象的反复刻画，不仅是题材的深化，更意味着自省兼自剖的勇气和毅力，在余光中的作品里，自我形象自成系列，亦可见其反复自审，深刻自省的态度。

上个世纪60年代，“正是台湾现代诗反传统的高潮，那时时局沉闷，社会滞塞，文化的形态趑趄不前，所谓传统，在若干旧派人士的株守之下，只求因袭，不事发扬，反而使年轻一代望而却步。年轻一代自然要求新的表现方式和较大的活动空间。传统的面目既不可亲，五四的新文学又无缘亲近，结果只剩下西化的一条‘生路’或是‘死路’了”（《天狼星·后记》）然而，余光中保持清醒，两面作战，挥舞的是一柄双锋剑，一面斩断守旧桎梏，一面抵挡荒谬虚无。在这一时期，西方现代绘画，给了台湾现代画家启示和支持。70年代，他在一篇评说刘国松现代绘画的文章里还说，当时，在国粹派和西化派之间，他们（新一代的文学家和画家）“想摸索第三条路。理想的第三条路，该能入传统而复出，吞潮流而复吐，以至自由出入，随意吞吐。”“它是民族的，但不闭塞，是现代的，但不崇洋。如果说，国粹派是孝子，而西化派是浪子，则第三条路是浪子回头。”80年代，他更进一步指明，“守家的孝子也许勉可承先，但不足以言启后；出走的浪子承的

① 余光中：《破画欲出的淋漓元气》，同上书第7卷，第447页。

② 余光中：《面目何足较》，同上书第6卷，第634页。

是西方之先，怎么能够启东方之后；真能承先启后的，还是回头的浪子。浪子回头，并不是要躲回家来，而是要把出门闯荡的阅历，带回家来截长补短”。①

① 余光中：《造化弄人 我弄造化——刘国松的玄学山水》，同上书第8卷，第249页。

余光中"适度散文化"的诗歌理论与实践*

徐　学

一

半个世纪以来，余光中左手为文，右手写诗，为文坛奉献了900余首诗歌，200多篇散文小品。勤奋创作之际，他从不间断对古今中外诗文的阅读与评判，从不间断对诗歌和散文两种文类理论的潜心研究②。积以时日，终于成为当代华文文坛上极为熟悉中外诗文理论，并自觉以多种方法推陈出新创作诗文的文学大家，以"诗文双绝"来评判他，当之无愧。

"诗文双绝"的美誉，应该属于这样的文学家，他们不但在文学史上留下了许多好诗，同时也为后世贡献出数量可观的美文。获取这顶桂冠有数量和质量两个方面的要求，因此，并非易事，中国历史上诗文最为灿烂的唐宋朝，堪称"诗文双绝"的作家，严格地说来，也就只有杜牧、韩愈、柳宗元、王安石和苏轼几位。李白和杜甫是我们民族历史上最伟大的两位诗人，然而，众口传诵流播至今的美文却并不多见。

"诗文双绝"为数寥寥的原因，大体言之，是因为诗歌散文这两种不同的文类，分别要求着不同的知识结构和创作才能，而文豪才士，大都性有所近，才有所偏，难以兼顾。若要两全其美，不但要对诗歌和散文二者的艺术创作规律有深入的感悟、理解与得心应手的把握，还必须善于在二者之间维持一种微妙的平衡。

---

* 本文原载于《厦门大学学报》（哲学社会科学版）2005年第5期。

② 黄国彬：《余光中的大品散文》，余光中：《大美为美》，海天出版社，2001年版，第5页。

这种平衡，并非要求作者有了题材就必须以诗文分别处理或同一作品中诗文并列，也不仅指作者在创作时间与心力上的对二者的合理分配。这种平衡最主要的标志，应该是作家能在诗文创作中兼容二者之长——既能“以诗为文”，将诗歌意象、韵律和密度融入散文创作中；复能“以文为诗”，有意让诗歌借助散文的从容叙事，亲切说理以及贴近生活的优势。

余光中正是自觉而且善于维持这种微妙平衡的作家，半个世纪以来，他“以诗为文”的试验和成就，早已为文坛学界所瞩目和承认，有论者甚至认为，他的许多散文是长篇的散文诗；① 相比之下，他的“以文为诗”却少见深入和详尽的探究。

二

“以文为诗”是中国古诗的一种创作方法，一种有争议的创作方法。从中国古代诗话中，可以看出，“以文为诗”一般指把古文的艺术手法引入诗歌创作中，例如有意加入议论说理或者使用市语村言的大众口语等。

对于“以文为诗”，历来有赞赏与反对的两种态度。赞赏者常用韩愈、苏轼甚至杜甫在诗歌创作上的变格来证明这种艺术方法的成功。如赵翼在《鸥北诗话》中就说“以文为诗，自昌黎始，至东坡益大放厥词，别开生面，成一代之大观。”他们认为，诗文可以相互借鉴，取长补短，如宋代诗论家蔡梦弼说，“然文中要自有诗，诗中要自有文，亦相生法也。文中有诗，则句法精确；诗中有文，则词调流畅。谢玄晖曰：‘好诗圆美流转如弹丸。’此可谓诗中有文也。唐子西曰：‘古文虽不用偶俪，而散句之中，暗有声调，步骤驰骋，亦有节奏’。此所谓文中有诗也。观子美到夔州以后诗，简易纯熟，无斧凿痕，信是如弹丸矣。”（《草堂诗话·卷一》）而反对者则每每指陈这一技法的空疏与流弊，如宋代诗论家严羽在《沧浪诗话》中就痛批本朝诗人“以才学为诗，以议论为诗，夫岂不工？终非古人之诗也”。明代的屠隆更加明确地坚守诗文有别之大防，他说，“宋人多好以诗议论，夫以诗议论，即奚不为文而为诗哉？……宋人又好用故实组织成诗，

① 徐学：《火中龙吟》，花城出版社，2002 年版，第 270 页。

……用故实组织成诗，即奚不为文而为诗哉?”（《由拳集》卷二十三《文论》）①

对于“以文为诗”的争论一直延续到现代，成为新诗理论中的一个重要命题。

胡适曾大胆论断：“我认定了中国诗史的趋势。由唐诗变到宋诗，无甚玄妙，只是作诗更近于作文，更近于说话……宋朝大诗人的绝对贡献，只是在于打破了六朝以来的声律束缚，努力造成一种近于说话的诗体。”朱光潜则极力反对这一观点，他认为“作文可如说话，作诗决不能如说话，说话像法国喜剧家莫里哀所说的，就是‘做散文’”与胡适相反，他把“以文为诗”的宋诗视为诗歌的衰落。②③

胡适和朱光潜都是余光中尊重的文学前辈，但是，他的“适度散文化”的诗观，却不同于二位前辈。同样，余光中在上个世纪提出的“适度散文化”的诗歌理论与中国古代诗论中的“以文为诗”这一命题有相当的关联，又有极大的不同。因为它既是一位浸润与酷爱本民族古典诗歌的中国诗人在艺术创造中对传统的回顾与借鉴，更是一个现代诗人诗论家在中国现代诗的历史背景下，为促进现代诗创作的健康成长而提出的开拓性命题。它的理论重点在于倡导现代诗歌创作中对姐妹文体的兼容并包。“适度散文化”，在余光中那里具体表现为下列三个方面：为增强诗歌风格的多元性，超越狭窄的抒情，适度地融入叙事说理和对话；为增强诗歌节奏的弹性，挣脱拘谨单调的格律，适度引入奇偶相成、长短开阖的散文句法；为清除食古不化之陈腔，适度采纳现代人的鲜活口语。

余光中“适度散文化”的文学思想并非空穴来风突发奇想，而是有一个摸索、实验而逐渐成熟和完善的过程。

在余光中诗歌创作之初，（也就是上世纪50年代创作的《舟子的悲

① 钱钟书：《宋诗选注·序》，钱钟书选注：《宋诗选注》，人民文学出版社，1989年版，第16页。

② 胡适：“逼上梁山”，吴奔星、李兴华选编：《胡适诗话》，四川文艺出版社，1991年版，第558页。

③ 朱光潜：《替诗的音律辩护》，“朱光潜全集”第3卷，安徽教育出版社，1987年版，第228-229页。

歌》、《蓝色的羽毛》及《天国的夜市》三本诗集中）诗人大都采用豆腐干体的格律诗形式，多数篇章为二段或三段，每段四行，第二、四行押韵。在遣词用字上也显得比较单调和拘谨，诗人此时基本上局限于五四格律诗“韵文化”的传统中，一些作品因为刻意追求形式美而牺牲了表情达意体物叙事，可以说，它们是因为写得太像诗了，反而失去了诗意。

不过，诗人很快就从现代诗，特别是惠特曼和佛洛斯特的自由纵横中汲取了养分，开始有意采用散文式的句法，其突出表现是在《西螺大桥》(1958年)：

矗然，钢的灵魂醒着。
严肃的静铿锵着。

西螺平原的海风猛撼着这座
力的图案，美的网，猛撼着这座
意志之塔的每一根神经，
猛撼着，而且绝望地啸着。
而铁钉的齿紧紧咬着，铁臂的手紧紧握着
严肃的静。

于是，我的灵魂也醒了，我知道
既渡的我将异于
未渡的我，我知道
彼岸的我不能复原为
此岸的我。
但命运自神秘一点伸过来
一千条欢迎的臂，我必须渡河。

《西螺大桥》共五段，限于篇幅，这里摘录前三段。从诗句里，我们可以看出现代诗的特色，它采用了“矛盾语”——“钢的灵魂”是“矗然”却是“醒着”，“静”却“铿锵着”；它以钢桥的意象——铁齿紧咬，铁臂紧握而铸起的“美的网”“力的图案”和“意志之塔”来对应诗人的“必须渡河”的心像……同时又有“适度的散文化”，比如，上面第二三两段的诗句，如果不分行来读，就像散文，它理路清晰，加入了关联词“而且”，“于是”，也插入了口语“我知道”。

自此时起，诗人更多地使用长短交错的诗句，也更多地采纳了一些精心提炼过和组织的现代人的口语和语气。例如《五陵少年》一诗里虚拟醉汉的口语，《登圆通寺》中诗人对慈母的呼唤，《春天，遂想起》时时插入的口语旁白和娓娓倾诉，它们都造就了新的诗歌节奏。

当然，从整饬的格律中破关而出，也不免一度稍显混乱，创作于60年代初期的诗集《天狼星》中的一些诗句就显得凌乱，令读者诵读起来感到节奏不畅，但诗人很快就作了调整，推出了《莲的联想》那规整中有变化的三联句。

对于《莲的联想》，诗人自认“无论在文白的相互浮雕上，单轨句法和双轨句法的对比上，工整的分段和不规则的分行之间的变化上，都是二元的手法。”① 所谓的“二元手法”说明了作者有意识在诗歌创作中糅合文言诗词与白话口语，散文句法与诗歌句式。这本诗集的许多篇章中，诗人有意在诗句中插入了感叹词和语气词，如“诺”，“啊”，“嗯”（它们类似曲词里的衬字），让此类似说白的句子与富于音乐旋律的三联句交错融合交相激荡。

《莲的联想》成功地吸纳了中国古典词曲中唱中有说，灵活多变的节奏，三联句的旋律将一种轻快的音乐性引入了现代诗创作，但从“适度散文化”的三个方面来看，还并不是发展得很充分。

有意识地在诗歌中引入散文的词汇、句法和风格，全面地试验创立一种句法、语气和风格都更加宽阔舒展的新诗型，应该自《在冷战的年代》（1969）这部诗集始，到香港时期（1974—1984）达到一种炉火纯青的境界，这点我们将在下面具体展开论述。

三

从理论上看，余光中“适度散文化”的观点，发轫于上世纪60年代

① 余光中：《莲的联想·出版后记》，《莲的联想》，台湾时报文化，1980年版，第123页。

初，完成于80年代。

倡导在现代诗创作中采用经过提炼的现代人的活语言，始于《现代诗的节奏》(1961年)。余光中指出，现代诗节奏主要体现在句法和语气上，在现代诗的句法和语气中应该注意融入现代人的活的语言。他以古诗及现代诗为例，反复申明中国古典诗中各式惯用句法已经不能传达出现代人的口语节奏了（无论是知识分子的文艺腔或是大众的南腔北调）。因此，现代诗应以经过提炼的现代人的活语言为基础，结合文言的含蓄简劲，发展出一种新节奏。他赞赏痖弦等台湾现代诗人那“最能把握口语风味”的现代诗，“趣味就在这点‘白’上面”，但它又是提炼过的“白”，并非像“三轮车夫骂人这么‘白’”。在《新诗的语言》(1962年)里，余光中以自己的诗句为例，说明在诗歌创作中引入俗语的必要。他说，“白话的词汇较淡；文言较浓；白话的距离短，语气亲切；文言的距离大，语气幽远。白话虽俗，但可以安排得恰到雅处；文言虽雅，但陈腔滥调仍不免恶俗。”要缩短美感距离，超俗入雅，“往往需要俚尽俗绝的口语”。余光中还明确地指出语言的文白雅俗与文类之间的联系，他说，“文学语言雅俗的程序，依次该是诗、散文、小说、戏剧”。这种融入经过提炼的现代口语于诗的诗观，正是“诗歌适度散文化”的萌芽。①

1967年，余光中更加清楚地认识到，现代诗创作要发展得更为充实强健，他说，“必须超越‘第一人称的艺术’的狭隘诗观，向散文，甚至向小说和戏剧去收复诗的失土。”②

同年，在《六千个日子》这篇全面回顾和总结自我创作经验的文章中，余光中第一次明确提出诗歌的节奏大略可分为两种类型：一、“唱”，“指较为工整而规则的音乐性”。二、“说”，“指近于口语的自然起伏或疾徐的腔调。”他明确指出这二者之间的区别在于“前者近诗，后者近散文。”

为了更清晰地认识诗歌创作中“说”与“唱”的来龙去脉与利弊得失，诗人对中西诗歌创作中的“唱法”作了精细的分析和比较，并结合五四以

① 余光中：《现代诗的节奏》、《新诗的语言》，《掌上雨》，台湾时报文化，1980年版，第51、59页。

② 余光中：《望乡的牧神·后记》，《掌上雨》，台湾时报文化，1980年版，第276页。

来的新诗创作对自己的“新唱法”作了说明：“五四初期的新诗人，往往仅在字面上用了白话，而未在节奏上锻炼口语，也就是说，仍然在‘唱’，而不‘说’。身为中国人，只要一动笔，那些四言而对仗的句法便滔滔而下，结果是满纸的‘花香鸟语’和‘秦宫汉阙’。这便是中国式的唱。我的诗，在节奏上，仍然以‘唱’为主。使它多少免于陈腔的，应该是它糅合中英‘唱’法的新‘唱’法，而且有时兼‘唱’兼‘说’，有时在‘唱’的框子里‘说’。”①

这里的提出的“兼‘唱’兼‘说’，有时在‘唱’的框子里‘说’”，正是对诗歌创作中的“适度散文化”的形象概括。

1980年在香港中国笔会25周年纪念会的演讲中，诗人更将“散文化问题”作为中国现代诗创作中的一大焦点问题明确提出，诗人特别点明中国古典诗歌创作中被人忽略的句法参差，平仄不拘，换韵自由的创作传统，以“离骚”、“敕勒歌”以及李白苏轼的古风为例，说明在诗作中适度加入散文句法与词汇，与正统的“诗化句”相辅相成，可以增加诗歌的美感。他说，“诗句的散文化，只要把握得好，确是变化诗体，重造节奏的妙法。”②

同年，发表《缪思的左右手——诗和散文的比较》，在详尽论述了诗与散文的各种差异后，特辟一章论二者的相互影响和相互渗透，并且肯定了宋诗中“以文为诗”的手法。说它“在语言上比较多元，句法上可以巧拙相辅，生熟相济，避免唐诗常有的华丽，风格上也可以扩大诗的经验，增加知性和实感，而避免一味的抒情。”③

这里也应该指出，余光中诗歌创作的“适度散文化”有一个临界点，他从来没有忘记“适度”，他时常提醒诗坛注意“以文为诗”存在这样的危险——“没有诗的紧凑和散文的从容，却留下了前者的空洞和后者的松散”。④ 当许多诗人在创作中排斥或不敢引入散文句法时，余光中不但身体力行的“以文为诗”，而且在论评中多次倡导“适度散文化”；当现代诗走向放纵，不知节制，呈现“过度散文化”的病态之时，避免“散文化”便

① 余光中：《六千个日子》，《望乡的牧神》，台湾纯文学，1974年版，第119页。
② 余光中：《谈新诗的三个问题》，《分水岭上》，纯文学出版社，1981年版，第43页。
③ 余光中：《缪思的左右手》，《分水岭上》，纯文学出版社，1981年版，第266页。
④ 余光中：《剪掉散文的辫子》，《逍遥游》，九歌出版社，2000年版，第47页。

成为余光中90年代以后诗歌批评中的一个重心，在《诗与音乐》中，他指出“用散文来写诗，原意只是要避免韵文化，避免韵文的机械化，避免陈腐的句法和油滑的押韵，而不是要以错代错，落入散文化的陷阱。”并拈出了新诗“过度散文化”的具体病症：一、诗行长短无度。二、回行癖。三、分段零乱。在对琼虹、焦桐、陈义芝、斯人等几位诗人的评论中，余光中都强调了这一点。①② 可见其“以文为诗”，自有分寸，目的只是要“避免韵文的机械化，避免陈腐的句法和油滑的押韵”，而非要“落入散文化的陷阱。”③。

四

下面我们从余光中诗歌词汇、句法、风格三方面更加细致地考察“适度散文化”。

词汇的“适度散文化”。它主要是要求在诗作里容纳更多的口语和俗语。余光中一方面认为，诗是诗人的独语，但它也不同于说话或者口语。他明确指出“口语，在它原封不动的状态，只是一种健康的材料。作家的任务在于将它选择而且加工，使它成为至精至纯的艺术品。”另一方面，余光中也指出“文字向语言吸收活力和节奏，语言向文字学习组织和品味，两者之间保持一点弹性相异适足以相激相荡，相辅相成。”④⑤

艾略特在“诗的音乐性”一文中提出了这样的观点：

“诗的音乐性必须是一种隐含在它那个时代的普通用语中的音乐性。……诗人不仅要根据他个人的素质，而且还要根据他处在什么时代来改变他自己的任务。在某些时期，诗人的任务是探索既定韵文惯用法关系式在音乐性上的可能性；在另一时期，他的任务是跟上口语中发生变化，这些变化从

① 余光中：《从徐霞客到梵高》，九歌出版社，1994年版，第337－339页。
② 余光中：《井然有序》，九歌出版社，1996年版，第39、120、141、155页。
③ 余光中：《诗与音乐》，《从徐霞客到梵谷》，九歌出版社，1994年版，第337页。
④ 余光中：《下五四的半旗》，《逍遥游》，九歌出版社，2000年版，第15页。
⑤ 余光中：《凤·鸦·鹑》，《逍遥游》，九歌出版社，2000年版，第84页。

根本上说是思想和感受性方面的变化。"①

深受艾略特诗学理论影响的余光中也要求引入口语来构筑现代诗的音乐性，但有别于五四时期的"我手写我口"，它要求的是经过提炼的同时代人的鲜活语言。

这种鲜活的语言可以是诗歌的叙述语言。如：

1. "睡懒觉是不可能的/一大清早，太阳那厮/就在山坡下大声喊你。"(《大度山》)

2. "断无消息，石榴红得要死。"(《劫》)"那就折一张阔些的荷叶/包一片月光回去/回去夹在唐诗里/扁扁地，像压过的相思。"(《满月下》)。

诗句1全句和诗句2里"红得要死"、"阔些的"、"压过的"是活生生的口语，但是在诗人精巧的诗思中出现，并不显得单调平实，而收到巧拙相生之妙。"红得要死"是古诗"断无消息石榴红"的翻新，其他或者拟人或者虚实相生，都产生了摇曳多姿的诗意。

这种鲜活的语言也可以是诗中特定人物形象"他"或"我"的口吻模仿。

"他"有谨慎的医官，"那医官说/很理想的伤口呢/从此话要少说/也不宜咳嗽。"(《割盲肠记》)；有下注的赌徒："绝对可能，绝对/绝对可能/且必须发生！"(《所罗门以外》)；有愤怒的环保人士："有时，还装出戒烟的样子/却躲在，哼，夜色的暗处/向我噩梦的窗口，偷偷地吞吐。"(《控诉一支烟囱》)；有平静的飞机播音员："各位旅客，台北就要到了/当地的时间是十一点十分/下面的气温是华氏七十四度/正下着小雨，湿湿的流光中"。(《降落》)；还有《夜游龙山寺》中友人与家人的对话……林林总总，惟妙惟肖。

"我"就是诗人自我的口吻，如"下次进香的时候，能不能够/为我静止十分钟/像一尊凝定的观音瓷像"(《瓷观音》)；"输是最后总归要输的/连人带绳都跌过界去。"(《与永恒拔河》)；又如"你问我香港的滋味是什么滋味/握着你一方小邮简，我凄然笑了/香港是一种铿然的节奏，吾友/用

---

① 艾略特："诗的音乐性"，王恩衷编译：《艾略特诗学文集》，国际文化出版公司，1989年版，第180、184页。

一千只铁轮在铁轨上弹奏。”（《九广铁路》）；“樱桃呢总是今年更贵，比去年/去年是一树，今年是一篮/也许明年只剩下一颗，酸酸/的一颗，剩下来，给谁？给我。”（《樱桃呢总是》）；“你说，锅铲刮锅底和驴子叫/是世界上最最难听的声音/别这么说吧，我笑道/锅铲我管不着，可是驴子/那样嘶叫，一定有它的隐情。”（《小毛驴》）

这种口语节奏的最佳表现应该是《与李白同游高速公路》，全篇都以诗人与李白调侃的对话口吻写出，一气呵成，不加描述和说明。限于篇幅，这里仅录此诗的上半篇：

刚才在店里你应该少喝几杯的
进口的威士忌不比鲁酒
太烈了，要怪那汪伦
摆什么阔呢，尽叫胡姬
一遍又一遍向杯里乱斟
你该听医生的劝告，别听汪伦
肝硬化，昨天报上不是说
已升级为第七号杀手了么？
刚杀了一位武侠名家
你一直说要求仙，求侠
是昆仑太远了，就近向你的酒瓶
去寻找邋遢侠和糊涂仙吗？
——啊呀要小心，好险哪
超这种货柜车可不是儿戏
慢一点吧，慢一点，我求求你
这几年交通意外的统计
不下于安史之乱的伤亡
这跑天下呀究竟不是天马
跑高速公路也不是行空
速限哪，我的谪仙，是九十公里
你怎么开到一百四了？

此外，在诗中插入语气词，如“哎、咦、嘘、唉、啊、喂”，独置于两个分句间使节奏顿挫；并喜好用质问、自问、反问、插入语等语气来抒情叙事，也是余光中常用的手法，是词汇“适度散文化”的一个侧面。如“上左端该绣着谁的？我的？名字”（《天望·与永恒拔河》）“摇你的，吾友啊，我的记忆。”（《九广铁路·与永恒拔河》）“你一定全许了我吧，观音?”（《隔水观音·隔水观音》）“是上签呢还是下签，究竟?”（《香港四题·紫荆赋》）“放我一飞就出去了吗，头也不回?”（《老来无情·紫荆赋》）

口语词汇和语气词的加入，不但增强了诗歌的现场感、戏剧性，而且也使诗歌的节奏更为起伏多姿。

其次，句法的“适度散文化”。主要表现于，在工整凝练的诗句之外，大胆采用平铺直叙和长短错落的散文句法。

比较诗句而言，散文句法更加注重清楚地交代事物之间的相互关系，它不避平直甚至忌讳跳跃。余光中在诗歌的创作中大胆采用了许多这样平铺直叙的句法：

“在渐暗的窗口赶写一首诗/天黑以前必须要完成/否则入睡的时候不放心。”（《在渐暗的窗口》）“中秋前一个礼拜我家厨房里/怯生生孤零零添了个新客。”（《蟋蟀吟》）“十年看山，不是看香港的青山/是这些青山的背后/那片无穷无尽的后土”。（《十年看山》）

以上三句，把它们从诗歌整体分割开来，如果再去掉分行，而改为标点符号，就是典型的散文句。就从句子的意义上看，也是如此，第一、二句对时间地点有明确无误的交代。第三句对对象——“山”有精细的说明。值得注意的是上面摘引的这些句子都是诗歌的开篇首句，诗人用这样的句法，为全诗定了沉潜或舒缓的诉说的基调。

诗句齐整而散文句则宜于长短开阖，错落有致，为了增加诗歌的张力，增强节奏上的突兀感，诗人时常有意以奇偶相成作为其基本句法。对此一手法，诗人曾拈出自己诗作《五十岁以后》中一段为例加以说明：

“路遥，正是测马力的时候/自命老骥就不该伏枥/问我的马力几何？且附过耳来，听我胸中的烈火。”

他试改作：“路遥，正该测验马力/自命老骥就不应该伏枥/问我马力几何？附耳过来，听我胸中烈火。”

诗人解释说，改动以后，诗歌显得太过平滑流利，失去了句法相互激荡的盘郁感。① 什么是盘郁感，诗人没有进一步的解释，我想，可能是与“顿”的改变有关。原作的“顿”是“路遥，正是—测马力—的时候/自命—老骥—就不该—伏枥/问我的—马力—几何？且附过—耳来，听我—胸中的—烈火”。改作后诗句的节奏则是：“路遥，正该—测验—马力/自命—老骥—就不—应该—伏枥/问我—马力—几何？附耳—过来，听我—胸中—烈火”。仔细诵读，可以感觉到，原作的节奏有更多的参差变化，（因为有三字组和二字组的交错，增强了节奏的起伏疾徐）改作后成双成对，太整齐了，不符合守常求变整齐中求变化的音调之道，听起来单调许多。

诗韵之妙，在于它既能以单调的重复维持严整的秩序，使人迷醉，又能以突兀的变化摇曳多姿，将人振醒。余光中深谙其道。在齐整的诗句中插入散文句法，是余光中常用的调整诗歌节奏的手法，例如：“重九佳节，登高避难/多神秘而又美丽的传说啊/我也——虚应了故事/整天在蓝里御风飞行/时速七百里，攀高三千丈/把恒景一家人的野餐/抛在东汉的某一座山顶。”这是《登高》一诗的开篇，第一、五句是较齐整的“诗句”，而第二、三、四、六、七句则是诗人有意配上的“散文句”。

又如：“你一走台北就空了，吾友/长街短巷不见你回头/又是行不得也的雨季/黑伞满天，黄泥满地/怎么你不能等到中秋”，这是《寄给画家》的下半段，其中第一、三、五句近于散文，二、四句是近为工整凝练的“诗句”，二者结合，亦工亦拙，使诗歌更加富于弹性。类似的例子有《或者所谓春天》，其中插入“总是这样子”，“这件事，一想起来就觉得好冤/或者所谓春天/最后也不过就是这样子”。这些接近口语的句子，穿插于那工整的“诗句”中，使节奏摇曳多姿。另一个调整节奏的特点是在二字尺较多的诗行中，放入单音字，如“正北来”，“又无山”，“更无地”，“欲连环”，“已彼岸”，“一回头”等。

最后，从风格上看。诗歌和散文的矛盾，应该是审美功能与表意功能的矛盾，是抒情性和叙事性的冲突，满足了抒情的幽婉与缥缈，散文的从容清晰则被剥夺；而迁就于叙事的细致完整，诗情又难逃一览无余的尴尬。在感

① 余光中：《漂水花》，《安石榴》，洪范书店，1996年版，第255页。

伤滥情大行其道时，余光中为了走出抒情的小天地，在诗中引入了更多叙事性因素。这表现在：

一、对一个人和一件事或一样物品做详尽的叙述，如《透视》，上半部分是大夫对X光片上显影内容的详尽解说；又如《一武士之死》有蒙面人上坟，暴死和失剑的情节描述；《一枚铜币》中对铜币外貌、热度和气味的仔细刻画……

二、不避细节和过程，例如《漂水花——绝技授钟玲》：

“石片要扁/形状要圆/拇指和中指/要轻轻地捏住/食指在后面/要及时推出/出手要快/脱手要平稳而飞旋/进去的角度/要紧贴而切入/才能教这片顽石/入水为鱼/出水为鸟/一眨眼几度轮回/波光闪闪之中/早已一扇扇推开/神秘的玻璃旋转门/水遁而去。”①

这首诗前面十一行是对漂水花技术要领的说明，从石片的选择，到手指的拿捏和出手的动作一一述说，乍一看去，非常散文，仔细分析，依然有它内在的音乐性：十个“要”字反复出现，加上长短句的参差交替（1、2、7、8行为单行一句，3行与4行，5行和6行，9行和10行为双行一句）形成特有的节奏感。诗歌的后半段则从细细解说转换为“意象呈现”——鱼、鸟、轮回、波光、玻璃旋转门、水遁。这首以琐事为题材的小诗，因为且“说”且“唱”，将舒缓与跳跃的节奏，知性叙述与感性场景的交错融和而显得张力饱满，情趣盎然。

类似这样的诗歌至少还有《撑杆跳选手》，这首诗将撑杆跳选手纵身跃杆的刹那过程表述得非常细致，两岸评论家流沙河和李瑞腾注意到它，认为此一描述有如电影的慢镜头。不过，他们对诗中出现的说明性文字看法不同，流沙河是赞赏，他说，“有些诗人缺乏语言表述的训练，或大而化之惯了，没法细致（不用说精确了）表述一个事象过程，总是借些通用词句，挪些成语，搪塞了事。请他来写撑跳过程，恐怕只有‘挥杆猛刺，飞身跃过’八个字。余光中这首诗的秘密就在放慢时间，拉长过程，用慢镜头拍出诗意。”② 而李瑞腾认为可以删去此诗前半段的说明性语句，因为后半段

① 流沙河编：《余光中一百首》，四川文艺出版社，1988年版，第39页。

② 黄维梁编：《璀璨的五彩笔》，九歌出版社，1994年版，第122页。

已经足以表明作者的创作意图。余光中：《余光中集·诗歌卷》，百花文艺出版社，2003年版，第247页。

我觉得，对一首诗歌的增减，不单要考虑到诗歌主题的传达，同时也要考虑作者为诗歌设定的语意和语气，以及诗的节奏、气氛和情调。以此观之，《撑杆跳选手》如若删去前半段，虽然无碍于主题的表达，但诗歌节奏却有了很大的变化。上下两段并存，全诗节奏渐进而舒缓；仅存下半段，诗歌节奏则突兀而仓促，前者是说中有唱，唱中有说；后者是只唱不说。两位论者的分歧，隐含着对余光中诗歌“适度散文化”艺术方法的不同评判。

它不刻意追求字面的奇崛、意象的怪诞，有意引入现代人的活语言以及平实的句法，突破和挣脱定型的格律的语脉、节奏，使诗歌意象变得更加自然亲切，意脉更加顺畅，意境冲淡内蕴，泯句于篇，达成整体的美学效果。

在追求诗歌的内在秩序和统一的大前提下，反抗种种定型的格律、节奏与成规，“出新意于法度之中”是余光中诗歌艺术创造宗旨，在此宗旨下，余光中博采古今中外之所长，“适度散文化”只是其中一格，对此不可忽略，亦不可以偏概全。本文的用意只是展示这一为学界忽视的侧面，这并不等于说，余光中最好的诗歌都是由此而来。

“适度散文化”的诗歌艺术不但为余光中诗歌多姿多彩的风格增光添彩，也扩大了中国现代诗的表现力。在“以文为诗”的诗歌实践的同时，余光中在散文创作中也努力实验“以诗为文”，左手“以诗为文”，右手“以文为诗”，入而复出，出而复入，几度出入，余光中终于进入一种左右逢源得心应手的境界。他那突破文类，左右逢源的艺术实践，遥遥开启着后现代的精神；他那“诗文双绝”的成就也为当代华文文坛提供了新的标杆和范式。

张爱玲的喜剧性与现代性

——以其散文为例

徐　学

一

张爱玲的悲凉已经多有论列，有人甚至将她说成一个从小失去家庭温暖的悲观者，一个具有强烈疏离感水仙子式的自恋病人，废墟上的罂粟花。可我认为，张爱玲是一个能够调和悲喜的作家，她有深刻的悲剧意识和悲剧创作天才，也有深广的喜剧感觉和幽默才能。她的创作中有最深沉的悲哀，亦有最飞扬的快乐，多数人只看见其悲凉，引以为证的是那句话：“生命是一袭华美的袍，爬满了虱子”。若了解了张爱玲的悲喜交集参差对照，我们会觉得这句话并不纯粹是悲哀悲凉，虽然有虱子，毕竟还是一袭华美的袍。

最早注意到张爱玲这两面的是傅雷。他说：“她阴沉的篇幅里，时时渗入轻松的笔调”。但接着便是指责，“好比一些闪烁的磷火，教人分不清这微光是黄昏还是曙色”①。20 年后，另一位批评家夏志清却对张爱玲的轻松一面大加赞美道：“她能和珍·奥斯汀一样地涉笔成趣，一样地笔中带刺；但是刮破她滑稽的表面，我们可以看出她的‘大悲’——对于人生热情之荒谬和无聊的一种非个人的深刻悲哀。张爱玲一方面有乔叟式享受人生乐趣的襟怀，可是在观察人生处境这方面，她的态度又是老练的，带有悲凉感的。”夏志清认为，这两面的融合是张爱玲杰出的原因。②

虽然夏志清在他的小说史中给了张爱玲极大的篇幅，却没有全面展开对

① 傅雷：《论张爱玲的小说》，《万象》第 3 卷第 11 期，1944 年 5 月。

② 夏志清：《中国现代小说史》，香港友谊出版公司，1979 年版。

张爱玲喜剧才能的论述，由他开创的张学日益成为显学，但对张的悲剧性的探究远远超过对其喜剧性的追寻。我认为，张爱玲也是一位优秀的喜剧作家，她的喜剧才能长期以来被大多数研究者忽略了。张爱玲的喜剧才能可以分为讽刺和幽默，前者主要表现在她的小说中，后者更多地反映在她的散文里，特别是在上世纪40年代写就的散文中有充分的表现，限于篇幅，本文无法全面分析张氏作品，仅以其前期散文（1940年代写就）为样本来剖析张爱玲的喜剧性，并兼及其喜剧性的现代性内涵。

二

张爱玲喜剧才能表现在她以智慧观照纷繁人生，对人性的缺陷与弱点有深深的了解和悲悯，在人们认为圆满之处，她能发现缺憾，并在缺憾里找出它的真义。她以杰出的幽默才能勾勒出上世纪三、四十年代中国社会的风俗喜剧，她冷隽、真实地刻画出灰色生活中的可爱与可笑，使平凡近乎黯淡的都市生活也闪射出几缕柔和的暖色。

张爱玲散文中勾勒的一出出小型喜剧是上世纪三、四十年代上海社会为背景的风俗喜剧。它的主要场景在公寓、菜场、街头、小店……主要的人物是市民，也有明星、绅士。

这些张爱玲以幽默笔法勾勒出来的人物，都是一些有缺陷和弱点的凡人庸众，可以依据张爱玲对他们的不同态度分为三类：一，所欣赏的人物。二，所喜欢的人物。三，并不喜欢却也能了解，一笑置之的人物。

张爱玲欣赏的人物是姑姑、炎樱、苏青，还有母亲和弟弟的一些早年生活片断也是她所欣赏的，（比如母亲坐在抽水马桶上笑看《二马》，和胖伯母模仿电影中的俗套恋爱……大眼睛长睫毛的弟弟，听人夸奖某夫人漂亮，就要问："有我好看吗"。）

张爱玲欣赏的这三位，用她的话来概括是："乱世里盛世的人"（《我看苏青》）。这盛世的人，用现在时尚语来说就是阳光之人，姑姑是阳光中年，苏青是阳光少妇，而炎樱是阳光女孩。这种阳光是一种现代自立自信女性的风范，一扫那种温良羞怯闺秀风，也绝不染哀愁惆怅的才女气。漂泊不定的乱世并未能挡住她们的阳光——率真、风趣和对实在物质生活的追求，她们是平凡的，会挑剔，会砍价，会耍小性子，不讲理……张爱玲对此一清二楚，“她说起姑姑和炎樱，便会骂，只觉得又是无奈，又是开心好玩”。[①] 但张爱玲依然欣赏她们，欣赏姑姑的见识和谈吐，欣赏炎樱的调皮和无忌，欣赏苏青的豪爽亲切，张爱玲最欣赏她们的就是她们能够享受实实在在物质生活，并不奢侈或追求刺激性的享乐。因为“对人生有着太基本的爱好”，她们并不会高蹈激昂或愤世讽刺，也并不幼稚感伤沉湎梦幻，而只是和大众一般有着“世俗的进取心”，谈吐作为中自然有一种“无意的隽逸”，特别是苏青，“最好的时候能够做到一种‘天涯若比邻’的广大亲切，唤醒了往古来今无所不在的妻性母性的回忆”。她把苏青比喻成中国喜庆时雪白的馒头上那喜气洋洋的红点，有一种俊俏朴实的民间之美。

青年张爱玲在她的小说是冷静的，几乎是在虚空毁灭里寻求生命的真义，严肃得阴冷。而在散文中，她却时常流露出天真——“人生的可爱就在那一撒手的当儿”。这一撒手就是超脱，就是拈花微笑。她把这拈花微笑的光芒从亲友洒向周边，首先就是上海市民。

张爱玲出生于上海弄堂，这里有渐渐沉落的传统中国的身影，也有近代都市生活的高压，新旧文化的冲撞和生存挣扎，产生一种现代都市的市井风。那里“有挣扎，有焦愁，有慌乱，有冒险”，也有放任和微笑，“人的成分”特别浓厚。张爱玲看到了其中的“坏”和无奈，但依然喜欢，喜欢的是那“虚伪之中有真实，浮华之中有素朴”的人生况味。她借着“上海人”来表现这人生况味，在小说多是悲凉，在散文中却满带幽默。她写小报上自我嘲讽的上海人，写电车车窗留言里放任的上海人（《到底是上海人》）；写公寓里的上海人：电梯司机，一辈子只是“离开了自己那间小屋，就踏进了电梯的小屋”，却讲究身份，“拒绝替不修边幅的客人开电梯”，“不赞成儿子去做电车售票员——嫌那职业不很上等”，再热的天，“也得在汗衫背心上加一件熨得溜平的纺绸小褂”……早上送到的小报，他得仔细读过，中午才能轮到订户……（《公寓生活记趣》）。还有街上的上海人，坐在自行车后面的，有年青女子和小孩，还有小老太太，有人在车轮上装上红

---

① 胡兰成：《今生今世》，载陈子善编：《私语张爱玲》，浙江文艺出版社，1995 年版，第 164 页。

灯，“红圈流动，流丽之极”，有人大叫一声，放松了把手，卖弄本领，轻俏掠过……突遇封锁，又是一番景象，企图冲过防线的女佣，冷静评判的女贩，自大的便衣警察，幸灾乐祸的车夫……（《道路以目》）张爱玲在这世相漫画里捕捉的是可怜亦可爱，可怜的是他们在高压生活和畸形文化下生成的不甚健康的、“有分寸”的坏，可爱的是他们的“抹不去满脸油汗的微笑”，“由疲乏而产生的放任，看不起人，也不大看得起自己，”然而对于人于己依旧保留着一份亲切感。

第三类人物是与世俗生活、与真实率真之人相背离的雅士淑女。他们什么都讲究一个“写意象”，矫情造作，在“戏剧化”的生活不可自拔。

这其中有个女明星，认为自己无所不能，总是说：“我也喜欢写作，可惜太忙”，其实内里是单靠美目和“催泪剂”滥情取胜的“眼科医生”（《借银灯》），有洋绅士，他们与高楼上的蚊子一样淡漠与自足。或者正襟危坐，“默然抵抗着”，那“浩浩荡荡五四运动一般地冲了来的交响乐（《谈音乐》），想去教训楼顶溜冰的孩子，却终于“偃旗息鼓嗒然下来”（《公寓生活记趣》）。还有维持名士风的文人墨客，他们写着才起头就已经完了的“时髦的散文”（《胡萝卜》、《雨伞下》），取着众多古怪的笔名（《必也正名乎》），他们有许多感情都是浮面的。对于他们不熟悉的东西，他们没有感情；对于熟悉的东西，每一样他们都有一个规定的感情——“应当怎么想”。

三

在张爱玲的风俗喜剧中，也有作者自己的自画像：

对天真风趣“我”的欣赏：在脚踏机器印制图片工人的面前，开心地笑着，奉承地叹咤着工人工作，那是真实的“我”。（《卷首玉照及其它》）还有虚构的“我”，装着不相干的样子去问书报贩子自己书的销路：“销路还好吗？——太贵了！这么贵，还真有人买吗？”。坐在牛肉庄的计算机前收钱的“我”，那是一间可爱的牛肉庄，雪白干净的瓷砖墙上贴着深桃红的纸条，让食客一目了然它出售的汤品和价格，穿白外套的伙计个个红润肥胖，笑嘻嘻地站着看小报——“他们的茄子特别大，他们的洋葱特别香，他们的猪特别该杀。”（《童言无忌·吃》）这真是空气清新的疗养院。

对笨拙拘谨“我”的自嘲：她揶揄自己的笨拙，“我不会削苹果，经过艰苦的努力我才学会补袜子。我怕上理发店，怕见客，怕给裁缝试衣裳。在一间房里住了两年，问我电铃在哪儿我还茫然。”（《天才梦》）写出自己在金钱上“拘拘束束的苦乐”，她会精打细算，囤衣料，囤白报纸，“每一次看到‘小市民’的字样我就局促地想到自己，仿佛胸前佩着这样的红绸字条。”（《童言无忌·钱》）

对“过度戏剧化”之“我”的淡淡嘲笑“戏剧化”是都市文艺青年常犯的毛病。张爱玲说：“生活的戏剧化是不健康的。象我们这样生长在都市文化中的人，总是先看见海的图画，后看见海；先读到爱情小说，后知道爱；我们对于生活的体验往往是第二轮的，借助于人为的戏剧。”（《童言无忌·穿》）她还指出，因为这种戏剧化的套路，会把丰富多姿的情感干枯，即使再伟大的情感，如亲情母爱，“如果时时把它戏剧化，就光剩下戏剧了。”（《谈跳舞》）

青年张爱玲和大多数都市同龄人一样，无法全然避免戏剧化情感，不同的是，她早早就出完了麻疹，获得了免疫力，所以她可以用幽默的笔触来揶揄自己从前的幼稚。（胡兰成回忆说，张常会用文艺腔来说话，并接着注明这是“时人的”，让两人笑起来。）①“我”因为“西湖诗意的背景”，固执在自己的小说中安排一个女郎，从上海搭车去西湖跳湖自溺。“我”不知该选择音乐和美术作为终生事业，后来“看了一张描写穷困画家的影片后，哭了一场，决定做一个钢琴家，在富丽堂皇的音乐厅里演奏。”（《天才梦》）“我”满怀感伤，“看见书里夹的一朵花，听我母亲说起它的历史，竟掉下泪来”（《私语》）。因为有月亮，又因为是写小说的人，所以对于女同学郑重地说：“就是……除了我的母亲，就只有你了。”说着，“连我自己也被自己感动了”（《童言无忌·穿》）。

---

① 胡兰成：《今生今世》，载陈子善编：《私语张爱玲》，浙江文艺出版社，1995年版，第164页。

四

在张爱玲的童年追忆里中，我们时时可以看到那喜剧因子的萌发。

天津的童年记忆里有可爱的“毛物”、“毛娘”、“张干”、“何干”，有荡秋千的“疤丫丫”；上海的童年记忆中，“有一种紧紧的朱红的快乐”，虽然母亲告诉她，“图画的背景最得忌讳红色”，但张爱玲还是给自己和弟弟卧室的墙壁上选择了橙红色，而且喜欢穿小红袄，“画小人也喜欢给画上红的墙”，觉得这样“温暖而亲近”。那是她的温暖的橙红色时期，“母亲和一个胖伯母做作地在钢琴上模仿电影里的恋爱”，“我坐地上看着，大笑起来，在狼皮褥子上滚来滚去”。“《小说月报》上正登着老舍的《二马》，杂志每月寄到了，母亲坐在抽水马桶上看，一面笑，一面读出来，我靠在门框上笑”。直至中年，她依然喜欢红色，有日穿了件桃红旗袍，人说好看，她说‘桃红的颜色闻得到香气’”①。幽默是温暖的，在张爱玲的早年记忆里，最初是与乐天幽默相关的暖色调，有杀机的蓝色反而出现得晚些。

民间的乐天和幽默早早渗入少女张爱玲的心中，后来，她在那“永远是下午，坐久了便觉得沉下去”的氛围里，心情阴抑无法排除时，她越发向往平民文化，向往市民社会，从中寻找乐天知命的笑声来排解心中的阴冷。

她喜欢小报，“只有中国有小报；只有小报有这种特殊的、得人心的机智风趣。”② 她喜欢京剧，说它虽然有许多“感情的公式”。“然而它决不是罗曼蒂克的逃避”。它让“个人与环境感到和谐，是最愉快的一件事。”“有一种孩子气的力量，合了我们内在的需要”。绍兴戏使她感到“乡气到了极点”，“正是民间戏剧最可爱的一点”，“绍兴戏的歌声永远是一个少妇的声音……那女人的声音，对于心慌意乱的现代人是一粒定心丸”。申曲“最为恳切至美”。

---

① 胡兰成：《今生今世》，载陈子善编：《私语张爱玲》，浙江文艺出版社，1995 年版，第 165 页。

② 今冶编著：《张迷世界》，花城出版社，2001 年版，第 16 页。

据胡兰成回忆，张爱玲虽然自小被母亲要求和训练，要学淑女笑不露齿，可她“不笑则已，一笑即张开嘴大笑”。他说，“我是从爱玲才晓得了汉民族的壮阔无私，活泼喜乐”。①

张爱玲的幽默是反感伤反高潮和反讽刺的自然表现。

“喜剧是将人生无价值的东西撕破给人看”，鲁迅的定义已被研究喜剧的当代中国学者广泛引用，今天看来，用它来概括中国三十年代文学中的讽刺喜剧或许恰切合用，但移用于张爱玲式的喜剧就显得苍白无力。个中原因在于张爱玲的喜剧与她同期的显赫文学（主流文学?）相距甚远。20年代到40年代中国文学主流的动向先是浪漫的感伤，感伤过甚不免流于滥情，滥情之后发现了丑陋，又掀起激昂的高潮，讽刺尖锐无情。与此相应，批评社会的讽刺喜剧也被视为正宗。

对此，张爱玲深有感触，她说：“在中国现在，讽刺是容易讨好的。前一个时期，大家都是悲伤的，充满了未成年人的梦与叹息，云里雾里，不大懂事。一旦懂事了，就看穿一切，进到讽刺。喜剧若非讽刺喜剧，就是没有意思，粉饰现实。”她指出，清除感伤的滥调，讽刺是必需的阶段。但“不知道感伤之外还有感情”，就只能停留在讽刺上了（《我看苏青》）。

②所以，有主见的张爱玲要写出与讽刺喜剧不同的风俗喜剧，这在以散文为匕首投枪的气氛里，被当成“没有意思”也是自然不过了。今天，我们可以看出张爱玲散文里的一出出喜剧与讽刺喜剧截然不同，与西方戏剧史中的“风俗喜剧”较为相近。

风俗喜剧（Comedy of manners）起源于古希腊和罗马剧场，它吸收民间戏剧的因素，反映世态人情，很受市民阶层欢迎。当代英国戏剧理论家阿·尼柯尔教授（Allardyce Nicoll）在他著名的《戏剧理论》一书中有专节说明，他把风俗喜剧又叫做风趣喜剧，认为这类喜剧的特点有三方面：

一、它的喜剧性主要源于特定时期的社会风尚和习俗，而并非来源于人类的永久的愚蠢。二、风俗喜剧不借助“粗鲁、沉重的抨击”，“它是轻快的，温和的……当它讽刺时，它宁愿采用风趣的语言”。三、“风俗喜剧实

---

① 胡兰成：《今生今世》，陈子善编，第164页。

② 《张爱玲散文集》，花城出版社，第103页。

质上是理智的。……风俗喜剧的风趣话纯然是理智的，对风趣话的欣赏凭借的是我们的思维，而不是我们的心肠。”尼柯尔说，风俗喜剧也反映现实生活，但与一般通过典型化再现的现实主义不同，它“试图描绘当时社会中那些更优美的剪影——时代的欢乐、雅致的生活和饶有趣味的人物”。风俗喜剧作家“试图把他们所要表现的风俗习惯给以人为的修饰，或者，用他们那些最轻飘的形式予以体现。”

尼柯尔总结道“尽管我们可以说，这类喜剧是现实主义的，因为它展现出一幅色彩鲜明的当代大都会的生活画面；但是我们必须把这一说法限制为：它只是展现了当代生活的某些侧面，而且是用他们自己的特殊方式来加以处理的”①。中国市井中生成的张爱玲散文的喜剧性当然并不等同于西方风俗喜剧，但二者亦有相通之处如下：一、它也不能用典型环境中的典型人物等现实主义文学理论去衡量，它的追求不在于此。二、它也是对特定时期特定族群生活和心态的描摹，具体说，是对上世纪前期上海市民的善意观察和调侃。三、它也是理智的、温和的。

在张爱玲的风俗喜剧中，不论大胆无拘的女性和放任无奈的市民，不管是天真风趣的人物，或者是不甚健康的“戏剧化”的人物，全有可爱之处，或是可敬复可爱、或是可怜又可爱，可爱复可哀。张爱玲虽然冷静世故，有立场有分寸，但她描绘喜剧并无意惩恶扬善，移风易俗。是非之别，正邪之分，不是张爱玲在风俗喜剧里所关心的。她早就说过，绝不愿意成为一个头脑简单的拜火教徒，即使在受到父亲虐待之后，她依然不认为有彻底的善和彻底的恶。她知道二元对立的价值观只是简化人性，而无法参透人性；人心的模糊，暧昧与复杂，又岂是善恶两端泾渭分明。她所关心的，所着意想写出的，想在这些喜剧情境后面阐释的是真诚与虚伪，自然与造作，依然是以真实的世俗去抵挡虚假的罗曼蒂克。以柴米油盐、阳光、水和空气去衡量一切造作的高雅与苍白的浪漫的价值，这是她坚守终生的世俗的人生观。

所以，她爱揶揄淑女绅士的做作，也不会轻易放过小市民的虚荣，刚说过西方艺术的嘈杂，又会笑话中国名士的迂腐。尤其，应该注意到的是，对

---

① 阿·尼柯尔著，徐士瑚译：《西欧戏剧理论》，中国戏剧出版社，1985年版，第289－293页。

于女性，张爱玲看到了她们现实的不幸，也看到了她们内蕴的神性，看到了她们的聪慧调皮，也看到了她们精于算计，斤斤计较，多疑狭窄，她不以空调的理论去苛责她们或者社会，而只是了解和悲悯。

五

张爱玲的喜剧亮色，那乐天、达观、风趣的人生观照和言语机锋，除了本人的才情和民间的滋养外，还受到了哪位文学家的影响，这也是饶有趣味的话题。

许多人可能不假思索地便会认为，她散文中的喜剧养分与林语堂、梁实秋、钱钟书等最杰出现代散文家大致相当，来自西方，特别是英美小品散文。不可否认，张爱玲的英文相当了得，培根、兰姆应该熟知，她翻译了《爱默生选集》，其中亦有“喜剧性”一节。① 她的散文中有许多精警机智的议论也时时现西方哲人光彩。

也有论者别具慧眼，将她与王尔德相比，认为百年来中国作家中“林语堂有其幽默，而不免矜持；梁实秋同样尖刻，但失之油滑。……应该说张爱玲的行事行文大有王尔德之风。”是“女王”②。

张爱玲当然熟悉王尔德，但对他评价不高，她在和炎樱的对话中说，因为是“在英美的思想空气里面长大的，有很多机会看出他们的破绽”。她同意炎樱所说的，“王尔德那样的美真是初步的”，她看不起那些“就停留在王尔德上”的人。（《双声》）

为什么唯美派王尔德的美是“初步”的呢？在《自己的文章》中，张爱玲说“唯美派的缺点不在于它的美，而在于它的美没有底子。”这底子应该就是一种广大的悲悯与同情。张爱玲浸润于民间，她与高高在上嬉戏众生的王尔德不同，她是多情的，只是因为她看得明白与透彻，“人到多情情转薄”，我们时常会因此忽略了她的内蕴悲悯。但是将她的幽默与王尔德一比，她对小市民卑微而平庸生活的深深同情和了解昭然若揭，虽然，她把自

① 张爱玲译：《爱默森选集》，大连出版社，1996年版，第107页。

② 江弱水：《从王熙凤到波托西》，广西师大出版社，2005年版，第83页。

已归入小市民群众，却能保持着入乎其中又出乎其外的省察。“活在中国就有这样的可爱：脏与乱与忧伤之中，到处会发现珍贵的东西，使人高兴一上午，一天，一生一世”（《诗与胡说》）。

张爱玲的幽默总让人想起《红楼梦》中那悲凉之雾中突然闪射出的幽默光芒，那光芒来自刘姥姥。

满身泥土味的刘姥姥给大观园，金门绣户诗酒花月的大观园，带来的是一股新鲜的田野气息。行酒令时，多少伤春悲秋的心灵，一味沉浸于花非花，雾非雾的迷蒙境界。唯有刘姥姥依然本色，当鸳鸯念到：“凑成便是一枝花，”刘姥姥应声答道：“花儿落了结个大倭瓜”。

对于平民百姓，对于脚踏实地春播秋种的中国百姓，春花美，而秋实更使人喜悦，花儿落了，反倒结出饱满喜人的瓜。比起花，瓜在百姓眼中更是美。草根泥土的平安是福，远胜于钟鸣鼎食的富贵无常，张爱玲和曹雪芹一样，从民间获取了活力，所不同的是，张爱玲的民间已不再是田园渔樵，而是现代市井，但是，把曹式幽默与张爱玲的风俗喜剧相互对照，应该还是能得到张爱玲的同意罢。“把我同王尔德他们来比较，我实在不能引以为荣，只有和曹雪芹相提并论我是心甘情愿的”，相信张爱玲会这样说。

六

张爱玲的喜剧性浓郁的现代色彩，根源于其“参差对照”的文学观与创作观。

在《自己的文章》中，张爱玲较为详尽地论述了这一独特的观念。

张爱玲的参差对照本来源于古人衣着“那种婉妙复杂的调和”，在《童言无忌》中，她说，“用粗浅的看法，对照便是红与绿，和谐便是绿与绿。殊不知两种不同的绿，冲突倾轧是非常显著的……而红绿对照，有一种可喜的刺激性。可是一种太真率的对照，大红大绿，就象圣诞树似的，缺少回味。”又说“现代的中国人往往说从前的人不懂得配色。其实古人的对照不是绝对的，而是参差的对照，譬如说，宝蓝配苹果绿，松花色配大红，我们已经忘了从前所知道的。”

她指出，“参差对照”追求的是与现代生活更为贴近的“苍凉”美。它是“以人生的安稳做底子来描写人生的飞扬的”。喜欢描写飞扬的超人的“壮烈”，与习惯描写善恶美丑强烈对照的“悲壮”的读者，会觉得“苍凉”没有完成，不能得到一个明确的结论或者人生告诫，似乎力度不够，少了振奋人心的刺激性。但她“不再那么强调主题”，而是希望让故事自身给予启示，她认为，比起“悲壮”和“壮烈”，这因“参差对照”而来的“苍凉”是更真实，更富于启示的。其次，她指出，在人物塑造上，“参差对照”注重的是“一些不彻底的人物”。因为，“极端病态与极端觉悟的人究竟不多”，“软弱的凡人，不及英雄的有力，但正是这些凡人更能代表这时代的总量”。再次，在写法上，她“不喜欢采取善与恶、灵与肉的斩钉截铁的冲突那种古典写法”，她“只能从描写现代人的机智与装饰中去衬出人生素朴的底子……不把虚伪与真实写成强烈的对照，却是用参差的对照的手法写出现代人的虚伪之中有真实，浮华之中有素朴。”

张爱玲散文的喜剧性也流贯着这“参差对照”的现代美感，具体表现是：

悲与喜的参差对照。现代喜剧的特征之一是悲喜交集，笑中有泪，泪中有笑——从果戈理、契诃夫到存在主义喜剧，无不如此。在张爱玲最早的《天才梦》中。悲喜交集参差对照已见端倪，俏皮的自我调侃，精巧编织的字句里有隐隐的悲哀，从轻松慧黠渐渐声调低沉，自称在许多场合等同废物，烦恼弥漫开来，收束竟是“生命是一袭华美的袍，爬满了蚤子”，忍不住地悲从中来。和美畅快，引人入胜的细节，衬在隐隐透出丝丝悲凉的背景是张爱玲的喜剧性特征。她那些小型喜剧不过是一些不相干的琐事，非常的女性化，“有悲哀，烦恼，吵嚷，但都是愉快的烦恼与吵嚷。……是热热闹闹的普通人的戏”。（《走，到楼上去》）在她的喜剧片段里，总有一种青春之美，不是孩子的天真，中年人的执著或老年人的智慧，而是以青春的爱恋喜悦，照耀着周遭所见所闻，有自信也有放恣甚至跋扈，但常常“有一种郁郁苍苍的身世之感”，细加探究，这“身世之感”也不仅仅是自伤自怜，也有更广大的时代内容。在一个大变动的岁月，越是前景不明世道凶险，越是要及时地把握人生——“长的是磨难，短的是人生”。“想做什么，立刻去做，都许来不及了。”（《烬余录》）许多好事，“现在已经没那么容易兴奋了。所以更加要催：快，快，快，迟了来不及了，来不及了！”（《传奇再版序》）最能表现其悲喜交错的是这样一副自画像：在防空的夜里，整个城市“黑沉沉地像古战场的埋伏”。“我立在阳台上，”拿着自己的照片，这是一张要放在《流言》里的放大照，“因为不会做媚眼，眼睛里倒有点自负、负气的样子”。我“在黯蓝的月光里看”，“照片里的笑，似乎有藐视的意味——因为太感兴趣的缘故，仿佛只有兴趣没有感情了，然而那注视里还是有对这世界的难言的恋慕”（《卷首玉照及其他》）。

雅与俗的参差对照。张爱玲的喜剧世界由雅俗两个维度构成：嘈杂的市声、寻常的街景、生涩不成调子的乐声、“雾的轻微的霉气，雨打湿的灰尘，葱、蒜、廉价的香水”、“清刚明亮”的汽油味、“有一种寒香”的肥皂味、崭新的“所以是积极奋发的”油漆味……种种世俗生活图景在张爱玲散文里随处可见。明显与其时位居主流的匕首投枪不同，但亦无法将其归入另一端的林语堂的“闲适”，周作人的“冲淡”……与那些“名士派”最大的差别在于张爱玲立足当下，立足于市民社会。她以为，琐细的世俗生活才是“实际的人生”，“拘拘束束”的大众苦乐最能让她喜欢，因为那里“‘人的成分’特别浓厚。”（《道路以目》）

张爱玲的幽默更具市井味中国风，林语堂的幽默有更多的名士气和游戏风。虽然林语堂也认为，中国的幽默来自民间，生于常识。（《吾国吾民》）但他更多还是从道家哲学、从中国古代士大夫的悠闲生活中去寻找幽默的范本，当然也就摆脱不了那种士大夫独善其身时的玩世。他称之为“生活的艺术”。有趣的是林语堂生长于民间乡村山野，张爱玲拥有贵胄背景。但他们的幽默却有与个人出身背道而驰的趋向，张爱玲对自己的世家出身并不看重，至少在晚年之前是这样。① 没落中的大家庭的压抑、阴冷反而促使她往民间底层去寻求那乐天知命的滋养来冲淡那没落中的朽味。她不喜欢那听诵童子吟古诗而落泪的遗老，反而喜欢家中佣人的故事，喜欢小报和民间戏曲，喜欢卡通和民间音乐。因为，对士大夫习气的酸腐有切身感受，生活里反其道而行之，终于产生了以“人的成分”为标准的审美观。很自然地会喜欢市声，“比我有诗意的人在枕上听松涛，听海啸，我是非得听见电车响

① “他们静静地躺在我的血液里，等我死的时候再死一次。我爱他们”。《对照纪》，皇冠（香港）出版社，1996 年版，第 52 页。

才睡得着觉”。“附近有个军营，朝朝暮暮努力地学吹喇叭，迄今很少进步。照说那是一种苦恼的、磨人的声音，可是我倒不嫌它讨厌……在不纯熟的手艺里，有挣扎，有焦愁，有慌乱，有冒险，所以‘人的成分’特别的浓厚。我喜欢它，便是因为‘此中有人，呼之欲出’。”（《道路以目》）以小市民自居，她时时警惕“名士气”、“写意相”、“设法除去一般知书识字人”的陋习，“从柴米油盐、肥皂、水与太阳之中去寻找美好的人生”（《必也正名乎》）。

当然，张爱玲总是以雅入俗。自称小市民的她依然持有清高和矜持，即使在那些以俗为美的文章里，她依然保持着自己的视野和角度，她不赞成小市民“刺激性的享乐”；她持有文明渐渐衰落中的隐忧而来的悲天悯人，既赋予日常生活亲切感和合理性，又揭示她的陌生感与荒诞性。于是，我们既看到了流连街市对一切色彩和气味都悦纳和喜乐的张爱玲，也窥得了满怀惆怅独自凭栏黯然神伤的张爱玲，一个既喜欢申曲、蹦蹦戏和小报，也浸馈于《红楼梦》和古诗里的张爱玲；看到了一个在文学修养和人格气质上“雅俗兼具”的作家。

解构英雄，解构斗争，解构高雅，张爱玲以其个人化的写作显示了现代性在中国文学中的成长。

光复前后台湾民众心态的演变*

——以詹作舟诗作为例

朱双一

1945年台湾光复，台湾民众欣喜若狂，夹道迎接来自祖国的接收部队。然而仅过半载，由于经济衰敝、物价腾生等原因，民众对当政者的不满和怨言开始出现并日趋严重，直至爆发1947年的“二二八事件”。对这一过程，台湾小说中有不少的描写，其中不乏真实、深刻之作。然而小说毕竟允许虚构，且大多是后人的“追记”，因此不能排除某些历史记忆的变形，甚至出于某种意识形态需要的有意扭曲。相比之下，有些传统诗文作者，由于创作时即不准备公之于众，而是抒情言志，自娱自慰，过后藏之箧夹，至多示之亲友，除了些许应景课题酬唱之作外，大多更能真实地记录当时的世态情景和作者心情。台湾彰化永靖诗医詹作舟（1891—1980）及其诗作即是如此。

詹作舟出生于彰化，自幼即入著名汉学家黄倬其先生的私塾（号“小逸堂”）就读，打下良好的汉学基础，并与包括赖和在内的诸多同一师门同学，结为至交，后来同组“小逸堂晋一会”。1909年考入台湾总督府医学校，又与赖和为同届同学。毕业并于台中病院实习三年后，1917年自愿到缺医少药的永靖街开办“生春医院”，悬壶济世，遇孤苦穷困者免费的医德，与赖和相侔。其创作以传统诗为主，且光复后作品多于光复前。这或许与诗人从一个殖民地子民转变为正常国民后心境的转变有关。

---

* 本文原载于《台湾建省与抗日战争研究：纪念抗日战争胜利60周年暨台湾建省120周年学术研讨会论文集》，鹭江出版社，2008年版。

本文参考文献为：①张瑞和编著：《詹作舟全集》，台湾彰化：詹作舟全集出版委员会，2001年11月6日出版。②张瑞和：《潜心养晦期无事，园菊丛开合有诗——永靖诗医詹作舟》，2002年2月28日修订二版。

一

张瑞和所编《詹作舟全集》收录了诗人早年至晚年近70年的传统诗作品。为了了解光复前后诗人的情感历程，我们先将目光投注于1937年至1945年战争期间詹作舟的诗作上。在此之前詹氏作品多咏史抒怀，托物言志，1937年之后，日本殖民者加紧战争步伐，掀起大东亚战争和太平洋战争，在台湾更强化了“皇民化”政策，詹作舟的作品也多了一些时局的投影和感叹。如1938年的《新春试笔》中有“一饮屠苏何所愿，日华修好互提携”的诗句，而《述怀（其三）》则写道：“世情日见浇漓甚，生计年来胁迫深。局面动摇愁辗转，时机翻覆感浮沉。同根端合相怜惜，煮豆燃萁太忍心”。这些感慨显然针对“七七事变”后日军大举侵华的时势而发，表现了当时台湾同胞的一种复杂心态。从现实政治着眼，他们当时毕竟属于日本“国民”，但在文化身份上，他们始终无法忘怀自己是中华民族的一分子，中日开战将使他们处于十分尴尬两难的境地，所以总是怀着中日和好的祈望。然而事与愿违，所以他们对于日本侵略者穷兵黩武，一意孤行地扩大侵华战火，表示了深沉的忧虑、不满和谴责。

在那漫漫长夜中，诗人总是消沉抑郁，难遣愁绪，甚至时时袭来祖国山河破碎，而自己却报国无门的感伤。1940年的《落叶》：“满林萧瑟带愁看，叶叶惊心感百端”，“人穷易起飘零恨，世乱宁教梦寐安。一样江山摇落感，萧萧偏惹客长叹”；同年的《五十书怀》写道：“知命年来恨转多，萧疏两鬓奈愁何。请缨路绝空投笔，落日途穷欲放歌。纵有回春庐扁手，终无返照鲁阳戈。因循陈迹磨牛惯，壮志消沉未觉苛。”1941年的《秋怀》，更明显地表现出针对中原战局、祖国形势趋紧而“恨转多”的特点。其二诗云：“中原逐鹿走京华，砲雨硝烟泣暮鸦。遍地哀鸿无宿处，通天急使有飞槎。不防蛇口能吞象，争奈人心似散沙。惆怅河山皆破碎，那堪回首夕阳斜。”其三诗云：“唇齿相依念已迁，阋墙近日更凄然。待机企作翻云鹤，防谍偏成噤口蝉。老大不禁迟暮感，沧桑未免恨愁牵。乾坤板荡何时定，黄河澄清尚几年。”从“唇齿相依念已迁，阋墙近日更凄然”一联中可见诗人对于日本不顾自古以来的中日传统关系发动步步进逼的侵华战争的不满，“乾坤板荡何时定，黄河澄清尚几年”隐约透露诗人对未来战争结束的期待，至于“防谍偏成噤口蝉”一句则反映了台湾民众在日本当局管制下言论不自由的情景。

1941年底日本悍然发动太平洋战争，致使台湾民众生计更为艰辛。诗人这时为生存和济世更为奔忙劳碌，无闲也无心写诗，但对时局仍很关心。写于1942年年初的《和见贤春日杂咏》的第一首：“变幻风云近几旬，非常时局又翻新。谋生忙碌何时了，几岁劳劳负一春”，直接反映了太平洋战争的爆发；第五首“群黎枵腹几多时，节米何堪又再施。到处嗷嗷惟觅食，伤心许久不吟诗”，联系到其诗友徐见贤《春日书感》中也有“一回节米一回惊”之句，可知日本军国主义者肆意扩大战争，在台湾则加紧搜刮粮食等物资以支持庞大的战争需求，从而造成了台湾同胞的深重灾难。

到了1943年，诗人对于给人们带来苦难的战争益发难以忍受，有诗云：“大东亚战已三秋，浩劫人天共怨尤。”（《敌忾心》）也就在这一年，同学兼好友，被称为“台湾新文学之父”的赖和，入狱后病重逝世，詹作舟写了《哭懒云同学次兰生韵》8首和《挽懒云同学》5首，对赖和那“廿载悬壶凭济世，几番入狱为匡时”，“每谈大小公私事，肝胆相倾不负心”，“生平原是轻阿堵，一意医人欲救贫”，“念切疮痍性率真”，“民权运动建奇勋”的光彩人格和行迹加以赞扬，而最值得玩味的，是一些为赖和死非其时而深感惋惜的诗句，如“半世蹉跎因傲累，一生悽怆为时忧。怜君未见收残局，遽赴修文恨可休?”“悲君一死竟非时，未见河山重转移。瞑目怎甘泉路去，伤心谁与梦魂随”。所谓“怜君未见收残局”、“悲君……未见河山重转移”，说明在写作这些诗作的1944年，诗人已经敏锐感觉日本殖民者覆灭，台湾回归祖国已经为时不远了，因此内心充满着期待；由于赖和一生为了台湾摆脱殖民统治重获自由而奋斗不息，却在黎明前的黑暗中过早地离去，因此为之深感惋惜。

1945年是翻天覆地的一年，也是诗人最为多产的一年。诗人也许已感到光复有望，但最艰难的时刻还是要挨过。1945年的前8个月，局势最为微妙，诗人的感情思绪也最为复杂。一方面，日本已是战力不支，败象渐呈，外有美英飞机轰炸，而内部粮食、兵源等都近于枯竭，只好竭泽而渔，在混乱莫测的时势下，诗人忧苦焦虑，一筹莫展，因而有山林避世之想，求神拜佛之举：“不测风云时屡变，那堪思虑日相攻，吟身得脱愁城外，仙骨何忧苦海中。想到最无聊赖处，也随父老祷天公。”此诗原为与友人陈三舍相约游鸟松坑未果，故慨叹赋诗。稍后终得如愿，又赋诗《秋日偕陈三舍游鸟松坑》：“莫须侥幸论功名，生死关头有此行。秋草共攀羊子崎，夕阳同下鸟松坑。索居不类疏开令，遯世方全骨肉情。只恐眉燃难济急，风声鹤唳每心惊”。而在《感赋再寄陈三舍》中又有“安得山田两三顷，结庐好作避尘窝”之叹。此外，在其他诗中还有“但愿酬唱如此夕，管他风雨幻晴阴”（《午梦·敬次梅樵先生瑶韵（其二）》），“胜境类桃源，山明水滟灏。不但好避氛，久住生隐趣……闭门堪种菜，世事不与预。夜可读父书，晓听晨鸡曙。从此过余生，姓氏敢望著”（《寄怀呈梅樵先生》）等诗句。

另一方面，诗人想要避世而不可得，因为穷途末路的日本殖民者会找上门来，詹作舟的儿子就收到了征兵的通知，令诗人惊恐万分。《元雄应召感赋》诗云：“忽来赤纸累惊徨，应召须臾赴战场。弱冠生憎供血税，他年何幸返家乡。乌私望报情犹切，棋局渐翻事莫伤。燮理即今谁妙手，回天有策早宣扬。”这正应了上述“遯世方全骨肉情，只恐眉燃难济急”的诗句。不仅儿子被征，女儿出嫁也颇为困难，因为“最是非常时局下，从戎壮士去悠悠”（《择婿》），勇壮青年大多应征入伍了。尽管处于日人的高压统治下，詹作舟渐渐也敢于表达对于日本当局穷兵黩武政策的不满和谴责。《敬次梅樵先生遣怀原玉（其二）》写道：“两度飞机袭九州，防空设施急如流。资材未许充需用，劳力犹须合理求。举国青年齐奉仕，谁家夫婿得封侯。愁看形势行将迫，觉悟雄争抵死休”。《次虚谷词兄感怀辕韵》对日本军国主义的谴责更溢于言表：“一破和平议，烽烟七载连。群黎多菜色，万事费金钱。财物通神鬼，诗书薄圣贤。争雄了无益，热血换桑田。”诗人根据自己对时局的判断，深觉日本败局已定，无回天之力，尽管日本似乎还穷凶极恶，也只不过外强中干，难逃灭顶的最后结局，而台湾民众在日本殖民当局一同“玉碎”的逼迫下，可能也要无辜地被拖入灾难中，因此充满忧虑、不满和愤慨，“喇叭频吹胆气豪，顿令满腹起牢骚。风云变幻愁难测，玉石同焚恐莫逃”（《敬次梅樵先生台南宿夜原玉（其二）》）。又有诗云：“人气通花气，人衰花亦衰。花无肥料瘦，人缺食粮疲。鸡犬遭殃日，楼台破坏时。最难当玉碎，何事得全尸。”有人批语：“末联殊嫌衰飒，且自宽怀，勿过忧虑为幸。”后经诗人将后四句改为：“鸡犬遭殃日，琴书历劫时。非关吾辈事，醉眼看残棋”，聊作事不关己的局外人，也将自己与日本人区隔开来。同时，诗人在忧虑观望之中，也感觉到中国人胜利的曙光正在升起，内心充满了期盼，在《晓行寄呈梅樵先生》一诗中的“窃喜黎明光渐露，会看曙色灿朝曦”诗句，可说是这种心情的表达。

二

1945年8月15日日本宣布无条件投降，世界反法西斯战争取得最终胜利，台湾也因此回到祖国怀抱。詹作舟和绝大多数台湾同胞一样，为摆脱了殖民地子民的屈辱身份而扬眉吐气，欣喜若狂，并将这种心情诉诸笔墨。他为光复而写的对联，有对祖国感恩和祝福的，如：“国跨边土恩深义重，庆祝中华地久天长”；有希望国家革新、团结，从而带给人民幸福安康的，如“欢天喜地返祖归宗，迎新革故好趁大同”、“祝尔多年善守攻，双全国共喜融融”；也有表白台湾民众始终保持的汉民族气节的，如“十家九破犹能补，节尚棱棱贯始终”。

诗人在欢庆光复之余，总是伴随着对于日本殖民者的批判和揭露，对于战争的反思和谴责。如《次迂吾生日感作原韵》，其一曰：“不知今世尚有秦，山中团圆祝生辰。人生适意便行乐，何用屈指数过春。况值羁绊初解脱，痛定思痛更酸辛。比诸终战新败者，还是劫外一福人。”其二写道：“力攻本土最情关，危局曾愁挽不还。窃喜战功归祖国，更欣光复到台湾。强权毕竟终难恃，天理昭彰一转旋。枉尔经营殊惨澹，威仪依旧汉河山。”前者写出了当时日人在一夕之间由天上跌落地下，从统治者变成战败国子民，大多感觉前途迷茫，惶惶不可终日，台湾人与之相比，自然可算是“福人”了；后者说明日本想要依恃强权奴役、统治台湾，尽管惨淡经营，终无法战胜天理正义，台湾终究还是回归了祖国。《台湾光复》（其二）也有相近的旨趣：“莫须胜败论英雄，福善祸淫今古同。蠢尔倭奴夸战术，尽教孽种慑威风。却怜政策谋侵略，转把河山被炸空。且喜台澎归祖国，重新建设赖群公。”又有《台湾光复赋》诗云：“半世沉沦感再生，能禁大众不欢声？解消苛酷秦时令，重见威仪汉诏旌。家祭敢忘虔告慰，民权尽可享同乐。却怜海外犹征役，尚隔云山万里情。”诗人为光复而欢呼雀跃的同时，也想起了被日本殖民者强行征调到南洋等地打仗的台湾人子弟。

无可否认，有一小部分台湾人在日本的“皇民化”政策下受到毒害，光复后，对其进行清理以肃清“殖民遗毒”、“奴化思想”是必要的。詹作舟似乎也认识到此，将刀笔指向这些民族败类。《御用绅士》刻写道：“奴颜婢膝不知羞，奔走权门第一流。无补民生胡乃尔，可怜若辈自幽幽”。《经济汉奸》更指向战争原因和罪行的追究。其二写道：“满洲事变究何由，侵寇中原第一筹。更与独伊防共约，酿成烽火遍全球。”其三也写道：“三国同盟孕祸胎，酿将世界战重开。可怜政客无良策，一任军人擅独裁。”

日据后期殖民当局更严厉禁止汉文，极力摧残中华文化，詹作舟曾与从师黄倬其的私塾同班同学成立“晋一会”，集会欢庆生日。光复后，这些在老师教导下打下良好汉学基础而后都有所成就的同学们，建议重修“小逸堂书室”，詹作舟“感赋”诗云：“灵光一线几沦亡，劫后欣瞻气吐芒。脱却愚民秦政策，振将华国汉文章。春风桃李仍相待，绛帐师宾漫退藏。最是里闾颓废甚，重修义垫继书香。”而“晋一会”中原包括的赖和，却因日本殖民者的迫害而先行辞世，令诗人吁嘘感叹。詹作舟常在这一同学聚会上，忽然想起赖和而感慨万千，《晋一会席上偶作（其二）》诗云：“吾侪星散各西东，难得今宵聚此中。忽忆懒云翻洒泪，人天撒手太匆匆。”《赴晋一会归后赋寄可以》则写道：“闻道晋一会重开，相将就道各归来。故人相见喜健在，浩劫追思犹可哀。忽忆懒云音容杳，英魂至今何处绕。知君有恨尚未平，同人敢不墓前行。焚香一事堪告慰，台湾光复又息兵。抗战艰难经八载，忽得世界大光明。魂其有知恨可销，黄泉乐土任逍遥。悠悠生死别二载，魂其归兮会今宵……”颇有陆游诗的“王师北定中原日，家祭勿忘告乃翁”的味道，只是将“告乃翁”改为“告故友”而已。

三

然而，台湾民众由衷欢迎国民党接收人员的这段时间仅仅维持了数月之久，至1946年初，民众情绪有了很大的逆转。这一转变，在詹作舟诗作中有明显的投影。从1946年以后的诗作，最主要的两个主题，一是又出现了要避世，要退隐山林的情绪，更多的则是对时政弊端，如官员贪污，搜刮民脂，物价腾升等的抨击。《光复后感赋》写道："沉沦五十载，光复心窃喜。到处迎国军，热闹亦云是。胡为乎如斯，诚意岂在此。劫后重建设，毋徒事奢侈。长官莅任时，民风昧终始。声明大解放，旋即反乎尔。食粮仍统制，庚癸呼不已。物价日昂腾，生活日脱轨。军官有津贴，殷户财可恃。可怜贫贱者，饥寒苦欲死。日趋更日下，穷极盗心起。小者行鼠窃，大者执牛耳。倘置若罔闻，世风愈颓靡。仰望施政教，恩威宜兼峙。怀柔道以政，俾得归正纪。不遑齐以刑，效尤戒可止。无奈治人者，日日动食指。今夕饮此间，明宵轮到彼。临事无把握，对酒眈眈视。斯民非不情，纸虎贴满市。劫后逐群狗，光复进一豕。虽然恶作戏，细推亦有理。及兹不改革，福利安可企。世界望光明。劝君学东里。"该诗从光复伊始民众的喜悦心情、迎接接收部队的热闹景象，写到后来将日本殖民者称为"狗"，将来自大陆的国民党人员称为"猪"，慨叹"狗去猪来"，其间出现的粮食统制，物价飞涨，官员花天酒地，穷人饥寒交迫，贫富差距日益扩大，世风颓靡等现象，一一展现。

在当时大量的作品中，对于官员贪污弊端的抨击是最为多见的主题之一。如《扑揩油》写道："官为民公仆，推诚休弄鬼。贪污日见闻，廉耻其有几。揩油自成风，尚说人谤诽。当头宜一棒，醒彼免愤悱。"在《防盗》一诗中，沿用《诗经》的说法，将贪官比为"硕鼠"，视之为防不胜防、拒无可拒的比窃贼更可恶者。《污吏》则对为劣者提出警告："财真可通神，如渴润喉吻。所以贪吏辈，征贿竞勤谨。效尤更成风，劣迹恬不隐。假公辄行私，不顾神人愤。苟不早回头，事及关头近。"最后两句警告语，不久即在二二八事件中不幸而被言中。《官热症》对于某些官瘾十足，一心往上爬的人士加以讽刺和劝诫："丑妇无认丑，舂夫不知惷，跛足登龙门，不省旁人哂。做官有何荣，辛苦求荐引。得陇更望蜀，欲念无时尽。所营奉一身，不顾民穷窘。寄言治人者，平心稍垂悯。"犹如日据末期一样，诗人这时再次产生了桃源避世的思想。然而这时的避世与日据时代不堪殖民统治的严苛有很大不同，更主要的是耻于与贪官污吏为伍。詹作舟有几首《感赋》诗，表达的都是这一想法。如"一死万事空，人生如梦寄。一醉解千愁，世事同儿戏。何以能云尔，上下竞虚伪。与其独为醒，不若长与醉。""厌听龃龉惹恨生，省些悲愤不平鸣。议难贯彻知无补，羞与人家竞卖名。""苛酷秦时令，余殃今尚留。节粮供恶税，赊酒涤新愁。坐拥书城倦，嗟看岁月流。退归怀草野，羞与沐猴俦。”而下面一首中，诗人写出自己的无能为力，这也是其退隐之思的原因：“底事长形役，谋生不易安。米荒愁巧妇，政劣笑贪官。煮字原非策，焚琴岂达观。文章多误士，无力救饥寒。”此外，《光复酒家》等诗也揭露了官僚醉生梦死的生活。

这时期詹作舟另一重要主题，是描写贫富的悬殊，民众的贫困，并表达对于穷人的深切同情和关怀，对于当政者“损不足而补有余”政策的不满和批评。《度活难》一诗写道：“六州难铸错，一贫竟如洗。甑釜久生尘，瓷瓮无勺米。朔风利如刀，布絮不蔽体。饥肠辄雷鸣，似唤人接济。安得穷无滥，或困而知礼。可怜闾里间，嗷嗷相泣涕。睹此怪现象，何以持到底。”《箻车声》中的“老田翁”，述说其困窘的处境：“云纳东家租，余无肥料本。辛苦年复年，赚不饱一饭。”《感作》诗云：“羁绊欣纔脱，饥寒正洊臻。唏嘘闻遍野，救恤望何人。痛定还思痛，辛过又苦辛。将来经济战，切莫更因循。”《田赋征实》更对具体的赋税政策提出批评：“田赋初征实，公家备米荒。助将殷户富，敛却细民粮。何以安生计，能无起恐惶。鸡虫争得失，国策费思量。”《偶作》乃诗人于“台湾光复后见闻之间有足悲者，因直书其事以志感”，诗云：“光复纔半载，风气变何遽。商贾多走险，背德不犹豫。物价日以腾，居奇不顾誉。贫者生计难，嗷嗷无可据。一食费十千，尚觉无下箸。闾里素封家，谁能从我语。生既不带来，死亦不带去。当此浩劫余，见义肯周助。”诗人充满人道情怀地劝告富人，与其自己奢靡享乐，不如见义勇为，同情、帮助穷人渡过难关。此外，像《贫民窟》、《验尸感作》等诗，也都反映了人民生活的艰辛和困苦。后者写一正当壮年的男子，竟因贫病交迫而抛下子女自杀，致令充当验尸法医的诗人感叹不已。

《邮票车票逐次提高，影响一般物价飞涨，胁迫细民生计感赋》一诗，既说明民生问题已成了最紧迫的问题，又指出这与当局的某些政策措施失当有密切关系：“民权民族且休论，痛煞民生泪欲吞。物价提高胡底止，人文趋下更难言。兴亡有责犹宜警，措置无常尔许昏。纵不一番重改革，嗷嗷到处惹销魂。”果不其然，民生的凋敝，官僚的腐败，终于导致了二二八事件。诗人对事件发表了自己的看法。《二二八事件感赋》诗云：“贪污弥漫甚，危机孕已成。私烟宁尽缉，硕鼠更横行。激愤青年士，膺惩不轨兵。市民当蹶起，苛政要弹抨。”“硕鼠更横行”一句无疑指出官僚的贪污和苛政是比贩卖私烟严重得多的问题。《观二二八事件善后处置感作》写道：“黑暗乾坤事莫明，是非颠倒总心惊。坐看报复殊难忍，闻道私囚更不平。终古沉冤三字狱，即今飞祸几余生。草菅人命谁知悔，权柄亲操任纵横。”指出了事件的处置充满了冤狱。《哀台湾同胞》则从较大的历史的幅度，说明“台民”与祖国的历史渊源，其垦殖台湾的功绩，不幸的历史际遇，光复时欢迎祖国接收的盛况，以及“官逼民变”的二二八事件的经过，最后并指出将事件归于共产党“煽动”完全是无稽之谈，诗云：

台民黄帝之子孙，曾被满日囚笼樊。备尝愚民分化策，于今民族念犹存。渡台都随郑国姓，籍多闽粤最耐烦。力辟荆榛开荒土，聚族耕耘事生繁。晚近沦夷五十载，犹多藉力开智门。文化水准渐提高，众目所视毋烦言。迨至丙戌收战功，河山依旧归中原。遗民扶老兼携幼，欢迎上官塞车辕。台地产物本丰富，民亦善良知报恩。倘得贤明为政者，何患治下不春温。无奈一班诸新贵，朋比为奸树祸根。大官擅权作威福，小吏贪污倒酒罇。上下只管交渔利，待兴百废与谁论。远因近果有以致，旋缉私烟生口喧。局吏开枪毙民命，无风人海起波澜。须臾群哗诉大吏，泰然漠视任覆盆。卫士野性忽又起，机枪扫射逐人垣。伏尸数百长已矣，生者聚众愈成群。闻风响应遍全岛，官逼民变尚何云。眼看众怒难收拾，告急主席上虚文。伪说奸党潜煽动，又传野心家纠纷。是非倒置丧心事，肆行屠戮闻未闻。

四

詹作舟作品中最值得注意的，是他对于日本投降后的整个中国的局势有着全面的关注和认识，多次表达希望实行宪政，国共能够协商，从国家、民族的大义出发，抛弃小我党争，不要兄弟阋墙，以免造成国家的战乱，人民的苦难。早在《光复诸联》中，他就写道：“祝尔多年善守攻，双全国共喜融融。”表达了希望国共和好，使人民能获得幸福，共享太平的愿望。然而，抗战胜利后开启的国共和谈、政治协商，不久即遭遇挫折，对此诗人忧心忡忡，多次用“蜗角”来形容这种格局。其二首《政治协商停顿感作》

诗云："都是为民誓措施，大同共进复奚疑。可怜小我情偏重，僵局遭逢计破危。""一梦安闲尚未能，危机遍地日加增。弥缝有术终无补，蜗角形成感不胜。"《读论中国的出路有感》诗曰："彷徨歧路似迷儿，去就哀鸿更可悲。死既不能生未得，祸犹难测福奚期。党争忍使民流血，自侮何堪国漏卮。小我愿教抛脑后，协商岌岌莫迟疑。"诗人并指出这种局势对于民心的戕害作用，《晋一会席上感作》写道："仍循旧例会重开，劫后才经第二回。且喜故人都健在，却愁他日有余哀。眼看国势还多事，致使民心尽死灰。好是忘怀拚一醉，与君浮白倒三杯。"诗人又多次用鹬蚌相争，渔翁得利的道理，来说明内战的危害。《书感》（其二）诗云："烽火谁教隔岸休，飞灾孤岛窃生愁。相持鹬蚌顽如许，知否渔人虎视不。"显然，大陆燃起内战战火，台湾也难以幸免。《忧时》一诗写道："光复在伊始，国共宜疏讲。何堪重阋墙，相持如鹬蚌。不见有渔人，未醒当头棒。茫茫人海中，何处甘棠港。"诗人甚至表达了他对于因为内战而造成国家分裂的担忧。如在《祝杜聪明被举参政员》诗中写道："光复周年日，名人竞选时。举贤参政会，遗老上羌辞。一任权行使，全凭善措施，协商须继续，国体莫分离。"可以看到，尽管发生了二二八事件以及大陆内战可能殃及台湾，但诗人并无丝毫"台独"的念头，有的只是结束内战，实现国家真正统一的真诚期盼。

要消除内战的危机，重要的是要实行民主宪政。《整军》一诗写道："战争仗兵力，制胜在军纪。纵使乌合众，虽多亦奚恃。大战幸告终，肃军犹可企。不经训练兵，淘汰归田里。既不耗粮食，生产计终始。兵精民食足，富强立可视。国会行将开，宪法施在迩，政还民自主，军归国管理。可以息内争，建设庶上轨。"最值得玩味的也许是《谒蒋主席铜像十一月五日作》（其三），诗云："是谁妙技得神工，逼肖青铜铸蒋公。晋谒我偏多默祷，恭参人尽颂高功。中兴如愿酬先烈，后起应思进大同。国际即今仍蠢动，阋墙何必决雌雄。"许多人在蒋介石铜像前歌功颂德，而诗人却与众不同，只是默默祷告，因为他觉得在当前局势下，更主要的是要思考如何通过政治协商，平息国内的政党纷争，将中国带入"大同"境界，一味歌功颂德，领袖崇拜，只能助长专制政体，无法达到民主、和平的愿景。

1947年印度从英国殖民统治下独立，却又分裂为印度和巴基斯坦，印度教徒和回教徒发生激烈对抗和冲突。圣雄甘地主张不同宗教之间和平相处，以维护国家的统一。他以78岁高龄而展开绝食斗争，目的是阻止不同宗教、团体之间的流血事件，并最终使得各方领袖允诺停止战争，自己却为宗教狂热分子所暗杀。甘地的精神深得詹作舟所敬佩，当1948年1月甘地遇刺身亡后，詹作舟写了《痛悼圣雄甘地》，叙说甘地的不平凡的经历："一生奋斗为民瘼，羁绊解脱欣遂度。正筹群力建中兴，讵意印回重铸错。各执成见不相容，同室操戈风云恶。圣雄悲极更绝食，能致和平死亦乐。精诚感动领袖连，立即停战订和约。曾几何时事变迁，孰使无知人妄作。暴击三枪遭惨死，暗算人命何其虐。嗟嗟阴险世人心，世界和平谁寄托。"显然，诗人认为目前中国的形势与独立后的印度有其相似性。詹作舟又有《活佛》诗曰："印度有活佛，甘地即其名。不愿为奴隶，聚众抗强英。心兵无寸铁，武器惟精诚。但知争解放，不顾死与生。下狱竟绝食，激遍民心倾。到底获胜利，有志事竟成。中原人地优，蜗角事相争。安知无此辈，谁得救民生。"诗人认为中国目前正需要像甘地这样的人，也相信人杰地灵的中国，会有这样的人，出来救国家和人民于水火。

1949年，内战大势底定，国民党准备退守台湾。《国共和平谈判破裂有感》写道："八年经外侮，三载继相持。动荡浮沉日，和平决裂时。恐招新战祸（第恐引起第三次世界大战），更痛旧疮痍。何以消灾厉，呼天总不知。"作者颇有无能为力之感。又有《政府迁台》诗云："转战山河逐次移，迁台燮理总堪悲。反攻基地余孤岛，固守干城尚几师。不有贪婪何至此，宁知铸错竟如斯。天心到底应属谁，动荡乾坤系一丝。"几年来诗人对于内战似乎有自己的观察和判断，而现在的时势又应了以前的预见，"不有贪婪何至此，宁知铸错竟如斯"可说道出了其中的是非和曲折，也反映了诗人见解之独到和深刻。

詹作舟诗作反映出的光复前后诗人心态的演变轨迹，在当时台湾民众中具有普遍性，值得吾人细细体味。

“转眼繁华等水泡”：《行过洛津》的历史叙事*

张 羽

2004年12月26日，台湾《中国时报·开卷周报》公布了2004年度的中文十大好书评奖结果，施叔青的《行过洛津》（洛津就是现在的台湾鹿港）率先胜出，① 这是施叔青继“香港三部曲”之后，创作的“台湾三部曲”之首部，如果说香港三部曲是施叔青的异乡体验之作，那么这部《行过洛津》则是作者回归精神原乡之作。

《行过洛津》为其创作的第八部长篇小说，是施叔青有计划地以文学之笔书写台湾历史工程的首部。由《行过洛津》可以看出施叔青放弃因循传统的大河小说②写作模式，借由旅人许情的旅行视角，三进三出“行过洛津”的旅程来观看嘉庆年间的台湾。这部小说被施叔青说成是“写了四、五十年，这是我最费尽痛苦的一本书”，读者也可以看出这部小说几乎涵盖了女性主义、艺术、政治和后殖民等多项议题。小说完成之后，受到肯定，作家本人被认为“几乎是全台湾作家里唯一有条件和能力去碰触”③ 台湾史的人，因为她本身出身鹿港望族，又长期在世界各地不断地迁移旅行，加上

* 本文原载于《台湾研究集刊》2008年第1期。

① 获奖消息来源于《中国时报·开卷周报》2004年12月26日第B1版。其他获奖小说为史铁生的《务虚笔记》、陈淑瑶的《地老》、张诒和的《往事并不如烟》和《最后的贵族》、徐明达的《病毒的故事》和《细菌的世界》、张娟芬的《无彩青春》、陈雪的《桥上的孩子》等小说。

② 大河小说原是法国文学中的一种形式，特指那种多卷本，叙事具有连续性，并带有历史意味的长篇巨著。小说多以历史的发展变迁为基本线索，具有宏伟的构架与深广度。此前，台湾大河小说已出现多部，如钟肇政以日本殖民时期为主轴的《台湾人三部曲》，李乔记述台湾岛开发与重要历史事件书写的《寒夜三部曲》与东方白透过三个家族的人生散聚与离合，重现台湾战时社会状况的《浪淘沙》等。

③ 南方朔：《走出“迁移文学”的第一步》，施叔青：《行过洛津》，台北：时报文化，2003年版，第5－10页。

磅礴的运思和精彩的细描，都成为她这次书写台湾史的看点。

一、社会迁移的庶民视角透视

施叔青似乎很偏爱那些喜欢流浪的人物形象，在早期小说中，就出现很多离开家乡，在外流浪的浪子，如《凌迟的抑束》中的我，在父亲死后，先关闭了铁铺，然后开始四处流浪；《约伯的末裔》中的江荣，被母亲扫地出门，不得不在外流浪；《倒放的天梯》中的潘地霖，弃家出走，当上油漆工，到处打零工；《池鱼》中的王琨，从福建来台，一个人孤独地生活着；《纪念碑》中的柯振茂因为家里开棺材店，就一直想要离家出走，到了成家立业之后，仍然有逃家的念头……我们不禁要问：为什么施叔青乐于塑造这些远离家乡、过着漂泊不定生活的人物？在一系列小说中，我们看到，施叔青试图揭示这些人物流浪的原因是，受到来自现实环境的逼迫，但不止于此，她更致力于探讨人物自身与环境无法调和而产生的孤独。那些孤独的流浪者所以出走，目的是寻找认同，但寻找的结果，反而发现心灵越趋孤独。施叔青在早期小说中，所呈现的流浪，往往还是个人式的、单打独斗式的出走或旅行，到了《行过洛津》，开始出现了集体式的迁移，这就将清初鹿港大量汉移民的迁移自然地展示出来。

小说共分七卷，每卷四节，以 30 万字的篇幅，用"搭积木的方式"，齐头并进地讲述了发生在清朝嘉庆、咸丰、道光年间的多个故事，此前，王德威曾说《维多利亚俱乐部》是施叔青野心最大、视野最广的创作。① 不过，《行过洛津》的出现，可能取代了《维多利亚俱乐部》，成为截至到目前为止，施叔青视野最广的作品。

有别于一般历史小说和官方论述，《行过洛津》不是以大家族的历史变迁来映衬台湾移民史，而是从众多庶民的群体位移来呈现那些往往被大历史书写漠视的普通民众。施叔青一直力求以文学作品展现出，历史是由一个个名不见经传的小人物开始，每一件历史事件都与渺小的个体息息相关，推展

① 王德威：《眼看他起朱楼，眼看他宴宾客，眼看他楼塌了》，《联合文学》第 100 期，1993 年 2 月，第 102 页。

开去，而后建立大历史。《行过洛津》一开场，就展示了作者以“成群”的小人物来展现大历史的用心——清朝咸丰年间，一叶扁舟在台湾海峡颠簸的艰辛画面，海上起了风暴，“日落天黑后，船身摇晃更是激烈，像是凌空而起……”（《行过洛津》第4页）面对如此恐怖的海上风险，舟船上的人自然惊惧不已，“船夫令乘客一致跪下，祈求妈祖保佑平安渡海，许情跪在角落里也叩头如捣蒜。……昏天暗地中，不止一个乘客看到天空闪过一丝白光，鼻子闻到一股奇香，氤氲缭绕中，一个白衣飘然的影子翻飞水上，款款升天而去，目睹这奇景的乘客一口咬定是妈祖显身……”（《行过洛津》第5页）施叔青就将这些因为种种原因渡台的人放置在平等的空间中，如人们在天灾人祸面前同样弱小与无依；渡海时，大家都“平等”地面对灾难，凭着运气（妈祖的庇佑）；在未来的岁月里，施叔青创设了一个个公共领域，展现这些因种种原因来台移民的生活……

舟船上的泉州七子戏班旦角月小桂，后改名许情，此次来台是受邀来当鼓师的，他可以称得上是贯穿《行过洛津》的主角，小说的主线是由许情三度搭船到台湾所经历的事件记录洛津变化，见证了以海港起家的洛津五十年兴衰史。不过许情在故事中经常处在边缘化的位置，因此让读者感到他并非真正的主角。这里，作者有意让其笔下的人物都处在他人的配角地位，时而处在中心被述说，时而被边缘化。小说中，还写了清朝派来的朝廷官员初到台湾的感受，正如史料记录的那样“三年官两年满”，同知朱仕光初赴台的感受就是：“自觉被抛弃在这穷山恶水的海角余地，感到孤单无依。”（《行过洛津》第57页）朱仕光后来微服私访洛津金盛巷，其主要目的绝非为了探访民情，而是借由窄巷，来安慰内心乡愁，在洛津所看的景象、物品都让朱仕光想起家乡扬州。小说还写出了富商巨贾的生活，他们的恃“财”自傲，如富商石烟城与同知的对话，展现了当地富贾说话的分量，让人不敢轻慢。小说中，还加入了官僚朱仕光随意地删改《荔镜记》、戏子玉芙蓉的坎坷命运、珍珠点的悲凉身世、豪门富商石氏家族的发家史、施琅后代的浊水溪寻宝记、妓女阿婠的裹脚之痛、弦师蔡寻的寻芳记、海盗涉黑的海上称霸等等，诸多勾连的故事切进了洛津移民史页，展演了清朝年间台湾的悲欢离合，真实揭示了汉移民社会的形成与兴衰。因此也自然成就了多重眼光、多元声音来描摹接近土地民间的事件、风俗。史书中记载的这段台湾历史本来是凝聚于大事件的串联中，而施叔青以打散大历史的姿态，以庶民情怀洞见台湾历史细节，这些庶民话语往往记载了被压抑却无法完全清除的“民间集体记忆”。正如此次获奖的推荐理由中所说，“磅礴的史诗视野下，饱蕴早年庶民生活智慧以及典丽醇厚的地方文化特质，大河叙事的沉重架构下处处拾掇惊喜，思古幽情中引发对家国宿命的反思。”① 作为台湾新兴的迁移文学的一种尝试，施叔青所展现的流离书写，被南方朔评价为“走出‘迁移文学’的第一步”。

二、沉郁的鹿港空间

为了能在一部小说中展现清代台湾的风貌，施叔青一直寻找着以小搏大的叙事策略。写《行过洛津》时，施叔青人在纽约，重新去写故乡鹿港，幼年及青春期的记忆成为其主要的感觉空间。施叔青又查阅了大量历史文献，正是这些从鹿港运来的几大箱历史文献成为写作的主要历史素材。于是霉湿、阴冷的鹿港成为她架构历史的空间，此前，施叔青的作品《约伯的末裔》、《微醺彩妆》也有鹿港的气氛。白先勇在看过施叔青的几部作品后，就断言说：“施叔青是鹿港人，她是鹿港长大的——这点非常重要，鹿港是她的根，也是她小说作品的根。”② 不过，在将鹿港作为小说《行过洛津》的主要场域后，施叔青也有自己的担忧，在小说后记中，施叔青说：“以小说为清代的台湾作传，我生怕自己未能免俗，患了大鹿港沙文主义的毛病。”（《行过洛津》后记）那么，为何施叔青最终还是选择鹿港作为台湾史的注释点？自有其厚重的理由。

首先，由清代中叶流传至今的一句俗谚，“一府二鹿三艋岬”，鹿港昔日的繁荣可想而知。

洛津在清初由于大量移民的涌入，迅速成为繁华港埠，干嘉年间，繁华达到极致，具备了都市的雏形，但由于道光年间的泥沙淤积和严重的震灾等

---

① 范铭如：《推荐理由》，《中国时报·开卷周报》2004 年 12 月 26 日，第 B2 版。

② 未署名：《〈施叔青集〉序——是颠覆？还是追逐?》，台北：前卫出版社，1993 年版，第 9 页。

灾害下，迅速衰败，正应了当时流行洛津街头的一句《竹枝词》“转眼繁华等水泡”。“眼看他起朱楼，眼看他宴宾客，眼看他楼塌了”，此类兴衰史是施叔青善于描写的，由绚烂到消解，由繁华转衰败，洛津无疑提供了这样的书写空间。鹿港，由于位居通商口岸，曾经是台湾显赫的第二大城，在风雨飘摇中，衰颓了的房舍街道，依稀留存了当年的繁华。

小说中，还将许情喉结隆起，与洛津繁华即将陨落巧妙地联系起来，乌秋面对商业繁华如烟云、伶人貌美，但转瞬间消失，他曾惊呼道：“这一切都还刚开始，怎么就要结束了”，更表现出既得利益者面对时间不可逆，及随时间流转大势已去的惊惧恐慌。作为明郑三代政治文化中心的台湾第一城洛津兴衰巨变就给了施叔青构筑台湾史的结构空间，她阅读了大量的笔记史料，1970年代前后，施叔青申请到一笔基金，请汉宝德主持鹿港古风物之调查，考察了残存的街巷建筑物和老商号，考察昔日鹿港早期移民的社会形态、八郊商业组织、文风祭礼、民风旧俗。在头脑中认真复建了清朝年间的洛津，于是，古老的鹿港就成为蕴藏着诸多浓艳怪诞的故事空间，蕴含了朴质平实的鹿港民情。

其次，历史的迁移总是在波动中，历史的真相常常被迫流失，即使被官方档案、笔记、乡野传奇记载下来，也常常信息量极少，这就给了施叔青这部小说更多的结构空间。那些迁移的人群在相对封闭的鹿港上，或暂时或长久地生存下来，因各自生理、心理所需产生流动，找寻出口。施叔青从生长且熟悉的家乡鹿港起步，作细腻的观察，在施叔青眼中，鹿港“基本上是一个很神秘的地方，三步一大庙，五步一小庙，有很多的祭典。又地处海边，所以有很多的海难。家乡就是一个满阴森的地方。鹿港在我回想起来，就好像是台风天天空的感觉。”① 这个地方孕育了施家姊妹的创作生命，提供她们生活的最初场景，对她们来说，自然充满非凡的意义，也具有极强的艺术升华空间。施淑曾说施叔青小说更大的魅力恐怕是，她小说世界介乎阴阳界的气氛：“这个任凭她呼风唤雨、五鬼搬运的恐怖世界，可以说是现实的鹿港斜阳折射出的心灵上的地志（topography），是它所代表的传统和价值

---

① 廖玉蕙：《梦里不知身是客——到纽约，走访小说家施叔青》，《台湾日报副刊》2001年9月28日。

观念的变形……”①

作者还写出了融入地方氛围的主观体会，充斥神祇崇拜，庶民百姓过着什么样的生活，体现什么样的生命经验与意涵。小说书写了移民们在洛津争地盘，同姓氏、同籍贯等人凝结起来，互相帮助，以武力解决地盘问题。不过，械斗事件在作者写来，绝非一般历史教科书所揭示的原因：南郊益顺兴的掌柜乌秋不甘心他钟爱的娈童落入石家公子手中，他忍不下这口气，已经放出风声鼓动贩卖碱鱼、鱼脯海货的南郊商家为他雪耻，发起一场械斗。（《行过洛津》第 245 页）这里的描述不仅扣合文本情节，而且也揭示了当年械斗的理由，仅仅是为了娈童，对乌秋而言，许情是被物化的私有财产，这在历史教科书中不会写出，却具有极强的真实性。尽管最后械斗没展开，但施叔青揭示了许多械斗并非需要冠冕堂皇的理由，诸如家族、血缘的问题，单单为了自己的面子、自己的私欲，也有发动械斗的可能，历史在这里被解释的合情合理。

最后，中国大陆 VS 台湾、泉州 VS 鹿港，对视中寻找文化认同。鹿港本身被认为相当具有“台湾性”，邱贵芬曾表示鹿港之所以成为一个象征“台湾性”的地点，除其在台湾历史上的重要地位之外，更重要的是，鹿港的古迹保存成为台湾乡土想象的重要地点，成为许多台湾文化论述的“原乡”……②《行过洛津》在回溯鹿港历史过程中，也着力探究鹿港的地方发展与台湾整体的命运的关联。小说中展现的鹿港与泉州的交流，可追溯到清乾隆四十九年（1784 年）与泉州的酣江口展开正式对渡开始，鹿港逐渐成为泉州与台湾中部主要的货物集散中心，也引发了泉州人移民台湾的行动。其中鹿港地区的人口组成以祖籍为泉州人口占最大多数，使鹿港成为泉州人聚集发展的重镇，并从泉州将原乡的生活形态、风俗习惯以及建筑形式引领至此。1980 年代，施叔青带着小女儿来到对鹿港具有特殊意义的泉州，这次饶富趣味的寻根之旅，让施叔青在泉州与故乡鹿港之间找到了更多的相似性，“八〇年代的泉州，寻常人家红砖围墙露出的凤凰木、番石榴树，三

---

① 施淑：《论施叔青早期小说的禁锢与颠覆意识》，《施叔青集》，台北：前卫出版社，1993 年版，第 279、283 页。

② 邱贵芬：《寻找“台湾性”：全球化时代乡土想象的基进政治意义》，《中外文学》第 32 卷第 4 期，2003 年第 9 期，第 45 - 65 页。

轮车在不平的碎石咯吱摇晃、缭缭的乡音、街边小肆的鱼丸米粉……都使我有回到鹿港的感觉，迎面老妇古风的髻上插了串含笑花，白水粉的脸挽了个菜篮，不正是从街市买菜走来的同乡？身后一阵踢踏，木屐换上塑胶拖鞋、花布衣裤，俨然廿年前故乡人的打扮。”①

而郑芝龙与“鹿港郊公置”的铁钟的记载，开元寺与鹿港龙山寺的车不断的血脉关系，似乎让身为鹿港人的施叔青找到鹿港/台湾与泉州/中国之间的“明文记载”：“我怎么能在众教和平共存，东、西还有古塔相镇的开元寺找寻足以与龙山寺认同的痕迹？……佛祖前香炉的捐铸人使我的心一动，郑芝龙，反清复明，改写台湾史的那位台湾之父！而后我终于找在藏经阁找到牵连两岸的证据——道光七十年‘鹿港郊公置’的铁钟！钟上铭文记载泉州、鹿港通商往来的史料。回到拜亭，才一转身，老榕树须下，闲读下象棋的老人，使我以为回到鹿港龙山寺……”②

此前，在旅行中，施叔青追寻她的认同和寻根的轨迹，也再次出现在《行过洛津》中，但认同与寻根的视野无疑更广阔。小说中，运用对比的手法，在文中并置：中国大陆 VS 台湾、泉州 VS 鹿港，经由文化原乡不断寻找台湾的图象，以重新对故乡历史有了一番的体悟与了解，并开启对自我身份认同之契机。在施叔青的“鹿港故事”中，所呈现出的乡土是辩证性的，并展现出多重视野的空间语境。

施叔青力求避开大历史的构筑模式，不去描写帝王、将相、英雄，她不断调整角度，寻找到了一个足够小的角度——正如“香港三部曲”中，作者借雏妓黄得云的际遇展现了香港殖民史，这次的台湾三部曲之首部，也是从一个泉州旦角月小桂的际遇写起，摄入进来的还有戏子歌伎玉芙蓉、阿婠、珍珠点，再搭配上豪门子弟、官员朱仕光等等形形色色因为各种原因迁移到洛津来的人，将一幅洛津移民史如清明上河图般地展现出来，摇曳生姿地写出移民社会的迷乱情色。但小视角不是目的，因为是要以小说写台湾史，又必须有最广阔的观察视野——于是施叔青有意从戏台内外的戏子情感

---

① 施叔青：《指点天涯》的序《指点天涯又一章》，施叔青：《指点天涯》，台北：《联合文学》1989年6月，第7页。

② 同上，第9页。

生活折射出洛津的文化情境，再从三度（分别是嘉庆中叶、嘉庆末年和道光初年）来过洛津的许情之眼所看到的洛津沧桑巨变，跳跃式地展现洛津开发史，再从洛津的开发史透视台湾的移民史，层层漫润开来，洛津以其巨大的兼容性，容纳了各种历史人物和历史现象，生动再现了泉州和洛津之间扯不断的姻缘血脉，再现了民族认同的历史根基。

三、《荔镜记》① 的动态书写

也许与施叔青热衷于戏剧研究有关，她本人在纽约市立大学取得戏剧硕士学位，写作之余从事传统京剧、歌仔戏和平剧的研究，1975 年获中山文化基金奖助，跟一团野台歌仔戏班穿街走巷做田野调查，完成《台湾歌仔戏报告》。在过去的小说中，她多次写过唱戏、戏迷的故事。这些基础性的戏曲研究工作和感性的戏曲体验，促使她能在小说中游刃有余地设置了闽南梨园戏经典《荔镜记》的书写。曾有论者指出，施叔青的这部小说应被视为“音乐文献抑或艺术史小说”②。许多评论家认为以泉州七子戏来书写清代的台湾，是再适切不过了。梨园是与中国古代传统情境最为接近的文化杂处地，书写洛津的历史，恐怕最不能绕开的就是戏子和豪门望族。

在当时经济繁荣的洛津，经常可以看到在勾栏瓦舍或搭草台演出的梨园戏，而《荔镜记》是其中最经典的曲目。因此要拜访繁盛时代的洛津，就要领略风靡当时街头巷尾的《荔镜记》的低吟浅唱。小说围绕最著名的南

① 《荔镜记》是早期由大陆传到台湾属于闽南语系的戏剧。台湾的七子戏源自于福建泉州的“小梨园”（童伶）和“大梨园”（成人），小说中，出现的是狭义的南管戏即指七子戏（小梨园）。《荔镜记》出版于明嘉靖丙寅 45 年（1566 年），它虽然是四百多年的一本夹杂泉、潮州方言的闽南南戏戏文，但其戏剧表演、语言、音乐等等一直都在民间流传，并在台湾产生很大的影响，为当地歌仔“四大出”戏之一，其中《看花灯》、《陈三磨镜》、《益春留伞》、《双吃醋》等皆为著名的折子……《荔镜记》的戏曲情节本身并不复杂，是根据流传于闽南、粤东的陈三、五娘故事改编，讲述泉州才子陈三（陈伯卿）送哥哥陈伯贤赴广南任，路经潮州，在元宵灯市与潮州第一美女黄五娘（黄碧琚）邂逅，互相爱慕。五娘的父母已经将五娘许配豪富林大，下聘之日，五娘踏坏聘礼，赶走媒人。翌年，陈三重游潮州，两人再遇，五娘投荔枝定情。陈三乔装磨镜匠，打破宝镜，卖身黄家为奴。在婢女益春促使下，两人终成连理，并相偕私奔。后来，陈三被捕入狱，幸得其兄相助，与五娘团聚。

② 林晓英：《音乐文献抑或艺术史小说——〈行过洛津〉》，《台湾音乐研究》，2006 年 4 月，第 119－141 页。

管戏《荔镜记》来展开，《荔镜记》在这部小说中反复出现20多次。小说开篇第一节《劝君切莫过台湾》第一段第一句作者即交代许情来台湾的使命：组织洛津第一个七子戏班，让七个童伶围着鼓边，由他教唱《荔镜记》——陈三五娘悲欢离合的爱情故事。(《行过洛津》第1页)，此后或是书写剧情，或是描写演出盛况，或是描写剧本精彩处，或是再现官方对俗本的粗暴删削……每次出现，这出经典戏都是以动态的变化出现在文本中，施叔青的作品中，《荔镜记》既含蕴故事原本的戏剧性：泉州陈运使的小弟陈伯卿，人称陈三，因送哥嫂到广南赴任，路经潮州，正逢元宵灯节，戏棚上的伶人扮作赏灯人，个个手拿牡丹灯、绣灯、关刀灯穿插闹元宵，美丽的花灯与棚口柱架的火油灯相互辉映，乐队弦歌四起……

以许情在戏台上演出《荔镜记》的记忆，尤其是《益春留伞》一节，小说在第五卷第一节《益春留伞》里，如此描写：“陈三俯身拾伞，被情急的益春踩伞时，踩了手指，益春只好歉然略退，乘势拾起伞的陈三，把它挟在胁下，益春上前拉住相留，最后陈三顺着益春的拉力一送，突然一收，夺伞在手，益春脱手颠步，再追上拉住雨伞，凄凄切切地唤了声：‘三哥啊！’”(《行过洛津》第218－219页）这一句“三哥啊！”就回荡在许情的回忆中。当年，阿婠和许情在逍遥轩，两人互换角色，许情改扮小生陈三，阿婠扮演益春，当两人四目相对：“鼓声戛然而止。一个凝止亮相的动作。陈三的眼睛与益春的眼睛对看，许情的眼与阿婠的眼睛对看。比他矮半个头的阿婠，仰着脸，凄凄切切地呼唤他，眼睛带着祈求，拉扯着他的衣角，千呼万唤，哀恳地祈求他留下来，不要走。真正的许情留下不要走。”(《行过洛津》第219页）许情自此开始了对阿婠的思念，在颠沛流离的生涯中，他不断地思念着阿婠，思念如意居中那段陈三与益春的戏耍，甚至期待“私奔”的情节能够实现。小说情节与戏曲情节相互纠缠，戏里戏外都是人生。陈三/许情在戏剧/人生的心理投射中，不停地迎合互涉。

但小说又不完全拘泥于陈三五娘故事，而是同时开启了伶人、歌伎、戏剧舞台、观众、官衙等多个空间层面的互涉书写。如舞台上美轮美奂的演出，让身处戏外的同知朱仕光恍如置身仙境中，情不自禁地也进入了戏中场景。为了探知戏曲影响，他将戏班请到府里，一方面，自已难以抗拒伶人的柔美，浑然不觉投入，受到吸引，另一方面他修改粗俗、情色、方言极多的台词，批判有失风雅的陈三，厌恶如痴如醉的戏迷——台湾妇女，内心深处却有更多的自我谴责，这种“非道德”的行为感知，让朱仕光徘徊于儒家精神与世俗情感之间，不得已深陷困境，这些前后矛盾、言行不一恰好显示了鹿港地方民情对清政府官员的深刻影响。从饱读诗书的官员朱仕光的眼看到的是戏曲内外充满了多元的对立：除了不可避免具有时代性、身份性地由上往下看的角度外，更充斥多种暗示“中心人物/中流砥柱”面对“危险/次等”人物的二元对立观看视角。例如“正义和平/好斗混乱”，“男尊女卑”、“尚德/重利”……①

在小说中，《荔镜记》已经不是单纯的戏曲艺术的展演，而是渗透在小说中的情节质子，一方面它引发戏曲演出中许情的情感变化，许情既是剧中人，又是扮演者，戏里戏外，都是他自己的真实人生；另一方面陈三、五娘敢于冲破礼教的藩篱连夜相携私奔，挑动了看戏男女的情欲，竟然模仿而偕同私奔，由于此剧带有鲜明的叛逆封建礼教色彩，讴歌男女自由婚姻，主仆皆可追求所爱，说明女性（泉州人或平埔族）位置在台湾与中原的价值观不全然相同……这些都为封建卫道者所不容，明、清两代一再遭到禁演，却能在地处边远地带的洛津频频上演。

施叔青说：“我是学戏剧的，最忌讳中国戏剧人物的二分法，我不相信完美。每个人都像一团揉皱了的纸团，有太多的面，‘人’本身就是一本读不完、看不透的大书。”② 以往史书中多提福建官员和乐曲师对台湾荒漠般的文化生态的改变做出的巨大贡献，而很少提官方对台湾庶民文化的强行阉割，施叔青注意到了这一点，于是，小说中就有官员朱仕光，为了维护伦理道德的立场，有意要为陈三五娘的故事改写出一个节本的《荔镜记》，对泉州方言完全不懂的朱仕光，在剧本中只要遇到粗鄙和色情的对白，就加以删改，将《荔镜记》从“淫奔丑行”改编为“教忠教孝”，既象征清朝官员对移民文化的干涉，也隐喻“正史”对于“野史”的蛮横冷酷。③ 让粗鲁的庶民艺术回归到端正敦厚的文化传统中去，但这种不负责任的删改大大损

① 杨雅儒：《由情欲再现的历史记忆——论施叔青〈行过洛津〉》，2006 年暑期近现代文学研究研讨会（2006. 6. 2—2006. 7. 3） http：//homepage. ntu. edu. tw/ ~ ntugitl/index——Tokyo. htm。

② 施叔青文学网页，http：//www. sayho. com/shuqing/inside. htm。

③ 陈宛茜：《施叔青溯原乡 为台湾三部曲开场》，《中国时报》2003 年 12 月 16 日。

伤了俗文学的语言和风格。朱仕光最终无法抵抗戏子的精彩演出，与戏子寻欢求乐，《荔镜记》的洁本与官员的不洁，环环映照，映照出历史的荒谬。

鹿港因为其特殊的地缘文化和人口结构，造就了七子戏的兴盛发展。小说真实揭示了鹿港七子戏与当时政治、社会、经济、文化的密切关系与存在意义。其穿梭在神圣与世俗、富贵与低贱之间，是鹿港人的一种集体无意识的乡愁。施叔青自陈："潜意识里，我以小梨园七子戏为题材，有一个深沉的理由，晚近台湾重视本土、乡土文化，原本无可厚非，然而，如果是只以俚俗乡野的民俗、俗文化以偏概全，以为歌仔戏、布袋戏等于台湾戏曲的代称，不仅有失公允，而且绝非史实。"① 正是在这一意义上，施叔青以梨园戏曲与政治权力、文化转变、族群认同的错综复杂的关系，将台湾俗文化的变迁生动地描绘出来。

四、我是女人，也是傀儡：台湾传奇中的暧昧空间

白先勇曾经批评过："施叔青的小说人物都是完全孤绝的畸人。"偏偏这些不正常的畸人又都"有其可怕的真实性。"（施叔青的《约伯的末裔》序）《倒放的天梯》中的潘地霖的人生很荒谬，他彷徨于"无法辨识自己以外的另一种大惧怖"；《壁虎》中的少女受礼教的束缚，不敢正视自己的欲望，活在罪恶感中；《约伯的末裔》中的江荣受着欲望的煎熬，也不愿追求爱情；《纪念碑》中的柯振茂放弃即将成功的希望……这些人的存在既荒谬又无奈。这一次她尝试着写男性许情，许情被看做是比女人还女人。他"颠鸾倒凤"地扮演女人，他的表演女人，常令女性观众如痴如醉，这个男性人物在整部小说中，似乎都在不停地诘问自己：我是女人？还是傀儡？这个问题似乎也是施叔青刻意赋予许情来回答的。在古代社会中，旦角一般是男扮女装，这种中介身份，恰好使许情登上了展现台湾传奇的历史舞台。主人公许情的名字本身就有寓意，情许与谁？许情的一生都在回答这个问题。

许情的身份背景不是很清楚，父亲因疾自杀，七岁被母亲卖至戏班，从

① 施叔青：《台湾长篇小说创作者经验谈：长篇有如长期抗战》，《文讯》2006年5月。

此开始了受辱打骂的生活，“被班主或二水师傅毒打虐待，戒尺藤鞭挥扫过来的瞬间，许情的脸立刻变得僵硬，木头涂绘固定的一个表情，身体四肢进入一种无知无觉的状态，把自己转化成一具不具生命现象的傀儡，全身上下三十条线，任凭牵线的抽拉哪一根线，那个部位才会有机械反应……”（《行过洛津》第159页）许情所演的七子戏，就是以前的傀儡戏，傀儡戏原该是辟邪用途，闽南地区其实多将傀儡戏当做驱邪避煞之用。最初许情是为了谋生所需演傀儡，渐渐地，他就将自己当做傀儡，透过跳傀儡戏来发泄，这时，傀儡显然成为许情隔离现实生活的另一种身体空间。加之七子戏是一种以人来表演，而动作却如木偶一样，这种表演方式在小说中，也暗示了处于边缘地位的洛津在迁移中，如玩偶一样，经历了被占有与被抛弃的命运。

由于乾隆以后禁止女旦在京城演戏，男旦扮演女性角色，模仿女子小脚走路扭捏的媚态，狎玩相公成风气，在洛津也形成宠爱男色的风气。作为一个男扮女装的戏子，许情先是被商人乌秋所包养，乌秋力求把许情雕琢成一个比女人还要女人，完全清除男性的一切特征，供他玩赏。小说中乌秋由对山毛榉姿态曲斜的改造，联想到“植物可以随着想望雕塑造型，那人呢?”（《行过洛津》第74页），乌秋开始把许情当做盆景般，力求将他雕琢成理想的女人，分别从皮肤和服装各方面去改造其身段。如拿鹅油香胰洗澡、麝兰熏香肌肤，欲使许情肤色白润香腻，或者以秋罗、纺绸各式衣料量身定做合身女服，小说塑造了依靠洛津繁盛时期的商业买卖支撑塑造出来的“女”性美。

当许情假男为女，扮演女旦，已被扭曲的“男性”性格又再蒙上一层阴影。小说中不停地出现许情真想变成女人，如想缠小脚、放目箭（模仿女人的媚态）、挽面、化妆、穿女人衣服，并“成功”地博得了乌秋、石家富商的公子、同知朱仕光等人的深深耽恋，为许情着迷，证明了许情以男子身体探索女性身心的“成功”，许情也在这一过程中，不知不觉中一步步被“去势”。然而，当许情遇见了艺妓阿婠，尤其是当他触碰到阿婠象征女子私处的“小脚”、“胸部”时，所涌起的感受是“震惊”和“怜悯”：“乍看之下，畸形的骨骼，有点恐怖丑陋，然而却又如此弱不禁风，如此无助，许情从心底涌起一阵爱怜疼惜，忍不住把它们托在掌中细心呵护，他已经不再艳羡阿婠有他自己所没有的小脚，从前每次见到它们那种刺心的嫉妒感消失了，代之而起的是把柔若无骨的小脚一握在手的销魂。……”（《行过洛津》第305页）众多男人在男旦许情身上投注的是理想女性美的期待，致使许情也服膺小脚为美的观念，甚至当许情男性欲望觉醒时，也同样进入赏玩小脚的情色模式。此处有关洛津盛行小脚文化的描述，是考察当时社会情状的切入点——清代，小脚文化盛行全中国，洛津移民也将这种文化审美传入台湾。女性小脚被认为是性的象征，和小脚有关的缠脚步、弓鞋、缠足过程等等，都与情色惹上关系。女人们为美化小脚所投注的金钱和心力，也带动相关产业的发展。① 小说还描述了“一双大脚，命里注定到半掩门讨饭吃”（第141页），但与此相对，歌伎一旦脚下“一双三寸金莲，则身价百倍”（第138页），由“大脚是婢，小脚是娘”的闽南俗谚，可以推测小脚不仅是当时男性对女性的审美要求，更普遍成女性必须服从的主流价值。② 由此可见，“脚”之大小成为区分两种不同等级的娼门文化。与朱仕光科甲同期的方绚还将小脚分为莲瓣、新月、和弓、竹萌、菱角等基本模式，品评小脚有神品、妙品、仙品等区别，让人不禁联想到风流才子李渔，曾指出赏玩小脚同时包含了听觉、视觉、触觉、嗅觉的感官刺激，观赏女人洗小脚、替女性揭开裹脚布等等，都是玩莲的方法之一③。在许情男性认同觉醒之前，也曾嫉妒阿婠拥有自己所没有的小脚、将缠小脚视为使自己更为女性化的手段。

阿婠的小脚唤起了许情过去从未绽露的男性情欲，天性中的爱欲跳跃出来，被去势的男性特征又一点一点地挽救回来，他幻想着恢复男身，他想学《荔镜记》的陈三五娘一样，与阿婠私奔泉州，议绘制弓鞋图样谋生，但私奔无望。他又想做回男人，与心爱的女人一起生活。当这些都不可能时，他意识到自己与女人之间的差异，感觉到从心理和生理上看，无论怎样酷似，但都脱不了男儿身。也让他认识到阿婠与自己同病相怜，而惺惺相惜，开始

① 刘承欣：《窥看一页历史传奇——试析〈行过洛津〉中的权力运作与观看文化》，http：//140.119.61.161/blog/forum_detail.php? id=995，台湾文学部落格（2007-5-1）。

② 同上。

③ 徐海燕：《悠悠千载——金莲——中国的缠足文化》，辽宁人民出版社，2000年版，第126页。

质疑自己傀儡化的身心。

即使许情一再顺从，但终不能免因为长大长高变声而被戏班抛弃，这些成为传统社会戏子的幽暗书写，"从许情自由与不自由的同志情欲遭遇，他的身体空间，其实都掌握在他人手中，这有如他的名字许情（闽南语与'苦情'谐音）一样，只有当他性别意识觉醒之后，他才能当自己的主人。"① 也暗示了清代洛津的阴性命运，任由开发，任由抛弃，听从命运支配。小说就在这种男女性别的跳跃叙事中，有节制地展现出来，忸怩中有质朴，淫荡中有不甘。小说中，有几场有情无色的挑逗，被压抑的情欲变态地喷发出来，更使人郁闷得透不过气来。在创作中，作者体现了她力图超越性别局限的努力，成功地建构了一个男性阴性化的洛津世界。

《行过洛津》站在女性主义的角度来看许情的性别问题，承认其完全占取女性的位置，甚至还略胜一筹。就性别批判层面，《行过洛津》真正的问题不是"男"人"假"扮女人，而是女人如何定义，许情的性别扮演展示了性别定位的虚构性，解构传统男女二元相对论，但问题是，许情褪去衣饰之后，许情依然面对性别问题，在面对女人时，生理决定论才起作用，"女体"一直是他一生的追求。事实上，在这个边缘化的社会里，男人在严酷的女性趋向的训练下，模仿女人惟妙惟肖，徘徊在性别分野之间，既回不了男身，也变不成女人，男人如此，女人更受尽折磨，缠足致使足骨断裂，只是为了男人的盈盈一握和走路时的摇曳姿态。变态的审美追求构成了以男性为中心的移民社会的文化主调，上至官府下至黎民，甚至连被摧残者自身，都有类同的审美追求。至此，台湾历史的阴性书写，被施叔青一点一点点播出来。阴性化的鹿港沉沉浮浮地行走出来，各种性别叙事无一不暗示了洛津都市化进程中的性别、欲望、身体模拟等等之间的复杂关系，作者以这种强烈的反差对传统男权文化进行了无情的颠覆和解构。

在后殖民论述的阅读脉络里，许情的"似女人又不尽然"提供了后殖民论述的抗争空间，许情不能真正进入女人这一分类。黄启峰《〈行过洛津〉的历史书写研究——从小说人物看后殖民现象中的权力运作》一文，

① 羊子乔:《从性别认同到土地认同——试析施叔青〈行过洛津〉的文化拼贴》，《文学台湾》2007年夏季号，第62期。

使用福柯权力的概念，突出小说中两项颇具代表性的结构：官员朱仕光（中心）/台湾（边陲）、乌秋、郊商/许情，前者指出来自国家中心、传统儒家知识分子的官员，由地域、特定文化素养衍生优越意识形态，将台湾视为环境恶劣、不适人居的化外之地……优伶许情和歌妓阿婠等皆因家贫而进入不被社会认可的娼优阶级，他们有如商品供取父母买卖（通常转度者是父亲）、富人消费，戏班师傅、老鸨对他们几近暴力的教养雕塑，更是增加他们附加价值的商业行为，他们的装扮、行动每每被众人视若奇观，事实上作为移民由原乡带来色情文化的一支，娼优亦凭靠其技艺、身体成为洛津经济活动的一部分，然处于经济网络中卖艺或者卖身，却往往不得自主，所谓宰制关系也就是建立于此。① 小说毫不保留地再现了中国对台湾、汉人对原住民、男性对女性可能有的观看偏见，及以此衍生的霸权叙述。

陈芳明在书前序曾说："在情欲与历史之间，施叔青选择站在真实的那一边。""在最细微的地方窥觅了未曾为史家所发现的生命力。对于她的文学生涯而言，这部小说不仅在翻转底层人物的记忆，而且也是在改写台湾社会的历史。"②《行过洛津》的确给予读者一种合情合理的历史想象，关于那真实历史细节与复杂人性的想象和再现。当前，政治论战的炙热引发了台湾历史回忆的热潮，泉州——洛津迁移史作为中国重要的历史文化现象，还存留在离散的官方档案、笔记、乡野传奇、戏曲之中，但历史的真相常常流失，相信施叔青以小说来挖掘台湾庶民的历史记忆，重新调整台湾历史叙述，有助于我们更细腻地探讨台湾的认同问题，并进而思考如何建构台湾的未来，这也是我们拭目以待其第二部的原因。但是不能回避的是，施叔青因为受制于小说的构架而要涉猎太多的情节和场面，又要照顾细节的勾连，因此小说中一些叙事片断不停地反复出现，这被南方朔称之为"走马灯文件"③，这可能与施叔青不特别重视情节有关，她更注重场景的刻画，力求

① 黄启峰：《〈行过洛津〉的历史书写研究——从小说人物看后殖民现象中的权力运作》，《中央大学中国文学研究所论文集刊》2005年7月，第95－107页。

② 陈芳明：《情欲优伶与历史幽灵——写在施叔青〈行过洛津〉前》，施叔青著：《行过洛津》，台北：时报文化，2003年版，第13页。

③ 南方朔：《走出"迁移文学"的第一步》，施叔青著：《行过洛津》，台北：时报文化，2003年版，第9页。

从无数情景的碎片中勾连出洛津曾有的繁华与消损，但由此带来了小说叙事的拖沓和繁琐，也造成了读者阅读的零乱感和破碎感，从而损伤了文本阅读中的顺畅感和艺术感。羊子乔指出："《行过洛津》却是另一种跟她之前的小说完全不同的民俗操作，利用台湾的历史及民俗记忆，透过流传甚广的《荔镜记》，来叙说鹿港嘉庆至咸丰年间洛津的兴衰。在这些民俗记忆，概括宗教信仰、庙会科仪、原住民（平埔族、高山族）生活习俗、戏曲（歌仔戏、布袋戏）、民俗技艺、生活习惯……可说企图一网打尽，也因此造成小说有如文化小百科。这样的民俗操作，若未经适度消化或妥当安排，便会造成小说阅读的障碍。或许这种断裂、跳跃式的书写，是后现代与后殖民并置的操作。"① 整体而言，《行过洛津》在文本风格上，基本舍弃了作者早期创作阶段乐于营造的"阴森鬼魅"的气氛，而呈现出朴实平稳的特色。最引读者趣味的就是梨园迷情与洛津性别论述交相进行，并行不悖，借助性别化的书写来显现台湾历史也是施叔青的本意，已被去掉男性姿态的许情作为主人公，目睹洛津的风雨飘摇的开发史，因为受性别身份的压抑，受困于形体精神，作为被历史消音的人物而再现历史。其身世遭遇与洛津的阴性经验相互呼应，几经蹂躏、辗转流离，在性别叙事与族群政治中，以边缘人的生活，勾勒出鹿港的传统与现代、归属和转化等问题。施叔青全然超脱官方的、男性的历史纪录，将情欲与历史、庶民与官场交叠映现，全方位地展现了台湾的历史。她尝试以戏子的视野来探讨性压抑的问题，凸显传统文化力量对人性的压制。从女性主义、后殖民主义的阅读位置来看许情，女性化和变成女人，不可同样而语，与女人几乎相同，甚至更像女人，但却又不尽然，最终成为似是而非，难以定位的暧昧空间。

---

① 羊子乔：《从性别认同到土地认同——试析施叔青〈行过洛津〉的文化拼贴》，《文学台湾》2007 年夏季号，第 62 期。

沙田学者与中国现代文学研究*

徐 学

中国现代文学研究，（海外也称中国新文学研究）作为一个学科，已有着半个世纪的历史了。比起中国古代文学的研究，它还显得非常年轻，甚至稚嫩，但也将逐渐并终究从政治的偏见与人事的纠葛中挣脱出来，在学术界站定脚跟。五十年来，祖国大陆、台湾、香港和海外的学者都为这一学科的建设倾注了心血。虽然，思维方式、观察视角和治学方法不尽相同，但各方都有真诚的学者和通才，在此一学科的各个领域中默默开拓，正是这四方成果的汇流激荡，才使中国现代文学研究蔚为大观，健康成长。

香港地处交通要冲，在上个世纪的大部分时间中，言论尺度较两岸更显自由宽松，各种文化思潮得以在此争奇斗艳，80 年代以前，大陆提倡政治挂帅，唯“左”是瞻；而在台湾许多三十年代文学作品仍然是禁书；此时香港的中国新文学研究却极为活跃：自 60 年代起，便有曹聚仁、司马长风、李辉英等将自己的研究心得整理成文，公之于世。此后，在这一学科耕耘的在港学者，有刘以 、陈炳良、梁秉钧、璧华、彦火、王宏志等。而成绩最为卓著当属沙田学者，包括了 70 年代至 80 年代中期任职于中文大学的林以亮（宋淇）、余光中、梁锡华、黄维梁、黄继持和小思（卢玮銮）。鉴于各家的研究领域、切入点及方法不尽相同，本文先撮要介绍沙田学者的研究概貌和基本观点，然后稍作归纳，理出大致脉络并作整体评价。

一

林以亮，本名宋淇，40 年代初任教于燕京大学西语系，珍珠港事变后

* 本文原载于《厦门大学学报》（哲学社会科学版）2001 年第 3 期。

到上海租界从事话剧运动。1948 年到香港，潜心翻译与编剧。1968 年任香港中文大学校长助理兼翻译中心主任，主持《译丛》。

林以亮生在文学世家，其父宋春舫是 30 年代中国著名的戏剧家。林以亮自幼酷爱文艺，大学时期热衷于诗歌创作，一度沉湎于十九世纪浪漫主义诗歌中。得力于中国古典诗歌的深厚素养和对西方玄学诗、古典诗和现代诗的旁搜博览，他很快便从浪漫伤感中走出，洗去轻率、浮浅的新文艺腔。1955 年，他回顾自我创作路程时说，“对十九世纪文学，我是从死心塌地的拥护变成怀疑，再变成批判和排斥。”① 他这里说的十九世纪文学，指的是拜伦、雪莱、歌德、海涅等浪漫主义诗作。②

70 年代，林以亮先后出版了《前言与后语》和《林以亮诗话》等著作，深入地讨论了五四以来中国新诗创作的历史与现状，并涉及中国现代文学史上话剧、小说、文学批评等文类，他评论的作家有林语堂、闻一多、茅盾、徐志摩、梁宗岱、冯至、朱光潜、李健吾、曹禺、张爱玲、穆旦、施蛰存、李金发、卞之琳、杜运燮……还有几乎被埋没了的吴兴华。

在《前言与后语》里，作者大胆指出，新诗取代旧诗，自有功绩，但它也是中国现代文学中成绩最弱的一环。我们的新诗作者对西方现代文学没有足够的认识，又不重视中国古诗的传统与中国文字的特点，却深陷于浪漫的伤感纵情中，创作轻率随意。“拿情感看成诗中最重要的因素，源自 19 世纪的浪漫主义，而一向为五四以来的文学所信奉。这种看法，与现代文学批评有很大距离”。③

文章细致分析了情感在诗歌创作中的功用，强调了诗歌的多样宽广，强调诗人凭借精深的文化素养及知性，改造提炼原始情感的重要性。“认为没有感情就不是诗，是 19 世纪浪漫主义盛行以后的事，18 世纪处处以理智和通达事理为先……现代人的诗更是对 19 世纪的反动。”④ “诗可以是情感的自然流露，如某些民歌，但还可以是华兹华斯说的‘在沉静中回忆起来的

① 林以亮：《林以亮诗话》，台湾洪范出版社，1976 年版，第 56 页。
② 同上，第 110 页。
③ 林以亮：《前言与后语》，台湾大林书店，1973 年版，第 3 页。
④ 同上，第 78 页。

感情’”,[1] 作者风趣地说，“感情而要在沉静中回忆，可见不纯然是自然地流露。痛定思痛才是真正的沉痛，和当场大叫一声‘痛死我了’是不同的”。[2] 他详尽地阐明“拿原始情感发泄不能产生好的创作”的基本观点，兼以艾略特、梵乐希、佛罗斯特等西方现代诗人和中国古典诗人的优秀作品为例，旁征博引，淋漓尽致。[3]

《林以亮诗话》延续了《前言后语》的观点，并延伸到对中国新诗的评估中，他批评了新诗浅薄、狭隘与偏激，指出病根在于全盘接受 19 世纪西方浪漫主义与背弃中国古典文化。诗人“犯了一个基本的错误，就是根本忽略了中国文字的特殊性质、构造和音乐性”,[4]“整个读书界和群众都免不了浪漫主义的坏影响：无病呻吟，感伤，暴露，以破坏逞一时之快，喜欢喊口号和用大字眼，感情冲动而缺乏自制，个人主义等等”,[5]“他们的作品都犯了浅而露的毛病”。[6]

被他具体指证的有：意象派（施蛰存）和象征派（李金发），他们仅仅学得西洋诗的皮毛；冯至与梁宗岱，没有掌握梵乐希和里尔克的深邃、严谨和纯真；新月派有贡献，“可惜他们只提出了一些问题，却不能深究并加以解答……他们对西洋诗虽然熟悉，可只是极少数浪漫主义诗人”。[7]

林以亮还思考了新诗的出路，他从诗的形式、题材和语言风格几方面细加研究。首先，他研究了新诗创作中节奏与字数的关系，他从方块文字的特点——建筑性（文字排列起来和印刷后，每个字所占空间相等）入手，指出新月诗人已经了解这一点，但是“整齐的字数不一定产生调和的音节，新月派诗人有时硬性规定每一个中国字等于英文的一个音节”。譬如，把英文的五拍诗改换成中文的十个字一行。他认为，所谓的一拍只是随着语言自然节奏而来的一个停顿，这种停顿通常是两三个一组，有时也可以多到四个

---

① 同上，第 80 页。
② 林以亮：《前言与后语》，台湾大林书店，1973 年版，第 90 页。
③ 同上，第 95 - 104 页。
④ 林以亮：《林以亮诗话》，台湾洪范出版社，1976 年版，第 18 页。
⑤ 同上，第 56 页。
⑥ 同上，第 60 页。
⑦ 同上，第 59 - 60 页。

字。许多新诗人对此认识不清，所以出现了要求每行字数一样的“豆腐干”体。① 此外，他还结合吴兴华、闻一多的诗作，分析了新诗创作中借鉴英诗体式（如抑扬格无韵五拍诗、十四行诗等）的得失。②

其次，他指出，新诗的理想范型应是现代诗的精神与中国古诗优秀传统的有机结合。这里，他所认定的现代诗精神是感性理性相融，包容人生百味的多元美感；它应富于启示，深邃而又纯真，冷静而不滥情。他引用现代诗人奥登的话加以说明，“诗并不比人性好，也不比人性坏；诗是深刻的，同时却又浅薄，饱经世故而又天真无邪，呆板而又俏皮，淫荡而又纯洁，随时变换不定”。③ 而他所说的中国古诗优秀传统也着重于包容性与启示性。他指出，中国古诗形式严谨，题材宽广，赠答、应制、唱和、咏物、送别，甚至议论和讽刺都可以入诗。可惜许多新诗作者戴着19世纪浪漫主义的眼镜看中国古诗，结果未能发现那些能“给读者一种新的启示，使读者对人生和历史有更深了解”的好诗。他还指出，40年代初期，出现了王佐良、杜运燮、穆旦这样一批诗人，他们对事物的看法、出发点和技巧与西方现代诗人非常接近，可惜未能与古代汉诗接上，反而把新诗与古诗传统和汉字特色的距离越拉越大。④

再次，他针对新诗语言与题材上的弊端中肯地指出，“新诗语言一定要超出大众化和口语之上……不妨采用一部分可以接受的文言句法”。⑤ 新诗的题材要超越太过抒情（感伤化）和太过严肃（政治化）的藩篱。⑥

林以亮以上论述写于五十年前，中国现代文学研究处于浑沌不明的时期，他没有轻率地为新诗开出万灵药方，他认为，问题的彻底解决有待于多方的试验和长期潜心研究，更有待于天才诗人的出现。

---

① 同上，第1－2页。
② 林以亮：《林以亮诗话》，台湾洪范出版社，1976年版，第18－19页。
③ 同上，第57－59页。
④ 同上，第27－29页。
⑤ 同上，第62页。
⑥ 同上，第116页。

二

余光中是五四新诗的继承者，他自己这样说，“五四以后三十年间的新文学，我在大陆的少年时代已濡染有年”。“我写新诗，开始是走新月派格律诗的路子”。[①] 但是余光中并不愿在新月派的月影下徘徊过久，长期涉猎、钻研西方现代文学（尤其是英诗）和中国古典文学（特别是唐诗宋文），不间断地文学创作探索，使他具有敏锐不俗的艺术感觉和精深宏大的文学史眼光，能够综观全局，有轻重有比例。在新文学的研究中，能发掘杰作，也能批评劣作，不至一叶障目，不见森林。

早在60年代，余光中已觉察到新文学的局限，一针见血地指出，“西化不够，对中国古典文学的再估价也不准确……盲目地否定传统中的某些精华，在改造社会的热忱中，他们偏重了作品的社会意义，忽略了美感的价值”。[②] 他大胆号召：“中国新文学史第一章已经写完……第二章已经写下了绪论，但仍留下大片的空白，等我们去飞跃”。[③]

70年代来港任教，他先后开了“中国新诗”，“中国现代文学”和“新文学研究”等课程。[④] 为此，他重读了许多新文学作品，写了大量的笔记和讲义，已整理发表的有《评戴望舒的诗》、《闻一多的三首诗》、《新诗的评价——抽样评郭沫若的诗》、《论朱自清的散文》、[⑤]《徐志摩诗小论》。[⑥] 此时，他还写了一些与中国现代文学有关的文章：《骆驼与虎》、[⑦]《闻道长安似弈棋》、[⑧]《论中文之西化》、《早期作家笔下的西化中文》、[⑨]《谈新诗的三个问题》[⑩]。涉及的作家有鲁迅、郭沫若、朱自清、徐志摩、戴望舒等十

---

① 余光中：《青青边愁》，台湾纯文学出版社，1977年版，第311页。
② 余光中：《逍遥游》，台湾时报出版社，1984年版，第15页。
③ 同上，第17页。
④ 余光中：《青青边愁》，台湾纯文学出版社，1977年版，第311页。
⑤ 同上，第157－239页。
⑥ 余光中：《分水岭上》，台湾纯文学出版社，1981年版，第1－13页。
⑦ 余光中：《青青边愁》，台湾纯文学出版社，1977年版，第101－105页。
⑧ 同上，第289－308页。
⑨ 余光中：《分水岭上》，台湾纯文学出版社，1981年版，第103－135。
⑩ 同上，第35－50页。

多位重要作家，评论涵盖了诗歌、小说、散文多种体裁。

70年代初期，中国现代文学研究正处于僵局中，流行或通行的撰述不是偏于政治挂帅就是流于泛述草评，少见深入的分析和犀利的批评，余光中的研究颇见新意。

余光中的研究的第一个特点是以精细的鉴赏为基础。如对徐志摩《偶然》一诗的品评。他仔细分析了此诗的格律、句法与取材。如句法——“你有你的，/我有我的，/方向”一句，不同主语的两个动词，合用一个宾语，中文里是罕见的，我们的“公说公有理，婆说婆有理”不能简化成“公说公有，婆说婆有，理。”徐诗句法突破常规，显得简洁而悬宕，节奏上益增重叠交错之感。如辞藻和情调，诗中的“偶尔”、“讶异”、“无须”、“相逢”等词组，都是文言惯用的；“无须欢喜”与“不必讶异”是古诗中常用的对仗手法；“偶然”的情调即中国人说的“缘”。[①] 类似这样深入肌理的中肯细读，在余光中的中国现代文学批评中不胜枚举。对戴望舒诗歌《我的记忆》、朱自清《桨声灯影里的秦淮河》和《荷塘月色》，余光中都用了千字甚至两千字的篇幅详加分析。《早期作家笔下的西化中文》一文，把鲁迅、周作人、徐志摩、何其芳、艾青等新文学名家笔下的西化拗句摘出，一一加以纠正。[②] 这些评析，不仅表现出一个中国作家文字素养和艺术视野，而且显示了批评家不惧流俗的责任感。

余光中研究的第二个特点是纵观全局，他认为新文学上承古典，旁采西洋，必焉穷究西东，对其来龙去脉与成败得失，才能有个通盘的认识。因此，他总是将新文学作品放置于中西文学杰作构筑的艺术世界中，把特定作品与古往今来题材相近风格相似的作品相比较，把新文学与整个文学史相沟通，从中估定美学价值和历史地位。从他的研究中，可以看到，戴望舒的诗与李贺、济慈、何其芳、方旗比较，朱自清的散文与苏轼散文，徐志摩诗与雪莱、哈代之诗，郭沫若诗和与其题材接近的杜甫诗、美国现代诗的参照阐发。余光中说，“颇有一些文学史家或评论家，喜欢抽刀断水，用中国新文学本身的标准，（假定真有这么一个标准）来评估新文学作家的地位。这种

---

① 余光中：《分水岭上》，台湾纯文学出版社，1981年版，第3－5页。
② 同上，第123－134页。

绝缘的评价，恐怕是站不住脚的。”①

在通观全局与细微辨析的研究中，余光中着重剖析的是新文学的两个通病：一、伤感滥情；二、恶性西化的文字。余光中认为，它们是相互关联的——前者是西而不化在创作风格与情感格调上的症候，后者是西而不化在语汇句法上的病灶。(1)

三

梁锡华的新文学研究起步较早，在加拿大读硕士时，他的老师李祁教授，30年代曾在北京大学读书，是徐志摩的学生。李祁把珍藏多年的徐志摩给她的信转赠给梁锡华。后来，梁锡华的博士论文便作了徐志摩。以后，英国到加拿大再来香港，梁锡华的新文学研究的范围更广，著述愈丰。

梁锡华在收集史料，爬梳源流上用力甚勤。这方面的著作有《徐志摩英文书信集》、《徐志摩新传》、《徐志摩诗文补遗》、《闻一多诸作家遗佚诗文集》、《胡适秘藏书信选》、《续爱眉小札》等多种。(1)这些著述，为中国现代文学研究者保存和提供了可贵的第一手资料。特别是《徐志摩英文书信集》，如果不是他当年在海外四处奔波，这些原始材料恐将永远流失。

在大量占有资料的基础上，他着手历史考证，以坚实的史料纠正沿袭的谬误及僵固的偏见，发掘一些为人们忽略的历史原生态。如《说人·话文·道情》和《一段哀情》把徐志摩对凌叔华、林徽因发乎情而止于礼的微妙关系和盘托出；②《新月的内部圆缺》从徐志摩的书信入手，看出了《新月月刊》编辑宗旨上的变动，以及由此而来的徐志摩与新月同仁的貌合神离；③《徐志摩第一册诗集的初版及其他》细细说明了徐志摩对处女诗集大加删改的缘由……④

梁锡华对中国现代文学研究的另一贡献是突破意识形态的困囿，恢复那些被忽略或被扭曲的作家的原貌。他研究的被人忽视甚至几乎要遗忘了的作

---

① 余光中：《青青边愁》，台湾纯文学出版社，1977年版，第311页。

② 梁锡华：《祭坛佳里》，香港：香江出版社，1987年版，第71-90页。

③ 梁锡华：《且道阴晴圆缺》，台北：远景出版社，1983年版，第79-80页。

④ 同上，第73-78页。

家有林徽因、康白情等，作品有闻一多、沈从文的小诗，朱自清的长诗①，钱钟书和梁实秋的少作②以及中国现代文学中的土白诗和口语诗……③他用了更多的力气去阐述那些被误解的作家，比如，闻一多与梁实秋。

在梁锡华开始研究闻一多之时，论者对闻大都着重其人其行而对他的诗文轻描淡写一笔带过；而就是对其人其行也偏重闻一多后期的政治参与。梁锡华重塑了闻一多文学史的真实形象，他对闻一多的诗歌创作作了细致入微的评析。他分析了闻诗的色调和意象——红色为主的色调，烟、灰、火意象群，金石珠宝意象群以及蛇、蜘蛛、蝙蝠意象群；分析了闻一多的诗式包括"音乐美、建筑美、绘画美"的格律诗和"多类纷陈即美"的土白诗。对闻一多所受的中外唯美诗人的影响，闻一多刚烈而虔敬的爱情姿态……也一一论列，由此，完整展现了闻一多诗歌丰富多彩的美学内涵。当然，他也没有否定闻一多诗歌中的爱国之情。他在研究中把闻一多的爱国情怀与艺术创作结合起来考察，分为几个层次：感性的爱、理性的爱、对故乡故国的爱与对东方文化的爱，诗人的爱国之情与艺术生命的关联由此得到更清晰的展现。④

梁实秋是一个长期遭人误解的作家，梁锡华对他的研究也许不及对徐志摩那么广泛而深入，但应该说梁锡华是最早挺身而出于国际论坛上为梁实秋正名的学者。1980 年，梁锡华出席了在巴黎举办的《抗战时期中国文学研讨会》。参加会议的有来自大陆、香港和海外的学者，隔绝多年后，第一次同聚一堂，称得上是一场中国现代文学研究的大碰撞。梁锡华在会上宣读了题为《风暴之眼——抗战期间文学史的一页》，⑤ 全面中肯地阐释了梁实秋《雅舍小品》的美学价值，并对梁实秋发表"与抗战无关论"的背景和本意作了实事求是的分析，虽然引来一场不大不小的波澜，却打破了文学史意识形态垄断的一统天下，一时小梁挑大梁被传为佳话。⑥

---

① 同上，第 109－172 页。
② 梁锡华：《己见集》，香港：中国学社，1989 年版，第 130－145。
③ 梁锡华：《且道阴晴圆缺》，台北：远景出版社，1983 年版，第 239－246 页。
④ 梁锡华：《且道阴晴圆缺》，台北：远景出版社，1983 年版，第 173－239 页。
⑤ 同上，第 273－280 页。
⑥ 梁锡华：《巴黎研讨会两则》，《中国人月刊》1980 年 9 月号，第 27－31 页。

出于文学本位，也出于对美文的醉心，梁锡华在其中国现代文学研究中常常从文字的分析入手评定作品，并以此作为估定作家文学史地位的重要依据。这方面他值得注意的文章有《鲁迅与现代中文》、《鲁迅的“纪念刘和珍君”》①、《有关中文的联想》、《谈朱自清“理想的白话文”》、②《学者的散文》等。③

四

黄维梁的中国现代文学研究主攻诗歌，其中又可分为宏观与微观两个部分。微观是细致而具体的赏析，宏观是整体的把握和定位。

黄维梁有相当细微的艺术感觉，比如，郭沫若《凤凰涅 》有“五百年来的眼泪淋漓如烛”一句，对“淋漓如烛”，他说“烛泪滴下来，是相当慢的，杜牧‘蜡烛有心还惜别，替人垂泪到天明’中用‘垂’字就对了。……郭诗用词不确，为韵所误。”④ 又如对卞之琳《无题四》“隔江泥衔到你梁上/隔院泉挑到你杯里/海外的奢侈品舶来你胸前/我想要研究交通史/昨夜付一片轻喟/今朝收两朵微笑/付一枝镜花/收一轮水月/我为你记下流水账”。黄维梁节节分析后说，“这首诗所用的意象非常统一：江、泥、泉、海外、舶来、水月、流水账，全部与水有关。第一行的梁上，第二行的杯里，第三行的胸前，三者与女子的距离，越来越近，可谓层次井然。语言则整齐中有变化，古典诗的对仗，用于现代口语中，节奏跌宕多姿”。⑤ 这样的评析，足见黄维梁的细读功力。当然，黄维梁也不为新批评所囿，他每每从更开阔的视野中俯瞰现代新诗。如对臧克家《运河》一诗的分析，以“历史感”为标准；⑥ 评介卞之琳《酸梅汤》则拈出“戏剧独白”的技巧。⑦

---

① 梁锡华：《祭坛佳里》，香港：香江出版社，1987年版，第2-43页。

② 梁锡华：《且道阴晴圆缺》，台北：远景出版社，1983年版，第321-335页。

③ 同上，第281-285页。

④ 黄维梁：《怎样读新诗》，香港学生书局，1982年版，第5页。

⑤ 同上，第157-159页。

⑥ 同上，第148-154页。

⑦ 同上，第161-162页。

黄维梁中国现代文学宏观研究的另一贡献在影响研究，这方面的力作是《五四新诗所受的英美影响》① 和《论诗的新与旧》，② 前者探讨新诗的西方源流；后者梳理现代新诗在修辞技巧和主题思想上对中国古诗承继关系。显示出他开阔的文化视野和力求整体把握五四新诗的学术取向。

卢玮銮在香港新文学史料整理上用力最勤。自 1977 年起，她开始对 1925—1950 年间的香港新文学活动资料作广泛而细致的搜集，范围包括以下四方面：一、报纸期刊。二、来港文化人的作品、传记、回忆录、追悼文字。三、访问当年文化人，或对当年文学活动有所了解的前辈，取得口头或书面的材料。四、近人对该时期的评论与研究成果。她出版的相关著作有《香港的忧郁》③、《香港文纵》④。前者收集了 1925 年—1941 年间来港作家对香港的描绘和印象，共有 45 位作者的 48 篇作品；后者是她对来港作家文化活动材料的整理和描述。虽然，卢玮銮认为自己的目的只是“在订正史料后，尽快罗列出来，好让有心修史或研究者取材”，自称“没有把修史当做工作目标，一方面因为史料还未齐备，另一方面因为修史必须有见识与胸襟，我十分清楚自己没有这些条件”⑤。可浏览了她的文集后，会发现那里不仅仅是史料。如她对萧红、戴望舒在香港活动的追述，就不仅仅是作家活动的实录，其中有新文学作家的特殊际遇和复杂心态，更有从一个个真实细节中突显出的那个过去了的时代风貌。⑥

黄继持于中国现代文学研究亦有独到之处。首先在史料的整理编纂上，除与卢玮銮合作研究 30 年代居港作家外，更为人称道的是对中国新诗的编选，这就是我们要提到的《现代中国诗选》。

《现代中国诗选》是一部兼收并蓄视野开阔的诗选，它收录了 1917 年至 1949 年间 110 家诗人的 479 首诗。诗选前有中、英文导论各一篇。并有每个诗人的小传，介绍诗人生平，并且评论作品风格。此书的编选工作始于

① 黄维梁：《中国文学纵横论》，台北东大图书公司，1988 年版，第 70－108 页。
② 黄维梁：《怎样读新诗》，香港学生书局，1982 年版，第 1－40 页。
③ 卢玮銮：《香港的忧郁》，香港华风书局，1983 年版。
④ 卢玮銮：《香港文纵》，香港华汉文化事业公司，1987 年版。
⑤ 同上，第 6 页。
⑥ 同上，第 162－211 页。

1967年，参加工作的都是香港高校的青年教师。他们花了整整三年的时间，从香港和美国的各大图书馆搜集了许多的期刊和诗集，从中发掘了很多当时不为人所知的作者和佳作。① 出版后，在海内外赢得好评，远在美国的夏志清教授说，“说起1949年前的新诗，一般人的注意力还停留在二、三十年代。四十年代出版的诗集台港书铺绝少见到，只有前年香港大学、香港中文大学联合出版的《现代中国诗选》，选进了不少四十年代新兴诗人，可供我们研究参考。”② 经过编选者集体讨论后由黄继持执笔的《现代中国诗选·导论》可说得上是中国现代文学的诗歌发展小史。全文一万两千多字，理清了新诗三十年的发展脉络，兼顾思想和艺术，并不以政治意识或党派眼光作标准，今天读来仍时见中肯精当之处。③

五

以上分别简述了六位沙田学者六十年代至八十年代初期的中国现代文学研究状况，这里我们对沙田学者在中国现代文学研究中的学术活动内容和学术风气稍加总结。

60年代，林以亮和余光中在台港两地不约而同地觉察到新文学的两大弊病：滥情与西而不化的文字，并指出其主要病因是，对中国古典传统和西方现代文学认识不足，不少作家仅仅拾取了19世纪浪漫主义的皮毛，轻率随意地否定中国文字乃至整个中国文化。此时，在夏志清和许芥昱的帮助下，中文大学的黄继持等一批青年教师也开始持之以恒地搜集和梳理五四以来的新诗，以此突破狭隘的泛政治化的新文学史。

1974年，余光中到沙田任教，两年后，对中国现代文学研究极为关注颇有心得的梁锡华和黄维梁也到中大，与余光中一起在中文系教授中国语文及现代文学等课程。他们以细读精析品评了许多范文和名家，并从更为广阔

① 张曼仪、黄继持、黄俊东、古兆申等合编：《现代中国诗选》，香港大学出版社、香港中文大学出版部，1974年联合出版，第36－39页。

② 林以亮：《林以亮诗话》，台湾洪范出版社，1976年版，第1页。

③ 张曼仪、黄继持、黄俊东、古兆申等合编：《现代中国诗选》，香港大学出版社、香港中文大学出版部，1974年联合出版，第13－35页。

的中西文化背景中为它们重新定位。与此同时，卢玮銮开始了她扎实而不懈的香港新文学史料挖掘工作。

二十年后的今天，重新浏览沙田学者的中国现代文学研究文稿，可以说它有两大贡献：（一）以史料整理、作家作品论及诗论、散文论等方面的踏实工作，突破了一度盘踞中国现代文学研究中的“政治挂帅”和“泛述草评”两座堡垒，为中国现代文学研究开辟了新的通道。（二）树立了新的学术规范和学术风气，其特点如下：

1. 严格地以事实为依据。或者以收集和整理史料为基础，或者从作品细读与文字辨析入手，在学术空气浑浊、学术规范错乱的非常时期，为中国现代文学研究即将到来的拨乱反正提供了坚实的立足点。

2. 融合中外文化的学术视野。沙田学者大都曾负笈海外，他们对国外的当代文学潮流有相当的了解，同时又都酷爱中国古典文化，品文论作，每每兼顾中外，出入古今。时隔二十年，重读他们的撰述，许多论点并未过时，因为，它们不仅仅是具有道德勇气的破冰之作，也是富于真知灼见的学术文章。

3. 将严谨的学术内容与优美的文字形式相结合。沙田学者都同意文学是文字的艺术，同时他们都有一支健笔，就是作论文，也丝毫不苟。甚至着意文采，努力化生硬为活泼，让人感到面对的不是几条干枯的理论，一堆陈旧的史料，而是一个清晰的头脑和一颗充满情趣和智慧的心灵。特别值得称道的是余光中的论文，警语成串，灵感闪烁，学问上有见识，见识上有文采，中国现代文学研究史上必将存有他的笔迹。